读客文化

"牛津欧洲史"
系列丛书阅读说明

牛津
欧洲史

牛津第一次世界大战史

THE OXFORD HISTORY OF THE

FIRST
WORLD WAR

[英] 休·斯特罗恩 编

王伟 译

北京日报出版社

目　录

各章作者简介

小塞缪尔·R. 威廉姆森（Samuel R. Williamson, Jr）：历史学教授，并担任美国田纳西州塞沃尼南方大学副校长。他的著作包括：《大战略的政治：1904—1914年英法备战》（第2版，1990年），《奥匈帝国与一战源起》（1990年）；与斯蒂文·瑞尔登合著的《美国核战略起源，1945—1953年》（1993年）。

霍格尔·阿弗雷巴赫（Holger Afflerbach）：利兹大学中欧史教授。著作包括：《埃里希·冯·法金汉传记》（1994年），《三国结盟：一战前的欧洲大国与联盟策略》（2002年），《失败的艺术：石器时代到现代的投降史》（2013年）；另外他还编著了《威廉二世皇帝：一战期间的最高统帅——来自德皇从军履历资料》（2005年）。

丹尼斯·E. 肖沃尔特（Dennis E. Showalter）：科罗拉多学院历史学教授。著作包括：《铁路与步枪：士兵、科技以及德国统一》（1975年），《德国军事史，1648—1982：批评传记》（1984年），《坦能堡战役：帝国冲突（1991年），《腓特烈大帝的战争》（1995年），《德国统一战争》（2004年）；共同编著有《战争与现代世界》（2012年）。

大卫·弗伦奇（David French）：伦敦大学学院历史学教授。著作包括：英国一战战略三部曲——《英国经济与战略计划，1905—1915》（1982年），《英国战略与战争目标，1914—1916》（1986年），《劳合·乔治联盟战略，1916—1918》（1995年），还有《丘吉尔陆军之战力提升》（2000年），《军事认同》（2005年）。

理查德·J. 克兰普顿（Richard J. Crampton）：牛津大学东欧史教授，圣艾德蒙学堂资深会员。著作包括：《保加利亚1878—1918年历史》（1983年），《现代保加利亚简史》（1987年），《20世纪及其后来的东欧》（1997年）。

乌尔里希·特林佩纳（Ulrich Trumpener）：阿尔伯塔大学退休历史学教授。著有《德国与奥斯曼帝国，1914—1918》（1968年）。

大卫·齐林格瑞（David Killingray）：伦敦大学金史密斯学院现代历史学教授。著有《欧洲大瘟疫》（1973年）；共同编著《卡其制服与蓝色制服：英属非洲殖民地的军队与警察》（1989年），《帝国卫士》（1999年）；撰稿或参编多部非洲史学著作，包括：《非洲与一战》（1987年），《非洲与二战》（1986年）。

保罗·G. 霍尔本（Paul G. Halpern）：佛罗里达州立大学教授。著有《地中海海军形势：1908—1914》（1981年），《地中海海战：1914—1918》（1987年），《一战海军史》（1994年）；编著《凯耶斯文件》（3卷，1972—1981年）。

B. J. C. 麦克切尔（B. J. C. Mckercher）：加拿大皇家军事学院历史学教授。著有《巴尔德温第二次组阁与美国，1924—1929》（1984年），《埃斯梅·霍华德爵士：外交回忆录》（1989年）；编著有多部作品。

休·斯特罗恩（Hew Strachan）：牛津大学战争史学教授，任教于万灵学院。著作包括：《欧洲陆军与战争行为》（1983年），《英国陆军政治》（1997年），《第一次世界大战，第一卷：致武器》（2001年），

《第一次世界大战：新插图史》（2003年，10集同名电视纪录片解说词）。

苏珊·R.格雷泽尔（Susan R. Grayzel）：历史学教授，密西西比大学萨拉·伊索姆妇女与性别研究中心主任。著作包括：《战争中的女性认同：一战期间英法的性别、祖国与政治》（1999年），《妇女与一战》（2002年），《居家与战时：从一战到二战的英国空袭与艺术》（2012年）。

约翰·特纳（John Turner）：英国萨里大学现代历史与政治学退休教授。著作包括：《劳合·乔治的秘书处》（1980年），《英国政治与一战：联盟与冲突，1915—1918》（1992年），《麦克米伦》（1994年）。

罗宾·普莱尔（Robin Prior）：历史学退休教授，曾任教于澳大利亚国防学院、新南威尔士大学；特雷弗·威尔逊：澳大利亚阿德莱德大学历史学退休教授。二人合著包括：《西线司令部：亨利·罗林森爵士的军旅生涯：1914—1918》（1992年），《帕斯尚尔战役：尚未揭秘的故事》（1996年）。罗宾·普莱尔著有《丘吉尔的〈世界危机〉成为历史》（1983年）；特雷弗·威尔逊著有《自由党的垮台：1914—1935》（1966年），《战争面面观：英国与一战》（1986年）。

亚历山大·华生（Alexander Watson）：伦敦大学金史密斯学院讲师，曾任教于剑桥大学、华沙大学。著有《经历一战，德英陆军的士气与溃败，1914—1918》（2008年），此书获得弗兰克尔奖。

大卫·史蒂文森（David Stevenson）：伦敦经济与政治学院国际历史学教授。著作包括：《德法战争，1914—1919》（1982年），《一战与国际政治》（1988年），《战备与战争来临：欧洲1904—1914》（1996年），《一战爆发：透视1914》（1997年），《1914—1918：一战史》（2004年），《艰难时局：1918年的胜利与失败》（2011年）。

J. M.温特（J. M. Winter）：耶鲁大学教授。著作包括：《社会主义与战争挑战：英国的理念与政治：1912—1918》（1974年），《一战与英国人民》（1985年），《一战经历》（1988年），《记忆场所，缅怀场所：欧洲文化历史中的一战》（1995年），《历史上的一战》（与昂多安·普罗斯特合著，2005年），《记住战争》（2006年）。

约翰·霍恩（John Horne）：都柏林三一学院现代欧洲史教授。包括：《战争中的劳动力：法国与英国：1914—1918》（1991年），《1914年德军暴行：拒不承认的历史》（与艾伦·克莱默合著，2001年）；编著包括：《欧洲一战时期的国家、社会与动员》（1997年），《品读一战》（2010年）。

大卫·查斯克（David Trask）：美国陆军军事史中心首席历史学家。著作包括：《美国与最高战争委员会：1917—1918年的美国战争目标与结盟战略》（1961年），《上校与内阁：1917—1918年的英美海军关系》（1972年），《威廉·薛佛·班森海军上将——海战指挥官第一人》（与玛丽·克拉齐科合著，1987年），《远征军与联合作战：1917—1918》（1993年）。

霍格尔·海威格（Holger H. Herwig）：卡尔加里大学历史学教授。包括：《德国海军军官部队：社会政治史：1890—1918》（1973年），《"奢华"舰队：皇家德国海军：1888—1918》（1980年），《第一次世界大战中的德国与奥匈帝国：1914—1918》（1997年），《马恩河》（2009年）；他还编著了数卷研究1914年一战起源与备战的文集。

约翰·H. 摩罗（John H. Morrow, Jr）：乔治亚大学历史学教授。著作包括：《德国空军建设：1909—1919》（1976年），《一战时期的德国空军》（1982年），《一战之空战：1909年至1921年的军事飞行》（1993年），《第一次世界大战：一部帝国史》（2004年）。

提姆·特拉弗斯（Tim Travers）：卡尔加里大学历史学教授。著作包括：《杀戮战场：英国陆军、西线战场以及现代战事发端：1900—1918》（1987年），《一战取胜解析：1917—1918年的西线英国陆军的指挥与科技》（1992年），《加里波利1915》（2001年）。

左拉·施泰纳（Zara Steiner）：剑桥大学纽霍学院退休教员。著作包括：《英国外交部与外交政策：1898—1914》（1969年），《英国与一战起源》（1977年），以及两卷关于一战、二战期间欧洲关系的论著：《失败之光》（2005年），《黑暗的胜利》（2011年）。

罗伯特·葛瓦斯（Robert Gerwarth）：都柏林大学学院现代历史学教授，都柏林大学学院战争研究中心主任。著作包括：《俾斯麦之谜》（2005年），《莱茵哈德·海德里希传》（2011年）；编著包括：《和平时期的战争：一战后欧洲的准军事组织暴力》（2012年，与约翰·霍恩合编），《20世纪欧洲的政治暴力》（2011年，与唐纳德·布洛克汉姆合编）。

莫德里斯·埃克斯坦斯（Modris Eksteins）：多伦多大学历史学教授。著作包括：《理性的局限：德国民主新闻与魏玛民主体制的崩溃》（1975年），《春天的仪式：一战与现代时期之诞生》（1989年）。

导　言

休·斯特罗恩

战争——陈词滥调

这本史书的终章讲述了一战记忆。作者莫德里斯·埃克斯坦斯梳理审阅了25年前的词条，这些资料来自英联邦战争公墓委员会20世纪80年代后期保存的访客留言簿。在贝纳费战争公墓留言簿的"评论"栏里，一位英国访客写道"毫无必要"。在欧洲大陆西北部，众多公墓沿伊普尔、阿拉斯、凡尔登、贝尔福一线分布。"毫无必要"，这则评价虽然简单实用，意味深长，却淹没在一战浩如烟海的史料中，始终难以被史学家分享、评论。

众多战争诗人的诗篇早已表明，以文字形式描述战争绝非易事，需要投入巨大精力，这也不难解释为何关于一战的出版物寥寥无几。作者需要理解似乎是不成熟的，甚至是非理性的现象，并将其梳理成形——从过去到现在，这一点一直是最重要的写作动机。但是由此所产生的一战文献描述，往往对战争规模或情感宣泄有失公允。另一位最近造访西线公墓的人评论道："除了陈词滥调，我想不出其他字眼。"如果说记录一战经历的作家在很大程度上开启了现代主义——塞缪尔·海恩斯在《臆想的战争：第一次世界大战和英国文化》一书中就持这种观点，原因在于他们认识到，作家必须借助新词汇和新文体才能准确描述战争的意义。

在不考虑相对主义或精细分类的情形下，当时的人们经常把这场大战简化为三个字眼——全球、总体、现代——每个词都似乎能让人感受到战争的规模，然而每个词又充满歧义，最终沦为陈词滥调。

世界大战

"全球"这个词，貌似从地理意义上覆盖了全世界，但实则欠缺准确性。直到战争结束，也未见全世界所有国家都参战。而且陆上战场主要限于欧洲、中东以及非洲部分地区，中亚和远东仅爆发了零星战事。倘若将"全球"一词弃之不用，取而代之的就是"欧洲"。战争发端于第三次巴尔干战争。事实上，理查德·J.克兰普顿的研究表明，与接踵而至的大规模冲突相比，巴尔干半岛的紧张局势显得较为孤立。当时，有些人将后续爆发的战争称为"欧洲大战"，也有几位后世的历史学家将其解读为某种形式的欧洲内战。在这场残酷的战争中，欧洲大陆的"成员国"互相绞杀，消灭共享的霸权，挑战共同的文化传承——由基督教、文艺复兴、启蒙运动共同塑造的文化传承。

但是这样一来，准确地说，由于这种霸权的存在，战争的范围又显得过于局限。1914年，欧洲在全球位居主导地位——引领全球经济，控制多个殖民地——这样一来，欧洲爆发战事，全世界都被裹挟其中。以伦敦市为例，它是当时的航运和保险行业中心。59个国家使用金本位——即将本国货币与黄金挂钩，而金价则是通过兑换英镑来衡量的。"全球化"和"网络化"体系日益形成，而一战则打乱了这一进程。大卫·齐林格瑞在他所写的章节中明确指出，由于非洲绝大部分都被欧洲宗主国统治，因此在开战伊始，立即就被卷入其中。1912—1913年两次巴尔干战争之后，奥斯曼帝国仍然是个欧洲国家。为了调整与其他欧洲列强的关系，土耳其被迫卷入战争。但乌尔里希·特林佩纳认为，鉴于奥斯曼帝国横跨欧亚中东，战火随即燃烧到高加索、伊拉克和叙利亚。作为伊斯兰世界的世俗领袖，奥斯曼帝国有权代表各地穆斯林宣布圣战。尽管没多少国家响应，但是这并不意味着他们没有被迫选边站队。

真正的中立状态往往屈从于变幻莫测的国家利益，这恰恰印证了战争的影响力。B. J. C. 麦克切尔描述了毗邻德国的中立国所承受的经济战压力。反观域外国家，由于远离欧洲战场、不必周旋于同盟国与协约国之间，它们自然易于倒向协约国。诚然，出于一己私利，参战的确是明智之举，这个道理在日本身上体现得淋漓尽致。大卫·查斯克强调，1917年美国之所以参战，不仅是因为德国实施无限制潜艇战，最主要的是其寻求建立国际新秩序的野心。因此，"全球"这个词更好地诠释了一战影响的广度。

总体战

较之"全球"，"总体"这个词用得更不恰当。它的隐含意义是绝对的，但现实意义却是相对的："总体战"幸亏只是一句空话。第一次世界大战中的某些战役，特别是西线战场的索姆河战役、凡尔登战役以及帕斯尚尔战役、意大利战场上的伊松佐河12次战役，以及喀尔巴阡山脉严寒中的鏖战，都把这个概念栩栩如生地刻画出来了。对于那些在这些战役里战死的个人而言，用老套的话说，这种经历就意味着"总体"战殁。但是，倘若有一支小分队脱离战场，就会有截然不同的观察视角。约翰·摩罗认为，空战犹如骑士之战——个人勇气战胜了战争工业：1917—1918

年间，空战远比陆战危险得多；而空战结果往往取决于参战国的工业实力而非王牌飞行员的机智果敢。大规模工业生产决定了空战的胜利。但是在西线战场，飞行员在高空至少能比陆军士兵更看得清地面作战的大致轮廓。堑壕战限定了作战区域，战争时刻威胁着官兵生命。堑壕为官兵提供了掩体。而当堑壕被攻破时，运动战便取代了堑壕战；士兵开始洗劫粮库，恐惧陡生，谣言四起，暴行累累——对平民百姓而言，这无疑是噩梦般的灾难。特林佩纳认为，即使是土耳其人对亚美尼亚人的大屠杀，原因也大致相仿。

对于其他人，这种所谓的合理性解释是断然不可接受的——这等同于把骇人听闻的亚美尼亚大屠杀轻描淡写为战争背景下的军事行动：亚美尼亚人视之为一场大屠杀，惨状堪比纳粹大屠杀。诚然，亚美尼亚人的命运证实了战争对平民的戕害。鉴于亚美尼亚人此前就备受迫害，那么大屠杀是不是以全新方式进行的？身处奥斯曼帝国的亚美尼亚人，与身处俄罗斯帝国的德国人和犹太人（特别是1915年"大撤退"期间）的境遇，是否有天壤之别？这两点尚存较大争议。另外，亚美尼亚大屠杀的独特性在于，它为国际人权创造了一个新词汇——反人类罪，即从形式上说，犯罪动机并非源于宗教差异（尽管亚美尼亚人是生活在伊斯兰国家的基督徒）。

战争对于平民的身体伤害，极少有像亚美尼亚大屠杀那样惨烈的，更严重的战争创伤则在于心理层面，从这个意义上讲，"总体"这个词绝不如"极权"更为准确：政府通过宣传来进行思想动员。至少一直到1917年，大部分宣传是面向国外的，特别是针对有可能被说服成为盟友的中立国家。但是J. M. 温特认为，对于宣传所下的这个定义过于局限：操控民意的机制，往往掌握在逐利的公司而非政府手中，他们所使用的媒体也远比印刷品更为多样。媒体手段多种多样，起初是宣传海报，随后是电影，还包括老套的纪念品、图画明信片、连环漫画——这些媒介及时、广泛地加深了敌对情绪。1917年的两大明显迹象表明，参战国政府需要资助并发展这些宣传技术。亚历山大·华生认为，第一个迹象就是前线的哗变。约翰·霍恩分析了第二个迹象，即国内发生革命。学界通常认为，前线哗变并非反对战争目的，而是反对为了达到战争目的所采取的方法。反观后者，由于苏俄呼吁和平，但拒绝赔款割地——这说明了它反对战争本身的目的。事实上这两股潮流密不可分：一战的参战军队是公民军队。由于政府大规模募兵，使得士兵感到身处军队和社会之间，全体社会成员均置身于战争之中。

全面实行男性征兵制产生了另外一重"总体"效应——它导致工业生产丧失了大部分劳动力，因而随后动员女性加入其中。但苏珊·格雷泽尔反对将女性动员的规模夸大其词，因为许多从事军火生产的女性在1914年以前就有其他工作。在传统农业中，女性已经与农村经济融为一体。由于男性被征召入伍，劳动力短缺所带来的负担加重。城市人口对于军需品生产至关重要——这也从另一方面解释了"总体"参与战争的意义，即战争与所有人都息息相关——因此，城市也就自然成了战争中的合法目标。在一战中，这就意味着它和海上封锁带来的物资短缺差不多：没有食物、照明、供暖以及衣物。1918年空军战略学家认为，紧随其后的便是直接攻击城市。

现代战争

这样一来，从第三个领域上看，一战更接近"总体战"。精密科技推动了飞机制造的发展；飞机本身就是限制一个国家工业动员的方式。精密科技和工业动员为工业化战争提供了条件，但是工业化战争仍然超过二者总和，它指的是科技和工业的运用方式，即作战方法。第一次世界大战是工业化社会之间的战争，这种论断不能充分说明它是"现代"战争的起源。同"总体"这个修饰词相比较，"现代"一词的使用要慎之又慎。

可以肯定的是，新式战争机器取代了大自然的节奏。自从蒸汽船出现以来，机器就日益显示出掌控最基本条件的能力。1914—1918年，潜艇使得海战不再依赖风力和天气，而只是取决于海洋深度。空中侦察迫使士兵只得在夜晚行动，白天则匍匐隐蔽；高爆炸药威力巨大，简直能够移动大山——至少是小山丘。大炮决定了士兵们的作息表——无论是睡觉、起床，还是行军、停止，这些都取决于炮击频率。罗宾·普莱尔和特雷弗·威尔逊认为，1916年时，大炮的精密程度和规模尺寸决定了西线战事。提姆·特拉弗斯描述了1918年协约国取得一战胜利，大炮在战争中的重要性是确凿无疑的。但是枪炮的残酷所带来的直接效应却是前现代的。士兵深挖堑壕，堑壕拯救了士兵生命——这样一来，他们所理解的战争就不太具有"总体"参加的意味。堑壕里士兵的境遇与"穴居人"相似，要想生存下去，所需要的武器与18世纪的围城战类似；迫击炮和手榴弹，甚至还有更加原始的战斗工具，例如棍棒和斧头。工业化战争所带来的第一反应并非现代主义，而是原始主义。

但这并非唯一反应。当精密工程被应用于大规模生产中，便产生了轻机枪；化学工程研发了新型炸药以及光气；电气工程革新了通信手段，使得军队可以获取实时情报。精确的反炮兵火力，使得军队野心日益膨胀。在战术层面，新技术的发展最终导致了火力重组和运动战，重新整合了炮兵和步兵。在实战层面，火炮可以长距离精确打击，增加射程，在短时间内密集炮击——这迫使堑壕加深，战线拉长。霍格尔·海威格的研究表明，这些作战技巧正是德军的制胜法宝，德军所采用的作战原则，后来成为20世纪实战概念的基础。

战争走向

战术和技术相结合，便决定了"现代"战争。但是1914年时，总参谋部关注的并不是战术和技术。作战参谋们关注的是战区内的军事行动、军队调动；他们关注的是战役而非战斗。一战之前，他们最关心的是不同战术之间的关系，即策略。他们认为，策略是一种纯粹的军事行动、一种作战方式，与政策毫无关联。尽管他们认为没有必要涉足政治，但是他们的专业军事指挥水平为自己赢得了政治优势。小塞缪尔·威廉姆森并未指责挑起战争的将军，但他确实认为由于这些将领采取机械化军事动员计划，使得外交斡旋成功的机会被大打折扣。D. E. 肖沃尔特强调，一旦开战，陆军首要关心的便是机动作战，重视实战而忽视战术。这样一来，高级军官由于思想僵化，被1914—1915年的个人经验所局限，因此不能深入战场，获得堑壕战的直观经验和启示。

海战与陆战不同，没有这些层次之分。保罗·霍尔本回顾了英德舰队各自的指挥官——约翰·杰利科和莱因哈德·舍尔的战术和作战策略。在日德兰海战中，两支舰队均遭到炮击；杰利科和舍尔都善于观察战局并灵活应对，都意识到战略战术所带来的影响，例如，杰利科深知英国大舰队倘若战败，那就意味着英国将满盘皆输。

在海战中，战术和战略指挥被混为一谈，其中一个重要的原因是无线电的发明。当时的无线电设备十分笨重，陆军无法轻易移动，但每艘军舰都能安装无线电。显而易见，无线电常常被滥用，通信交流冗长拖沓；信号以电波的形式传送，使得敌方至少知道对面有一艘军舰存在——倘若获取了对方的密码本，例如英军就获取了德军的密码本——那就可以读取电报信息。但是英国人却对另一件事情有独钟：位于伦敦的海军部，偏偏要直接干涉身处海上的下级军官的作战指挥。1914—1915年，时任海军大臣的温斯顿·丘吉尔尽管只是一名文职官员，但仍然热衷于滥用无线电越级指挥，策划海军作战事宜，而且不止一次地造成灾难性后果。

武装部队负责完成作战任务，而战术问题则具有政治意义，关乎国家大局，在一场"现代""总体"的战争中，二者往往交织在一起，难以区分——这是一个更为普遍的问题。1914—1918年，各参战国首要的政府职能就是交战。约翰·特纳认为，对文职官员而言，他们更加关注战争如何进行、具体战役的目标是什么，这种关注是真实且合法的。一般说来，在英法等所谓的自由社会中，由于文职官员的关注，军民矛盾异常尖锐。对士兵而言，为了战争目的而最大限度获取资源——特别是生产弹药和征用人力，都使得他们对战时经济的运营变得合情合理。德军最高司令部的保罗·冯·兴登堡和埃里希·冯·鲁登道夫将军就是这样做的——通过掌控战时经济，他们的职权远远超越了纯粹的作战任务。

当制定战略上升为国家的首要职能时，军队就不再轻易服从政治命令了。克劳塞维茨曾讨论过战争走向。从某种意义上讲，第一次世界大战凸显了战争走向，即战争是一种"真正的政治工具"，植根于抽象哲学而非现实。在大部分时间里，战争本身变成了目的，而非达成目的之手段。战争对参战国而言消耗巨大，军需消耗提高了各国对战争成果的期望值，而忽视了他们到底能够从战争中捞到多少好处。霍格尔·阿弗雷巴赫的研究表明，以德国埃里希·冯·法金汉为代表的一类将领，被勒令接受妥协，但是这种妥协源于军事现实，亦无法获取政治支持。大卫·弗伦奇认为，对协约国而言，战争并非手段与目的的完美结合。劳合·乔治于1916年12月出任英国首相，他决定限制将领权力、减少伤亡，但拒绝了当月提出的和平倡议，并谋求彻底取胜。而德国的兴登堡和鲁登道夫也誓言将战争进行到底。

战争目的

前两章回顾了1914—1917年战争的战略梗概，或许会得出这样的结论，即这场战争毫无目的——根据莫德里斯·埃克斯坦斯的记述，许多造访西线战场的游客都异口同声说，一战就是一场"浪费"之战。大卫·史蒂文森在讨论战争目的时，提出了关于战争走向的第三种观点，并反对另一种陈词滥调式的观点。他关注战争的政治目标，并发现：交战双方的目标全然无法顺利调和。他认为"没有胜利的和平"或许无法长久维系。

左拉·施泰纳通过分析《凡尔赛和约》，也支持大卫·史蒂文森的上述观点。1919年的和平转瞬即逝，原因并非合约条款不够严谨，而是因为列强未能执行该条约。二战距今已有70年，冷战也早已结束，回首二战和冷战，我们可以对未来世界的和平进行预测。战争以及随后的和平所产生的政治成果正慢慢衰竭。在20世纪，战争极大地促进了现代化，同时又极具破坏力；战争所产生的各种问题一直延续到21世纪。

首先，四个专制帝国土崩瓦解。1914年，德意志帝国还貌似年轻，充满活力。学者们对待俄国的态度大相径庭：有些人认为沙皇专制与革命力量的早期冲突导致俄国分裂；也有学者认为，1914年列强博弈计划中，俄国的重要性反映出它具有隐藏的实力。至于奥匈帝国和奥斯曼帝国，早在19世纪就已经逐渐衰落，日薄西山。多民族构成是这两大帝国衰弱的一个重要原因，因为当时民族主义正日益高涨。

签署《凡尔赛和约》的战胜国，将民族主义作为一条指导原则，这样一来，就将国内政治置于国际关系之中，为列强关系定下了一个持久的基调，但其间龃龉不断，这贯穿20世纪后来的数十年。诚然，这种操作漏洞百出。欧洲的民族划分和领土划分并非一一对应；东欧的民族矛盾纷至沓来，直到苏联成立才得以缓解。至于欧洲以外的地区，民族自决权未获承认——至少在当时没有被完全承认。但是在中欧、东南欧以及中东，现代世界的政治版图在1919年巴黎和会后得以成形。

其次，《凡尔赛和约》包含自由主义甚至民主的理念，这是美国参战的战果。1914—1917年间，自由主义遭到打击。约翰·特纳认为，从国内视角出发，对别国的侵略行径已经彻底扭曲了传统的自由主义。从国际上看，沙皇俄国加入协约国的作战行动削弱了这一联盟进行战争的意识形态纯洁性。布尔什维克革命的胜利使俄国退出了协约国集团，但并未缓和英法两国高层首脑人物的立场，因为苏俄的退出对自由主义提出了更大的挑战，尤其是退出战争本身就意味着和平的理念。伍德罗·威尔逊像救世主一样提出构建国际新秩序的构想，无疑使战争的意识形态基础得以复活。许多在1914年参战的国家之所以参战，就是因为它们认为第一次世界大战是一场"以战止战的战争"。威尔逊的提议无疑让参战国的和平构想重燃希望。短期而言，美国参议院拒绝修改《凡尔赛和约》，国际联盟土崩瓦解，第二次世界大战随之而来——这都表明自由国际秩序轰然倒塌。但长期而言，苏联解体，冷战结束，表明威尔逊主义具有延续性。1918年的11月11日休战纪念日是为了庆祝停战而设立的，随着岁月流逝，这一天由庆祝变为纪念。

一战持续时间

历史学家的责任之一就是把历史事件置于一定视角下讨论。战争所带来的危险——特别是一战的危险，在于把这些历史背景合理化，而大大削弱了战争的暴行，而且历史学家要做到客观公正，不得不泯灭人性。只有一个因素可以把一战描述为"总体""现代"，即战争时间跨度。

本书的许多作者都指出，战前人们预期战争会很快结束，但是1914—1915年的战争进程使这种幻想彻底破灭，大家感觉这会是一场"漫长"的战争。但是，"短暂"或"漫长"都不是明确的时间定义。1914年时，最明显的参照物莫过于1866—1870年德意志统一战争——以星期为度量单位计算战争跨度。但是，战前准备耗时数月，即便是当时的总参谋长也无法信心十足地预测战果；某些消息灵通的评论员预测，战争会持续两至三年。在大众看来，这些专业的计算预示着这会是一场"漫长"的战争，但考虑到战争的真实走向，身处1918或1919年去回溯的话，这些预测又显得过于"短暂"。

罗伯特·葛瓦斯在本书倒数第二章也指出，一战并未随着休战纪念日的一连串纪念活动而突然停止。恰恰相反，中欧东欧冲突不断；内战将波兰从俄国分裂出来；土耳其战败后继续作战，力图重塑自身和疆界；1914—1918年，在欧洲列强边缘地带原本被压制的革命，在战后即刻爆发。1914年一战爆发，其他冲突也紧随其后，此起彼伏——巴尔干诸国混战；日本在东亚大陆和太平洋地区扩张侵略，图谋建立帝国，但最主要的还是四大列强倒台后各国的独立之战——所有这些鏖战，都一直持续到一战结束之后。1918年11月11日，德国在贡比涅森林的一节火车车厢里突然接受投降条约——但一战并未就此结束，这也表明第一次世界大战是一场"全球"大战。

对于研究"现代"战争的历史学家而言，一战的时间跨度并不算长。考虑到战争规模和结果，历时52个月（假设我们承认：一战终止于1918年11月11日），一战也称不上"总体战"。第二次世界大战当然历时更长一些，但这是后话了。从1914—1918年间那些参战国的角度来看，30年战争、七年战争，以及拿破仑战争，时间跨度都更长一些。一战的历时和美国南北战争大体相当。

第一次世界大战着实称不上一场长期战争，但也算不上短期战争。但它的确是一场异常惨烈的战争。战斗风雨无阻，全然不受天气和季节制约；至少在西线战场，战地受伤在历史上首次超越疾病成为首要致死因素。特别是由于受伤，许多官兵都在前线有过短暂逗留。他们的战争经历可以说是五味杂陈，既有胜利的兴奋，也有失败的沮丧。每位官兵参战的范围、地点、程度都有所不同，汇总起来的集体经历绝对称不上"总体""现代"抑或是"全球"战争。这场战争的决定要素非堑壕莫属。堑壕内的官兵团结一致，他们对于战争现实的记忆也大致相同——随后的章节会继续说明，这是一场风格迥异的多方冲突。

1998年，本书第一版出版时，恰好是德国休战80周年。本书第二版出版是为了纪念一战爆发100周年。在详细梳理了最近研究成果的基础上，本书为读者提供了拓展阅读指导，其中4个章节是全新撰写的。鉴于3位原撰稿人（盖尔·布雷本，戴维·英格兰德，L. L. 法勒）业已仙逝，原章节均被替换。罗伯特·葛瓦斯撰写了《尚未终结的战争》这一全新章节，反映了学界自1998年起对一战研究的新倾向。

过去15年间，史学界对一战进行了许多研究和讨论，但本书的撰稿人并不想对初版做过多改动，这的确出乎意料。这是纪念一战100周年时遇到的挑战：抓住这一机遇，运用对一战已有的观点，产生新的思路。在导言开篇之处，我曾指出，在过去100年间，对一战的记述曾达到过三次高潮。第一次高潮出现在1928—1934年间（至少在英语区如此），当时许多出版商都认为，出版战争回忆录渐成时尚。德国作家埃里希·玛丽亚·雷马克的小说《西线无战事》畅销全球，随后被好莱坞搬上银幕，大获成功。许多学者（包括莫德里斯·埃克斯坦因）都认为，一战回忆录的风行是受到了《西线无战事》的启发。然而二战随后爆发。直到一战50周年时，人们才对它重拾兴趣。对英语观众而言，人们围绕民粹主义讨论了冲突是如何爆发的。1964年，一战老兵首度发声。英国广播公司BBC的历史纪录片《伟大战争》是首部记述一战的纪录片，一战老兵在该片和其他节目中都讲述了各自的经历。1963年，琼·李特伍德在动感十足的影片《多可爱的战争》中使用战争歌曲讽刺英军将领，类似的讽刺作品还有艾伦·克拉克的《毛驴》（1961年），列昂·沃尔夫的《在佛兰德斯战场》（1958年）。约翰·特林在为道格拉斯·黑格写的传记中回应了上述批评，约翰·特林还为这部作品起了一个颇具挑衅性的副标题——《受过教育的士兵》（1963年）。1964年2—3月，《星期日泰晤士报》的全新彩页副刊都被用来讲述一战，称其为"压垮欧洲文明的最大劫难"。大西洋对岸，美国的《生活》杂志在当年4月份也开始出版类似的纪念专刊，但其执行编辑用词不甚准确，没有准确地描述英国所参加的一战，因此，他唤起了"关于战争的理想主义甚至是冒险主义"。

纪念一战50周年的史学集刊均未做过严肃的档案研究，因为那时战争档案尚未解密。后来研究一战的学者们（也包括本书的撰稿人）则不同，因为在大部分情况下，他们可以调阅的档案充足且资料翔实。在20世纪70年代，关于一战的大部分国家档案陆续公开，一是因为50年保密期限到期自动解密，二是因为公共文件的管制规定有所放松。从那时起，研究质量逐年提高，知识深度逐步拓展。但是现有研究仍有巨大缺陷——对俄国和奥斯曼帝国的研究有待加强；奥匈帝国的一战档案全面翔实，对其相关研究还十分有限。但同另一种现象相比，这些档案研究的欠缺简直微不足道。

高深的学术理论远未唤醒公众意识。纪念一战100周年本身需要塑造公众对战争的理解，这也是第三大要务。这就向媒体、广播公司、出版社以及各国政府提出了新挑战，即必须摆脱一战50周年纪念时代的陈词滥调才能塑造一种全新的叙事方式，使大众喜闻乐见。很明显，许多关于战争的记述都出自私人笔记或地方志，关于家史和社区活动。但这些史料也需要国际化视角。一战史需要突破民族和教区争论的界限，实现真正的对比研究和国际研究，以便更充分地反映战争本质、内部相关因素以及战争影响。这也是本书的写作目标。

第一章

战争缘起

小塞缪尔·R.威廉姆森

萨拉热窝

1914年5月中旬，在贝尔格莱德的科特乌加克公园，加夫里洛·普林西普用他的左轮手枪对着一棵橡树射击，为密谋的任务做训练。这轮射击训练成了第一次世界大战的第一枪。普林西普是波斯尼亚的一名塞尔维亚族学生，打算在哈布斯堡皇室继承人斐迪南大公访问波斯尼亚首都萨拉热窝期间刺杀他。当时普林西普已经和塞尔维亚的恐怖组织黑手社（The Black Hand）建立密切的联系。在塞尔维亚军事情报局局长德拉古京·迪米特里耶维奇（绰号"公牛"）的领导下，黑手社主张通过暴力创造一个"大塞尔维亚王国"。对普林西普和德拉古京·迪米特里耶维奇来说，这就意味着要不惜任何可行的手段结束奥匈帝国对波黑的统治。

事实证明，普林西普非常聪明。虽然他的同伴在1914年6月28日有所退缩或者行动失败，但是他完成了任务。第一枚炸弹爆炸后，斐迪南大公的随行人员陷入混乱，这个年轻的波斯尼亚塞族青年发现大公的座驾就停在离他六英尺（1英尺约为0.3米）的地方，于是迅速开了两枪。几分钟后，斐迪南大公和他的夫人苏菲丧命于萨拉热窝。

整整一个月之后，7月28日，奥匈帝国向塞尔维亚宣战。第三次巴尔干战争随即在短短一周内演化成第一次世界大战。为什么谋杀者首先发动了局部战争，然后才是更大规模的战争？究竟是哪些长期问题、中程问题和战术问题让欧洲陷入冲突？以下所述，是当前对"七月危机"历史性思考的总结，并对一战的起源提出了不同的观点。

长期的紧张局势

1905年以后，欧洲的外交官、战略制定者和政治领导人都面临一系列环环相扣的问题。其中一些问题长期困扰着欧洲大陆，另外一些则是更早时期的问题附带的结果，有些问题得到了解决，有些却悬而未决。持续多年的欧洲东部问题，成为最主要的问题之一。自1878年以来，欧洲列强凭借自己的力量占领了奥斯曼帝国的大部分领土，也就是所谓的"欧洲病夫"，因为英国占领了埃及和塞浦路斯，法国占领了摩洛哥和突尼斯，意大利占领了的黎波里（利比亚），奥匈帝国占领了波黑。1912—1913年的巴尔干战争使得奥斯曼帝国失去对巴尔干半岛的控制。但是，由于俄国、塞尔维亚和哈布斯堡王朝仍然在争夺控制权，所以巴尔干半岛的斗争并没有结束。俄国打算以"斯拉夫兄弟"的名义获得主导话语权；奥匈帝国希望凭借巴尔干半岛而成为通向东方的桥梁，继续它的历史使命；塞尔维亚意图争取出海口。

第二个主要问题是哈布斯堡王朝，它也被认为"病入膏肓"。对许多人来说，这一问题是：在民族主义和民主政治日益发展的时代背景下，拥有5000万居民的欧洲第三大国能否以一个多民族帝制国家的身份而继续存在下去。多数邻国觊觎奥匈帝国的领土，但有一个国家迫切地希望它能存活下来，即德意志帝国——奥匈帝国的北边邻国和同盟国（德奥同盟关系始于1879年）。

奥托·冯·俾斯麦在19世纪60年代为德国统一而做出的努力和1870年爆发的普法战争，使德国走向了统一。由此一来，德国占据了欧洲的核心地理位置和政治地位。德国早已拥有强大的军事力量，而且它的经济实力也在不断增强。1900年后，德国开始推行激进的世界政策和无节制的海军政策，这震惊了大多数欧洲国家。对许多国家而言，德国的野心就是第三大欧洲问题。而且让情形变得更加复杂的是，任何一届德国政府都不会轻易让俄国从奥匈帝国的解体中有所获益——因为那样的话，俄国将会对德国的东部边境构成更大的威胁。德国实力强大，这会促使英国和法国以势力均衡为出发点，向俄国寻求帮助，从而震慑和威胁德国。

还有另外一些与时代背景有关的问题。开战前几年，国际格局阴云密布——列强结盟、军备竞赛、帝国主义遗毒、经济竞争以及充满仇视的民族主义。到1914年，欧洲已经划分成了两大外交阵营——尽管松散但彼此却有着明显的区别。一个阵营是同盟国，它以德国为中心，包括奥匈帝国和意大利，罗马尼亚通过秘密协定也加入其中。但是到1914年夏天，政治家们普遍认为，意大利和罗马尼亚并非可靠的盟友——或者说两国不太可能帮助维也纳。另一个阵营是协约国，它以法、俄联盟为中心，同时英国也是协约国一员。当时英国做了周密的军事部署。另外，假如德国向西进攻，法国首当其冲。然而，英国从来没有与法国或俄国签署正式条约，只是留下了关于英法和英俄之间的战争仇恨——这比正式条约更为危险。

尽管两大联盟之间的敌意根深蒂固，但是各列强还是在三大国际冲突（两次摩洛哥危机和波斯尼亚持续不断的紧张局势）中维持了和平进程。1914年，三个主要国家——奥匈帝国、沙皇俄国和德国开始战争动员，之前的那些制约因素都随之消失。虽然说同盟/协约结构这种形式本身并没有引发战争，但是它的存在却意味着：一旦周密的军事动员计划成为执政逻辑，冲突就会演变成更大规模的战争。

他们在战略和海军方面的活动，和同盟/协约的外交部署有着密切的联系。在1914年的前十几年时间里，各成员国展开了规模空前的军备竞赛，1898年以后的英、德海军竞赛尤为显著。虽然同盟/协约体系的每个成员国都参加了海军竞赛，但是军备竞赛对英、德两国的关系产生了最为明显的影响。其他任何问题都没有对英德关系产生这么明显的负面影响，与其他任何问题相比，这也是双方为保持克制而做出的努力中遇到的最大绊脚石。德国逐渐增强其军事力量，英国也步步紧逼。上将阿尔弗雷德·冯·提尔皮茨希望借助强大的军事力量影响英国的外交政策，让英国更加尊重德国。更为激进的是，英国引进了拥有全重型火炮的无畏级战列舰，这从根本上改变了整个军备竞赛。

德国带来的威胁，迫使英国将其主要的海军部队向北边移动。由此一来，法国就有理由宣称：其海军部队部署在地中海，是为了保护英国在该地区的利益。英国对其主要协约伙伴法国的责任感，主要就是基于上述因素。

其他各国也纷纷烧钱造舰，各国都试图与邻国进行较量。具有讽刺意味的是，本书接下来的章节中会提到，大型战舰和实际进行的海战几乎没有任何关系，而潜艇和护卫舰会发挥更为重要的作用。

其实我们往往忽略了更重要的军备竞赛，即1911年以后欧洲大陆军队兵力的急剧增长。除了英国，各国已经开始了征兵活动。尽管并非所有的男性都被征召入伍，但征兵活动还是提供了巨大的兵力资源。各国都有成千上万的常备军，比如，1912年德军人数是64.6万人，法国是61.1万人，俄国是133.2万人。不过1911年第二次摩洛哥危机结束后，普鲁士总参谋部断定没有多少人会选择入伍。1912年底，德国的常备军人数增加了13万，法国增加了将近9万。奥匈帝国也增加了其部队的人数，俄国打算建立更多的部队。到1914年7月，虽然动员工作尚未开始，但同盟/协约国中服役的士兵已经达到了将近360万。

几十年来，帝国之间的竞争传统就是对军事和海军筹备工作提供大力支持。19世纪晚期，国际政治格局就是对殖民地和帝国势力进行争夺。20世纪初期，紧张局势并没有得到缓解。两次摩洛哥危机和1908年的波斯尼亚吞并事件让欧洲大陆离危险局势更进一步；近东问题和之前一样棘手。1911年9月，意大利入侵的黎波里，进一步证实了这一点。而且在帝国主义之间的竞争中，英德、英法、英俄以及奥匈帝国、塞尔维亚、意大利和俄国之间的关系日益恶化。

对英国而言，为抵抗南非的荷兰后裔布尔人，布尔战争（1899—1902年）爆发，它暴露出"光荣孤立"政策所隐含的风险。因此，英国政府开始寻找伙伴。1902年，英、日结盟，保障了英国在远东的殖民地不被俄国蚕食，英国首次尝到了结盟的甜头。紧接着，英国在1904年和1907年分别跟法国和俄国缔结协约，每一份协议都旨在遏制或终结帝国主义之间的敌对倾向。确切地说，尽管英国在当时还保有放手大干的权利，但是签署这些协议后，英国的帝国政治和大陆政治开始变得错综复杂。

列强之间的经济竞争加剧了帝国主义竞争，并且有所超越。一般来说，除了关税问题，列强之间的贸易活动较为容易。奥地利人会跟俄国人订购武器，英国人会根据市场需求建造船只，德国人会向俄国人出售货物，法国人到处兜售武器。但是，为了安抚俄国，法国慢慢把哈布斯堡排挤出巴黎的金融市场。这样一来，各国的贷款制度日益僵化，就连平时最慷慨的英国也不再对奥地利有求必应。尽管如此，维也纳没有花费多少工夫，就在柏林和纽约筹集到了资金。国际贸易和银行业仍然拥有国际化前景，十分警惕战争。对金融界来说，维持和平是唯一合理的政策。

在构成国际政治背景的主要国家中，猖獗、充满敌意和激情的民族主义没有合理性可言，而且比任何人的出现都更为危险。1914年，由于受法国大革命、文化传播以及历史神话发展的刺激，民族主义已经变成了政治家和知识分子把玩的对象。虽然在1900年后，每个国家都有其独具特色的民族主义，但是民族主义在1911年第二次摩洛哥危机后达到了一个新的发展高度。雷蒙·普恩加莱先后出任法国外交部部长和总统职位；在他的领导下，法国实现了一次真正的民族主义复兴。在英国，由于北爱尔兰的基督教徒拒绝接受爱尔兰地方自治，爱尔兰问题发展到新高度。德国内部的分歧不再那么强势，常常和缺乏深谋远虑的普鲁士军国主义混合在一起。在意大利，狂暴的民族主义者都在关注奥匈帝国占领蒂罗尔州和达尔马提亚海岸的事。对俄国来说，每个巴尔干问题都是对斯拉夫人兄弟情谊和俄国激进民族主义的考验。在民族主义的作用下，欧洲大部分地区已经成了名副其实的火药桶。

但是哈布斯堡帝国独树一帜，因为11个民族在这里经过一番斗争后，最终还是在一起生活。凭借1867年的二元君主宪政安排，德国—奥地利和匈牙利控制了这两个国家的政治机构。但是他们必须适应民族多样性，相应地调整他们的对内和对外政策。事实上，哈布斯堡的领导人曾做出努力，向捷克人、波兰人和国内其他民族做出让步，包括斐迪南大公在内的一些领导人甚至准备好付出更多努力。但是不愿妥协的匈牙利精英拒绝为其他组织削弱自己的政治力量。而哈布斯堡的邻国就不怎么友善了，因为罗马尼亚企图占领特兰西瓦尼亚，意大利打算至少把蒂罗尔州收入囊中，俄国想看到帝国的解体，而贝尔格莱德地区的塞尔维亚人打算在哈布斯堡帝国的领土上创造一个大塞尔维亚王国。受克罗地亚和斯洛文尼亚的刺激，其他国家打算建立一个全新的、属于南斯拉夫人的王国。

1903年王朝政变后，卡拉格罗维奇王朝在贝尔格莱德获得执政权。然后塞尔维亚逐渐成了奥地利的死对头，因为它急于看到哈布斯堡帝国灭亡。1908年以来，波斯尼亚危机、巴尔干战争、塞尔维亚领土范围和人口的增长等因素，都让这一关系更为恶化。塞尔维亚政府对那些想在巴尔干地区结束哈布斯堡帝国统治的集团持容忍或鼓动的态度，其中"公牛"的黑手社是最危险的团体。1908年后，哈布斯堡帝国的决策者将塞尔维亚视为民主时代君主政体生存的主要威胁。正如西方在20世纪90年代的所做所为一样，塞尔维亚领导人在奥地利眼中，其政治和外交方面的主要行为就是欺骗和逃避。1914年6月，哈布斯堡帝国的领导者认为，很快就要和塞尔维亚进行最后一笔账的清算了。

虽然问题重重，但是1914年春天，欧洲的情况比过去四年中任何时候都稳定。可以明确的是，德国和俄国因为德国对奥斯曼展开军事行动而争论不休，两国的军事媒体互相嘲讽。昔日盟友罗马和奥地利都想控制阿尔巴尼亚，对阿尔巴尼亚的归属问题进行了激烈的交涉。维也纳不得不接受罗马尼亚显然已经脱离了同盟国的这个事实。然而相反的是，塞尔维亚和奥匈帝国举行了一系列看似大有希望的经济协商。更令人惊讶的是，英国海军在6月底访问基尔的德国舰队，英、德关系几乎一片宁静和谐。

其实各国面临的主要是国内问题。在法国，亨利埃特·克劳夫人因为《费加罗报》主编对她丈夫造谣诽谤而将其谋杀，这一案件成了人们茶余饭后的话题；在英国，多年来悬而未决的爱尔兰问题，曾差点让英国高级军官发动了兵变，他们急于在国内加强统治；在俄国，一些主要城市因为战前大罢工而无法进行正常的生产活动；在德国，社会主义者的势力逐渐崛起，引起人们的阵阵恐慌；在奥地利，由于捷克和德国之间的矛盾冲突，议会于3月份休会；在匈牙利，生活在特兰西瓦尼亚地区的马扎尔人（匈牙利主要民族）和罗马尼亚人的紧张关系不断加剧。

不过可能塞尔维亚的情况最为危险，因为塞尔维亚的文官政府（得到俄国的支持）不断受到塞尔维亚军队的攻击，军队试图成为国中之国。更糟糕的是，尼古拉·帕耶伊总理于6月初下台，但在俄国的坚持下实现复辟。尽管欧洲的这些内部问题令人担忧，但并不会给国际和平带来危险。亚瑟·尼克尔森长期以来一直担任英国的外事副国务卿，1914年5月初他表示，近几年从未见过如此稳定的国际局势。

6月28日星期天，萨拉热窝的两声枪响打破了这种假象。这次枪击事件必然会将欧洲各国内外政策的所有危险点集中在一起，随之而来的就是第一次世界大战的爆发。

奥匈帝国的反应

虽然塞尔维亚的暗杀行动成功了，但也对帕耶伊的文官政府构成了威胁。"公牛"和他的黑手社手下早已同室操戈。在这之前，帕耶伊没有调查到这个秘密组织的主张，现在他发现自己需要做出妥协。1914年6月初，帕耶伊总理隐约听到过密谋暗杀的谣言，他甚至想打听具体情况，但"公牛"对此保持沉默，拒绝告诉他任何细节。现在还不确定，塞尔维亚是否告知过奥匈帝国警惕暗杀行动。无论如何，谋杀发生后，总理不能承认他事先知道暗杀的阴谋，也不允许奥匈帝国方面有任何将暗杀活动的细节公之于众的行动。任何妥协行为不仅会对他的政治地位产生威胁，也会让"公牛"和他的手下试图发动政变，或者出现更糟糕的情况。

6月28日后，帕耶伊试图减少塞尔维亚新闻界对斐迪南大公死讯的冷嘲热讽，但是成效不大。虽然他也试着对奥地利表现出安抚和亲切之感，但他知道哈布斯堡帝国一定认为普林西普和塞尔维亚有着某种联系。他只能寄希望于哈布斯堡的调查员，不要在"公牛"和其他人之间制造某种直接的必然联系。

不过帕耶伊已经解决了这个问题，他不能容忍任何哈布斯堡王朝对塞尔维亚主权或对他和军事当局权威的侵犯。如果他做出任何让步，就会暴露自己，并受到政治对手的攻击，同时也会令其他文官遭遇危险。因此，面对"七月危机"，塞尔维亚会采取中和政策，看似巧妙地躲避了各种问题，实则别有用心。战史学家认为，俄国没必要使塞尔维亚问题陷入僵局。面对萨拉热窝枪击事件，塞尔维亚领导层制定了自己的应对路线，意味着要和奥匈帝国进行最终对抗。

虽然斐迪南大公和苏菲的死讯震惊了哈布斯堡的领导层，但是他们的葬礼并没有得到皇室的重视，只有少数人对他们表示同情。所有的高层领导都想对塞尔维亚采取行动——因为大家都知道塞尔维亚对这次袭击事件负有责任。84岁高龄的皇帝弗朗茨·约瑟夫听到消息后，从巴特伊施尔的狩猎别墅匆匆赶回维也纳。接下来的六天时间（到1914年7月4日），哈布斯堡帝国的领导层三三两两地聚在一起议论皇室对二人死讯的反应，并对暗杀事件后波黑地区大范围政治动荡局势进行预估。由于皇室曾三次差点与波黑交战，所以我们不能忽略之前1912年和1913年的紧张局势。每一次好战的对外手段都能大获全胜，俄国对此也只能照单全收。

奥匈帝国总参谋长弗兰兹·康拉德·冯·霍茨坦多夫将军，是最为好战的哈布斯堡领导人，他确实对1914年战争负有主要责任。在前几次危机中，他曾向塞尔维亚发动了50多次战争，而且经常感叹，如果皇室1908年袭击塞尔维亚的话，取胜的概率很大。在"七月危机"中，康拉德再三强调，最后清算的时机已经到来。康拉德在1912年和1913年要求发动战争，但是受到了弗朗茨·斐迪南大公和外交部部长利奥波德·伯克托尔德的阻拦。现在斐迪南大公死于枪下，伯克托尔德决定采取行动。除了匈牙利总理伊斯特凡·蒂萨，所有的领导人都想解决塞尔维亚问题。为了使其保持国际信誉，皇室必须证明，南斯拉夫民族运动不能毫无底线，恣意妄为。

萨拉热窝的报道声称，这次阴谋确实和贝尔格莱德的某个低级官员有关系，而且不止一个官员——这些报道让哈布斯堡帝国更想解决塞尔维亚问题。尽管在1914年还没有确切证据，但是官员都推断出塞尔维亚政府已经采取了措施，而且有可能策划了这次行动。考虑到这一证据，哈布斯堡领导层很快提出了三个方案：对塞尔维亚实行外交高压；对塞尔维亚果断采取军事行动；下发最后通牒，如果遭到拒绝就采取军事行动。7月3日，迫于康拉德和军事领导层的压力，弗朗茨·约瑟夫只能同意采取行动，不排除发动战争的可能性。只有伊斯特凡·蒂萨反对通过军事行动解决问题，而任何军事行动都必须获得他的许可。蒂萨希望通过外交手段解决问题，而且他想在政府做出最终决定之前确保德国对其提供支持。但是他坚决反对任何军事行动，这样一来就剩下两个选择，要么实行外交策略，要么通过外交或军事联合解决问题。不出所料，那些一心想采取军事行动的人选择了第二种方案。

7月4日，奥匈帝国的外交部部长伯克托尔德将他的下属亚历山大·霍约斯派到柏林以寻求德国的支持。霍约斯十分好战，他带了弗朗茨·约瑟夫写给德国皇帝威廉二世的亲笔信，还有一份用于对塞尔维亚采取行动的长备忘录。他在柏林受到了热烈的欢迎。德国完全明白奥地利的用意所在，即哈布斯堡领导层意图和对塞尔维亚进行军事清算。德国领导层（各种原因，后文详解）同意哈布斯堡帝国提出的要求，意识到这可能是它与塞尔维亚的保护伞俄国之间的全面战争。

获得德国的支持后，奥地利的领导层于7月7日召开会议，制订计划。康拉德将军信心满满，他觉得一定能大获成功；其他部长试图说服蒂萨接受军事行动的方案。同时，领导层拟定了初步的外交策略。7月13—14日，匈牙利总理蒂萨最终不得不同意强硬的军事行动，接受了可能与塞尔维亚开战这一事实——他这样做的主要原因是，他担心塞尔维亚和罗马尼亚一旦结盟，就会威胁到匈牙利统治下生活在特兰西瓦尼亚的300万罗马尼亚人；同时，他们准备好了最后通牒草案，安排好欺骗欧洲其他国家的策略，还将一些休假的军人召回了部队。

但是发出最后通牒的时间仍然是个主要问题。7月20—23日，法国总统雷蒙·普恩加莱和总理勒内·维维亚尼对俄国进行国事访问，这样一来情况更加复杂，下发最后通牒的时间遥遥无期。伯克托尔德不想在法国领导人访问俄国期间提出这些要求，这都是可以理解的，但是这就意味着下发最后通牒的时间要延迟到7月23日下午。最终，他们会在贝尔格莱德下发48小时最后通牒——但其实根本没办法实现通牒的各项要求。

7月5—6日，德国决定全力支持奥地利，这成了欧洲近现代史上最为热议的话题之一。这样一来，德国为何会有这样强烈的反应就不足为奇了，毕竟早在1900年，威廉二世和弗朗茨·斐迪南大公的关系就很亲近；更何况他们才刚会面，在思想方面就达成一致。此外，西奥博德·冯·博斯曼德·霍尔维格总理认为，德国应该向奥地利表明自己支持最为忠诚可靠的盟友。更具争议的是，在德国军队的压力下，柏林的文官是不是应该将萨拉热窝刺杀事件看成一次天赐良机，对俄国发动预防性战争。这一说法的缘起是，俄国的军事力量逐渐崛起，德国对此备感担忧，因为据说俄国的军事防备在1917年达到顶峰。几十年来，俄国和德国的军事关系在1914年初跌到了最低点，而且威廉二世的军事顾问不会对奥地利有一点限制，这和之前的巴尔干事件截然不同。欧洲的军事竞争不断加剧，事态愈演愈烈，一直蔓延到"七月危机"。

尽管如此，德国领导人竟然达成一致，支持奥匈帝国和塞尔维亚一决胜负。因此，德国国王和总理对奥匈做出了正式的承诺（也就是所谓的空白支票）。就此，奥匈帝国开始向塞尔维亚进军。"七月危机"下一阶段逐渐展开后，德国将发现无论是好是坏，自己都会受到可靠盟友的摆布。

奥匈帝国对塞尔维亚的最后通牒

德国一直等了两周多，等哈布斯堡领导层做出最终决定后再展开行动。在此期间，德国皇帝在北海航行，德国军队和海军司令部对自己的安排信心满满，在德国的旅游胜地享受假期。同时，奥地利一直在拖延，博斯曼德·霍尔维格对此非常恐慌，他也开始担心德国对外政策的"潜在风险"和"跃入黑暗"会带来不好的结果。但是他支持奥地利的决心并没有因为这些顾虑而有丝毫动摇，他只希望哈布斯堡帝国能迅速而果断地采取行动。

7月20日，欧洲到处都是哈布斯堡帝国即将对塞尔维亚宣战的谣言。英国政坛的焦点依旧是爱尔兰问题，法国公众还在关注克劳谋杀案，而奥地利开始对塞尔维亚展开行动。结果7月23日之前，协约国都没有对伯克托尔德提出异议，而且外交部部长并没有发挥多大作用。接着，在7月23日下午6点，哈布斯堡帝国部长瓦迪米尔·吉尔斯按照指示，在贝尔格莱德将最后通牒发给了塞尔维亚外交部。英国外交部部长爱德华·格雷爵士将其称为"一国对另一独立国家下发的最过分的文件"。

最后通牒的时间是48小时，它要求塞尔维亚做出让步，并成立一个委员会调查这起刺杀事件。帕耶伊本来在其他地方参加竞选活动，收到通牒后匆匆回到贝尔格莱德起草答复。在答复中，他承认了最后通牒的几点内容，但是对奥地利的关键需求决不让步——因为如果让步，可能会让奥地利认为帕耶伊本人和他的政府是这起谋杀事件的共犯。

和萨拉热窝刺杀事件一样，哈布斯堡的最后通牒也给欧洲带来了巨大的震惊。虽然人们还没发现和平下隐藏的危险，但是欧洲外交官（以及他们的陆军和海军军官）都意识到危机四伏。在这样的情况下，反应最直接最强烈的是俄国，而不是德国。得知最后通牒的消息后，俄国外交部部长谢尔盖·萨佐诺夫立即宣战，这在很大程度上使全欧洲都卷入战争，而这些都是无法避免的。

还没等塞尔维亚做出回应，在7月24日的参议院会议上，萨佐诺夫和其他人就一致要求俄国大力支持塞尔维亚。因为担心俄国无法控制泛南斯拉夫运动，他坚决敦促采取行动。尽管当时俄国的军事改革尚未完成，但是他的上级领导还是支持这一做法。前不久法国对俄国进行了国事访问，这让俄国人信心倍增，因为如果一旦开战，法国一定会支持俄国。

在萨佐诺夫的催促下，第二天议会取得了沙皇的许可，开始启动各项军事措施，为局部或全体动员工作做准备。议会决定进一步开展局部动员工作——这样可能对奥匈帝国形成威胁，使其不敢贸然攻打塞尔维亚。在整个"七月危机"中，俄国最早展开军事行动，产生了极大的影响。这些措施的范围广大，所涉及的范围包括德国和奥地利。而德国的军事情报局自然会把俄国这些举动看成是某种形式的动员工作。在这次危机中，俄国逐步加强边境安全，召回部分军队，这些行动都充满挑衅，令人不安，远超奥地利一心应战的决心。

另外，爱德华·格雷爵士拼命想充当和事佬，就像1912年他在巴尔干事件中所扮演的角色一样。但他所做的一切都徒劳无功，因为他没能让奥地利延长最后通牒的时限。7月25日下午6点，吉尔斯认定塞尔维亚的答复不够充分，然后打破外交惯例，马上动身去了附近的哈布斯堡王朝领土。由此一来，"七月危机"不断扩大，形势岌岌可危。

格雷仍然在为争取和平四处奔走。他打算发起一次四国讨论会，缓解这次危机的紧张局势。不过他没法让俄国或德国接受同样的建议，进行某种形式的调解或外交商讨。格雷失败的一部分原因主要是德国的两种假设情况，即英国可能会袖手旁观，而德国对奥地利的大力支持可能最终会吓退俄国。

具有讽刺意味的是，格雷的每一次努力都会让伯克托尔德感到恐慌。现在他决意开战，阻碍当地冲突的任何干预。事实上，哈布斯堡的外交部部长很难让康拉德将军同意在7月28日星期二开战。这一声明发出后，便是塞尔维亚和奥匈帝国间的混战——这样一来，紧张局势进一步加剧，塞尔维亚自然而然地把这场混战夸张成奥地利的大规模袭击。这就意味着，俄国会用这次混战来表明自己对塞尔维亚的支持，同时准备下一步的军事行动。

到7月28日，欧洲各国都采取了一些陆军及海军方面的备战措施。法国和德国重新征集了一些前线部队，奥匈帝国为袭击塞尔维亚开始动员工作。在英国，第一任海军大臣温斯顿·丘吉尔获得了内阁的批准，保证英国舰队在军事演习后完整无损。7月29日晚上，他下令英国舰艇通过英吉利海峡进入北海阵地。可以说多亏丘吉尔，英国才成了欧洲战争中第一个维护切身利益的大国。

此时格雷还在寻找解决办法。但是爱尔兰问题久久悬而不决，英法两国由于政策问题过于亲密，内阁成员之间的分歧日益增大，这些问题对格雷而言都是重重阻碍。在7月最后一周时间里，格雷多次尝试获得内阁的同意，通过英国的干预威胁德国——但是这一想法遭到了内阁成员中激进分子的拒绝，因为他们不想让英国卷入大陆战争。

现在格雷想促成英国和比利时签署条约，承诺保证比利时的中立国身份；与此同时，德国保证比利时和法国会在战后恢复双边关系，试图以此让英国保持中立——但这无疑是一个致命的错误，因为格雷不仅果断拒绝了这一贿赂，还把矛头对准了德国。7月31日获得内阁的许可后，格雷要求法国和德国保证比利时的中立国地位。法国照做，而德国并没有。格雷在道义和战术方面取得了胜利。

在圣彼得堡，决策者反复商讨，以确保能应对危险。7月28日，萨佐诺夫意识到，奥地利不会因为对奥匈帝国的局部动员而受牵连。事实上萨佐诺夫的长官都认为，局部动员会让全体动员的情况更为复杂，因此他们都支持萨佐诺夫开展全体动员工作。他获得了沙皇的批准。只有尼古拉二世稍显犹豫，因为他收到了来自表兄威廉二世皇帝的消息，不过威廉二世发来的电报也没有什么重要内容。7月30日，沙皇意识到，德国可能会做出回应，会将袭击的矛头指向俄国的盟友法国，所以他下令开始总动员。

俄军的总动员给德国最高司令部清除了一些障碍。首先，这意味着任何谈判都不会有结果，包括奥地利停止进军贝尔格莱德这一提案也不会有任何结论；其次，德国可以宣布进行"防御战争"来防卫俄国的侵略，这一策略帮助霍尔维格在国内达成共识；最后，表明总理只能接受赫尔穆特·冯·毛奇将军的要求，在德国开展动员工作，并实施战争计划。霍尔维格意识到德国是个只身独立的大国，开展动员工作就相当于进入战时状态。然而只要德国开始动员工作，首相就没有太多控制权了。

1914年8月1日星期六晚上7点，德国正式向俄国宣战。第二天，德国军队入侵卢森堡；当天晚上，德国向比利时提出要求，允许德国军队借道比利时进军法国。比利时内阁在会上决定抵抗德国的进攻。

虽然法国已经开始了动员工作，但是法国政府一直急于让英国从中调解，所以让法军驻扎在距离法国边境6英里（1英里约为1609米）的地方。在伦敦，法国大使保罗·康邦三番五次地要求英国政府承认英法联盟之间有关道义和军事义务的不成文约定。尽管如此，8月1日星期六，英国内阁还是决定拒绝对法国做出任何承诺。8月2日星期日，内阁同意格雷做好接下来两步措施，即英国将保护法国北部海岸地区，让其免受任何德国海军的袭击，而且英国将要求德国放弃攻击比利时。英德大战一触即发。

8月3日星期一，英国内阁回顾了当天下午格雷在议会的讲话要点。他的演讲内容非常公开化，提到了英法的军队和海军机密安排，通过他的演讲我们可以得知英国肯定会从中干预，保持均衡，而且它将誓死保卫比利时和法国。如果德国仍然在西部展开进攻，法国将坚决开战。8月4日星期二，最后一项要求从伦敦转送到柏林，遭到拒绝。1914年8月4日晚上11点（格林尼治时间），英德开战。

战事时间表

开战后，各国的注意力转向事先安排好的动员计划。海军面临的问题相对简单，准备好展开大型海战，加强或阻挠海上封锁政策，保护好海岸线，保持航线畅通，就可以应对问题。而陆军面临更大的风险，因为如果一支军队战败，很有可能整场战争也就结束了。大家都认为应采用进攻性战略，每场战役速战速决，再加上精心准备的计划，他们已经准备好应对几乎所有可能发生的意外事件。

各国的战争计划中都包含详尽的动员工作日程表，而且各将领都想最先开展动员工作。虽然动员工作意味着更容易开战，但是只有在下列两种情况下它可以保证各国大范围地参与：第一，如果俄国展开动员工作，德国会效仿俄国，并且立即进攻比利时和法国；第二，如果德国的动员工作不受俄国挑衅的影响，那么最终结果还是一样。俄国任何形式的全面动员工作，都会引起德国的警惕——因为对德国而言，动员就意味着战争。可能只有极少数的文官完全理解各国之间的相互联系，有些军事策划者都吃不准这些联系。

1914年德国的战争规划简单又危险，机械化程度相当高。为避免受困于法俄之间的两线作战，德国会最先在西边发动袭击，侵犯比利时的中立地位，在大规模的扫荡行动中包围并压垮法国军队。一旦法国战败，德国会重新部署其主力军对抗俄国，在奥匈帝国的帮助下结束战争。俄国试图立即向法国提供援助，扰乱德国在西边的进攻。俄国部队会在东普鲁士袭击德军，其他俄军向南行进到加利西亚，对抗哈布斯堡军队。但是要想达到目标，俄国不得不马上展开动员工作，因此他们在"七月危机"伊始就制订了计划，而这些计划将会给欧洲的和平态势带来重大影响。

值得注意的是，意大利在1914年8月采取了一些初步措施，但是将全面动员工作推迟到后期。即罗马不再进行干预，而不是很快卷入了一场博弈，各方为是否参战角力。直到1915年8月，意大利这一仅剩的战前主要盟国才加入了战争，但是它改旗易帜，加入了与同盟国对立的协约国。

战事升级

1914年8月10日，欧洲处于战争状态。这场战争从第三次巴尔干战争开始，迅速发展成了第一次世界大战。对这些事件，怎样进行责任认定？是谁引发了第一次世界大战？哪些做法本可以避免战争爆发？自1914年以来，这些问题让各个时代的历史学家都深感困扰，因为一直没有确切的答案。不过以下的评论可能会说明这些问题的背景。同盟国或协约国建立了联系机制，让国家对政策发展的控制进入新的高度——一国只拥有部分控制权。最重要的是，由于德国一心想发动进攻性战争，所以俄国和德国每一次发生冲突时，法国都会卷入其中。直到1914年，同盟国或协约国之间的分歧日益增多，足以超过联盟带来的影响。

德国大肆疯狂的行为和1898年后德国和欧洲的政治特点几乎如出一辙，这一行为的后遗症就是德国完全失去了公信力。因为只有对德国来说开展动员工作才等于开战，所以德国的所作所为事实上是一种狂妄的举动，让整个国际社会不寒而栗。具有讽刺意味的是，部分历史学家认为，德国在1914年实行的政策可能没以前那么强硬。但是那年夏天，德国为其先前咄咄逼人的气势付出了代价。

塞尔维亚对恐怖主义的行动不闻不问，试图逃避所产生的后果。1918年南斯拉夫国家建立后，塞尔维亚成为这场战争最大的赢家。不过荒谬的是，导致奥匈帝国垮台的民族冲突，也会对这个新国家和1945年后的继任者产生困扰。

尽管奥匈帝国担心南斯拉夫作为一股政治力量逐渐崛起，会对其产生威胁，但是这个二元制君主国无法进行完善的自我改革以应对挑战。弗朗茨·斐迪南大公生前爱好和平，他的离去让国家无法控制康拉德将军的野心，并安抚民众的恐惧。奥拓卡尔·切尔宁的墓志铭虽然听起来很刺耳，但是不无道理："我们被迫走向死亡，我们所能选择的只有如何死亡，而我们选择了一种最可怕的死亡方式。"

德国认为应该支持自己的多瑙河盟友，但是反过来又会影响其对俄国和法国的立场。没有德国支持的话，奥地利可能会有所犹豫，或者对贝尔格莱德采取更为温和的态度。但是为了支持奥地利，同时让俄国和协约国分道扬镳，德国会冒险加入大陆战争，实现短期和长期目标。其实德国和奥地利算得上这场危机的始作俑者，又让事态变得难以控制。

不过俄国也对最后的结果负有主要责任，因为在这场战争中，俄国一直决心支持塞尔维亚，不愿意同德国和奥地利进行协商，而是迅速采取军事措施——这些举动都不断加剧了这次危机的紧张局势，最终失去了控制。7月30日，俄国开展全体动员工作，这场灾难一触即发。

另一方面，俄国做出这些决定要面临的是与法国结盟的各种后果。尽管法国抱有很大期望，但实际上和俄国结盟并未使法国免于重创，更确切地说，是法国自食其果，成了俄德战争的牺牲品。在整个危机期间，法国领导人未能说服俄国谨言慎行，却努力获得了英国的帮助。

对英国政府而言，在1914年8月做出决定并非易事。格雷不能对严重分裂的内阁进行攻击。英国和法国十年前的友好协定内容模糊，尚不成文；这些友好协定根据前人的旧俗而来，具有非确定性质。爱尔兰问题造成的政治环境十分恶劣，同样造成掣肘。格雷急切地希望英国的干预能对德国形成威胁、阻碍其行动，但事实上并非如此。格雷是否还有更多选择？考虑到英国的政治体制和自由党执政的不稳定因素，也许格雷能做的也只有这些。最近有一些人断言，可能当时只有一支庞大的英国军队才能阻止德国行动，但这种情况是不存在的。

1914年7月，一两个关键决定可能就会避免战争爆发。事实上，"七月危机"就是战事不断升级的后果。人们期望速战速决，打一场进攻性战争，把战争当成一种政策性工具并对此深信不疑——但很快就可以证明这一切都是假象和妄想。现代战争充满了冷酷、坚韧和不屈不挠，很快代替了大众媒体笔下浪漫神勇的传奇。少数精明的决策者（君主、文职大臣、海军将领和将军）发动了这场战争；无数百姓因此而丧命，才为这场战争画上了句号。

第二章

同盟国的战略，1914—1917年

霍格尔·阿弗雷巴赫

德国战无不胜吗？

同盟国是否有望赢得一场大陆战争？尽管在1914年以前很多人讨论这个问题，但答案并不简单。这场战争的政治环境包含了太多未知数，因此，我们只能对获胜的概率猜测一番。有一点对德国来说是显而易见的，即马上开战的大陆战争将是一场联盟战争，法国和俄国将联合起来对抗同盟国。但是意大利会和同盟国战友并肩作战吗？同盟国的另一盟友罗马尼亚又会如何？英国一直和大陆联盟撇清关系，这一次它又会如何呢？

我们很难预测这些大国会采取怎样的行动。德国军队仍然相信他们能够赢得下一场战争，但面对这些不确定因素，他们也只是凭直觉自信满满。1914年以前，德国总参谋部认为它所指挥的是欧洲最为训练有素、最强大的军队，这支军队能像1870年一样打败法国，然后在与任一大陆强国的对决中战无不胜。尽管如此，这并不意味着德国认为胜利唾手可得，它也看到了这场战争中所包含的各种危险因素。1914年7月，年轻的赫尔穆特·冯·毛奇（小毛奇）在演讲中说，这场可怕的战争将摧毁欧洲几十年来的文化生活。许多人也持同样的观点，其中包括接任毛奇的总参谋长埃里希·冯·法金汉，他认为就政治而言，只有美国和日本会从这场欧洲战争中获益。不过，德国将领都抛开政治和人道主义因素，从军事角度考虑问题，他们认为这场大陆战争虽然极具复杂和危险因素，但都是可控的，特别是和俄国及法国的两场战争。他们都是专业素质很高的军人，极度渴望投入战斗，丝毫没有逃避的念头。

德国人觉得自己一定能大获全胜，而且他们认为即使情况有所恶化，最糟糕的就是陷入僵局。1914年，德国人担心接下来几年其军事优势将会消失。不足以取得胜利，尤其看到俄国重新武装军队就更为担心。尽管忧心忡忡，德国人还是对自己的优越条件充满信心。欧洲的军事力量能说明战前的局势：

表1　1911年同盟国和协约国的战争力量

军队	军团（个）	师部（个）	动员总人数
德国	26	90	3 479 000
奥匈帝国	16	57.5	2 025 000
同盟国总数	42	147.5	5 504 000
意大利	12	37	1 200 000
协约国总数	54	184.5	6 704 000
法国	21	70	3 348 000
俄国	37	137	3 750 000
德奥同盟	58	207	7 098 000
英国	——	7	350 000
协约国总数	58	214	7 448 000

老毛奇和施里芬的战争计划

法国和俄国有可能和德国交战。他们的军队数量多于同盟国，但是军队素质略占下风，而且俄国需要一定时间调动其全部力量。1858—1888年，老毛奇担任德国的总参谋长，他认为下一场欧洲战争将耗时长且进度缓慢。1890年在最后一次公开演讲中，他警告：下一场战争可能"长达七年甚至三十年"，然后他制订了相应的计划。他打算将德国军队一分为二，分别在两条战线上展开防御战。这个计划虽然有可行性但毫无吸引力，因为它并没有明确指出德国如何取得胜利或者保持战斗力，只是拼命坚持，试着和敌人小范围交火——希望他们能在某一时刻放弃抵抗。老毛奇的计划和1914年底的实际情况惊人的相似：德国军队分布于东西两线，任一战线都不足以采取果断行动，但都足以抵抗敌人；反过来，他们的敌人也无法击败同盟国。

这并不是德国总参谋部所策划的战争；对这一结果的预期可能会让德国改变"七月危机"中的决定。德国1914年的战争计划与之完全不同，它和阿尔弗雷德·冯·施里芬伯爵有着某种联系。施里芬伯爵是第二任总参谋长，老毛奇的继任者，他的新备战方案在许多细节上有所改进，一直到1914年仍然有效。虽然他的想法多变，但主要目的是集中德军西线力量与法国速战速决；然后转移至东线部队，和奥匈帝国共同对抗俄军。1914年，德国在西线部署了七个陆军军团，只有一个军团坚守在东线，保卫德国东部各省。在几周时间里，奥匈帝国的军队不得不孤军奋战，抵抗俄军的进攻。这个计划最大的好处在于它似乎告诉德国如何在大陆战争中取胜。在法国战败之前，奥匈帝国不得不顶住俄国的进攻。而问题在于奥地利对这一切并不知情，奥匈帝国的参谋长康拉德·冯·霍茨坦多夫还在制订计划：他把哈布斯堡军队分成塞尔维亚和俄国两条战线，并建立了一个主要的预备部队，将其派往两个阵地最需要的地方。康拉德将军也认为，只有进攻才能取胜，并不寄希望于德军。

谋求胜利：战争最初几个月

德国在西线的大规模进攻进展顺利，各部队进军到比利时和法国北部。到1914年9月初，德国总部有一些人已经在想象西线战事的盛况。9月9日，西奥博德·冯·博斯曼德·霍尔维格总理的秘书库特·里斯勒起草了一个新和平时期的第一项计划。这是一份战争目标清单，囊括了在法国和比利时获得的权益，并设想建立一个以德国为主导的中欧经济集团。但就在同一天，德国不得不停止进军，因为马恩河战役改变了战情，成为转折点。

尽管德军在东普鲁士的坦能堡大获全胜，但是他们在南线打得并不顺利。奥匈帝国的军队在塞尔维亚和俄国的合力进攻中战败，成了这两条战线的防御性阵地。尽管康拉德·冯·霍茨坦多夫将军责备德军没有及时赶到共同抵抗俄军，但这样的局面很大程度上来说是他自己造成的，因为他高估了自己军队的能力。马克斯·鲍尔上校曾这样评价康拉德将军："虽然他的军事理论很丰富，但是很遗憾，奥地利军队无法实现他的目标。"

1914年秋天的僵局

对同盟国而言，1914年秋天的经历值得深思。马恩河一战溃不成军，小毛奇完全失去了理智，威廉二世和军队高层不得不让法金汉接替他的职位。1914年11月，法金汉战败，他意识到：在这样的军事僵局中，德国的前景并非一片光明。他曾向博斯曼德·霍尔维格阐明长时期军事消耗战的事实。相比经济条件优越的敌军，同盟国实力耗尽的速度会更快。他要求总理从政治上找到一个方案解决冲突，建议与俄国或法国单独媾和，或者与两国共同和平相处，让德国能继续抵抗英国的进攻，如果必要的话可以使用潜艇解决问题。这样一来，博斯曼德·霍尔维格不再像以前一样看好法金汉，因为用这样的策略开战，只不过意味着杀敌一千，自损八百。不过在接下来几个月里，德国的外交领导人确实研究了一下单独媾和的可行性，尤其是与俄国单独媾和。

因此，从1914年11月起，德国和奥匈帝国的战略就是坚持抵抗，直到从政治上找到解决方案。尽管两大集团完全陷入了僵局，但他们都没有准备好为全面和平进行谈判。现在还有两种可行的办法。第一个办法是试着和敌国的某一方单独媾和，集中力量共同打败其他敌方；第二个办法是拉拢新盟友，改变力量均势。虽然双方都想通过后者解决问题，但事实证明，第二种方法有利也有弊，原因是：各国的利益所在和战争目标存在分歧，导致和平谈判的进程举步维艰。而说服新的力量加入同盟国需要做出各种承诺，这样才能将对方完全拉拢过来，但是这些承诺只会让同盟国更加左右为难。

奥斯曼帝国干预

奥斯曼帝国参战对协约国影响不大，对德国及其盟友而言则是有益而无害。在整场战争中，德国的战争目标比主要盟国奥匈帝国的大得多。并不是说奥地利没有野心，它只是服从德国的要求——而且在后来的战争中，奥地利极度渴望实现和平。奥斯曼帝国于1914年11月加入同盟国，刚开始它只想获得一个联盟的庇佑，除此之外别无他求。但是德国没有做出任何承诺，甚至没有保证奥斯曼帝国的领土不受侵犯。另一方面，奥斯曼帝国参战并没有增加实现和平的可能性，因为和平会鼓动协约国制订大计划分裂土耳其帝国。

最终土耳其军队证明敌友双方都低估了奥斯曼帝国的能力。不过，虽然它牵制了大量协约国军队，增强了同盟国的军事力量，但不足以打破欧洲的僵局。

为东西线的正确策略而战斗

1914年底，德国军队领导层出现了明显分歧，他们对之后的作战方向和取得胜利的概率各持己见。保罗·冯·兴登堡和埃里希·鲁登道夫是坦能堡战役的英雄人物，他们就是"奥博斯特"（Oberost，即东线最高指挥官），主张建立一个"乌博—坦能堡"。他们意欲模仿康拉德·冯·霍茨坦多夫将军的做法，对俄国展开大规模的围攻行动。对他们来说，波兰实在是充满了诱惑。康拉德将军打算带领一支队伍向东北方向前进，让兴登堡和鲁登道夫带着另一支队伍向东南方向进军，然后两支队伍在华沙东部会合，拦截俄军并将其歼灭。不过法金汉觉得这一方案不可行，因为他的储备军数量不够，无法开展这个大规模军事行动。而且，俄国在华沙东部地区有着完备的铁路设施，他们可以逃脱包围，甚至有必要的话会撤回俄国。

法金汉曾受过普鲁士和克劳塞维茨传统理念的熏陶，他觉得俄国太过强大难以战胜。他说再来一场坦能堡战这样的战役并非易事，而且俄国地域广袤，他们对这样的地缘性挑战束手无措，在西线开战时更是如此。自1812年以来，俄国的军事学说所持的看法是：只有征服整个俄国，才能让它结束战争，实现和平。法金汉认为，或许限制俄国尚有可能，但无法征服整个俄国。

意大利干预和格力士-塔尔诺战役

东线战事频发，奥匈帝国控制区更是如此。俄国在喀尔巴阡山脉发动了大规模袭击，试图强攻匈牙利。意大利是最后仅剩的中立国，东线的局势让意大利参战的概率变幻不定。协约国极力争取罗马的支持，而同盟国虽然名义上和意大利是盟友，但还是想让意大利保持中立。如此看来，意大利的干预可能会打破欧洲的平衡。罗马和双方都进行谈判。与奥匈帝国的报价相比，协约国开出的价码更高。因此，德国对意大利可能倒戈带来的危险非常重视，它甚至考虑用自己的一些领土补偿奥匈帝国的损失。

1915年3月，东线局势急剧恶化。从1914年11月开始，俄军包围了奥地利的普热梅希尔据点；1915年初，救援行动由于风雪天气而不得不停止。1915年3月，普热梅希尔要塞投降，13万士兵被俘。历史学家把这次失败的国际影响和二战中斯大林格勒战役的影响相提并论。此时法金汉不得不付诸行动——虽然他想把重点放在西线，但现在他必须先解决东线问题。这样做的目的主要有两个：其一，稳定东线局势；其二，阻止意大利——因为他认为能让意大利三思而后行的最好方式就是取得成功。

为实现这两个目标，法金汉决定在东线展开局部进攻。与康拉德将军合作期间，在奥古斯特·冯·马肯森将军和参谋长汉斯·冯·泽克特指挥下，他组织了一场奥地利—德国进攻战。1915年5月2日，德国新组建的第十一军和奥匈帝国第四军联合袭击了格力士-塔尔诺地区。由于俄国在喀尔巴阡山脉的战线太长，俄国高级司令部反应迟缓，无法重新组织行动或击退敌军的进攻，俄军不得不进行"大撤退"。由此一来，俄国失去了对俄属波兰的控制；紧接着同盟国于1915年8月进军华沙。截至1915年底，俄国的伤亡人数已达180万人。后来同盟国在格力士-塔尔诺一战大获全胜，随后的行动让所有人大吃一惊。原本的计划范围有限，即解除俄军对加利西亚西部的控制，进入卢卡波。但让人想不到的是，它的范围逐步扩大，可能是这场战争中最大的胜利。尽管这项计划不能让同盟国取胜，但是在它的帮助下，同盟国得以继续战斗，时间长达三年半。而且这次军事行动就是强力一击，加速了俄军的瓦解。

虽然德军在东线大获全胜，但为时已晚，他们还是没能阻拦意大利的干预。1915年4月26日，罗马政府签署了《伦敦条约》，承诺在一个月之内参战。1915年5月23日，意大利对奥匈帝国宣战。不过，同盟国在格力士大获全胜，可以分出精力对付意大利的背后捅刀之举。如果意大利没有参与干预，那么俄国在格力士-塔尔诺的挫败，将成为一战历史的转折点，打破欧洲策略的均衡态势，产生深远的影响。意大利最终加入战争，而德军击溃俄军，抵消了对彼此的影响。

所以康拉德和法金汉在取得胜利时表现得很平静。他们建议俄国应该提供优越的和平条件。但是沙皇对西线盟友不放心，因为沙皇政府担心如果俄国单独媾和，会引起盟友的敌意，而且他们对依赖一个狂傲的德国这件事也持保留态度。除此之外，俄国还有更雄伟的战争目标尚未实现。

1915年的西线战事和加里波利

法金汉认为，从战略方面来说，1915年的东线战役其实就是孤注一掷。1915年5月，在德军和俄军激战之际，西线的190万德军被迫抵抗245万英法联军的进攻。法金汉一直很担心法国的局势，而且其他地方也是问题重重。英法联军试图打通奥斯曼帝国的达达尼尔海峡。1915年3月18日，他们在海面发起的进攻遭到击退。不过协约国于8月25日成功登陆加里波利，控制了达达尼尔海峡。奥斯曼士兵奋勇抵抗，但是他们的物资补给短缺，形势严峻。德国本想给奥斯曼提供军火和装备，但未能成功——因为塞尔维亚控制了多瑙河，中立国罗马尼亚不允许运送战争物资。德国的外交部比参谋部更想帮助奥斯曼，他们探讨了其他方案：一个办法是打败塞尔维亚，顺利通往伊斯坦布尔，但是法金汉和康拉德决定继续关注俄国的军事行动，没有分兵进攻塞尔维亚。

1915年塞尔维亚沦陷

1915年夏末，保加利亚似乎有可能加入同盟国并肩作战，这就更增加了征服塞尔维亚的胜算。保加利亚军队能为同盟国的进攻提供必要的力量支持，保加利亚政府可能被成功游说，原因是：第一，1915年夏天同盟国的军事地位大大提高；第二，同样是获得塞尔维亚的领土，同盟国能提供的比协约国更多。

德国、奥地利和保加利亚三军联合，在攻打塞尔维亚的战役中大获全胜，他们在1915年9—10月成功击败塞尔维亚。塞尔维亚残军逃往亚得里亚海，乘船前往希腊的萨洛尼卡。至此，奥匈帝国完成了最初的战争目标。

1915年底的战略形势

1915年底，同盟国的军事力量更为有利。他们打败了俄国，占领了俄属波兰；在西线成功击退英法军队的进攻；又将巴尔干半岛收入囊中，并控制了通往伊斯坦布尔的供应线。1916年1月，协约国的最后一支队伍放弃了加里波利。不过，尽管同盟国取得了胜利，但是距离战争结束还是遥遥无期。

战争将怎样继续进行？奥地利、匈牙利和德国之间展开了紧密的战略合作，他们于1915年打败了俄国和塞尔维亚——这是当年最伟大的胜利。不过在1915年底，这三国由于争夺巴尔干半岛而不再合作。法金汉和康拉德开始各自为战，为1916年制订计划，但最终他们的计划都宣告失败。

1916年凡尔登战役

法金汉发现，要想实行下一步计划绝非易事。他本想和俄国或法国单独媾和，但是并没达成一致。他仍然觉得只要敌军紧密联合在一起，同盟国就无法果断击败任一敌国。他知道德国根本没有足够的力量去尝试。1915年底，同盟国最担心的就是继续进攻俄国，因为这一战略将会一事无成；如果法金汉愿意撤退并放弃占领阵地，德军就无法追击敌人。因此，法金汉决定在西线发动进攻战。他选择从凡尔登入手，原因是他认为从战术上讲，凡尔登能带给法国巨大的压力。凡尔登是个绝佳的地方，其城市和要塞坐落在山谷中，靠近德国的铁路线。法金汉决定迅速进攻、占领要塞周围的高地，然后在高地上架设重炮，使法国陷入进退两难的境地——因为他们无法顶着高地密集的炮火继续进攻要塞，这样一来不得不放弃占领要塞或者再次控制周围的群山。这种情况和1904—1905年日俄战争中，日军炮击旅顺的战术如出一辙。第一种选择会沉重打击法国的士气。不过他觉得另一种办法具有可行性，即法国展开一场看起来艰苦卓绝的战斗，遭受巨大损失后战败，英国为了对摇摆不定的盟友提供帮助，会为击败法金汉保留其储备军进行救援；同时，他希望再次开始潜艇大战，让英国承受更大的压力。博斯曼德·霍尔维格担心中立国（尤其是美国）采取行动，所以拒绝了这个计划。这一切本应该让敌方恢复理智，回到和平谈判桌进行商讨，但是都未能奏效。

1916年2月21日，凡尔登进攻战开始，并且德军取得了初步胜利。但是德国的进攻部队实力不够，无法控制高地，法金汉的计划因为他自己的错误而失败。为了争夺对凡尔登周围群山的控制权，德军和法军很快陷入了殊死搏斗。到1916年3月，这个计划已经不再奏效。但是德国很难放弃刚到手的战绩，包括杜奥蒙要塞。1916年2月，法国军队占领了这个要塞，而且在德国看来，占领杜奥蒙要塞是拿下凡尔登的关键。现在德国又陷入了两难境地，因为就战术而言，德国不可能放弃那些战争成果，也不愿意将那些付出巨大损失后收入囊中的利益拱手相让。随着时间的推移，这场战争变得越来越可怕、越来越令人绝望，但它仍在进行中，不断有新的军队加入，期待着一点一点占领其他山脉。德国情报部门明显的失败之处在于，他们认为在这场战争中，法国要比德国遭受更多损失。现在，在这种错觉的激发下，他们对这场战争还有坚持不懈的念头。

1916年夏天协约国军队的全线进攻

1916年6月下旬，军事形势有了大变化。半年多来，协约国一直在为协同攻击做准备。1915年12月，他们在尚蒂伊会面策划1916年战略，决定摧毁同盟国最大的军事优势。他们认为这样就能在"内线"进行运作；借助铁路把后备部队从一条战线转移到另一边，在这方面同盟国要比协约国行动更为灵活。一个最明显的解决办法是，所有战线同时发起进攻，这样一来，德国和奥匈帝国就丧失了主动权，无法在战线之间转移后备部队。他们希望能在前线有所突破，最终赢得战争。尽管这些计划的核心是果断进行战斗，但实际上它们的形式都比较平和。特别是在凡尔登进攻战的影响下，他们的准备工作有所延误，而且想要在1916年3月发动常规攻势是不可能的。

1916年6月4日，情况发生了变化。加利西亚前线的俄国军队指挥官A. A. 布鲁西洛夫将军发动进攻——主要依赖于展开突袭，而不是借助长时间的炮轰发动袭击。布鲁西洛夫的进攻减轻了意大利的压力——5月14日，康拉德对意军主力进攻发起了反击，并初步在特伦蒂诺取得了突破性胜利。

事实证明，布鲁西洛夫攻势取得了巨大成功，因为在他的进攻下，奥匈帝国第四军土崩瓦解，被分割成第七军，而且短短几天之内奥匈帝国损失了大概20万人。虽然康拉德的进攻成功打击了俄军向意大利派遣军队的战线，但是俄军对战术十分熟悉，德国自己的士兵也有了厌战情绪；而且奥地利指挥官行事草率，这些问题都让他忧心忡忡。

迫于凡尔登战役的压力，法金汉不得不将德国军队派往东线，避免奥地利军队完全崩溃。1916年7月1日，酝酿已久的英法联军从索姆河开始发动进攻。但从一开始，这场进攻战对协约国而言就是一场重大的灾难，原因在于，虽然英法联军的炮轰长达一周，但并没有击败德军的防卫，英国先遣部队反倒在德国机关枪的进攻中一再溃败。不过德国前线仍然压力巨大，特别是协约国优越的物资补给和工业条件，给防卫军留下了深刻印象。在德国高级军官的日记和信件中，第一次出现了"担心战败"的字眼。直到1916年7月之前，至关重要的问题依然是究竟会取得胜利还是会陷入僵局；但现在这个问题似乎成了究竟是陷入僵局还是战败。

其实这些事件可以用截然不同的方法解释。尽管英国和法国拥有优越的物质条件，但它们还是在索姆河一战中败于德国。从历史角度来看，虽然协约国在索姆河战役中险胜，英国在战争前后也有所学习，但不得不承认这次进攻战其实是一败涂地。西线德军的防守依旧固若金汤，从战略角度来说也不可能有所突破。不过东线战事有所不同，整个奥地利军队在俄国的压力下溃不成军，俄国先遣部队只是暂缓停止了其步伐。

布鲁西洛夫攻势和索姆河战役没能实现击败同盟国这一战略性目标。德国和奥匈帝国取得了巨大的防御性胜利，成功抵挡东西线的进攻。而且罗马尼亚已经于1916年8月底加入战争。罗马尼亚政府认为奥匈帝国已经结束了，想瓜分匈牙利的领土实现其目标。但是同盟国能够发起反击，因为同盟国四国都对罗马尼亚宣战，并从匈牙利和保加利亚开始发动进攻。罗马尼亚统帅部命令各部队在战线之间来回攻击，不过没能顶住先遣军的进攻。1916年12月6日，同盟国部队攻入罗马尼亚首都布加勒斯特。

1916年底的状况——同盟国的和平提议日渐绝望和潜艇战

同盟国在1916年又一次大获全胜，他们借此机会向协约国提出了和平倡议，但是遭到了拒绝。

1916年夏天和秋天的战事表明，虽然协约国的整个军事力量协调一致，但还是无法和同盟国抗衡，罗马尼亚参战也无济于事。相反，罗马尼亚失败后同盟国获得了必要的原材料，经济方面的危机形势有所缓解。

1916年，战争形势与之前有所不同。同盟国为其胜利付出了代价，他们身心俱疲，意识到自身物质材料的匮乏——这些感觉甚至冲走了胜利的喜悦。更糟糕的是，在1916年夏天紧急事件的影响下，同盟国不得不对作战方式进行大刀阔斧的改革。改革的第一步就是1916年秋天停止与俄国单独媾和的进程。德国之前发出的各项提议都遭到了俄国的拒绝，再加上绝望感与日俱增，迫使德国招募波兰军队进攻俄国。即使在1812年，拿破仑也纠结是否拿出波兰这张底牌，因为一旦这样，就无法和俄国达成任何协议。1916年10月，同盟国宣布波兰王国成立。但许多问题依旧悬而未决，比如德国和奥匈帝国控制下的波兰领土何去何从。然而，现在波兰问题公开摆到台面上，使得与俄国的进一步和平谈判更为复杂。

另一种背景中也存在这种激进主义。由于英国实行海上封锁，而且农业劳动力不断流失，化肥短缺，收成不好，导致同盟国的粮食严重短缺。他们似乎可能在战场上大获全胜，但最后却因饥饿而亡。1916—1917年的冬天被称为"芜菁之冬"，德国人每天的口粮下降到了800卡路里的食物。奥地利、匈牙利、保加利亚和土耳其的情况则更糟。奥斯曼帝国的一些地区出现了饥荒。虽然并不是所有地方都出现了粮食短缺，但总的来说这是个灾难性问题，大城市比乡村地区更严重。帝国军事内阁的长官莫里兹·冯·林克将军在1916年10月2日写道："总体情况非常不好。我们的人力不足，国内的状况相当糟糕，粮食短缺问题很难解决。无论如何，这个冬天我们还能坚持一下。事实上，只有奇迹才是我们的救星。我们不能发动潜艇战，因为这将意味着与美国、荷兰和丹麦开战，我们不能那样做。如果我们的敌人没有被彻底击败，谈何胜利？也许我们能打败罗马尼亚，然后得到一些粮食。奥地利看起来很糟糕，由于内部问题和粮食短缺问题而濒临崩溃。这些只能在心里想想，没有人敢在公共场合说这些话。"这就是德国领导人当时的心态，他们宣布发动无节制的潜艇战，最终走向了自我毁灭。

战争伊始，德国潜艇就被用来对付英国的商船。但英国人迅速武装了他们的船只，因此潜艇停下来搜查过往船只非常危险。德国海军部认为，解决办法是让潜艇在安全的情况下从水下击沉过往船只——这样的话就会违反国际法。1915年2月，德国宣布，英国的周围海域为战区，这意味着该地区的任何船只都在打击范围之内。从某种意义上说，这是德国对英国非法宣布整个北海为战区的报复行为，不过二者还是有区别的，因为皇家海军可以控制北海并进行封锁，但德国却不能封锁英国群岛，因为他们的潜艇太少了。潜艇战的目的之一是让中立国的船只远离英国。后来卢西塔尼亚号沉没[1]，美国提出了严正抗议，潜艇战遂在1915年8月叫停。从那时起，陆军和海军就想恢复"无节制的潜艇战"。尽管事实表明，按照"巡洋作战"的原则能让潜艇巡视的效果更好，而且也不会引发太大的政治性问题，但是海军部依然坚持己见，认为只有静悄悄地击沉船只才是最保险的办法。总理和外交部用非常合理的理由拒绝了潜艇战的激进主义，他们不想让美国和其他中立国卷入战争。1916年8月，法金汉被兴登堡和鲁登道夫二人组取代，博德斯曼·霍尔维格的地位有所下降。这二人很快加入海军参谋总长汉宁·冯·霍尔茨多夫的麾下，支持无节制潜艇战。霍尔茨多夫保证，越来越多的潜艇舰队会让战争速战速决，而且在无节制潜艇战的威慑下，英国会在几个月内求和。

关键是美国的态度。德国领导层甚至包括霍尔茨多夫都不希望与美

---

[1] 卢西塔尼亚号当时是英国商船，该次航行是从美国纽约起航的，搭乘了包括近2000名美国人在内的乘客。——编者注

国发生战争。但是支持无节制潜艇战的人也有自己的看法，他们认为美国虽然中立，但还是没安好心，照样给协约国提供武器；而且他们觉得美国加入战争并没多大作用，因为美国并不会完全参战，只是表面做样子。西线军队的指挥官巴伐利亚王储鲁普雷希特是个出了名的悲观主义者，他认为最糟糕的情况可能是美国给法国派遣50万军队。其他人很乐观，他们觉得在德国赢得战争之前，美国不会向欧洲派兵。鲁登道夫这样的一些人甚至声称，他们都不把美国放在眼里，不过在1917年1月，这样的人还是少数。林克日记中的言论表明，1917年2月1日宣布的无限制潜艇战只是绝望之举，并非军国主义的狂妄自大。1917年1月26日，他写道："气温持续下降，痛苦无处不在，而且物资缺乏。我们很有必要马上结束战争。但是该怎么做？潜艇战一定会到来，但是它会成功吗？我们不得而知，但必须赌一把。"

1917年2月1日——同盟国注定战败[1]

1917年2月1日，同盟国注定战败。若不是美国加入战争，协约国不可能取得胜利。1917年3月第一次革命后，俄国退出战争。同年夏天，法国军队士气严重低迷。同盟国也不可能赢得战争，因为他们已经完全身心俱疲。这场战争可能会以互相妥协、实现和平而结束，这符合欧洲僵局的逻辑性，也是顺其自然的结果。同盟国和德国国会先后于1916年12月和1917年7月提出这一解决办法。但是协约国不愿妥协，阻碍了和平进程。如果俄国退出战争后美国没有取代其地位，那么协约国对胜利的信心就会被击得粉碎。

---

[1] 德国计划于1917年2月1日实施无限制潜艇战，相关电报内容被英国截获，这最终促使美国对德宣战。——编者注

第三章

运动战：东西线战场，1914—1915年

丹尼斯·E. 肖沃尔特

前线战事

　　所有大陆强国的战争计划，都依赖于对战事的精准把握和对速度的控制。这一切都基于策略，即从战略、作战方式和战术方面来说持续发动进攻。但是只有德国对中立邻国故意发动进攻。德国军队在施里芬计划中发明了一种很重要的概念，即利用"右勾拳"（right hook）迅速通过低地国家，避免与法国轻率交战。法国修筑的防御工事就是将这种袭击转移到战场。相比于作为法国和比利时快速传递信息的高速通道，荷兰更重要的作用是充当通往世界的窗户。

　　比利时防御工事的关键在于列日要塞，它是欧洲最强大的防御体系之一。德国计划在48小时内迅速拿下列日。但事实证明，德国人盲目自信且缺乏经验，他们用了10天时间才取得胜利，为主力军前进扫清道路，而且投入了十几枚重围攻榴弹炮、口径30.5厘米的奥地利重炮和德国克虏伯炮厂设计的口径42厘米的"贝尔莎巨炮"。

　　三支军队用不少于六个军团的兵力横扫了比利时。他们遭遇了预备役和当地武装力量的几次抵抗，便给这些人以大肆的威胁和报复。1870—1871年的普法战争证明，游击战是非常有用的，并让德国军队相信最好的应对措施就是进行更激烈的打击。他们烧毁村庄，处决平民。1914年8月26日，比利时鲁汶市大部分地区因涉嫌所谓的游击活动而遭到破坏，这使得德国在敌方和中立国眼中也成了邪恶的"匈奴人"。借用塔列朗的话来说，这个错误实属罪大恶极。

　　正当德国右翼军队通过比利时之际，法军向敌人最薄弱的地区发起了进攻。约瑟夫·霞飞在最后的战前发展中制订了"第十七计划"，他认为德军可能会入侵比利时，但是在入侵过程中可能会过度扩张其势力范围。"第十七计划"主要决定了法国的进攻重点，并非进攻策略。霞飞打算将法国所有的动员力量组成五支军队，部署在法国东部边境。如果德国像预期那样侵犯比利时的中立地位，三支军队将朝东北方向进军并会合，如果德国一直向前进军，那么法国先遣部队的主要轴心线将分布在梅斯—托尼维尔防御工事的两边。

　　这个计划最致命的问题在于，它将几乎四分之三的部队都部署在凡尔登南部。考虑到法国的行动注重进攻性，我们可以得知，这样部署兵力为早期入侵阿尔萨斯—洛林奠定了基础。无论那些在1871年脱离法国的省份有多重要，从战略角度来说，他们都走进了一个死胡同。然而，法国于8月4日得知比利时遭遇攻击后，霞飞下令全面进攻洛林。他的目的是解决德国左翼军队，并让他们的战略预备队撤出南方，而他部署在北方的三支军队进军比利时和卢森堡，穿过摇摇欲坠的德国先遣军轴心部队，向前推进。

　　从战术上来说，法国最初的军事活动非常大胆激进，但是作战方式谨慎小心。为了鼓励其他人，霞飞开始痛下狠手，将那些消极应战的旅、师、团指挥官一并清洗。到9月份第一周，至少50名法国将军被调往后方。这种"巨大牺牲"在很大程度上来自于对速度和压力的一味追求。营级以上的部队，24小时内所有指挥官和士兵都要在接到命令的10分钟内做出反应。所有军队的士兵都面临身体疲惫和精神低迷两大问题。英国远征军在8月17日的核心战役中失去了一位军队指挥官，这或许将和其他可衡量的物质因素一样，成为和平计划在战场上失利的原因。

尽管遇到了许多预想中的和意料之外的困难，但是法国第一军和第二军还是在少有抵抗的情况下一路挺进了洛林。他们面对的德军人数并不多，这些人在施里芬计划中的作用是吸引法国军队和法国人对主力军的注意。德国参谋长小毛奇不再相信这一点。8月中旬，看起来法国的军事调动不会受到比利时的阻碍，霞飞会不会真的打算让主力部队穿过孚日山脉，直接进攻莱茵河？

除了小毛奇的顾虑，第六军指挥官，巴伐利亚王储鲁普雷希特的信心也很重要，因为他觉得可以指挥部队在自己所辖军事区成功发起进攻。8月20日，法军进攻莫朗日和萨尔堡的德军重要哨所，直到此时小毛奇还是犹豫不决。法军步兵带着刺刀上阵，结果整排整排地被步枪、机关枪和炮火炸成了碎片。德军在两天内将他们打回到了15英里之外的地方。

第一军和第二军从莫朗日撤退后，法国第三军和第四军进入阿登高地，他们的目的是攻破德国中心。8月21日，法国先锋部队进入了欧洲西部最为险阻的地带，各分队走散后失去了联系。装甲部队和飞机都无法提供德国兵力和活动情况的系统情报。与法国相反，德国第四军和第五军的情况较为乐观。德军都在摩拳擦掌准备战斗，他们的骑兵部队比法国的更强大，更具攻击性。不过，8月22日双方军队陷入战斗时，几乎没有什么可供选择。在一连串的遭遇战中，德国的战斗力凭借所处的地形有所提升——这样一来，战术优势让他们有能力击败法国。法国炮兵发现很难在一些窄道部署火力，因为这样的话他们无法给步兵提供支持。战场上死里逃生的士兵因为巨大的损失而士气低落，在某些情况下甚至出现了恐慌——陆军军官和尉级军官更是如此。

马恩河奇迹

霞飞决定采用以空间换时间的策略，下令让部队从阿登高地撤退，防止德军右翼部队在8月25日对巴黎产生威胁。法国第五军的兵力部署在比利时南部边境；英国远征军刚开始只有四个师部的兵力，现在成了法国的左翼力量。第五军的指挥官查尔斯·朗热扎克是法国和平时期最优秀的将领，在军事方面非常超前，因而备受尊敬，不过也因为说话尖酸刻薄而令人生畏。在8月的前两周里，他的情报部门在第五军辖区研究了德军的兵力和活动情况，内容准确，令人震惊。然而直到8月18日，霞飞才下令向比利时进军。尽管如此，他还是低估了德国先头部队的进军速度。朗热扎克也担心他的左翼军队不断暴露，有可能遭遇袭击。英国远征军指挥官约翰·弗伦奇爵士的无知更加重了朗热扎克的担忧，因为在他看来，弗伦奇及其手下无所事事，不知道自己该做什么。

同时，德国第一、第二、第三军的进攻横扫了比利时，比利时境内幸存下来的英法部队从安特卫普的沿海要塞地撤退，脱离了危险。8月21日，法国第五军和德国第二军在桑布尔河沿岸遭遇。德军在6英里的前线上来回通行，法国指挥官当场发起反攻——这和朗热扎克最初的打算是背道而驰的，原因是前线战斗耗费太多，阿尔贡战役就是前车之鉴。法国对其团级军队缺少管理，步兵和炮兵配合不协调，导致进军步伐一度停滞不前。而德军能做的只有撤回第五军。8月23日在蒙斯北部，英国远征军召开了一次研讨会，讨论了亚历山大·冯·克鲁克第一军的火力情况。英国步兵能在简易的防御阵地中每分钟开火15次，抵挡德军。当天战斗结束时，英军守住了阵地。但是由于两翼军队受到威胁，英军无法一直控制战场。两翼军队受到威胁后，英军加入了盟军行动——也就是后人所称的"大撤退"活动。

8月25日，霞飞和小毛奇都在为再次评估战局苦恼不已。虽然战事不断，但霞飞还是实现了三个目标。法国的进攻战一直受阻，因为德军实力远比预想中强大，而且他们的力量进一步扩张到北部，超出了霞飞的设想。另一方面，法国遭受了空前的损失——战事毫无进展，却在不到两周时间里损兵折将30多万。这对一些专业人士来说实属意外，因为他们曾公开质疑，被匆忙动员起来的民众是否有能力承受这样的打击。法国军队可能在撤退途中放弃了自己的仓库和通信路线。霞飞利用这些情况，将部队转移到他的左翼，然后创建了新队伍第六军，扩充英国远征军西边的协约国兵力。值得一提的是，此时的霞飞依然性格稳重、木讷寡言，与平时相比有过之而无不及。也许他比任何一位高级指挥官都更优秀，因为他意识到，现代化军队可以给敌人迎头一击，并非儿戏。就算像德国进军比利时这样的威胁，他们也无法及时做出反应。在这种情况下，霞飞一方的人可能会表现出焦虑，这种情绪会向军队下层弥漫，这是最糟糕的结果。

德国最高司令部普遍流行一种相反的情绪。为了通信交流，德国将最高司令部建在科布伦茨，但由于军队分布广泛，最高司令部和各部队逐渐脱节。除了电话和通信员所提供的零星信息，德国的指挥官鼓励下级军官直接在现场取得主动权。由于鲁普雷希特在洛林的反击取得初步胜利，所以巴伐利亚王储打算扩张为全面进攻。8月22日，小毛奇对王储的计划表示许可。

大家普遍认为，小毛奇的决定其实源自他的自负和优柔寡断。批评家认为，小毛奇虽然在前线取得胜利，壮大了德国军队的力量，但是毫无优势可言。另一方面，这也是德国巩固战争成果的方法，利用发展机会将战术胜利扩大为军事胜利。洛林地区取得的突破，可能为真正的"坎尼之战"奠定了基础，对法国军队而言就是两面夹击——这个结果远超施里芬最初的设想。从长远来看，小毛奇派遣他的右翼军参与扫尾作战，是个更严重的问题。不过军队指挥官似乎人手足够。8月26日，虽然战场参谋长不同意向东线派遣两个军团，但还是照做了，并未产生抗议或任何问题。

这一切看起来都毫无必要。8月26日，在克鲁克的压迫下，英国远征军的一支军团在拉加多海湾遭遇德军，陷入绝境，但这只是一场反击战。

为了缓解英国的压力，霞飞命令朗热扎克进行反击，但8月29日的伪装战只不过是还击罢了。打通巴黎这条路线后，德国最高司令部于8月30日继续向卢森堡挺进。当时的局势瞬息万变，捉摸不定，而德军继续进军卢森堡让本已岌岌可危的状况更加复杂。法国孤注一掷，在几天内对鲁普雷希特的进攻施以反击。在德军战线另一边，克鲁克改变了先头部队的前进路线。第一军没有直接包围巴黎，而是转向法国第五军和英国军队。小毛奇对此表示赞同，因为它完全符合施里芬计划的重点，即摧毁敌军的主要野战部队。不过在9月2日，他命令克鲁克跟在卡尔·冯·比洛的第二军后方，形成侧翼武装力量，对抗法国在巴黎附近发起的进攻。

克鲁克认为从地形上来说，这样是相互矛盾的。因为他所带领的先头部队远超比洛的军队，而决定战役的最好办法似乎是继续前进。不过克鲁克最终还是妥协了，安排第一军的三个军团向东南方向前进；另外两个军团大部分都是骑兵部队，留在巴黎应对进攻。同时，法国已陷入绝境，因为失去巴黎就意味着在这场战争中一败涂地。霞飞打算将所有的东西都交付给比洛带领的第二军，这是他们的战术中心。法国临时第六军会发起二次进攻，又会给主攻战场提供支持。毛奇逐渐意识到后一种情况有可能发生，于是9月4日晚上下令第一军和第二军都停止向南进军，做好准备应对西线的威胁。

克鲁克觉得自己好像在跌跌撞撞地下山，然后有人告诉他应该放慢脚步，因为这样才能保持平衡。刚开始他还是按原计划进行，不过9月5日当天，第二军发来消息称，巴黎所受的威胁远比他所想的严重。第一军的指挥官开始按原命令转向西线，但这还是战争以来德国第一次失去了主动权。9月5日，第一军的侧翼受到了法国第六军先头部队的进攻。第二天，双方在乌尔克河沿岸全面交战。克鲁克继续朝着战场一路前进。

9月7日，第一军的大部分兵力都在战场上厮杀，部分兵力朝着战场进军。结果克鲁克和比洛的部队相隔大约30英里——这样一来，虽然比洛的军队小有战绩，但他们早已精疲力竭，无法突破法国的进攻。后来英国远征军和新任指挥官管理的第五军加入其中。这就是前车之鉴，后车之师。双方军队都小心翼翼地向着另一个战场进军。但是比洛早已疲惫不堪，无心应战，他认为撤退是最好的选择。小毛奇通过口头授权，让他的情报局局长卡尼尔·亨奇中校代表他分析当前的形势，亨奇也提议撤兵。9月9日，第二军开始向北撤退。虽然克鲁克还是想奋战到底，但是他的手下早已筋疲力尽；而且骑兵和空军向英国军队报告第一军的左翼阵容后，克鲁克认为，应该重组部队，重新做打算。马恩河战役到此结束。

几天之内，双方内部的批评声此起彼伏，都在谴责各自的指挥官贻误战机。德国一些批评者声称，如果小毛奇对战事把握得更好，或者考虑的范围更大，抑或是如果克鲁克和比洛都愿意再一次发动进攻，结束巴黎的僵局，德国都有可能取得胜利。从协约国的角度来看，随着战争陷入僵局，批评家们感叹没有好好利用这个缺口，因为数万人为之付出了生命；如果英国行动再快一点，如果法国指挥官们愿意再一次信任埃兰和克伦，或许真的能在秋天到来之前结束战争。

回顾来看，这两种观点的局限性是显而易见的。马恩河一役之前，德国右翼兵力本来在数量和地位上有优势，但后来一直逐渐下降。士兵和军官无法适应施里芬的大计划，他们都身心俱疲，思维迟钝，所以不可能很好地实行战术计划和军事行动。即使第一军和第二军能够立即取胜，但是亦不足以摧毁法国第五军和英国远征军，协约国方面全身而退的可能性更大。另一方面，在马恩河之战中救第一军和第二军于孤立之中的风险很大，因为没有足够的后备部队可供行动部署。

海上竞赛

士兵们的惰性和质疑，尤其是德国后备军阻碍了协约国的军事活动。在此之前，法国和英国的基础设施遭到破坏加剧了这些因素的影响。由于人员伤亡和遣散问题，军队各级指挥部和连队的关系一片混乱。由此可以预见，协约国在9月份的军事活动并不可靠。德国也变得意志消沉。所谓的"海上竞赛"于10月中旬结束，它其实更像是一次爬行，双方从风平浪静的南部和中部战线调集兵力，重新部署，在对方的北部侧翼实施小型攻击，但这些行动受到了兵力不足、缺少部署空间和更改策略等因素的阻碍。双方士兵都摒弃常规战法，深挖战壕，交火对阵取代了机动迂回，专攻防守，诱使敌方冒险出击。这些变化因素并不是很官方，但是高级指挥部打算到圣诞节拿下战争，所以他们几乎不会知道其中的详细情况。

德军到达海峡后，埃里希·冯·法金汉决定再试一下。9月14日，他接替名誉扫地的小毛奇担任总参谋长。从10月20日—11月24日，德国在比利时北部受洪水侵袭的地带发动了一系列的正面攻击。英国远征军在伊普尔前线成功抵挡住了德军的进攻，不过他们自己也损失惨重。然而，虽然发动攻势能突破赢弱的协约国防御体系，但是法金汉也不清楚军队到达旷野后会面临什么。在战争爆发后的四个月内，西方各国的行动已经从手段转变为战略目的本身。

东线战事计划

东线展开的大战，让大部分士兵觉得惶惶不安。德国和奥地利长期以来一直在考虑联合进攻俄国。不过在1914年之前，德国在两条战线上没有足够的可支配资源用于同时采取行动，至少柏林就是这样。因为必须做出选择，相比之下，法国更容易遭受打击，俄国因其组织混乱和距离而受保护。德国相应的战争计划是动用最少的兵力展开行动——用十几个东普鲁士兵团的力量击败法国，再和俄国进行清算。

奥匈帝国的策略主要由参谋长康拉德·冯·霍茨坦多夫制定。他打算进行双线作战，即在东线和俄国交战，然后在南线和意大利或巴尔干地区的斯拉夫各国交战。奥匈帝国的最终动员计划将军队划分为三部分：派遣8个师对抗塞尔维亚，28个师和俄国交手，剩下的12个师可能灵活性极强，或者充当战略后备军，被派遣到最需要他们的地方。他们在最关键的战争第一周奔波于各战场，不知道何去何从。

奥地利的辩护者非常在意德国一开始拒绝向东进攻俄国以支援奥地利这件事。因为奥地利的军队力量薄弱，所以德军必须先发制人。由于他们没有把握主动权，导致俄国完成了主要目标，选好了前进路线——这些都意味着德军有可能在战场上节节退败，或者被困于利沃夫和普热梅希尔的堡垒防御。四支哈布斯堡军队在与塞尔维亚军队交火后意外战败，惨遭塞军羞辱，然后于8月18日进军俄属波兰。

法国要求沙俄尽快发动进攻，俄国表示那样的话，自己只会成为战争的牺牲品。但事实上，客观来说，俄国的大战略对这样的行动是有利的。既然俄国在任何情况下都无法独当一面对抗德国和奥地利，那么最保险的办法就是在战争中冒风险，确保法国既不会被占领，也能保全实力。唯一战前问题是，是否应该对德国或奥地利发动进攻。在这种情况下，俄国似乎有足够的实力做出两种选择，而且最终派遣了30个师对抗德国，显得实力更为雄厚。如果将近500个营的兵力都不能冒险和德国对抗，那么俄国在任何情况下都注定要失败。

坦能堡战役

俄国针对德国制订的计划是，向东普鲁士突击队派遣两支军队，一支军队横渡尼曼河向西进军；另一支军队从俄属波兰出发朝着西南方向前进。他们的任务是摧毁德军，让德军失去东普鲁士这条臂膀，并为直接进军德意志第二帝国创造条件。8月20日，德国高级官员为当地的战事失利而惊慌失措，原本看起来这个计划似乎进行得不错。然而，俄国第一军和第二军的指挥官既没有协调行动，也没能压制他们的优势。小毛奇下令让退役将军保罗·冯·兴登堡接任第八军指挥官，并任命总参谋部的顶级人才埃里希·鲁登道夫担任参谋长。8月23日他们抵达战场后，实施了这两位新任军官起草的计划，集中精力对付南线的第二军。经过五天的激战，五万俄国士兵战死或受伤，九万多人被俘，德国在大战以来首次涌现出了战争英雄。

凭借小毛奇提供的援军，兴登堡和鲁登道夫趁热打铁，在马苏里湖一战中进攻俄国第一军。不过，虽然他们的行动规模庞大，但只取得了局部胜利。而且当德国被迫支持一个深陷灾难的盟友时，根本没机会利用这一点。

奥地利兵败加利西亚

俄国高级司令部曾猜想过奥地利的意图所在，提出在加利西亚北部部署两支军队，在奥俄前线东南方向安排另外两支军队，接着都向前进军，从两侧包围哈布斯堡军队，切断他们的退路。骑兵和空中巡逻队几乎没有提供任何有用的信息。康拉德的左翼部队取得了小范围胜利；于是他决定继续前进，但是忽视了右翼的威胁。出人意料的是，他的第三军于8月26—27日在洛沃夫东南部被击溃。此时的第二军刚到达战场，等待部署，对此束手无策。9月4日，俄军在北部发动反攻，进攻战随之停止。

然而，康拉德提议突袭俄军，这与德军在马恩河战役的策略截然不同。军队进入战斗状态后，战线所到之处都是那些易受攻击的后卫军和侧翼军。康拉德认为，谁最先通过战争实现目标，谁就能取得胜利。但是他砸在了自己手里。最初，奥地利各族民众都在战场上奋战厮杀，但是经过三周前所未有的战斗，这些人都筋疲力尽，而军官们深感困惑，所到之处都是俄军。到了9月11日，就连康拉德也意识到，撤退是实行包围和歼灭的唯一选择。他手下有25万士兵战死沙场或受伤，10万人被俘。温斯顿·丘吉尔认为，是康拉德让他的军队心灰意冷，在三周内耗尽手下士兵的精力，对奥匈帝国最后的结局而言，这一结论是一则恰当的墓志铭。

1914—1915年　德国转向东线

兴登堡和鲁登道夫利用德国铁路网，从普鲁士重新部署四支部队进入波茨纳，然后从华沙进攻俄国后方。不过这一次俄军以退为进，随即又集中火力发动反攻，切断了德军的进攻。德国奋力拼搏，接着冬季到来，大规模的军事行动暂告一段落，但他们已经很满意了，因为已成功缓解了奥地利的压力。

虽然坦能堡战役的胜利者依然认为战争会结束于西线，但他们还是忍不住猜想：如果派一些略微强大的军队去东线，会有何种结果。康拉德提议从喀尔巴阡山脉向东北发动攻势，鲁登道夫支持这一主张，因为与其说这么做是为了战绩，不如说是为了保卫德国东线的援兵。

法金汉并没有那么乐观。在他看来，英国对德国而言极具危险，并相信只要德国保有西线的前沿阵地，就可以遏制法国的力量。早在1914年11月中旬，他就断定：德国无法再用军事手段击败协约国。德国在西线军力不支，无法让东线的协约国战败者相信和谈是唯一的选择；同时，对法国和英国来说，德国又太过强势，他们无法相信如果不依靠武力来扭转局势，德国会同自己进行谈判。最后可能的结果是出现消耗战，因为两代战事规划者都认为德国不能赢得战争。不过俄国可能容易受到和平提议的影响，尤其是如果初步计划受到致命一击的话更是如此。

1915年1月，德国和奥地利的联合进攻只取得了局部胜利。新崛起的德国军队在马祖里一带遭受了巨大损失。在奥地利战区，喀尔巴阡山脉的伤亡和失踪人数达到了75万。3月底，俄军的大规模反攻，让协约国看到了胜利进军布达佩斯的希望。

这次行动应该从战线另一边开始。行动成功后，法金汉于3月下旬做出决定，他认为德国应避免最坏的选择：在东线再一次发动进攻。奥地利不能战败。德国努力让意大利保持中立，但是一直受到协约国各种承诺的干扰。由于奥地利拒绝在地中海地区或巴尔干地区做出让步，因此这些承诺的吸引力进一步增强——当时奥匈帝国太弱小，没办法做出妥协。此时已经没有时间互相联合了。虽然法金汉勉强削弱了西线的军事力量，但他还是认为西线是最重要的战场。奥地利虽然实力不足，但如果德国慷慨援助，有可能坚持不妥协策略；但倘若奥地利溃败，则会对德国产生威胁。法金汉安排了8个师向东进军，为波兰中部地区的突击行动提供核心援助。5月2日，新建的德国第十一军在加利西亚的格力士和塔尔诺之间开辟了长达40英里的区域——这支军队名义上受奥地利的指挥。结果俄国大意了，相继展开局部撤退。到6月第三周，25万俄军投降，伤亡人数多达数十万。和平时期的军官和士官几乎都牺牲了，可用的物资储备也消耗殆尽；不过在短期内，东线战事还是一无所获。

1915年春天的西线进攻战

第一次伊普尔之战后，西线战事虽然陷入了僵局，但并没有完全停滞。尽管在战争前四个月伤亡人数达到了80多万，但法国军队及政府都想尽快收复失地。英国刚开始并不打算全力投入战争，但后来决定征集有史以来最为庞大的军队，并奋力越过海峡。12月20日，法军主力在香槟发起进攻战，不过这场战争在1914年圣诞节休战期间告一段落。在战争年代提起圣诞节，总是让人很伤感。这场战事持续了3个月，最后的结果是法国用很大的代价获得了小范围收益。英国从旧的预备役军人、新兵和从帝国调遣的部队中组织部队，重建了英国远征军，他们所经历的和3月10日法国在新沙佩勒的经历如出一辙。

不过，对各自的成就进行评估时，协约国认为，随着战术和技术的不断改进，如果再有一些士兵和炮兵，他们就有可能突破德国阵地，一举拿下德军。在英国的支持下，霞飞计划5月在阿图瓦地区展开全面进攻。德国一直在关注法国的动作，于是先发制人，在佛兰德斯率先发动进攻。

第二次伊普尔战役并非由战略野心而引爆。法金汉试图摆脱协约国的控制，打算让军队假装在俄国战场撤退。1914年的战斗让伊普尔变得格外重要，因为拿下它就能为德军清除前进道路上的障碍，守住它会使协约国军队进入一个十分便利的战场。虽然法金汉同意在一些行动中使用新型武器——氯气，但其实他并不看好氯气的发展前景。事实上这些气体云也并未带来任何突破。加拿大第一师非常幼稚，他们用自杀式行动来抵抗德军，阻碍德军前进，争取时间让后备军到达前线。在一连串的反击战中，他们精疲力竭，同时也几乎使"英国第二远征军"消耗殆尽。

在5月和6月的一系列袭击中，协约国军队没有取得任何重大收获。只不过在维米岭战役和费斯蒂贝尔附近破坏了复杂的德国防御工事；相反，他们耗尽了准备好的弹药和可用的军需库。西线的进攻行动一直处于暂停状态，直到工厂能够提供枪支，训练营和医院能提供更多的刺刀，才能开始行动。

1915年秋天

从9月下旬到11月初，霞飞在香槟又发起了一系列正面进攻。基奇纳伯爵建立了"新军队"，现在他的第一师加入北边的英国远征军形成了更强大的力量，他们凭借毒气袭击了德军。最后的结果是双方都损失惨重，一无所获。德国虽然也有损失，但这一次他们开始改变战术，决定建立强大的前沿阵地，并进行快速反击，这些都是以后西线战场上的主要策略。

协约国在不断学习中受挫。尽管从表面上看，有人管理他们作战经验丰富的军队，但这些人尚未做好应对各种状况的心理准备。很多人在学习相关经验的过程中战死沙场，而且向下一代士兵传授的经验教训具有很大的不确定性。

最后，德国为打破大战的僵局贡献了一己之力。虽然由于俄国的战争梦和英法的各种承诺导致单独媾和未能顺利进行，但是德国希望格力士-塔尔诺战役能成为和平谈判的第一步。德奥联军继续向俄国进军，到9月末形成了防线。这条防线北起拉脱维亚首都里加，南到切尔诺夫策。但是和其他战斗者不同的是，沙皇帝国考虑战前状况时，把大部分国内的合理性作为重要事情。10月6日，保加利亚加入同盟国，用6周时间发动了军事行动并占领了塞尔维亚。一部分塞尔维亚残余军队得以留存，并在适当的时候帮助了保加利亚的对手罗马尼亚加入协约国。奥匈帝国陷入了极端状态。战争初期，德国的各种资源都很简易，而且动员效率低下；从长远来看，它所做的只不过是维持这种岌岌可危的状态。一年时间转瞬即逝，同盟国似乎正一步步走向自我毁灭，或者至少已经精疲力竭。

第四章

协约国策略，1914—1917年

大卫·弗伦奇

协约国策略不足

第一次世界大战伊始，协约国的法国、俄国和英国就表现出其本质弱点，即缺少协调一致的战略性政策。从一定程度上来说，这是因为协约国各成员国都没有参加过联合作战，上一次英法联合作战还要追溯到1853—1856年的克里米亚战争。同时也反映出，虽然协约国因为法国、俄国和英国的共同利益而建立，但他们之间仍然有许多问题悬而未决，一战前三国会因为这些问题分道扬镳，在战争期间也会如此。

1905—1914年，英法俄三国的大多数决策者认为，德国日益恣意妄为，对他们的国家安全和利益产生了威胁。不过虽然1904年形成了英法协约，1907年签订了《英俄协定》，但是英法俄三国还是因为三大紧张因素而分裂：第一，各国的舆论都对协约国直接提出了批评。在英国，保守派政客仍对俄国的野心持怀疑态度，而自由主义者则强烈反对沙皇政权在国内进行镇压。第二，虽然各国签订了协议，但是殖民竞争并没有因此而消失。英国和法国还在为埃及问题、波斯湾的军火贸易和摩洛哥何去何从而争论不休。不过，相比俄国和英国之间持续不断的紧张局势，这些争端就显得微不足道，因为英俄两国仍然对彼此在中东和印度边界地带的意图深感疑虑。最后的结果是自相矛盾的，因为在战争期间，虽然协约国的每个成员国都试着调整其战略以安抚盟国，但同时他们又密切关注盟友在战后的发展野心。第三，虽然俄国和英国在1913年达成了统一的战略方针，但俄国和英国之间从来没有达成同等水平的协同一致。事实上，由于英国没有庞大的军队足以和德国相抗衡，而且其海军对陆地战争几乎没有什么直接影响，所以法国和俄国的一些军事高层和将军都怀疑英国在大陆战争中是否是一个有价值的盟友。此外，1914年之前，英国不愿意明确表示在战场上会帮助自己的盟友，这让俄国和法国都十分恼火。有些人更加怀疑，以至于他们认为最好的选择是与德国达成和解。

法俄求助于英国

俄国和法国约定从东线和西线同时进攻德国。但到了8月末，德军击退了法军的进攻；而且在东普鲁士，一整支俄军在坦能堡被德军歼灭。随着德军一路向巴黎进军，俄国外交部部长萨佐诺夫担心其盟友可能会弃他而去。因此，他建议协约国的每一个成员国都签署一项协议，承诺不会单独媾和。1914年9月5日签署了《伦敦公约》，一个正式联盟取代了战前模棱两可的协约国同盟。该公约确保战争不会很快结束，因为如果一个盟国受到了威胁，它可以寻求盟友的帮助。但是公约中并没有规定协约国要实施的统一战略，因此，提供援助的各项细则仍然有待商榷。

幸运的是，在英国的帮助下，法国统帅霞飞将军能在马恩河解救法国；而德军在占领巴黎之前被迫撤退。但是霞飞无法将德军打回老家。而且到11月底，从瑞士到北海沿岸的战线都趋于平静。虽然巴黎脱离了危险，但是法国的伤亡人数仅仅在8月就达到了将近30万人。在这场战争中任何一支军队可能都不会有这么大的损失。德军占领了比利时大部分地区和法国东北部一些最重要的工业区。俄国打破僵局的希望渺茫，原因是尽管他们击败了奥地利，但事实证明他们并不是德军的对手，也无权进军柏林。

在这样的情况下，大陆同盟向英国寻求更多的支持，并抱怨英国没有承担自己的责任。这不足为奇。但是和其盟友相比，英国的军队十分弱小。基奇纳伯爵从1914年8月开始招募军队，等训练好这些新兵、整理好装备，英军才会有实力。然而，他们不能忽视盟友的请求。到1914年底，他们意识到德国决定利用盟友之间的相互猜疑来破坏协约国联盟，以便与法国或俄国单独媾和。因此，英国开始给其盟友提供资金，并寻找一个战场，能让他们充分发挥皇家海军的作用——这是他们主要的战略资本。

1914年，英国希望能避免与土耳其交战，因为奥斯曼帝国像堡垒一样提防俄国的入侵，以保卫他们在印度和埃及的利益。但他们在这件事上几乎没有选择权。在8月，德国两艘军舰"戈本"号和"布累斯劳"号成功避开地中海地区的英国皇家海军，并在君士坦丁堡找到了庇护地。联盟进步委员会统治了奥斯曼帝国，与德国签署了一项秘密条约，并于10月底允许两艘军舰攻击俄国黑海沿岸地区。这样一来，英法两国不得不支持其盟友，并于11月初对奥斯曼帝国宣战。这不仅迫使英国在美索不达米亚和埃及开辟了两条新的战线，而且也在协约伙伴之间建立了一种重要联系——因为各成员国对奥斯曼帝国都有自己的打算。

不过奥斯曼帝国的参战，对英国来说也是一个机会，让英国证明自己对俄国的支持。1915年1月，奥斯曼军队在高加索地区对俄军形成威胁，于是俄国要求英国采取行动以分散奥斯曼军队的力量。在2月和3月，英国与法国一起在博斯普鲁斯海峡发动海战，意欲攻取伊斯坦布尔。为此，英国、澳大利亚、新西兰和法国军队集结成了陆海远征军，但还是失败了。顽强的奥斯曼军队仍然保卫了达达尼尔海峡。1916年1月，最后一支盟军从加里波利半岛地区撤退时，他们已经损失了20多万人。

加里波利战役还表明，虽然表面上看起来协约国有统一的战斗目标，但其实各成员国都在为战后世界做打算。各国都想限制德国，同时也在增强自己的实力。1915年3月，由于担心英国会邀请希腊一起接管伊斯坦布尔，俄国坚持要求在他们允许任何其他国家加入协约国之前，现有盟友必须承诺伊斯坦布尔在战后归属于俄国。为了迫使盟友答应这一要求，萨佐诺夫暗示道，如果没有得到满足，俄国可能会向德国寻求更好的条件。他提出这些要求就意味着，即使无法和奥斯曼进行和平谈判，也会让俄国在战后成为东地中海地区的强国，英法两国在该地区的利益便会受到威胁。对此英国和法国别无选择，只能同意萨佐诺夫的要求。他们考虑自己在奥斯曼帝国的既得利益时，只能通过争取优势做出回应，1916年5月，他们在争论中签署了《赛克斯-皮科协定》，将奥斯曼帝国亚洲部分瓜分给英国、法国和俄国。

寻找盟友

因为要长期作战，所以协约国开始寻找新盟友。1915年协约国在其他战场小有胜利，从而抵消了失败的加里波利战役。巴尔干半岛中立国——保加利亚、罗马尼亚和希腊等国，并没有消除彼此的分歧而形成协约联邦，因为他们并不相信能瓜分奥匈帝国和奥斯曼帝国的领土。事实上，劳合·乔治这样的英国政治家认为，他们有可能这样做，因为他们误以为通过一系列注重实效的折中手段，能解决分裂的巴尔干半岛各国间的敌对。他们不能在1912—1913年巴尔干战争中产生的猜疑里面越陷越深。1915年10月，英国和法国向巴尔干派兵，从外交上提供支持，这样做的目的并不是寻找新盟友，而是挽救昔日盟友。1914年，塞尔维亚击退了奥匈帝国的两次入侵，但是在9月，奥地利军队联合德国和保加利亚对塞尔维亚发起了第三次进攻，塞尔维亚全军覆没。最初，英国和法国的军队登陆希腊北部的萨洛尼卡，为塞尔维亚军队开辟了一条逃生路线。这项计划失败后，英国想撤军，但遭到了法国的强烈抵抗。该行动的指挥官萨拉伊将军是法国下议院左派的宠儿，他在西线被免职。不过阿里斯蒂德·白里安政府深知必须对他委以重任，否则自己可能会失去下议院的支持。因此在战争后期英法联军一直驻扎在萨洛尼卡。

英国的许多决策者很快便为萨洛尼卡行动而深感不安。他们意识到法国承诺加入这场战役并不是为了击败同盟国，而是为了建立战后法国在巴尔干半岛的统治地位。事实证明他们的想法是正确的。白里安一直以来都想打开巴尔干战线，他认为法国在该地区增强影响力的做法是非常正确的，因为这将维护法国在意大利和俄国的利益，而且有助于法国战后的经济复苏。萨拉伊无法让法国赢得战争，但他可能确保法国实现和平。

虽然协约国把意大利拉拢到了自己的阵营里，但是意大利参战还不足以打破军事僵局。战争开始时，意大利统治阶级的大多数成员都认为，意大利立即参战是不可能的，因为意大利的军队和民众对此毫无准备。不过他们也明白，如果意大利希望继续保持大国地位，就必须和获胜方一起战斗，而他们的疑虑就在于到底谁才是最后的赢家。直到1915年5月，意大利才最终加入了协约国阵营。但他们仅就如何在战后瓜分奥匈帝国的领土进行了百般讨论。但是由于意大利军队准备不足，社会四分五裂，他们无法在奥匈帝国大显身手，"新战线"很快就陷入僵局。此外，协约国一直非常怀疑意大利为共同事业所做的各项承诺，因为它到1916年才对德国宣战。

1915年，俄、英、法三国军队在主要战线上惨遭失败。5月，德军在格力士–塔尔诺战役中突破了俄军防线，迫使俄军向东转移，然后德军于8月5日占领了华沙。法国军队试图在香槟和阿图瓦打破德国防线，但遭到了德军的反击。英国也发动了小规模进攻，但在3月的新沙佩勒和5月的奥贝尔岭这两场战役中失败而归，他们打算让军队在法国保持防御状态，直到积累了足够的士兵和炮弹后再行动，以确保成功。但是时间太过宝贵，他们不能荒废时日。法国越来越焦虑，因为德国仍然占领着他们的大片领土，而且他们怀疑英国想通过加里波利远征行动在中东地区扩张势力范围。最后，由于未能在8月打破加里波利僵局，英国只能屈服于盟国的各项要求。"我们必须开战"，英国战务大臣基奇纳伯爵承认"并非应该开战"。9月，法国和英国军队发动了进攻，英军之所以和他们的盟友一致行动，并不是因为英国希望在战场上大获全胜，而是他们担心如果没有表现出帮助盟友的意愿，无论是法国还是俄国，都有可能抛弃自己而单独媾和。

协约国1916年计划受阻

1915年底，由于几乎没有协同合作，协约国的每个战略都会遭到破坏，这是非常明显的事实。12月6—8日，协约国的军事代表在霞飞将军的总部尚蒂伊召开会议，共同为1916年制订计划以弥补这一缺陷。协约国军事高层都认为同盟国在1915年取胜的一个关键因素是他们有着通畅的内线沟通，如果一个战场受到了威胁，可以从另一战场迅速增派援兵。协约国将领决定，1916年在俄国、法国和意大利前线发动一系列联合进攻战，破坏同盟国的内部沟通。他们希望这样做能削弱同盟国地理位置的优势，而且如果他们行动一致的话，可能会耗尽同盟国的兵力储备，迫使他们在1916年底前寻求和平。

但是在他们开始实施这个计划之前，德军已于1916年2月21日在凡尔登发动进攻，意图向法国施压迫使其放弃抵抗。法国外交官草率地拒绝了德国的提议。但是8月份德军停止进攻行动后，法军的伤亡人数攀升到了35万，法国不得不向其盟友寻求紧急援助。意大利帮不了多少，因为5月他们的军队遭到了奥地利的袭击，奥地利曾一度威胁要攻破伦巴第平原防线。俄国的援助更为重要，因为虽然俄军原本计划夏季在普里皮亚特沼泽北部发动主要进攻，结果宣告失败。但是在布鲁西洛夫将军的指挥下，俄军对奥地利发起了进攻并大获全胜。1916年6月，在三周时间内，布鲁西洛夫杀死或俘虏的奥匈军队人数接近奥匈军队总人数的二分之一。由此，自1914年9月马恩河战役以来，他带领的军队在协约国部队中取得了首次重大胜利。

相反，英法联军在西线未能大获全胜。1915年12月—1916年4月，是否批准尚蒂伊计划这一问题，在英国政府中引起了激烈争论。所有部长都明白如果批准尚蒂伊计划，他们的军队必然会损失巨大。志愿军越来越少，弥补损失最好的办法就是引入征兵计划。以财政大臣雷金纳德·麦肯纳为首的一些部长反对这个做法，他们认为如果再从工业和农业等行业征召兵力，那么英国日益恶化的收支状况会全盘崩溃，英国将在战争胜利前走向破产。劳合·乔治一派的人认为英国别无选择，在破产之前不得不为赢得战争赌一把，原因是如果它不参加夏季进攻行动，协约国可能会溃不成军。最终主战的一方赢得了这场争论。7月1日，道格拉斯·黑格爵士发动了索姆河战役，希望能尽快突破德军的防线。但是他没能速战速决，这场战争演变成了一场可怕的消耗战。对于最后的伤亡数字，一直都是众说纷纭。英国大概损失了42万人，法国的伤亡人数将近20.3万人。我们很难得知德国的确切伤亡人数，但是一份合理的评估表明德军在索姆河战役中大概损失了58.2万人。

英法联军坚持不懈地进行着索姆河战役，哪怕德国在凡尔登停止进攻之后也是如此；究其原因，或许是英法对俄国负有盟国责任，或许是英法误以为相比自己的伤亡速度，他们能更快地杀死德军；或许是要援助罗马尼亚。布鲁西洛夫成功发动了进攻，罗马尼亚因而大受鼓舞，而且预期还能分割奥匈帝国的领土，所以罗马尼亚在8月份加入了协约国。短期来看，对德国和奥地利而言这是个非常糟糕的消息，因为奥地利在匈牙利的兵力只有3万人，而罗马尼亚的人数是他们的10倍。但是罗马尼亚刚一参战，布鲁西洛夫就恰好结束了进攻，这样一来，同盟国可以集中后备军力量对付协约国的新成员并将其粉碎。1916年圣诞节，同盟国占领了罗马尼亚首都布加勒斯特，尚蒂伊计划就此破产。

和平提议遭到拒绝

1916年12月，协约国收到了两份和平照会。第一份是德国发来的照会，意图在协约国中挑拨离间；第二份发自美国总统伍德罗·威尔逊，他想尝试如果交战国之间有足够的共同基础，那就可以进行和平谈判。不过协约国拒绝分裂，也不接受和解。因此协约国拒绝了德国的提议，因为所谓的和平通牒就是一个骗局，根本没有任何具体建议。12月底，在伦敦召开的英法联军会议上，协约国给威尔逊起草了一份答复。从表面上看，这份答复有和解之意，但其中还是隐藏了他们继续战斗的决心。虽然协约国否认打算全面颠覆德国，但是坚称除非同盟国从所占领土撤军，同时为他们造成的损失进行赔偿，否则自己不会和同盟国讲和。欧洲的一种含糊不清的说法是，协约国打算以民族自决为基础实现和平。然而事实上，协约国最初的三个成员国已经向意大利做出了承诺，结果意大利违背了这一原则，而英法两国仍希望以某种形式保护多国力量一环的奥匈帝国，从而在战后世界的东欧同德国相抗衡。在中东，为了掩盖其称霸帝国的真实目的，协约国承诺解放那些深受奥斯曼暴君统治下的犹太人、阿拉伯人和亚美尼亚人，从而伪装其真实企图。虽然协约国坚持认为，像国际联盟这样的组织只能给出一个令人满意的和平解决办法，而不能代替一个国家，但它还是和威尔逊的这一构想有某种联系。协约国的答复表明，即使在两年多的战斗中付出了极大的代价，但是协约国任一成员国政府都无法通过妥协实现和平——因为这样一来他们就无法击败敌军。

协约国战略失败

自1914年8月以来，协约国有其四大战略性政策。英国皇家海军负责为协约国提供畅通的海上交通联络。英国有足够的财富，完全可以充当协约国的"钱袋子"。法国和俄国军队可以在英国的援助下牵制欧洲大陆的同盟国军队，他们可以一直战斗，直到1917年初，基奇纳伯爵预测出双方军队都已精疲力尽。然后英国的新军可以果断加入陆地战，给同盟国致命一击，基奇纳伯爵暗暗盼望着能让英国决定和平议程。

但是从1916年11月—1917年3月，所有的核心策略都不再管用。11月底，美国政府建议美国银行家停止向交战方放贷。这一举动严重威胁到英国在协约国内部的经济优势，因为到1916年，英国将美国的大部分借款又借给了盟友。由于法国拒绝帮助英国将自己的黄金储备运送到纽约，所以英国极度缺少资金来维持本国及盟国在美国进行采购。英国很快就无力再充当协约国的"钱袋子"了。

在海洋方面，英国的盟友将皇家海军视为一张王牌，他们很容易忽视它对削弱同盟国所起的作用。当法国政治家和未来战时总理乔治·克列孟梭得知，如果让皇家海军舰队冒险进入北海的话，它将击沉德国舰队。对此他回答说，"这就像在水里打了一个洞"，但不会赢得战争。鉴于英国大舰队不能给德国致命一击，他这种轻蔑的态度是可以理解的。1914年以前，英国人认为如果战争来临的话，他们会再一次像特拉法加战役一样，给德国海军以沉重的打击。但是让他们失望的是，德国公海舰队在数量上处于劣势，他们无意于和英国大舰队交战，德国舰队将潜艇、水雷和伏击结合在一起，削弱了英国大舰队的优越性。英国对海面仍然严防死守。最终德国海军将领经历失败后才相信，他们唯一的希望是通过发动全面的潜艇进攻来决定战争的走向。然后在1917年2月1日，德国宣布向协约国发动无限制U型潜艇战。英国仅在4月份就损失了50多万吨位的商船，有些人开始对皇家海军能否保护协约国的海上通信表示怀疑。

1916—1917年的秋冬时节，由于伤亡人数不断增多，通货膨胀日益严峻，而且食品严重短缺，俄国军队和民众的士气濒临崩溃。俄国警方和特工报告显示，大多数俄国人认为他们不可能赢得战争，俄国应该实现和平。最终的结果是：1917年3月爆发了一场革命，沙皇政权垮台。临时政府接替了沙皇政权，并很快向其盟友保证，俄国会继续参战。但是临时政府的对手——彼得格勒苏维埃政府出现后，这一承诺似乎成了一句空话。而且俄国的新任总司令阿列克谢耶夫将军告诉其盟军，他们的军队纪律涣散，溃不成军，在夏天之前无法发动进攻。

这一点非常重要。因为在1916年11月，虽然英法联军先前战败了，但仍旧不屈不挠。英国和法国将领在尚蒂伊会面，一起说服他们的政治领导人在1917年实行的政策应该和1916年的大致相同。各盟国都会再次发动进攻，以配合盟军的行动。1917年2月，他们在彼得格勒又召开了一次会议，旨在和其西方盟友共同协商1917年的策略，但未能形成决议。尽管法国不断施压，但俄国还是拒绝在春天和整装待发的英法联军共同发动进攻。虽然俄国也在施压，但英国和法国坚称，他们部署在萨洛尼卡的部队仍将处于防御状态。

其实并非所有人都赞同再次实行1916年的计划。1916年12月，劳合·乔治代替赫伯特·阿斯奎斯担任英国首相，他上台后承诺要对德国实施"彻底的打击"，也下定决心将英国的伤亡人数降到最低。因此在1917年初，乔治出席了协约国在罗马召开的会议，希望法国和意大利能在伊松佐河前线对奥匈帝国发动强有力的进攻，夺回的里雅斯特港和伊斯特里亚半岛。他希望意大利能同意这一行动，因为他承诺让意大利瓜分他们觊觎已久的领土。法国会这样做的原因是，这样一来能减轻对俄国的压力，因为他没有要求西线前线取消进攻，只是推迟行动，但是最后却失望而归。截至1916年11月，意大利军队总共发动了9次进攻试图攻破伊松佐河防线，损失了60多万人，但都以失败告终，未能到达卢布尔雅那平原并进军维也纳。意大利总参谋长路易吉·卡多尔纳将军拒绝了劳合·乔治的提议，因为他知道如果其他盟友按兵不动，那么同盟国就会集中后备军力量向意大利发动进攻，这样一来意大利的伤亡人数就会只增不减。

劳合·乔治的意大利计划受到了阻碍，不过尼维尔将军接替霞飞担任法国总参谋长后向他提出了另一个选择，乔治对此很高兴。尼维尔将军声称一两天的大规模炮击就能突破德军防线；而且他提议，英法联军应该在春天发动两次协同进攻。英国准备在维米岭战役中发动进攻，摧毁德国的后备军；而法国准备在南边发动一次更大规模的袭击，意图突破德军在埃纳河的防线。劳合·乔治对这一计划表示大力支持，不过帝国总参谋长黑格将军和威廉·罗伯逊爵士并不赞同这个做法，因为他们担心尼维尔是个骗子，而且他们原本的计划是在佛兰德斯发动攻击以解放比利时沿岸地区，但是尼维尔的计划对他们形成了阻碍。不过在1917年2月的加莱会议上，经过激烈对峙后他们达成了一致——英国远征军暂时归尼维尔将军指挥。

英国将领都对尼维尔的计划表示怀疑。短短几天之内，法国就损失了将近10万人，之前本就士气不高，这样的结果让法国大部分士兵意志消沉。尼维尔的继任者是贝当将军，他上任后立即结束了尼维尔的进攻策略，决心为军队建立军火储备，并打算在协约国新晋成员美国加入后，再发动一次重大攻势。

4月6日，美国参战，这对协约国来说虽然喜忧参半，但几乎是1917年春天唯一鼓舞人心的事件。伍德罗·威尔逊几乎像忧虑"普鲁士军国主义"一样忧虑协约国的帝国主义和英国的"海军主义"，因此故意不签署《伦敦公约》。这样一来，美国成了参战国，并非协约国盟国。事实证明，美国人其实对战争毫无准备，一直到1918年，他们才能给新伙伴提供重要的军事援助。因此在战争后期，协约国开始极尽所能地从美国获取最多的兵力和资源，但威尔逊的部分计划和他们本国利益背道而驰，对此他们尽可能坚持自己的初衷，不愿妥协。

因此，美国参战并没有从本质上改变协约国的性质。各盟国热衷追求一己之利，他们尚未分裂的唯一原因就是恐惧，这种恐惧来自他们共同的敌人。这种貌合神离的后果就是，协约国各盟国不仅很难达成共同策略，而且他们在讨论战后清算时总是互相怀疑，毫无信任可言。协约国之间，就好比出于利益关系而非爱情所结成的婚姻。

第五章

巴尔干半岛，1914—1918年

理查德·J.克兰普顿

第三次巴尔干战争

巴尔干半岛的第一次世界大战，和其他地方的战况有所不同。主要表现在以下三个方面：第一，战役分散，时间较短，但通常对战局具有决定性影响。第二，只有在巴尔干半岛的战场上，多个独立国家牵涉其中。各国都想掠夺领土，因此会把自己卖给出价最高的投标人。这样一来，外交活动可能与军事活动一样具有决定性意义。第三，巴尔干半岛在一战爆发前就战事不断。1912—1913年间，保加利亚、塞尔维亚、希腊和黑山共和国将奥斯曼军队驱赶出欧洲。在1913年一场历时很短但非常残酷的战争中，希腊、塞尔维亚和奥斯曼分割了保加利亚的大部分战利品，而罗马尼亚已经占领了保加利亚东北部的大片宝贵土地。许多官员和民众都担心再起冲突，这会让巴尔干半岛的任一国家都更加下定决心与假定的最终胜利者结盟，获取最多的利益。巴尔干半岛和其他地区也有相同之处，因为内部经济问题和社会问题是同盟国最终战败的重要因素。

1914年7月28日下午1点20分，奥匈帝国向塞尔维亚宣战，这是有史以来第一次用电报宣布战争。当天晚上，塞尔维亚首都遭到了奥地利从泽蒙要塞发出的炮击，同时还有萨瓦河和多瑙河上哈布斯堡炮艇的攻击。8月12日，奥匈帝国的三支军队横渡萨瓦河和多瑙河，进军塞尔维亚。塞尔维亚人一直以为战事会向东推进到贝尔格莱德，结果被打了个措手不及；于是他们弃首都而逃，将政府撤退到尼什。不过虽然塞尔维亚人被打得措手不及，但他们也没有退缩。普特尼克将军带领援军向西进军，部分军队在24小时内行进60英里，然后直接进入战斗。8月15—18日，塞尔维亚西北部的泰瑟山发生了遭遇战。侵略军受到了抵抗，并于8月24日退回了边境。塞尔维亚人迫于压力，不得不向协约国特别是俄国低头，紧随其后。但是塞尔维亚没有发动进攻战的条件，而且缺乏补给，他们不得不很快撤退。波蒂雷克将军在几周前一直在萨拉热窝，待在斐迪南大公身边。在他的领导下，奥地利军队于9月8日再次发动进攻，并于12月2日占领了贝尔格莱德。年轻的塞尔维亚军官越来越不满足，他们在巴尔干战争中并无太多战绩。但是一直到西方的补给通过萨洛尼卡运送到普特尼克的军队，他才能考虑进行反击。

就在贝尔格莱德被占领的那一天，普特尼克认为自己能发动反击。当奥地利军队在科路巴拉河沿岸的窄道上奋力转移他们的重炮和辎重时，普特尼克下令进行攻击。虽然塞尔维亚人没有足够的弹药进行炮轰，但他们用传统的剽悍勇气发动攻击，在普特尼克将军的带领下，塞尔维亚第一军很快突破了敌人的中线。12月15日，塞尔维亚人夺回了贝尔格莱德，普特尼克将军给上级领导发了一份通报胜利成果的电报。电报内容很简洁，大致是说现在塞尔维亚的土地上只有奥地利的俘虏，没有奥地利的士兵。

由于需要向加利西亚转移军队以应对俄军的进攻，奥地利军队有所削弱，但塞尔维亚人为取得科路巴拉河战役的胜利仍付出了极大的代价。10万塞尔维亚人在这场战役中丧生，他们大多数都是身经百战的老兵，都经历过巴尔干战争。更严重的是，很多人在和奥地利交战后受伤，患上了斑疹伤寒。这种疾病的传播速度快得惊人，它不仅带走了13.5万塞尔维亚平民和士兵的生命，而且在它的威力下，协约国不得不暂停修筑进军塞尔维亚的铁轨，为期一个月。塞尔维亚军队已经极度缺乏弹药，在接下来一年的进攻里战斗力进一步削弱。

1914年，巴尔干半岛只有阿尔巴尼亚发生了军事冲突。阿尔巴尼亚成立于1912年，虽然它的当地和部落武装力量很强大，但它并没有多少机会发展成一个强有力的中央政府。1914年秋天，地方军阀进一步巩固了他们已经相当强大的势力，阿尔巴尼亚逐渐陷入了混乱。10月，希腊军队进入了其所宣示主权的阿尔巴尼亚南部地区，而意大利占领了重要战略岛屿萨赞岛，12月，他们进入了附近的发罗拉港口。

争取保加利亚

1914年秋季至1915年春季，外交舞台上有了重大发展。战争爆发后，黑山共和国与塞尔维亚协同作战，不过奥斯曼、保加利亚、希腊和罗马尼亚仍然保持中立。虽然希腊首相维尼泽洛斯一心想加入协约国的战斗，但是康斯坦丁国王并不是很想这样做。他在德国受过教育，还娶了德皇的妹妹。协约国的政治家也不同意这个做法。俄国担心希腊可能会对君士坦丁堡提出相同的条件；而爱德华·格雷爵士认为，如果希腊加入盟军的话，将促使奥斯曼帝国和保加利亚与另一方结盟。希腊的提议遭到了拒绝；不过这对结果没什么影响——11月奥斯曼不惜一切代价追随了同盟国。

这样一来，保加利亚就成了关键因素。如果保加利亚加入同盟国，德国和奥斯曼之间的供应线就会得到保障，而协约国和俄国之间的供应线将被切断；同时塞尔维亚会面临三面应敌的状况。保加利亚和马其顿一样重要。除非塞尔维亚让步，否则协约国基本束手无策。他们不愿意这样做。1915年春天，协约国和意大利签署了《伦敦条约》，塞尔维亚因此不太愿意做出让步。塞尔维亚担心，条约内容包括亚得里亚海的东海岸领土归意大利所有，所以他们更加决意要维护马其顿的领地。

同时，同盟国还有两大不可忽略的外交优势。第一，他们是奥斯曼帝国的盟友，可以向伊斯坦布尔施压，使其对保加利亚做出让步。奥斯曼皇室最终同意，将马里萨河谷连同它通往亚历山德鲁波利斯的铁路都割让给保加利亚。第二，作为塞尔维亚的敌人，他们可以向保加利亚承诺其可以占领敌国塞尔维亚的所有领土。

协约国在保加利亚首都索非亚实行的外交手段毫无作用，对他们自己的战事发展也无助益。保加利亚的对外政策主要由斐迪南一世决定，不过亲德派首相拉多斯拉沃夫也参与其中。协约国打算将这两位亲同盟国的政治家拉拢过来，而非试图赢得他们的支持或买通他们。事实上，这二人并无实权。在最后的事件中，最关键的因素是军事形势的转变。如果同盟国看起来有可能赢得战争，斐迪南和拉多斯拉沃夫会承诺紧随同盟国。1915年盛夏，他们似乎要做出承诺。5月，意大利加入协约国阵营共同作战，但影响甚微；俄国从波兰慌忙撤退，而在靠近俄国的地方，协约国深陷加里波利，做着无望的挣扎。同盟国承诺将马其顿最好的地盘及马里萨河谷都分给保加利亚，斐迪南对此当然全盘接受。

1915年9月23日，保加利亚政府开始进行军事动员工作。10月14日，斐迪南一世宣布向塞尔维亚开战。10月16日，英国和法国对保加利亚宣战并进行反击。几天后，俄国紧随英法，加入对保加利亚作战的行列。

占领塞尔维亚

保加利亚向塞尔维亚宣战，加入了同盟国的大规模进攻行动中。法金汉意识到，德国对俄国的打击力量日渐不足，而且他急于和奥斯曼直接对话，所以开始计划于9月初消灭塞尔维亚。刚从波兰凯旋的德国将军奥古斯特·冯·马肯森被授予指挥权，这让康拉德大为懊恼，因为他认为巴尔干半岛是奥地利的势力范围。10月6日，三支奥地利军队和两支德军从北部对塞尔维亚展开进攻；东边是两支保加利亚军队，进攻总人数达到了60万。而塞尔维亚和黑山共和国所能召集的兵力还不到敌军的一半。到10月9日，贝尔格莱德已落入敌手，甚至此时保加利亚还未正式参战。德军和奥地利军队从北方扑来，博亚吉耶夫将军率领的保加利亚第一军和托多洛夫将军领导的第二军被迫进入塞尔维亚东南部和马其顿。在两个星期内，保加利亚第一军与马肯森的军队联合行动，占领了皮罗特和尼什；托多洛夫的第二军在南部占领了希普、韦莱斯、库马诺沃、斯科普里和弗兰贾。12月，保加利亚军到达比托拉。此时由于尼什受到威胁，塞尔维亚政府已经撤离了，塞尔维亚人手中已经没有大城镇了。由于塞尔维亚的补给线和逃往爱琴海的路线被切断了，所以他们撤退到瓦尔达的西部，进入科索沃波列，希望能加入黑山军队。他们对此很失望，就像和其他地方一样。面对投降还是撤退到阿尔巴尼亚山脉，他们选择了后者。1915年底，塞尔维亚军队不断受到敌军飞机和当地部落的袭击，许多士兵身患斑疹伤寒，而且对当地地形和气候完全束手无措。这迫使他们一路跋涉到亚得里亚海海岸，在那里，法国人会带他们去科孚岛避难。从纯粹的英雄主义和忍耐力来说，几乎没有什么能和塞尔维亚大撤退的惨烈相提并论。

萨洛尼卡

塞尔维亚军队的最终目的地是萨洛尼卡。保加利亚开展动员工作后，希腊的政治局势进一步复杂化。1913年条约规定，如果塞尔维亚遭到保加利亚的进攻，希腊要对塞尔维亚提供援助。首相维尼泽洛斯抓住了这个机会，让希腊向协约国靠拢，请他们的军队在希腊北部登陆，并承诺，如果15万协约国军队投入巴尔干战争前线，他们就加入战争。协约国尤其是法国做出了热情的回应。但在希腊，有些人反对维尼泽洛斯，虽然国王康斯坦丁一世同意总动员，但不想让希腊加入战争。他们认为如果一个大国和保加利亚协同作战对抗塞尔维亚，那么1913年条约的规定并不适用，而且他们的国王起初同意协约国部队登陆萨洛尼卡，现在又反对这一做法。虽然维尼泽洛斯由此被迫辞职，但协约国军队还是于10月3日登陆了萨洛尼卡。

从政治角度来看，登陆萨洛尼卡是有道理的，因为他们希望通过登陆加强维尼泽洛斯的实力从而和国王康斯坦丁一世相抗衡，而且能提高希腊参战的可能性。但这一切都是徒劳。不过，一旦这一计划失败，希腊北部的协约国军队就没有任何有效的军事意义。对于那些派遣到萨洛尼卡的塞尔维亚人和军队而言，协约国能做的并没有多少，他们本可以在加里波利发挥更好的作用。确实，登陆计划甚至破坏了他们自己的政治意图。康斯坦丁国王认为，他们的出现表明加里波利的冒险行动已经失败；萨拉尔将军麾下的四个法国新军团从达达尼尔海峡转移到萨洛尼卡，这一事实更是印证了他的想法。如果加里波利战役已经被放弃，康斯坦丁一世可以合理地推算出他有更多的理由保持中立，因为向协约国承诺的话，将使希腊与刚刚战胜塞尔维亚的保加利亚发生冲突。更何况奥斯曼人还在为加里波利战役中打败协约国而扬扬得意。

尽管希腊陷入了四分五裂和犹豫不决，但是马其顿的战斗仍在继续。协约国军队从萨洛尼卡向瓦尔达河挺进，然后在马其顿的克里沃克与保加利亚第二军交战。经过激烈的战斗，协约国军队退回了希腊领土。保加利亚军队渴望追击敌人，越过边境再次进入萨洛尼卡——他们在三年前的第一次巴尔干战争中与胜利擦肩而过。但这是德国人所不允许的，他们担心如果同盟国的保加利亚军队进入希腊，康斯坦丁一世将无法让希腊继续维持中立；此外，如果协约国军队撤出希腊北部，幸存者将被派往西线去加强英法联军的力量。因此到1915年底，保加利亚军队沿着阿尔巴尼亚山脉的石库比挖出了300英里的壕沟，一直延伸到色雷斯地区东部的马里查河。这是一个非常有用的防御阵地。不过后来的事件表明，物资供应很难送到这里。

1916年分割阿尔巴尼亚

1915年6月，塞尔维亚军队在翻山撤退之前，就已经占领了阿尔巴尼亚中部地区；同时，黑山军队转移到阿尔巴尼亚北部，占领了包括斯库台在内的德林河区域。1915年底，塞尔维亚军队在撤兵时放弃了占领区；该地区中的一部分被保加利亚军队占领。保加利亚军队从马其顿长驱直入，到达阿尔巴尼亚中南部，占领了爱尔巴桑。与此同时，意大利军队从发罗拉的桥头堡转移到先前的希腊占领区，此时的希腊军队正忙着撤退，无力应对意大利的扩张。当地的阿尔巴尼亚人至少对希腊撤兵很是高兴。随后希腊所占据的阿尔巴尼亚领土迅速缩减，如同朝鲜战争时韩军溃败釜山一般，而且在协约国登陆萨洛尼卡后，这些地方归法国控制。1916年1月，奥地利军队进入阿尔巴尼亚北部，赶走黑山军队后占领了该地，从维奥萨到奥赫里德湖形成一道防线。随后阿尔巴尼亚发生了一些小规模的对抗。第一次世界大战对阿尔巴尼亚其实有一定的建设作用，并非完全都是破坏性，因为各方占领军队都在修建道路、桥梁和窄轨铁路。

尽管奥地利军队进入了阿尔巴尼亚，但是，1916上半年马其顿阵线几乎没什么战事。协约国曾希望占领希腊的鲁佩尔堡垒，因为这里是斯特鲁马河谷的入口，由此能进入保加利亚中心，但是在5月，保加利亚第七里拉师占领了鲁佩尔堡垒，他们惨遭挫败。

同盟国打败罗马尼亚

1916年的夏天，各方不再关注巴尔干半岛的情况，而是将注意力转向了北边的罗马尼亚。罗马尼亚在战前是奥匈帝国和德国的盟友，不过它拒绝参战。协约国和同盟国都在极力拉拢尚未答应参战的国家，就像他们对待希腊和保加利亚时一样，但是德国和奥地利在保加利亚面前地位非常稳固，因为他们可以将敌国塞尔维亚的大量领土分给保加利亚，协约国可以向罗马尼亚提供布科维亚和特兰西瓦尼亚的大片领土，不过比萨拉比亚的情况可能比较复杂，因为罗马尼亚的诉求可能会与同盟国成员俄国的利益发生冲突。

1916年初夏，协约国已经按捺不住了。眼看着索姆河和加利西亚即将开战，他们从外交上对布加勒斯特施加了极大的压力，最后决定采取有力措施，使罗马尼亚总理布勒蒂亚努下定决心。俄国布鲁西洛夫攻势的初步告捷促使罗马尼亚决定加入协约国。协约国各方都同意由罗马尼亚占领布科维亚和特兰西瓦尼亚以及匈牙利的部分领土；法国敦促盟友同意布加勒斯特所提出的任何条款，并可以对那些行动困难或不利的国家不予理睬。

截至1916年8月，罗马尼亚军队有1.99万名军官和81.38万名士兵。其实罗马尼亚的主要问题在于物资补给，它的现代武器寥寥无几，比如缺少战壕里的迫击炮、飞机或者战地电话，武器装备也很少，而且罗马尼亚的国内资源匮乏，工业生产只能满足每把手枪配备两枚子弹，每天每把步枪只能射击一轮。此外，因为土耳其海峡通道被封锁，使得西方盟国的进口货物必须通过俄国北部或远东港口才能送达，而且由于罗马尼亚和俄国的铁路轨距不同，延误总是不可避免的。同时，罗马尼亚迅速扩充军队数量，导致许多军官训练不足，大部分军官都缺乏战斗经验。这一点和保加利亚军队的情况是不一样的。罗马尼亚拖到最后时刻才签署参战的政治和军事协议，这些不利因素就更加凸显。8月1日后不久，罗马尼亚领导人承诺他们将准备战斗，但一直拖延最后的谈判，结果罗马尼亚军队直到8月

27日才开始行动。但彼时，布鲁西洛夫攻势已经失去锋芒，罗马尼亚失去了发动进攻的机会。这一结果非常令人懊恼。

罗马尼亚的第一军和第二军被派去保卫西部的喀尔巴阡山口，而第三军则在多瑙河和多布罗加设岗守卫。不过第四军发动了进攻，进入特兰西瓦尼亚地区，于8月30日占领了布拉索夫。一周后，他们几乎到达了锡比乌，但是9月8日，他们前进的步伐受到了阻碍。

受阻碍的原因是，敌军在南部采取了一次突击行动。在马肯森的统率下，保加利亚第三军、部分德军和后来的奥斯曼部队于9月1日越过"1913线"进入了南部的多布罗加。9月6日，他们攻占了图特拉坎堡垒，俘虏敌军2.5万人，缴获枪支100把。为了阻碍保加利亚军队前进，罗马尼亚第三军在阿弗雷斯库将军的带领下发动了弗拉门达行动，越过多瑙河并试图与后方敌军交战。行动失败后，马肯森继续向北前进，并于10月拿下了切尔纳沃德和康斯坦察。

阿弗雷斯库的策略想象力十足，但最终以失败告终。主要是因为他需要从南部前线调集军队，以应对西北部日益增长的威胁。特兰西瓦尼亚地区的德军和奥匈军队由德国上任总参谋长法金汉指挥，其部队由德国的五个新编师和其他两个骑兵师组成。骑兵师和四个新编师聚集在凡尔康山口附近，法金汉已于11月初在这里部署了兵力。他的部队进入日乌河谷后，面对的只有罗马尼亚一个师的兵力。从11月30日—12月30日，双方在阿尔杰什河与内结伏河展开了决战。与此同时，马肯森的部队横渡多瑙河，进入距布加勒斯特约40英里的瓦拉契亚。12月6日，双方军队都抵达了罗马尼亚首都布加勒斯特附近。尽管道路泥泞不堪，几乎无路可走，但是罗马尼亚军队还是在奥地利和德国军队的全力追击下一路向东北撤退。罗马尼亚军队横渡赛雷特河进行撤退，他们在这里和姗姗来迟提供援助的俄国大军会合，而国王和政府人员撤退到了摩尔达维亚的雅西郡。

1916—1917年，协约国和希腊

在协约国刚开始为1916年战役制订计划时，他们决定从北边的萨洛尼卡发起猛攻，援助罗马尼亚。英法联军于8月份向道依兰湖前进，但是收效甚微。保加利亚的运气更好，他们的第一军占领了莱林，一路向西南挺进，直到在奥斯特罗沃附近，由于协约国的炮兵部队占优势，他们遭到了协约国军队的阻碍。保加利亚第二军取得了更大的成功，他们一路进军到西南部的色雷斯并一举将其拿下，还占领了包括卡瓦拉港口在内的斯特鲁马河与美斯特河下游地区。塞尔维亚在马其顿前线的西部地区取得了成功，年底时战局平稳。最终塞尔维亚军队在凯马卡兰山发动了一次进攻，场面宏大且代价高昂，而协约国军队和保加利亚第二军在切尔纳河的一处河岸地区进行了长达两个月的血腥战斗，这场战斗最终以协约国军队的胜利告终。12月，塞尔维亚军队进军比托拉。

协约国部署在希腊的军队也很主动。1916年8月，一些支持首相维尼泽洛斯的官员在萨洛尼卡发动政变，然后维尼泽洛斯离开了雅典，最终于10月和他的追随者在萨洛尼卡会合。由于担心引发希腊内战，协约国迟迟不肯承认维尼泽洛斯政府，但作为回报，他们要求雅典的官方政府给予他们更为优惠的待遇。为了保证这一需求，并确保控制雅典到萨洛尼卡的铁路线，协约国军队于12月在希腊首都附近登陆，但是在协约国承认了萨洛尼卡的维尼泽洛斯政府之后，他们遭到了强烈反击，损失惨重。

阿尔巴尼亚岌岌可危，命悬一线。但此时有了较好的政治解决办法。维尼泽洛斯的支持者发动政变后，法国当局将该地区移交给萨洛尼卡当局管理，这导致阿尔巴尼亚土著发起了反抗。1916年12月，萨伊尔不得不屈服于当地各方的压力，对7个穆斯林和7个东正教的阿尔巴尼亚人授权，组建行政委员会，管理该自治区。这个管理委员会一直有效，直到1917年6月希腊正式加入协约国后，法国的军事统治再一次摇摇欲坠。

1917年马其顿前线的战事相对较少。保加利亚和德国的大部分防线

都是沿着山麓修筑，防御效果很好；一名英国军官认为军队要想保证良好的供给，就应该一直控制这样的阵地。直到1918年，阵地的重要性才显现出来。

在希腊，协约国能给外交方面的胜利记上一笔。承认萨洛尼卡的维尼泽洛斯政府后，协约国对仍然效忠于康斯坦丁一世的希腊地区实行了联合封锁，理由是希腊应该为1916年12月登陆遭受的损失进行赔偿。1917年6月，康斯坦丁一世不得不屈服于协约国的压力，接受被长期流放的命运。维尼泽洛斯回到雅典后，议会受到反对党的抵制，不过还是同意希腊加入协约国。协约国指挥者在萨洛尼卡指挥9个师，兵力远超希腊海军的数量。

罗马尼亚寻求停战

由于1917年巴尔干半岛的主要战场在罗马尼亚前线，所以这些希腊军队其实未能派上用场。法国军事代表团对罗马尼亚军队进行了改组整编，到1917年夏天，常规部队将近50万人，同时后备军和民兵中有20多万人。为了在1917年结束战争，协约国的一部分宏伟策略是让罗马尼亚人横渡赛雷特河发动袭击。7月22日，在阿弗雷斯库将军的指挥下，第二军在马拉瑟斯提附近发动进攻。尽管他们取得了初步进展，但无法继续发起攻势。俄国在北边节节败退，迫使他们从罗马尼亚撤出部分兵力，而留守的部队中弥漫着不满的情绪。罗马尼亚的指挥官决定谨慎行事。虽然阿弗雷斯库将军的进攻对德奥军队并未产生多大作用，但它确实对德军元帅马肯森有一定影响，因为他当时正从南边发起进攻，于是不得不让第九军转移到不太有利的地方。8月9—16日，马肯森在赛雷特河的马拉斯提附近和罗马尼亚军队交战。这是罗马尼亚军队遇到的最大规模的遭遇战，他们付出了惨重的代价，而马肯森的部队也不再前进。

虽然马拉斯提战役可以说是罗马尼亚的胜利，但它给罗马尼亚的后备军造成了巨大损失。随着俄国对战斗的决心日渐动摇，罗马尼亚的立场变得更加危险。如果俄国缔结和平协议，协约国的物资补给将无法运抵罗马尼亚，而且罗马尼亚占领区内有普洛耶什蒂油田，还有很多军火工业，这让罗马尼亚无法维持现代战争。布尔什维克在彼得格勒夺取政权后战局变得更糟糕。而且当罗马尼亚得知俄国要和马肯森就停战问题进行讨论时，他们也加入其中一起讨论。

1917年12月初，罗马尼亚和同盟国就停战协议进行了谈判，不过政治领导人并不急于签署协议。德国已经不耐烦了，如同1916年的英法一样急躁不安。1918年2月，马肯森给布勒蒂亚努四天的时间签署和平协议，不然就要面临新一轮战争，不过布勒蒂亚努最后的选择是辞职。3月5日，阿弗雷斯库政府在布夫泰亚签署了初步的和平协议。而就在两天前，俄国签署了《布列斯特-立托夫斯克和约》，退出战争，这样一来，罗马尼亚就完全处于孤立状态。

阿弗雷斯库很快辞职，让位给马尔吉罗曼，他是一个很有名的亲德派，1916年战败后一直留在布加勒斯特。各方都希望他的亲德派身份能缓和布夫泰亚的紧张局势，但是这个身份并不管用。5月7日签署的《布加勒斯特条约》条件很是严苛：罗马尼亚遣返其大部分军队，并将装备交给德国；它必须放弃喀尔巴阡山口和多布罗加；事实上罗马尼亚的经济发展和德国牵扯在一起，因为德国控制着罗马尼亚的港口和多瑙河航运，并且垄断了罗马尼亚的石油业，时间长达90年。他们的议会（由限定选举权推选而成）批准了这一条约，但是斐迪南国王拒绝签署。

国王拒绝签署《布加勒斯特条约》，其实表明同盟国在巴尔干半岛取得的胜利和统治比实际情况更为显著。在欧洲中部和东部地区，人们面临食物和燃料日益短缺的问题，而且似乎每条人命分文不值，可以随意被抛弃，这些人都很容易受到布尔什维克和社会主义支持者的引导。在军事防御地区，惩罚煽动者可能有些危险，并且这些措施对恢复军队士气无济于事。保加利亚是同盟国在巴尔干半岛的主要盟友，其腐败问题是最严重的。

协约国在马其顿的胜利

首先，在马其顿为军队提供物资补给是一项极其艰巨的任务。马其顿只有一条南北方向的铁路，但是要从保加利亚运送物资，就需要一条东北到西南走向的铁路。物资补给必须沿着道路进行，虽然这些货物又少又轻，但由于保加利亚的机动车辆数量不足，大多数物资都很难运送。那些牲口可以翻山越岭运送物资，但是路程耗时长且进度缓慢，导致很大一部分物资其实不过是牲口的饲料。

为了保证物资补给队伍正常前进，保加利亚军队征召了大量的牲畜，此前农业生产力就已经因为兵力动员而大受影响，这样一来更是雪上加霜。在第一次世界大战所有参战国中，保加利亚召集的人数最多。德军的活动进一步阻碍了军队和平民的食物供应。官方采购占据了保加利亚产量的一部分，但德国军队的非官方采购也和官方采购一样多。德国人开着卡车在保加利亚奔波，到处安装电话线，士兵们买了他们能买得到的东西，并用德国马克高价支付。1915年12月，德国马克成了保加利亚的法定货币。保加利亚的农民经常从德国和保加利亚政府采购局购买食品，然后以更高的价格出售给德国士兵。1917年，德国人甚至在索非亚附近单独建立了一个火车站来运送他们的食物，该站禁止保加利亚人员入内。

1918年初，保加利亚各地的粮食短缺问题日益严重。各地发生了许多骚乱，在被占领土上，大范围的民众骚乱对马其顿战线的物资供应线构成了威胁。而在塞尔维亚的一些占领区，军队试图征募年轻人入伍，但是遭到了彻底的反抗。随着时间的流逝，形势变得更加严峻。虽然拿下了盛产谷物的多布罗加，但是情况并未像预想中一样有所改善。保加利亚人曾设想过他们能得到多布罗加，但《布加勒斯特条约》规定，该地区由奥地利、德国和保加利亚联合控制。首相拉多斯拉沃夫选择了辞职，他抱怨道，他们像对待溃败的敌人一样对待保加利亚人，并没有把保加利亚看作凯旋的盟友。保加利亚人也不能在乌克兰购买大量的粮食。一名保加利亚军官于1918年被派往该地区，但是他在布达佩斯和利沃夫遭到有意的拖延，无法在奥地利官员之前抵达目的地。当奥德萨港口投入使用时，另一名保加利亚军官不得不诉诸武力威胁，才避免了奥地利士兵卸走一车准备运往保加利亚的食品。1918年夏天，保加利亚的食物短缺问题相当严峻，对前线军队和民众都产生了严重影响。

1918年9月，保加利亚军队意志彻底消沉，溃不成军。萨伊尔的继任者弗朗谢·埃斯普雷将军指挥着装备精良的部队，于8月从萨洛尼卡对保加利亚发起了猛攻。但是由于长期营养不良，军火供应不足，而且对自己家庭的贫困和附近战壕中德军的"幸福感"愤愤不平，保加利亚的士兵无心应战，无力应付敌军的进攻。9月中旬，保加利亚军队撤退到斯特鲁马山谷的狭路，那里正是协约国飞行员经常攻击的目标；9月底，军队和平民都非常不满；9月27日，保加利亚代表团抵达萨洛尼卡寻求和平；9月29日，签署了停战协议。保加利亚是最后一个加入德国主导的同盟国，但成了第一个脱离同盟国的国家。由此一来，保加利亚的脱离促成了同盟国的最终瓦解。

保加利亚签署停战协议后，巴尔干半岛仍旧硝烟弥漫。11月10日，奥匈帝国接受协约国提出的和平条款后，罗马尼亚重新进入战斗状态，因为他们急于分赃。

令人惊讶的是，也许导致巴尔干半岛的同盟国力量走向崩溃的是社会剥削，而不是各国之间的紧张局势。1914年，5000名波斯尼亚塞族人加入塞尔维亚军队的第一志愿军，黑山军队中有3支黑塞哥维那军团，但哈布斯堡帝国南部的大多数斯拉夫臣民都仍效忠于他们的皇帝和军队。塞尔维亚人没有忘记这一点。

| 第六章 |

土耳其战争

乌尔里希·特林佩纳

奥斯曼帝国参战

由于担心近东地区的势力失衡，奥斯曼政府于1914年8月2日与德国建立了秘密联盟。反过来，德国抓住了增强军事实力并发动圣战的机会，这可能会煽动亚洲和非洲协约国的穆斯林发动叛乱。在内阁分裂的情况下，奥斯曼帝国的一部分近臣控制了其外交政策，他们认为参与大国政治是避免奥斯曼帝国进一步分裂的一种手段，但讨论到同盟国或协约国哪一方是最佳选择时，他们内部产生了分歧。从某种意义上说，协约国的冷漠态度促使奥斯曼帝国做出了最后的决定，原因是即使英国支持奥斯曼帝国中立，但"青年土耳其党"还是无法逃脱丧失领土和财政债务的恶性循环。另一方面，德国的船只和黄金让奥斯曼帝国觉得稍为安心。1914年10月下旬，统治联盟和进步党的中央委员会领导层决定，将奥斯曼舰队派遣到黑海，对俄国的海军基地发起进攻，11月初宣布参战，两周后宣布发动圣战。

奥斯曼帝国的领导层信心十足，希望至少能收复过去几十年中他们在欧洲和其他地方的一些失地。此外，一些有权势的部长和他们的追随者决心向东扩展到里海及其他地区。几乎所有人都心怀"泛图兰"[1]的梦想，下定决心让奥斯曼帝国重新成为一个主权国家，也就是废除奥斯曼苏丹给某些外国政府的投降条件和其他各种特权。

奥斯曼帝国并没有什么能力来对抗世界列强，但是它有勇敢的士兵和中欧盟国的技术援助，所以顽强抵抗了四年。奥斯曼帝国的国库长期亏空，工业设施十分有限，而且交通系统尚未发展完善。除了这些问题，奥斯曼帝国虽然在不断扩张，但它为战争所做的努力遭到了严重的阻碍，因为国内有几大宗教群体，他们对奥斯曼苏丹的支持摇摆不定。一些库尔德部落不愿意遵守当局颁布的规章制度；而许多阿拉伯人、亚美尼亚人和希腊人希望他们居住的地区能拥有更大的自治权，甚至完全脱离奥斯曼帝国，实现独立。

奥特曼帝国有2000多万人口，在大战期间招到大约300万士兵，但由于伤亡率高，以及更高的得病率和逃亡率，所以奥斯曼军队一直都很少出现50万兵力以上的状态。战争初期，奥斯曼军队在伊斯坦布尔周围地区部署了大约十七个师，安纳托利亚东部部署了十个师，叙利亚/巴勒斯坦七个师，阿拉伯半岛（汉志地区和也门）四个师，美索不达米亚（伊拉克）两个师。在接下来的三年中，他们又另外组成了几个师部，并重新部署了许多现有的部队。例如在1916年，七个师转移到欧洲各战区，即加利西亚两个师，罗马尼亚三个，马其顿两个。俄国布鲁西洛夫发起攻势后，两个师部被派往加利西亚，他们在损失惨重的情况下为巩固东线做出了巨大贡献。

随着战争持续进行，奥斯曼帝国的大部分军队人手严重不足，牲口、装备和武器短缺问题日益严重。在一些战区居然出现许多奥斯曼士兵穿着破烂衣服和完全不合脚的鞋子作战的情况。从1914年秋季以及1915年中期开始，德国和奥匈帝国（小范围）向奥斯曼转移军队、海军、航空专家

---

[1] Pan-turanian，图兰人种也称南西伯利亚人种，是欧洲对中亚突厥语系各民族的统称。"泛图兰"即实现中亚各民族的统一。——编者注

和小部队以及作战部队。他们还经由铁路向伊斯坦布尔运送了许多车皮的煤炭和设备。1917年，德国向叙利亚转移了大约6个营的步兵和机枪兵，进一步提高了奥斯曼的作战实力。这些部队被称作"亚洲军团"，他们和一些机枪手与战斗工兵联合在一起，为奥斯曼军队在巴勒斯坦发动进攻提供必要的援助。

和平时期的法律规定，奥斯曼帝国的基督教徒和犹太公民有义务服兵役，其中大部分士兵在1915年被转移到（无武装的）劳工营。不过摩西·舍托克是个例外，他在马其顿前线担任准尉，接着由于精通外语而成为巴勒斯坦一名德国指挥官的口译员。后来他改名为摩西·夏里特，1953年成了以色列总理。

土耳其青年党崛起后，他们的军队得到了极大的发展。因此在战争时期，1914年，时年32岁的恩维尔帕夏掌管着最高司令部，曾担任军政部长和副司令（代表手无实权的穆罕默德苏丹五世）。虽然几位训练有素的德国军官给恩维尔提供援助并提出建议，包括弗里德里希·布隆萨特·冯·谢伦多夫少将（1914—1917年）、汉斯·冯·泽克特少将（1918年），但是他总是从特定的角度和位置出发，而这些正是对他本人和内阁成员最有利的。穆罕默德·塔拉特无疑是这些内阁成员中最重要的一位，他先担任了内政部长（1913年—1918年），接着担任了总理大臣一职（1917年2月—1918年10月）。穆罕默德·卡维特帕夏在1914年接管财政部，并于1917年2月再次接管。他所领导的一个团体更为保守（而且并非亲德派），会偶尔抵制塔拉特和他的追随者实行的激进的民族主义政策。

几乎所有的奥斯曼军队和兵团指挥官都和恩维尔一样年轻，仅30多岁，通常是准将或上校军衔。此外，大多数奥斯曼帝国的师级指挥官都是中尉级，他们有的甚至比恩维尔还年轻。在接下来的五年里，这些年轻的战士将在奥斯曼国民命运中扮演重要角色。其中最为出名的是穆斯塔法·凯末尔帕夏（即后来的阿塔蒂尔克），他在1923—1938年担任土耳其总统；以及阿塔蒂尔克的继任者穆斯塔法·伊斯梅特帕夏（伊纳尼），1938—1950年担任土耳其总统，并在3个不同的地域担任土耳其总理，他的任期从1961年延长到1965年。不过还有许多和他们一样的高龄老兵，比如艾哈迈德·费夫齐（查克马克）一直担任总参谋长，直到1944年才卸任；还有卡齐姆·卡拉贝基尔和阿里·伊赫桑（萨比斯）在分别于1948年和1957年辞世前都是土耳其国会议员。

虽然大多数年轻的奥斯曼军队领导人给自己的任务带来了能量和活力，但是他们往往缺乏精细的工作经验，尤其是后勤方面的工作，对德国军官或下属来说，这是对耐心的极大消磨。奥托·利曼·冯·桑德斯将军（1913—1918年）、海军上将吉多·冯·乌瑟多姆（1914—1918年）、陆军元帅科尔马·冯·德·格尔茨（1914—1916年）和埃里希·冯·法金汉将军（1917—1918年）都是奥斯曼军队中的德国最高领导，虽然他们因为奥斯曼伙伴的行为遭受了许多挫折，但仍然非常赞赏安纳托利亚普通士兵的毅力和坚韧。

奥斯曼帝国最落后的地方就是交通运输系统。1914年，奥斯曼的铁路轨道只有3580英里，但要供679 360平方英里的地方使用。所谓的巴格达线，全长只有580英里，其中还有三个大缺口，这条铁路需要对伊斯坦布尔和奥斯曼帝国东部和东南部地区如美索不达米亚、叙利亚、巴勒斯坦、阿拉伯等地之间的所有人员或物资供应进行多次转运。在战争后期，托罗斯山脉和马努斯山脉的隧道都已建成，但幼发拉底河以东地区存在的巨大鸿沟只有在战争结束之前部分关闭。同时，与俄国毗邻的奥斯曼地区根本没有铁路运输，他们需要从最近的370多英里外的轨道终点开始，借用牛车和徒步行军，在原始道路上运送物资。汉志地区的奥斯曼驻军，只能依赖从叙利亚延伸到麦地那的一条摇摇晃晃的朝圣铁路，而那些无法逾越的沙漠和山脉，完全切断了也门的奥斯曼第七军和奥斯曼帝国其他地方。

因为只有几条较好的陆路交通，所以海上运输对奥斯曼军队来说至关重要，尤其是在黑海、地中海东部和红海等地。但是在所有这些水域

（除了黑海），协约国的海军优势非常明显，使得奥斯曼军队在战争期间无法使用这些海道。虽然人们认为煤和其他燃料供应不足或难以获取，但是令人惊讶的是，奥斯曼为战争所做的努力并没有像往常一样早早就付诸东流。

安纳托利亚和外高加索地区

奥斯曼军队和敌军的第一次重大冲突，发生在安纳托利亚东部。当时俄国高加索部队正向科普鲁科伊挺进，这次冲突对奥斯曼第三军造成了巨大打击。1914年12月中旬，奥斯曼军队果断发动了反攻。这次行动由恩维尔帕夏亲自指挥，主要由奥斯曼几个师通过雪山和高原从侧翼展开进攻。但是他们很快陷入了俄国萨里卡梅什铁路泥泞的沿线，停滞不前，大批奥斯曼士兵战死或冻死，包括第九军的指挥官和3名师长在内的许多人都成了阶下囚（其中两个人后来成功逃回了土耳其。）。

奥斯曼军队在亚美尼亚高地的惨败中损失了6万多人和60多门大炮，但就在4个月前，俄国萨姆佐诺夫将军带领的军队在坦能堡战役中惨败，这并不意味着是战败者的最后结局。奥斯曼军队在后期战争中不断扩充，在新任指挥官马哈默特·卡米尔帕夏的带领下，第三军的17个师在凡湖和其他地方展开了运动战。

正是在这场战役中，发生了臭名昭著的驱逐亚美尼亚人行动。奥斯曼帝国当局引证亚美尼亚人叛乱以及他们与俄国人进行合作（在一些地区确实如此）这些事例，于1915年4月在东部省份发起了一项残酷的驱逐和屠杀亚美尼亚人计划，这一行动将持续到1917年，成千上万的壮年、妇女和儿童因此而丧命。奥斯曼帝国官方声明坚称总伤亡人数不到50万，他们说虽然很遗憾，但这项行动是合法的，它只是国家安全计划的意外结果。在大多数亚美尼亚人和许多西方历史学家看来，奥斯曼帝国试图故意将亚美尼亚人赶尽杀绝，这次行动至少对100万人造成伤害，甚至还有更多的受害者。

1916年冬天，奥斯曼帝国再次遭遇失败。在新任指挥官尼古拉·尼古拉耶维奇大公的指挥下，俄国高加索军队在整个前线发动了一次突袭。2月16日，俄国部队占领了废弃的埃尔祖鲁姆堡垒，并俘虏了1.3万多名奥斯曼士兵。其他俄国军队在海军强有力的支持下，于4月18日占领了黑海港口城市特拉布宗，进一步破坏了奥斯曼第三军的物资供应。奥斯曼第三军由菲利特·韦普帕夏领导（他在1935年或1936年结束了职业生涯，并在意大利入侵期间为阿比西尼亚皇帝建言献策）。尽管奥斯曼军队付出了很大的努力，但他们还是在接下来的几周里遭受了更大的挫折，7月16日巴伊布尔特失守，9天后埃尔津詹失守，1.7万名俘虏逃走了。

巴格达铁路线道路拥堵，导致从加里波利和色雷斯向安纳托利亚东部转移奥斯曼帝国新师需要6个月的时间才能完成，而且直到8月，奥斯曼第二军在艾哈迈德·伊泽特帕夏（弗加萨）的领导下，准备从迪亚巴克尔周围地区向俄国高加索军队左翼发起进攻。虽然伊泽特的军队夺回了包括比特利斯城镇在内的一些失地，并暂时夺回了穆什（凡湖西部），但没有发动决定性的进攻，导致东安纳托利亚前线僵局难破，毫无进展。1916年底，将近一半的奥斯曼军队都被派去抵抗俄军，这是西方战争中经常被忽视的一点。

1917年的俄国革命使安纳托利亚东部的奥斯曼军队获得了喘息机会，其实夏天时这里的战事都逐渐平息了。布尔什维克在彼得格勒掌握了政权，在布列斯特-立托夫斯克（对欧洲东部战线有所影响）和埃尔津詹（在安纳托利亚东部停火）达成了正式的休战协议。俄国高加索军队迅速瓦解后，外高加索人民主张脱离苏俄政府实现独立。此时的奥斯曼政府发现了一个重新夺回失地的好机会，确切来说是控制大部分外高加索地区的良机。因此在1918年2月12日，奥斯曼军队越过停战线，对亚美尼亚的小股军队和后来的一些格鲁吉亚部队进行攻击。奥斯曼第一高加索军队在卡齐姆·卡拉贝基尔帕夏的领导下稳步向东进军，于2月13日拿下埃尔津詹，3月12日占领埃尔祖鲁姆，一直向边境地带逼近。同时，在谢夫凯特帕夏的领导下，奥斯曼第二高加索军队沿着战前的俄国—奥斯曼边境的海岸前进，并于2月17日占领特拉布宗。在阿里·伊赫桑（萨比斯）的带领下，奥斯曼第四高加索军队也在南边取得了良好进展，他们在4月的第二周重新夺回了凡湖，并到达波斯和俄国的战前边界地带。

此后不久，奥斯曼军队继续前进，夺回了他们在1878年被俄国占领的地区。4月15日，他们占领了港口城市巴统，10天后拿下了俄国要塞卡尔斯。虽然德国对此提出抗议，但是奥斯曼军队继续朝着第比利斯和巴库的方向进军。为了不让新成立的共和国格鲁吉亚落入奥斯曼军队手中，德国派遣军队前往格鲁吉亚，但他们无法阻止"伊斯兰军"向里海前进。这支军队由1万多名阿塞拜疆志愿军和6000左右的奥斯曼士兵组成，指挥官是恩维尔帕夏的弟弟，中校努里帕夏（基里吉尔），他们于7月中旬抵达伊丽莎白波尔和巴库之间的库尔达米尔。凭借L.C.邓斯特维尔少将带领的一小股部队的帮助，社会革命者和亚美尼亚民族主义者新组成了"里海舰队中央委员会独裁政权"（Centro-Caspian Dictatorship），他们成功保卫了城市，一直到9月15日还在抵抗努里的军队，不过后来他们在一片混乱中成了一盘散沙。

奥斯曼帝国占领了石油储量丰富的巴库。苏俄政府和德国对此非常不满，不过他们对这一既成事实也无能为力。奥斯曼军队在其他战场上特别是伊拉克和巴勒斯坦都处于溃败的边缘，亟须从奥斯曼东进军队中抽调兵力提供援助，这对本就气愤不已的德国来说无疑是火上浇油。值得注意的是，奥斯曼军队一直驻守在巴库，一直到11月，他们才逐渐从高加索地区撤出，此时沙皇俄国已经不复存在。

美索不达米亚

确认奥斯曼帝国参战后，驻印英军登陆沙特阿拉伯半岛；奥斯曼军队不堪一击，驻印英军很快战胜了他们，然后于1914年11月22日抵达巴士拉。1914年底，英军到达底格里斯河和幼发拉底河的汇流处。尽管气候条件十分恶劣，但他们沿着两条河流慢慢行进，于1915年10月初抵达巴格达以南30英里的塞尔曼帕克。

伊拉克战区的第一位奥斯曼指挥官上校索卜哈帕夏在1914年12月被俘，他的继任者中校斯莱曼·阿斯克在1915年4月自尽。最终，接任的尤塞夫·努尔丁上校抵挡了英军前进的步伐。1915年12月初，德军高级军官巴伦·冯德·格尔茨抵达巴格达，掌管伊拉克和波斯的局势，而努尔丁的军队在泰西封击退了查理·唐森将军的第六师（蓬纳）发动的重大袭击，并在库特艾玛拉将其包围。英军数次试图解救唐森，但都以失败告终。4个月后，因英军的解救行动屡次失败，唐森和他的部下向奥斯曼第六军的新任指挥官准将哈里尔帕夏（库特）投降。哈里尔是恩维尔的叔叔，年轻气盛，截至1918年6月，他一直担任伊拉克或波斯战场的高级指挥官。面对英属驻印军团强有力的军事部署，哈里尔治下多地接连失守，1917年3月巴格达失守，1917年4月萨马拉失守，1917年11月提克里特失守，最后在1918年3月失去了对希特的控制。在他的继任者阿里·伊赫桑（萨比斯）的带领下，奥斯曼第六军暂时恢复了士气，决心与英军抗争，但最终还是被打回摩苏尔。

英国官方记载数据显示，在1914—1918年的美索不达米亚战役期间驻伊英印军接近89万人，其中2.76万多人丧命于创伤或疾病，大约5.14万人受伤，将近1.35万人失踪或被俘。在这场战役中，奥斯曼部队的人数大概是英军的一半，但他们同样伤亡惨重，尤其是由于后勤保障不力，导致许多奥斯曼士兵长期挨饿且只能赤脚行走而造成的伤病。

波斯

由于波斯还有部分中立的身份，所以俄军和英军驻扎在这里。由于受到德国的鼓动，奥斯曼军队于1914年底入侵波斯北部，并于1915年1月进军到首都大不里士。俄国军队进行反击，最终将奥斯曼军队赶回边境。在接下来的两年中，在一些波斯非正规军和德国军官的支持下，奥斯曼军队和N. N. 巴拉托夫将军领导的俄国远征骑兵队之间展开了断断续续的战斗。不过1917年秋天布尔什维克执掌俄国政权后，英国军队逐渐独立承担起抗击入侵波斯的奥斯曼军队这一任务。

波斯发现自己虽然保有中立身份，但成了两个敌对阵营之间的战场，两面受压；同时，德军也通过波斯在阿富汗发动了几次小范围的远征行动，煽动其统治者和人民对协约国采取行动。奥斯曼帝国在亚洲中部地区有自己的打算，所以几乎没有支持德国的这些小动作，反倒时常阻碍他们的行动。

加里波利

1914年11月3日，奥斯曼帝国刚加入战争，英法海军中队就轰炸了保卫达达尼尔海峡的外围堡垒。三个半月后，奥斯曼军队于1915年2月20日发动了一次更为系统的海战。这次行动在3月18日的一次重大战役中达到高潮，在此期间，协约国的几艘战舰在新建的奥斯曼雷区都被击沉或惨遭重创。4月25日，在总指挥官伊恩·汉密尔顿爵士的统率下，英国和法国殖民军队从达达尼尔海峡两侧登陆，然后利曼·冯·桑德斯将军和冯·乌瑟多姆上将共同指挥，对奥斯曼的防御工事进行了有效重组，加强其力量。虽然英国和澳新军团多次差点夺取了加里波利半岛的制高点，但是在奥斯曼第二军和一些德国海军炮兵部队的支持下，利曼·冯·桑德斯将军带领的第五军打退了英军，占领了制高点。协约国各师部现在由查理·门罗爵士指挥，他们在1915年12月和1916年1月撤出了桥头堡。

正是在加里波利战役中，奥斯曼第十九师的年轻指挥官穆斯塔法·凯末尔·阿塔蒂尔克中校一战成名，用大胆果断的行动证明了自己，并最终升任为一个主要战区的指挥官，掌管"阿纳福塔军队"（Anaforta Group）。奥斯曼军队成功地保卫了达达尼尔海峡，不仅提高了自己的自尊心和自信心，而且通过在俄国和西方之间保持重要的沟通路线，进一步减弱了俄国战争部署的效果。不过，虽然奥斯曼帝国取得了大胜，但他们还是付出了惨痛的代价。士兵战死沙场，武器装备遭到破坏，1916年奥斯曼帝国不得不对其几个师进行重建。

埃及和巴勒斯坦

奥斯曼军队在参战之前就准备侵略埃及。在德国的鼓动下，一支约两万人的奥斯曼远征军于1915年1月出发，以急行军的速度穿过西奈沙漠，不过未能穿越苏伊士运河。虽然这场战争的指挥权掌握在艾哈迈德·卡玛尔帕夏将军手中（他是联盟和进步党的领导成员，同时也是内阁的海军部长），但巴伐利亚上校弗里德里希·巴伦·克雷斯·冯·克雷森斯坦逐渐掌控了西奈和巴勒斯坦南部的前线军事行动，他在1917年担任奥斯曼陆军第八军的指挥官。

在多次小规模的突击行动后，奥斯曼军队于1916年7月尝试第二次向苏伊士运河进发。但他们在罗马尼亚战役中遭到了敌军的进攻。之后英国部队缓慢地向北进军，穿过西奈沙漠。他们在前两次加沙战役中都失败而归，不过在第三次加沙战役中成功地突破了奥斯曼防线，并于1917年12月占领耶路撒冷。当时，德国前最高司令埃里希·冯·法金汉将军与大批德国军官一起抵达了巴格达。他们原本计划重建巴格达，但实际上对以色列的防御工事做了一番指导。然而，由于他的军事行动受挫，而且和奥斯曼很多政要不和，导致他于1918年2月被召回。

恩维尔帕夏将利曼·冯·桑德斯派往巴勒斯坦担任"伊尔德林集团军"的指挥官。利曼手下指挥了三支奥斯曼军队，但士兵精疲力竭且人手不足。他极力想给军队提供援军和物资补给，从而和艾伦比将军领导的部队决一死战，但基本都是徒劳无功。1918年9月，奥斯曼的这条战线从雅法北边的地中海地区开始，呈东南东方向穿过犹地亚山，稀稀疏疏一直延伸到约旦河东边的高原。9月19日，英国发动进攻，迅速粉碎了赛维德·科班利帕夏将军指挥的奥斯曼第八军，这样一来就迫使准将穆斯塔法·凯末尔领导邻近的第七军收回右翼兵力。在约旦河以东的地区，准将梅辛利·卡玛尔帕夏带领的奥斯曼第四军也发现自己的侧翼可能会受到攻击，利曼·冯·桑德斯将军在拿撒勒突袭行动中差点被俘。在接下来的6个星期里，他的残余部队（奥斯曼人、德国人和少量奥匈士兵）向北方撤退，途中还遭到了持续不断的空袭和阿拉伯军队不时的骚扰。10月下旬，艾伦比将军的部队已经占领了巴勒斯坦、黎巴嫩和大部分叙利亚地区，还俘房了7.5万名士兵。

由于奥斯曼军队在巴勒斯坦彻底溃败，同时协约国军队向巴尔干半岛进军也对他们有所威胁，所以在伊泽特·弗加萨帕夏将军的领导下，奥斯曼政府于10月20日开始和英国协商停战协议。经过长时间的讨论，10月30日在利姆诺斯岛的"阿伽门农"号上，海军部长侯赛因·劳夫带领的奥斯曼代表团签署了停战协议。"阿伽门农"号是萨摩赛特·高夫·卡尔索普爵士最重要的旗舰。在协商过程中，法国曾试图占得一席之地，但并未成功。

虽然签署《穆德洛斯停战协议》后奥斯曼撤出了战争，不过一些奥斯曼守军还是在他们的阵地上停留了一段时间，比如一些奥斯曼人不愿意离开麦地那。英国要求奥斯曼军队在停战后交出摩苏尔，不过刚开始遭到了当地指挥官的拒绝。后来，英国在1918年11月中旬才将摩苏尔收入囊中，这导致该地区的法律地位存在争议。

阿拉伯

麦加王子侯赛因与英国人以及名义上的奥斯曼帝国君主进行一番商讨后，选择投靠协约国。1916年6月，他宣布汉志地区独立，并对麦加和麦地那的奥斯曼军营发动攻击。麦加很快投降，而麦地那的奥斯曼军队却坚持到了战争结束。在接下来的两年半中，在劳伦斯上校和其他英国军官的领导下，阿拉伯叛乱分子突袭汉志地区的铁路，并孤立了奥斯曼军队驻地。最终，侯赛因的追随者决定参与艾伦比将军的最后一次总攻，并对撤退的奥斯曼军队进行骚扰，而且途中占领了包括大马士革在内的许多重要城镇。然而，他们期待着能在战后的和平解决方案中获得丰厚的回报——但事实证明，这只是他们的一厢情愿。

奥斯曼帝国秘密加入战争，结果以失败而告终，最终导致其瓦解，从而在整个中东地区引起了政治剧变。不过，在遭受战败和帝国瓦解之前，土耳其人在大战中发挥了积极作用，因为它扩张了自己的地域，至少间接促成了自身的发展和强盛。无论通过军事方面的努力，还是在亚洲和非洲的各个地区，特别是在马格伯特发动存在危险因素的颠覆行动和伊斯兰宣传计划，奥斯曼军队都牵制了大量英国和俄国军队的兵力（还有小部分法国和意大利部队），否则他们可能会去对抗欧洲的同盟国部队。也许更重要的是，在德国和奥匈同盟的帮助下，奥斯曼成功地阻止了俄国和其西方盟国通过黑海进行联络，大大打击了沙皇的力量。德国和奥斯曼帝国结盟后花费了大量的金钱，合计约50亿马克的贷款和信贷资金，部分资金是以金银的形式支付的。但毫无疑问的是，奥斯曼人对同盟国的共同战争努力贡献了更多的力量。

1918年后，主流媒体对青年土耳其党在战争时期的领导人及其对同盟国的支持给予了严厉的批评，这种舆论在土耳其持续了20多年，但是近几年，在公众心中和土耳其历史文学作品中，恩维尔帕夏和塔拉特帕夏以及无数同伴的形象逐渐得到改善。

第七章

非洲大陆的战争

大卫·齐林格瑞

1914年，非洲大陆卷入第一次世界大战，因其大部分为欧洲帝国主义所控制，最初为保持非洲中立的努力付诸东流；非洲的经济资源、要害港口、交通枢纽、无线电台等，不可避免地将各个殖民地带入后来的全面战争中。这场冲突与非洲本身无关，但是非洲的人民、资源、物资却服务于欧洲战事。大部分战役也是由本地招募的军队开展。非洲战事中，英国最初的战争行动是由入侵德国多哥兰殖民地（Togoland）的非洲军队打响的，它们也入侵德国的多哥兰殖民地；由将军冯·莱托·福尔贝克指挥的德属非洲军队（地方军）于东非持续作战，直至1918年11月欧洲宣布停战。非洲战事只是世界大战中的一小部分。相比欧洲人，除了生灵涂炭、满目疮痍的东非和中非地区，大部分非洲人几乎没有感受到一战的直接影响。然而，一战对非洲经济、社会、政治的破坏还是让数以百万计的人受到影响。

到1914年8月，非洲大部分地区为欧洲强国瓜分殆尽。这些殖民地，许多地方的殖民统治松散且脆弱。德国的四处殖民地——多哥兰、喀麦隆、西非南部、东非地区防御薄弱，对邻近的法国和英国殖民地威胁有限，也为盟友控制的公海所阻隔。德国在西非多哥兰开展的为期两周的战役也很快被英法殖民力量所破坏。大一点的殖民地喀麦隆需要更多海军、陆军力量来对抗德国的防御能力；德军撤退到北部高原，1916年2月他们于此处投降。对西非南部的征服，主要是由来自南非的白人军队开展的，得到非洲劳工的帮助。这次军事行动稍有延误，因为支持共和主义的南非白人反对南非参加一战。1914年9月、12月，英国、南非军队夺取了卢德立米和斯瓦科普蒙德的沿海村镇，并将德国人赶出了鲸湾港。主要由欧洲人组成的德国军队向北撤退，最终在1915年7月于楚梅布投降。随着他们向殖民地开拔，南非修建了一条新的铁路，成为一战的补给线，这也让德军因战败而丢掉的殖民地加强了同南非的联系。

各国在东非的争夺战是代价最大的，造成的破坏也是最严重的，并且一直持续到1918年末。英国比德国具有军事优势，因为英国控制着海洋并且在非洲拥有的军队数量更多。冯·莱托·福尔贝克将军是德国的指挥官，他最多拥有1.5万名士兵。

然而盟军最终从印度、南非、东非、中非、西非、比属刚果、马达加斯加以及葡萄牙在非的一些主要殖民地中，共招募了10万人。英国在一系列的海上战争之后，便很快获得了中非和东非一些大湖的控制权。但是，当1914年11月印度和英国的军队无法占领东非坦噶港口时，他们夺得德属东非的雄心便很快受到了打击。严峻的战争在乞力马扎罗山地展开，但是德国游击部队困在了乌干达的铁路上。到1916年初，德国军队已经朝着中部铁路向南撤退。为了避免他的军队被困，冯·莱托·福尔贝克组织了一支战术游击队撤退到坦噶尼喀南部。作为德国指挥官，冯·莱托·福尔贝克知道自己不可能打败盟军，而且进一步的抵抗只会使自己损失更多的士兵以及非常重要的资源。尽管情况恶劣，但是很多非洲民兵依然对德国保持忠诚。数量很少并且仍在递减的军队跨过卢旺达河，撤退到葡属东非，穿回到坦噶尼喀，最终在罗得西亚北部投降。一大片遭到破坏的土地标志着敌方军队穿过中非和东非的路线，因为只有德国和南非在西南非战役中，以及英国在东非使用过几架侦察机。

1914年，奥斯曼帝国作为同盟国盟友加入战争，这对英国和法国在北非和中东的利益造成了威胁。奥斯曼和德国宣扬好战的、反殖民的伊斯兰教思想，这鼓舞了当时的起义活动，同样也是新兴的反抗运动，反抗法国在摩洛哥、撒哈拉以及意属利比亚的扩张，反抗英国在苏丹统治的扩张。埃及的安全，具有战略性地位的苏伊士运河到印度和中亚路线的安全，以及新从波斯南部获得的石油供给安全，这些都对英国在战争中的努力至关重要。埃及，名义上是奥斯曼的一个省，但是早在1882年就被英国占领了。在战争期间，埃及作为英国原棉的宝贵来源，成为对抗土耳其人的重要战地。西奈的防线抵御了奥斯曼的多次袭击，从而保卫了苏伊士运河。从1915—1916年，西奈防线使英国人在达达尼尔海峡和美索不达米亚遭遇失败。然而，随着1917年初奥斯曼帝国军事力量减弱，英国军队跨越西奈山，入侵巴勒斯坦。

士兵、征兵和起义

1914年，非洲大部分地区要么刚被征服，要么只是还未正式置于殖民统治之下。那场战争，军队的撤退打断了征服摩洛哥和利比亚的进程，为大部分殖民的非洲人提供了机会，他们或是继续反抗欧洲的统治，或是发动起义。战时针对税收、征兵以及强占农作物和牲畜的政策也是爆发起义的原因。1915—1916年间，西非爆发了几场起义，非洲人民损失惨重，尤其是反对法国统治尼日尔上沃尔特以及苏丹的起义。殖民统治者担心奥斯曼宣传激发的极具破坏力的伊斯兰思想也许会引发全面的反欧起义。一些小型起义，比如约翰·奇伦布韦于1915年在尼亚萨兰发动的那场反征兵的起义，很快就被镇压了。但是，1917年，在邻近莫桑比克的马孔德地区，因为残酷的葡萄牙劳工征兵政策，爆发了一场更为大型的起义，直到1920年才被镇压下去。这些起义威胁了殖民统治，瓦解了战争时期所做的努力，转移了军队的注意力，他们不得不去镇压起义，也带来了更多的死亡。相比之下，大多数身处英法殖民地以及南非受过良好教育的非洲精英，通过鼓励招募和提供经济援助来支持殖民战争。他们希望一旦战争结束，自己的忠诚能够换来种族隔离时代的终结，公民权的扩展以及新的经济政治机会，虽然大部分都徒劳无功。

非洲对战争所做出的人力物力贡献是巨大的。热带非洲的战争参与者大部分还是非洲当地士兵，但是法国也利用殖民地的人力补偿了其人口方面的缺失，也从而可以攻击德国的军事弱点。1910年，曼金上将提倡征召一支大型的西非黑人军队（la force noire）以此作为驻守北非的守备军队，从而解放了法国军团的力量去攻打德国。但是到了1914年秋，成百上千的西非散兵也在西部前线正面对抗德国。随着战争的进行，法国想从他们的热带非洲殖民地中征用更多的军队，任命族长为征兵代理人。到了1918年，人力需求更为迫切，西非的征兵运动委托给了布莱斯·迪亚涅，他是来自塞内加尔的非洲代理人，曾被委员授予过军衔。面对起义和强有力的反抗的压力下，他征召了6.3万名将士。

所有的殖民地都在征兵。人们为了躲避征兵而逃到了丛林之中。有的时候一整个村子的人都穿过了边界。战争时期，法国总共拥有17.1万名西非士兵服役于欧洲，而其他人都在东地中海，一小部分是来自北非的殖民地，还有4.5万人来自马达加斯加岛。战争结束之时，在德国和一些同盟国的反对声中，非洲的军队作为占领军驻扎在莱茵兰、匈牙利、保加利亚以及土耳其。欧洲战场上，法国征召的非洲士兵的死伤数远远超过了8万人。

与法国不同，其他欧洲列强并未征集大军为非洲以外的地区服务。大多数的殖民地军队规模很小，仅由几千名当地征募来的居民组成，他们在白人官员的带领下，职责主要是维护国家安全及保卫边境。这些军队均为步兵，仅装备了几个轻型火炮和少量机关枪，显然装备不足，当然也未受过现代战争的训练。这些宪兵部队中规模最大的一支是比属刚果由1.5万名士兵组成的强大国安军。英国、德国、意大利及葡萄牙的殖民军规模还要小得多；比如，1914年时西非边防部队中的尼日利亚军团人数仅有5千人。战争刚一爆发，英国驻扎于南非的小型军队就撤军了，联盟的防御只能依赖刚建立的守卫军——一支在紧急情况下刚加入了3万志愿平民军的小型专业作战部队。

战争刚爆发时，所有的帝国主义列强都开始扩大他们在非洲的殖民军队，招募新兵和一些志愿军。非洲军队在整个非洲的各种军事活动中征战。比如，英属西非部队在多哥兰作战，喀麦隆部队被派去镇压国内叛乱，继而又远航绕过好望角去支援东非旷日持久的军事行动。由于东非恶劣的气候条件，1916年英国决定此项军事活动由非洲军队单独执行。与此同时，随着帝国人力越发匮乏，伦敦军方与政客要求英国向法国学习，征募一支庞大的黑人军队，解决非洲以外地区的问题。对此项政策持反对意见的人认为，黑人军队并未受过专业训练，不知如何与欧洲部队作战，而且他们也无法忍受欧洲的寒冬。事实正是如此，因此1915年后，法国让非洲部队于冬天撤出战线，这样他们就能在法国南部较温暖的气候中恢复过来。气候问题未能阻挡一小群英属西非人被征募来为美索不达米亚的河务工作，未能阻挡几千名埃及工人在法国工作，未能阻挡在欧非混血的南非人被派往中东，亦未能阻挡两万名南非本土劳务派遣队——他们身穿非战斗制服，1916—1918年一直在西方战线后方服务。在法国，这支派遣队被集中安排在营地里，与那些南非的移民矿工并没有什么不同。直到1918年，英国军队指挥官还一直在考虑要征募非洲人在欧洲作战，但是在他们真这么做之前，战争就结束了。南非白人军团在欧洲作战事迹最著名的是1916年7月在德尔维尔伍德的残酷战役，德尔维尔伍德已成为南非参战的主要标志。被南非黑人铭记的悲剧事件是1917年2月战舰"门迪"（Mendi）的沉没，当时600名本土劳务派遣队队员在英吉利海峡溺亡。

在炎热的非洲，所有的军事行动都受到气候条件、疾病和落后的通信情况的阻碍。牲口死于舌蝇携带的锥体虫病而不能使用。因此，在远离河流和几乎没有铁路的地方，转移物资的主要方式是人工搬运，人力才是军队的手足。敌军需要数千名搬运工把军火和食物运到前线，疏散伤员。搬运是重活儿，即使在和平时期也为许多非洲人所厌恶。在战争时期更是如此，因为几乎没有报酬，而且死亡率增加了。热带的军事活动需要提供持久大量的劳动力，这些只能靠武力来保证。男人，甚至女人和孩子都被迫卷入其中。强行把男人们从村庄带走，这给那些被留下的人，主要是女人、孩子和老人，带来了巨大的生产负担。食物短缺，偶尔的饥荒，尤其像1917年11月在东非属地缺少雨水的时候，更是雪上加霜。

即使像多哥兰地区反对德国这样的短期战争，也需要数千名搬运工。德国医学传教士阿尔伯特·史怀哲回忆起，1914年在法属刚果，他看到死去的搬运工那瘦弱的身体躺在远离战争的道路上。南非人为南非、西非的战争贡献了3.5万名劳动力，这些人修建铁路，拦截道路，储备物资，装船并且运送食物和军火。漫长痛苦的东非战争需要的搬运工最多，达到了最让人震惊的死亡人数。那次战争里涉及的搬运工人数不明，但据合理的估计，整场战争中德国和中东非联盟雇用的人数大约为100万。

在德属东非属地，工资低到无法吸引足够的志愿搬运者，主管施加的压力使得招募到的人数更少。到1915年，大范围强制招兵开始。在接下来的一年里，搬运者经组织进入了军事劳动局。食物短缺和高死亡率增加了人们对搬运工作的抵制。1917年大规模征税，搬运工只有12万名，当局害怕结果闹大暂停了征兵。近期的一项评估显示有20多万名16岁到40岁之间的男性应征入伍，伤亡人数达5万，这是东非属地男性人口总数的八分之一。对搬运工需求最大的地区是德属东非交界处，那里的劳动力由两个国家征用。即使是尼亚萨兰这种小地方，也提供了黑人搬运工。他们的非营利性工作为战争提供了超过20万的搬运工。东非所有搬运者的死亡人数或许超过10万，主要是因为官方能力不足和忽视，导致劳工的疾病和饥饿问题。英国在西奈地区的行动，也需要大量的埃及劳动力。这些劳动力从农民中征募而来，他们做搬运、挖掘的工作以服务军队。1917年3月—1918年6月之间，接近30万签了3个月合同的劳动者应征入伍。虽然一项近期的评估认为征兵只是稍微受阻，兵役生活是可以忍受的，并且因为报酬可观受到农民的积极响应，但一位英国高级官员说，征兵是一种新形势的强迫劳役。军队还需要大量的骆驼和大批食物，这大部分都来自印度和埃及的农民。成千上万名北非人从世界各地被招募，成了庞大的军队后勤力量，他们在欧洲前线的后方提供服务，法国也征召了9万名阿尔及利亚人为法国服务，以完成战争时期因为严重的劳动力短缺而难以完成的工作。

战争对经济的影响

1914年，热带非洲许多经济体呈现疲态，而这些经济体多数受限于海外公司，且主要经营出口欧洲的经济作物和矿产资源。殖民宗主国对其殖民地区的投入非常微薄，几乎没有专门用于连接出口地区与海岸的铁路。1914年，欧洲与热带非洲的贸易总额相对较小。其中英法两个主要殖民国与该地区的贸易额甚至不足其贸易总额的3%。战争中，英法两国失去了最重要的商业伙伴——南非、埃及和阿尔及利亚。其中南非主要生产黄金、钻石，以及大量的羊毛与食品，埃及主要提供棉花，而阿尔及利亚出口烟草、红酒和羊毛。这场战争破坏了非洲经济，阻断了殖民宗主国对这些殖民地区的微小投入，减少了政府财政收入，搅乱了航海贸易的线路。对大多数殖民地而言，这场战争加重了税收负担，缩减了对公共工程项目和社会福利的支出。战争期间，大多数非洲出口商品的价格都在下降，殖民地贸易形势严峻。大多数非洲人1918年的经济情况较1914年更为惨淡。战争早期，一则联合贸易禁令致使德国市场被关闭，热带地区产品无法进入。英法商人及政客计划永久性阻碍德国贸易公司与非洲进行贸易往来。为此，战争一旦结束，德国政府就提出各种或官方或非官方的计划来保护帝国的经济利益。

出于战争需求，协约国耗费了大量时间来组织安排殖民地的生产。"总体战"这个理念很新，因此，殖民政府已经面临人手不足的问题，同时缺少人员填补武装力量。1916年之前，殖民政府做出了一个大胆的尝试，将殖民地的生产并入战争经济中。战略性矿物以及农产品的贸易，开始越来越多地受到殖民政府的引导和控制。比如，将德国逐出西非市场的英国，开始努力确保有更多的棕榈油以及可可粉进入本国市场；与此同时，南非也向英国出口更为优质的食品，尤其是水果与肉类。以矿产出口为基本的南非经济此时建立起新工业，生产曾经依赖进口的商品以应付燃眉之急。战争结束之前，南非新建的钢铁产业已基本成形，为国内市场制造了一系列产品。这次经济增长不可避免地引起越来越多的人口转移到城镇，他们在那里的新工厂获取工作。在南非，许多非洲人以及非洲白人开始成为城市的工人。阿尔及利亚也面临了相似的转变，但也有很多阿尔及利亚劳工进入法国的劳动市场。纵观非洲，由于战争对士兵以及物资的新需求，城镇人口增长相较之前更为猛烈。但同时，城镇人口的激增也腐蚀破坏了南非惯常合法的居住与就业上的种族隔离现象。1918年前，非洲人虽然仍在白人预定的矿井或农场上辛勤劳作。但在其他方面，非洲人开始在行政机关、贸易领域以及教堂中代替白人，拥有一席之地。

商品的运输以及贸易秩序，被战乱所打破，这导致进口商品的短缺和商品价格的上涨。价格通胀触及了非洲的每个角落，而受影响最明显的还属城镇地区。在这些地区，许多居民必须依靠进口商品来生存，比如食物和煤油；但在同时，许多工人的工资却在下降。1914—1918年间，南非和阿尔及利亚的物价翻了一倍，塞内加尔的物价变为原来的三倍，马达加斯加的物价甚至上涨了5倍。价格通胀造成民怨四起。在一些殖民地区，由记账员、矿工、码头工人和铁路工人组成的工人联盟为要求涨工资而进行了罢工运动。对于政府和贸易公司来说，这其中的大多数联盟都很小而且很容易应付，而最大的联盟是在南非，其中的工人既有白人也有黑人，他们的罢工示威让当局忧心忡忡。参与罢工的黑人矿工在最后的尖峰时刻被迫回去工作，而白人却为维护他们在基于种族上的劳动和工薪特权而激烈地进行反抗。在战争的最后，1919—1920年间，非洲大陆经历了短暂的战后经济复苏，这也促使物价进一步上涨，引起了更多的怨言。东非的这场持久战使得人们颠沛流离、妻离子散，这不仅限于小型军事行动所涉及的地区。毁灭性的冲击造成了大范围的影响，男性被强制征兵，家畜和粮食被收缴用作战事储备。战略物资供应者将他们掠夺的魔爪深入肯尼亚、乌干达、刚果、北罗得西亚、尼亚萨兰和葡属东非地区。男人被迫上了战场，往往就一去不归，再也没能见到自己的妻子和孩子。战争带来的疾病和饥荒也造成了重大的伤亡，虽然很严重却没有确切的死亡数字，但这也必须包括在死亡总人数内。在非洲东部和中部，残酷的战争导致某些地区的食物奇缺和饥荒，人口数量下降，以及成千上万的人和牲口死于流行疾病。战争的破坏力以及隔离带来了严重的生态后果：人口迁移，非洲锥虫病肆虐，土地受到破坏。对东非的许多地方来说，多年的战乱确实在那段时期给其造成了严重的危机。

1919年初，也就是第一次世界大战后的第一年，大流感在世界范围内暴发，短短6个月时间就使得3000万人因此丧命，远远超过战争所带来的伤亡人数。尽管这次流感并非由战争导致，但由于当时的政府部门将大部分精力投入战争中，以至于无暇顾及流感的蔓延。于是，流感沿着战线，从欧洲、美洲蔓延至非洲地区，并通过铁路、水路和贸易等方式，迅速波及整个非洲大陆。疾病和死亡总是毫无预兆地突发而至。非洲大部分地区的死亡率为2%～3%，而这一数据，在东非地区，已增至5%～6%。南非的形势则更为严峻。

国际航道的交会以及四通八达的铁路网络使疾病迅速席卷整个联盟。最新的官方数据显示，已有30万人因此次流感丧命，这对国家长期的人口发展极为不利。许多非洲人民为应对此次突发流感所带来的灾难，纷纷投身宗教事业。有些原本信仰基督教、伊斯兰教以及当地本土宗教的人们自发成立了复兴教。在中非以及东非的一些地方，由于受到战争和流感的双重影响，反殖民主义思想有所抬头，比如说瞭望塔运动，就大力宣扬了欧洲统治的覆灭。为应对战争及战后重建工作，注重祷告者权利以及先知话语权的新教运动席卷了整个战后时期。此次战争，使得基督教传教士在非洲大部分地区的控制得以松动；德国传教士也在极短的时间内被非洲牧师和传教者驱逐出境；教会学校以及医院相关活动的举办也大量削减。然而，这场战争同时激起了非洲人民对于西方教育的兴趣。1918年，学校里非洲人的数量远远多于1914年。而原本在1914年之前就微不足道的殖民社会福利待遇，又在此次战争中遭受重创。

政治与战争

到了1914年，非洲的独立国家仅剩利比里亚和阿比西尼亚（今埃塞俄比亚）。战争激发了民族主义思潮，也促使人们产生了摆脱欧洲殖民统治的决心。北非穆斯林在战争时期发动了圣战和宗教战争，与欧洲的异教徒进行了斗争。其中，摩洛哥的斗争尤为持久。在这里，阿亚尔·海巴驱逐了法国人。昔兰尼加的萨努西坚决反抗意大利的统治。撒哈拉中部的达富尔地区，阿里·迪纳尔在法国和英国的控制下艰难寻求独立。穆罕默德·阿卜杜勒·哈桑与英国和法国进行了旷日持久的独立战争。外国的侵略和泛伊斯兰教思想催生了北非的民族主义思潮。1914年，埃及民族主义者对英国的武装攻击和吞并进行了反抗；1920年，在瓦夫德党的领导下，整个国家对英国的统治进行了公开反抗；埃及于1922年获得了名义上的独立，然而英国对有战略意义的苏伊士运河进行着军事管制；1922年，摩洛哥北部独立，成立的里夫共和国（Rif-Republic），被欧洲高级军事力量摧毁。非洲人民关于重获或保卫自由的努力大多都是这种遭遇。然而，在南非，战争激发了白人从伦敦手中夺取自治权的念头，这一想法于

19世纪20年代成为现实，他们拥有了主权，并加入了国际联盟。

少数非洲人为他们在战争中的忠诚获得了回报。许多受过教育的非洲人受到威尔逊总统"十四点原则"的激励，并且或多或少地受到了泛非洲主义的影响，他们希望能够在殖民地内推动政治及社会的平等，然而这点愿望也遭受了无情的打击。阿尔及利亚的穆斯林和一些西非的法国人确实取得了一些进展，他们拥有了选举权和公民权利。然而，在撒哈拉以南的非洲，英属西非国民大会以及南非本土国民大会这些精英组织，在殖民地首都和伦敦进行的游说和请愿几乎毫无进展。战后，南非和殖民定居点的白人强化了自身的政治地位，而非洲人对肯尼亚殖民者转让土地的抗议被无视。然而，1922年，白人矿工为了革命和民族主义进行的反抗受到了南非军事集团的打击。

所有殖民交战国都志在征服非洲，能殖民的领土越多越好。虽然德国一直在两次世界大战之间要求恢复其"失去的殖民地"，但德国在欧洲的失败，结束了它的非洲帝国时代，以及其跨越大陆的大型"米特拉弗里卡计划"。在所谓的"非洲的第二次划分"中，非洲的战利品落到了胜利者协约国的手中。随着英国和法国之间不断瓜分德国殖民地，"非洲的第二次划分"于1919年在巴黎和会上得到共识，也为国际联盟所承认。英国现在控制着从开罗到海峡的领土；比利时得到了一个面积狭小但人口稠密的原德国在东非的殖民地；葡萄牙和意大利因战后边界调整政策也得到了领土。南非说服了西南非却没有成功地劝说南部罗得西亚加入联盟。之前的德国殖民地由国际联盟来管理，那些管理殖民地的殖民国家必须每年向全世界做报告来告诉世界他们如何管理那些领土；殖民统治者第一次受制于国际责任的有限形式，也受制于一种担心，这个担心就是联盟以后致力于结束殖民活动和掠夺殖民地，也会管理非洲酒类的供应。

结论

在非洲发生的第一次世界大战是一个分水岭。此次冲突向所有交战国显示了帝国在非洲拥有的劳动力资源和原材料的战略价值。"帝国"呈现出了一个新的意义：在一个完整的帝国体系内，如果有必要的话，殖民地国家需要制订经济发展计划，但是殖民地人民的福利也是必须照顾到的。被殖民的非洲即使几乎没有新的投资，在经济发展的想法和标志着战后法国和英国殖民政策的托管制度之间也存在着严峻的紧张局势。战争给在战争中战斗的或者被抓的成千上万的人带来的影响很少被人知道。正如许多人担心的那样，欧洲种族优越感正在因为非洲战士们极力抗争和与白人战斗而减少。游历海外，和来自其他国家和大陆的人民交流，了解不同的文化思想，这些都会帮助非洲人民对他们自己和非洲殖民统治者有一个全新的看法。

第八章

海 战

保罗·G.霍尔本

北海战略

战争爆发之际，英国皇家海军的战舰与其竞争对手德国相比，仍然处于遥遥领先的地位，但英国也需要维持国际贸易往来并维护帝国的利益，而且他们的资源也确实在战争的头几个月就濒临枯竭。海上战争的新武器——水雷、潜水艇、鱼雷——迫使英国放弃传统的近距离封锁策略和把敌军海岸作为前线的想法。他们采取了远距离的封锁战略，从地理位置来看也确实有利于这一点，因为不列颠群岛相当于防浪堤或瓶塞子。德国的船为了离开北海到达世界其他地方，就必须经过英国这里。1914年的海军方面也认识到了新式武器的危险性，海军上将约翰·杰利科是战争爆发后大舰队的总司令，他一直想办法避免遭到潜水艇的攻击或驶入事先埋好的雷区。

帝国海军办公室海军上将阿尔弗雷德·冯·提尔皮茨在1898和1900年大力推展了海军计划，使德国海军取得了实质性巨大进展。尽管如此，他们仍在摸索作战策略。考虑到英国海军在数量上占有优势，德方想要在其海岸外沿布置水雷及鱼雷，以此削减英国联合舰队的优势，直至希望自己的舰队在数量方面有利于其大型作战。但这一切都以假设英国会采取紧密包围政策为前提。当提尔皮茨问德国军舰指挥"如果他们不来你要怎么办"时，他意识到了这种想法的弊端。他没有得到令人满意的答复，德国人也从未找到一个应对策略。如果英国海军军官还没有愚蠢到让自己落入陷阱的话该怎么办？最基本的方法仍然是尝试以全部公海舰队围剿一部分英国联合舰队，将其消灭，以取得数量平衡。而英国的目标则依旧是避免以上情况的发生，使公海战队与全部的联合舰队背水一战。北部发生的几次重大交锋都来源于这些策略。德国皇帝不愿冒宝贵舰队被摧毁的风险，而是希望将其留作未来和平谈判的筹码，这使得问题复杂化了。反过来，英国人十分清楚，作为一个岛国，其生存依赖对海洋的利用。丘吉尔曾评论道，"杰利科是两党中唯一能在一个下午内输掉战争的人"。就是对其最好的诠释。基于以上情况，英德双方的海军指挥都十分审慎小心，战争期间只发生了一次重大的海上交锋也就不足为奇了。

地中海

在中部地区，尤其是地中海地区，协约国未必就具有压倒性的海军优势。在战争开始前，德军的同盟——奥地利-匈牙利军队就已经开始进行重要的海军建设项目，其目的是将以海岸防御为主的部队培育成为极具战斗力并且英勇无畏的海上军队。当然，奥地利正在打造的军队一定能够足以与其在三国联盟、意大利和其他潜在敌军中的昔日同盟抗衡。在1913年，奥地利、意大利、德国达成了一个公约。而三国联盟中各国海军的联合，对法国和英国造成了极大的威胁。法国海军的实力在欧洲海域以前仅次于皇家舰队。然而，在战争开始的10年前，法国军队的实力已经逐步落后于德国了。法国军队相对三国联盟的优势已经极其微小——至少在各种报告中是这样体现的。在长时间的事态演变中，这种威胁逐渐变成了一种幻想。在战争开始的初期，意大利宣布中立，而奥地利舰队则注定留在亚得里亚海继续防御任务。表面上来看，地中海地区对于协约国来说没有任何威胁。

自从1912—1913年的巴尔干半岛战争开始，德国已经在地中海地区部署了自己的海军，也就是德国海军地中海分队。在1914年7月，这支军队已经拥有了战斗巡航舰——"高本"号和快速轻型巡航舰——"布雷斯劳"号。8月3日，德国指挥官——海军少将威尔姆·索科恩炸毁了博恩和菲利普维尔的法国阿尔及利亚港口并且拉开了战争的序幕。索科恩并没有试图和他的奥地利同盟军一直驻扎于亚得里亚海，并且也没有试图使达达尼尔海峡保持独立。然而，由于英国和法国军队的失误，他成功了。为了逃避中立法案，"高本"和"布雷斯劳"两艘军舰表面上卖给了土耳其海军并且挂上了土耳其的徽章。他们保留了德国的官员和船员，因此这个买卖就是一个假象。英国和法国理应受到质疑，并且也有责任远离达达尼尔海峡。

1914—1915年，北海行动

在北部，英国海军的首要目的就是保卫英国远征军到法国的通道，而且重要的是，德国海军并不能试图阻止此事。英国人和法国人建立了一个封锁线切断了德国与外界的接触。这个封锁线最初是由废弃的巡洋舰组成，这些船舰在主要战斗中不再发挥任何作用。皇家海军也逐渐使用辅助巡洋舰，武装商船（通常是客轮）用作战舰。可能他们最为知名的雇佣船就是第十巡洋舰中队，此舰队在苏格兰北部的海域开展了所谓的北部巡逻，然而那里的天气状况却暴露出初次使用的老舰并不适合。大型的邮轮或许可以忍受频繁出现的恶劣海上状况，能够装备大量的煤炭，仍旧能继续长期的巡逻。

在封锁区内，海军的作用是缓慢而稳定的，但并不显著。这与陆地上沉重的打击和伤亡数形成对比，并不可避免地引发这个不公平的问题："海军究竟在做什么？"在战争开始的几周里，大多数人都期望一次重大会面，当它并没有出现的时候，大舰队必然存在失落感。怎么能让德国人出来呢？第一次重要海军行动发生在8月28日，此时队长雷金纳德·蒂里特带领的哈里奇部队的轻舰和驱逐舰正试图结束德国在赫里戈兰海湾的巡逻。英国的潜艇将被部署好，去袭击任何可能出来的德国重型轮船。因为海军部、大舰队、哈里奇部队和英国潜艇之间的错误联络，此次行动因浓雾和阴霾变得更为复杂，几乎让英国一败涂地。当来自大舰队的轻舰到达时，场面相当混乱，没有被告知出战的英国潜艇曾一度向一个英国轻舰开火。越来越多的德国舰队出来支援德国驱逐舰，使得英国轻型部队非常难熬。对英国人来说幸运的是，德国舰队各自作战，因为较低的水位阻止了外海舰队穿过珍珠港。尽管能见度低，德国重型舰队、水雷和潜艇的情况未知，海军少将大卫·贝蒂最终决定带着他的战斗巡洋舰中队干预此次战争。他的舰队的到达起着决定性作用。在此次行动结束时，德国巡洋舰"美茵茨"号、"阿里阿德涅"号、"科隆"号以及驱逐舰V187已经被击沉。英国没有损失舰船，只是两个驱逐舰和蒂里特的旗舰，巡洋舰阿瑞图萨最终必须被拖行返航。在没有公海舰队的及时干预下，海岸边上的战败对德国确实是一次心理上的重击，德皇也明确了他的防御态度。珍贵的战斗舰队不能再遭受同样的命运了，他命令舰队的指挥官在参与任何舰队活动之前一定要得到他的明示准许。

从1914年9月开始，潜水艇开始展现出它们的潜力。1914年9月5日，德国的U-21潜水艇用鱼雷攻击了侦察巡逻舰"探路者"号，并将其击沉。这是英国第一艘被潜水艇击沉的军舰。在此之后的一周多一点，英国的潜水艇E-9击沉了德国老式巡洋舰"海拉"号。杰利科非常清楚地意识到，停泊在斯卡帕湾的舰队在潜水艇面前会不堪一击，于是在战争早期，他便将舰队转移到了苏格兰西北海岸的艾斯湾。直到斯卡帕湾的防御力量有所提升，杰利科才将舰队转移回去。不幸的是，杰利科对潜水艇的重视并没有得到海军总部同僚的广泛认可。尽管海军总部已经收到了警告，可能会有潜在风险，但是在荷兰海岸约14托平均水深的海区，他们仍然反布置了一队老式装甲巡洋舰，还极讽刺地将舰队命名为"活饵中队"。9月22日，德国潜艇U-9击沉了"克雷西"号、"阿布基尔"号和"霍格"号巡洋舰，人员伤亡惨重。潜水艇以这样惊人的方式向世人宣布，它将成为英国海洋霸权的最大威胁。杰利科将舰队的停泊地点先转移至苏格兰海岸更南部的洛兰纳什尔，接着又转移到爱尔兰北部海岸的洛克斯威利。杰利科承认，直到1915年早些时候，斯卡帕的防御达到了可观的程度时，他在海上才感觉稍稍有些安全。

巡洋舰之战

在欧洲海域之外，德国和奥地利的海运很快被驱逐出其他的相关海域，船只或被扣，或被迫寻求中立港湾的庇护。德国的海外殖民地迅速成为联合远征军的目标，虽然有时候会经历漫长的作战，但还是避免不了其殖民地接连被他国抢走的命运。在战争爆发时，德国只有零星巡逻舰散布在海外，一些德国邮轮则摇身一变，成为辅助巡洋舰。在南大西洋航行的"卡尔斯鲁厄"号巡洋舰因其内部爆炸沉船。在这之前，"卡尔斯鲁厄"号已经深陷麻烦。另外，"哥尼斯堡"号巡洋舰最终在东非的鲁菲季河抛锚停船且被毁。在此之前，"哥尼斯堡"号就需要大量的维修，但完成的数量寥寥无几。德国的辅助巡洋舰也是同样的情况。作为入侵方，德国那些大型班轮的表现让人失望。这些班轮对煤炭的需求量十分大，但是煤炭在当时并不容易补给，而且即便到现在，煤炭也不容易在海上或临时停泊中运输。尽管这些邮轮截获了些煤炭，但在战争爆发的那年年底，它们仍然有的被击沉，有的被扣在中立海港。

一战初期，所有的德国海军中，唯有中将马克西米安·格拉夫·冯·斯佩带领的东亚舰队十分可观。斯佩手下有两艘装备巡洋舰，分别是"沙恩霍斯特"号和"格奈森瑙"号。这两艘巡洋舰是闻名于所装备的重炮的战斗舰艇。他还有"艾登"号、"纽伦堡"号、"莱比锡"号轻巡洋舰。这些德军舰队驻扎在德国强占的中国青岛。在1914年8月23日，日军与德军开战，青岛沦陷。日本人派出了一支远征队来攻打青岛，只因国内根本无法给予增援的军队，德军还是于11月11日投降了。而斯佩早在日本刚开始攻城的时候就离开了青岛。他派遣了自己最新最快的巡洋舰——"埃姆登"号攻打印度洋。"埃姆登"号的上将打了一场非常漂亮的仗，共击沉16艘英国轮船、1艘俄罗斯轻巡洋舰和1艘法国驱逐舰。这也成为此次战役的传奇。通过此次战役，他完全扰乱了印度洋上的贸易，曾给英国和法国带来相当多的麻烦，而那时这两个国家正忙着所谓的伟大的"帝国护航舰队"的行动。澳大利亚、新西兰，还有这个帝国其他部分总是不乏军事暴动。实际上，要不是日军的帮助，这支皇家军队要想完成任务就会很难。"埃姆登"号最终在11月9日被澳大利亚的轻巡洋舰"悉尼"号击毁于科科斯岛。德国的巡洋舰造成了巨大的影响，也一时吸引了人们的注意，但他们带来的损失也只是英国及其盟军战舰的一小部分。他们与战争后期潜水艇带来的威胁相比简直不算什么。

斯佩向东穿过浩瀚的太平洋，最终到达南美的西海岸，在那里他加入了轻巡洋舰"德雷斯顿"号。此舰正准备离开智利海岸。因此在11月1日斯佩遇到一支英国军队的时候，他有两艘装甲巡洋舰和3艘轻巡洋舰。这支英国后方军队正在克里斯托弗·克拉多克上校的带领下离开科罗内尔。尽管克拉多克的军队比起斯佩并不占优势，只有老舰"好望角"号和"蒙默思"号，1艘轻巡洋舰"格拉斯哥"号以及辅助舰"奥特朗托"号，但他认为老战舰"坎诺普斯"号速度太慢，会阻碍他带领德国人发起战斗，所以他不愿意等待"坎诺普斯"号的到来。在此次科罗内尔战役中，英国惨败，"好望角"号和"蒙默思"号全部沉没，无一人生还。这次战役是皇家军队一个世纪以来第一次打败仗。尽管如此，斯佩对他具有历史性胜利的战役仍不敢相信。据说他的手下在瓦尔帕莱索吩咐人在斯佩临走时献上一束花，斯佩说道："谢谢，我要是死了，正好放我的坟墓前。"

斯佩的直觉是正确的。英国新的第一海军大臣——上将费舍尔勋爵反应敏捷，在风险可控的范围内将战列巡洋舰"不屈"号和"无敌"号分开部署到南美洲海域，将"皇家公主"号部署到北美地区。这种几乎遍及全球的海军力量调整，对现在的斯佩而言，意味着一种潜在的威胁，这种威胁针对的是非洲、加勒比地区以及太平洋地区的盟军远征军以及贸易，而他需要思考的是，是否应该返回西方世界。斯佩决定绕过好望角并且突袭马尔维纳斯群岛。这是一个灾难性的决定。英国海军在中将多夫顿·斯特迪的带领下刚刚到达。斯坦利港口重重的三角桅杆意味着斯特迪将巡洋战舰"肯特"号、"卡那封"号、"康沃尔"号以及轻型巡洋舰"格拉斯哥"号全部投入战斗。随后，在12月8日的撤离行动中，德国舰队中除了"德累斯顿"号，尽数沉没，而且伤亡惨重（包括斯佩自己的）。"德累斯顿"号一直处于逃亡状态，直到英国舰队在智利一个偏远的太平洋岛屿——鲁宾孙·克鲁索岛发现了它的残骸，是德军自沉了德累斯顿号。福克兰海战中德军的失败使得之前克罗内尔海战带来的荣誉荡然无存，自此之后，一战进程中就再也没有德国海军的小舰队（与小型海盗相比）在海外出现过。

波罗的海

海战不仅是英德两军间的竞争，其他海军，比如波罗的海的俄罗斯海军，同样参与了战争。在1914年，尽管俄国的战前建设项目已经开始奏效，俄罗斯"无畏"级战舰和大型驱逐舰已经投入使用，俄罗斯波罗的海战舰主队的实力远远低于德国公海舰队。然而，在皇帝的哥哥，普鲁士的海因里希亲王的主导下，德军通常选择在北部海域部署公海舰队，在波罗的海部署的舰队处于防御状态，后来却很大程度上成为废弃船只的一部分。这给予俄罗斯一个明显的优势，但如果德军决定通过基尔运河运送战舰进入波罗的海，这种优势就会轻易丢失。俄罗斯海军的主要目标是保卫芬兰海湾和首都彼得格勒。基于他们的战舰可能劣于其潜在敌人，俄罗斯在"中心位置"芬兰和爱沙尼亚海岸间密集地布满雷区。他们计划用沿海的炮台覆盖这些雷区，他们的战舰可以在其后战斗并灵活移动。沙皇在对海事的态度上极其小心，决心不再重演日俄战争的灾难。海军上将艾森直到其1915年3月去世前，一直担任俄罗斯海军指挥官。他可能是战争中最有才干的俄罗斯海军上将。有一次，德国海军公然地被集中于北部海域，艾森所带领的位于芬兰湾外的巡洋舰和驱逐舰发动了更积极的进攻，在波罗的海南部德军的航线布满了水雷。德军对此的回应是定期排雷，进行一些潜艇活动，当然也包括他们自己的矿业运输。德军可以通过从瑞典运来的铁矿石来维持他们的核心交通，并且声称他们成功地把俄罗斯控制在了一个次要位置。波罗的海两岸的密集开采最终使这里受到污染。由于1914年秋末英国舰艇的到来，这里的形势对德国来说更加不利。费舍尔想通过运送一支舰队进入波罗的海以帮助俄罗斯人的想法是不切实际的，但从桑德这条位于丹麦和瑞典之间的狭窄通道，使少数的潜艇通过到达波罗的海成为可能。两艘英国潜艇设法在年底前加入俄罗斯军队，到1915年又多出3艘。1916年德国人使通过海峡的航行变得十分危险，但是英国人却能派出4艘小型C型船只，经过天使之路和俄罗斯北部的河流和运河。英国潜艇获得了某种程度上的成功，但其运行受到了洋流和气候的不良影响——波罗的海东部冬季结冰；同时，瑞典海军在通过自己的近海水域时开始护航，以此迫使瑞典中立。德国陆军在1915年取得长足发展后，使里加湾变得出名。德军想在通向海湾入口处驻军但失败了，并且直到1917年10月德军才巩固了海军对海湾的控制权。即便如此，为了实现这一目标，也需要对奥塞尔岛进行一次两栖作战——"阿尔比恩"行动，这注定是一场艰苦卓绝的斗争。

海军情报

在战争早期，波罗的海上的海军作战行动也促使英国进行了一场意义重大的情报变革。1914年8月26日，在与俄国巡逻队的一场对战中，德国的轻型巡洋舰"马格德堡"号在爱沙尼亚海岸触礁搁浅。由于俄国的战舰已经迫近，德军被迫弃船而逃。于是俄国缴获了德军的电报密码本，并将一份复印件送到了英国。英国在太平洋上的1艘德国货船和在北海沉没的1艘德国鱼雷船上缴获了其他密码本，并把复印本与这些密码本联系了起来。因此，英国得以建立一个高效的解密组织。这个组织位于海军部，通常以"40号办公室"而为人所熟知。英国意识到这笔资产非常难得，所以密切地保护着这一秘密。但由于保护程度过高，重要的信息往往无法传达给需要的人，导致英军错失了许多机会。在战争后期，英国建立了一个情报分工体系，下设窃听站和测向站。直到此时，解密组织才意识到其巨大的潜能，尤其是在反潜艇战中。由于英国能够读取德国的无线情报，1915年初，北海上又一场遭遇战在双方之间展开。1914年秋，德军采取了袭击的计策，准备派遣快速战舰轰炸英国的雅茅斯、斯卡布罗、哈特尔普尔和惠特比等沿海城市。德军除了想不择手段重创英国和提振士气，还意图将英军皇家舰队或其部分战舰引诱到刚设伏的雷区，或使英军战舰处于U型潜艇的火力范围之内。德军想俘虏离开了皇家舰队的部分战舰，其意图差一点得逞。"40号办公室"虽然发出了德国即将入侵的警告，但是并没有意识到德国一整支公海舰队会在海上支援。英国海军部认为从联合舰队抽调一支战斗小分队，足以支援海军上将贝蒂的巡洋舰队，还不必让杰利科率领整支舰队出海。反过来，德军也没有意识到英军已经提前收到警告。同年的12月26日，德军成功地进行了轰炸任务。然而，由于天气状况太差以及海上能见度过低，加上在通信和报告方面的人为失误，德国海军的各大主力舰队彼此间失去了联络。

德国人在1915年1月24日这天并不是那么幸运。为了一举歼灭英国巡洋舰队，"希佩尔海军上将"舰队下属的巡洋战舰突袭了位于北海中部的多格尔滩，他们本以为英军会在此巡航。然而英国"40号办公室"情报机关发出警报，英国海军元帅贝蒂率领巡洋战舰企图困住德军。在这场持久战中，德军的"布吕歇尔"号装甲巡洋舰被击沉。但由于旗舰"雄狮"号受创以及贝蒂指挥失误，德舰最后得以逃脱。然而多格尔滩行动的失败导致冯波尔上将代替英格诺尔上将成为公海舰队的司令官，这让德皇比以往更加坚定除了偶尔的袭击，舰队不许在赫里格兰和拜特之外的海域交战，因为这一地区有轻型舰部队和广阔的雷区支援。换言之，杰利科不会迫使德国人故意将大型舰队置于危险境地。因此人们关于主力战舰在海战中的担忧于1915年日趋减少，也就不足为奇了。尽管英军和德军的轻武器部队时有冲突，有的人说这是北海中的僵局，但是这一僵局也暴露了德国人的弱点，因此，对于德国人来说，英军的屏障是牢不可破的。

亚得里亚海行动

亚得里亚海沿岸出现了相似的僵局。意大利退出三国同盟以后，奥地利舰队远远不及法国，并且面临这样一个困境，它的前盟友意大利很快会加入敌方阵营。奥地利指挥官海军上将海斯在战争开始之际就拒绝了德军想要奥地利舰队继续深入伊斯坦布尔的要求，并且明智地阻止了和实力较强的法国在南亚得里亚海的定期作战。8月16日，法国在黑山海岸以压倒性的优势战胜了小型巡洋舰"真他"号，但由于缺少合适的基地而受到了牵制。1914年12月21日，奥地利潜艇U-12号用鱼雷袭击了法国无畏舰"让·巴尔"号。虽然"让·巴尔"号没有沉没，但法国在亚得里亚海沿岸失去了主要的战舰，并且横跨奥特朗托海峡设立了远线封锁。1915年4月法国不明智地把巡逻队转移至极远的北部以后，他们损失掉了武装过的巡洋舰"莱昂·甘必大"号，败给了U-5号。

5月23日意军的参战并没有从根本上扭转战局。奥地利战舰处于一个无望的劣势，但在战争开始，海斯依然带领奥舰队横跨亚得里亚海，突袭意大利港口。这是战争期间奥地利唯一的舰队行动。战争开始的前两个月，如同英军在北海的遭遇，意军受到了相同的经验教训，损失了武装巡洋舰"阿马尔菲"和"加里巴尔迪"号，败给了奥地利潜艇。意军在亚得里亚海并没有损失无畏舰队，亚得里亚海的海军轻型部队，负责侦察巡洋舰、驱逐舰以及鱼雷艇。奥地利舰队核心力量牵制了意军的行动，每当意军想对局势多变的达尔马提亚地区发动海上和陆地袭击时，便会受到奥地利军队的牵制。在没有强有力支持的情况下，德军不会贸然采取行动，以防奥地利战舰的不配合。由于奥地利潜艇的存在，意大利战舰在亚得里亚海的行动现在来说是很危险的。在此种局势下，奥地利海军扮演了传统的舰队角色。轻型部队间打了就跑的突袭贯穿整个战争始终，1915年底同盟国占领塞尔维亚以后，不难想象，奥地利海军已错失了阻止塞尔维亚军队余部撤离的良机，塞军余部已退回海岸防守。1915年12月29日，奥地利军队突袭了都拉佐，但其两艘驱逐舰被炸毁，在随之而来的更猛烈的同盟国舰队的攻击中也只能仓皇而逃。

自从土耳其在1914年10月29日加入同盟国一方，参与第一次世界大战，黑海也成了海军作战的战场。桑松与土耳其政府中的亲战派密谋，突然挑起事端，率领土耳其舰队袭击了俄国港口。俄国人以宣战回应。除了"戈本"号和"布雷斯劳"号战舰，土耳其海军仅拥有很少的现代化驱逐舰能配合德国战舰作战。这些仅有的土耳其战舰接近报废，行动迟缓。1915年，随着俄国的无畏战舰、大型驱逐舰、潜艇等投入使用，在这场力量角逐中俄国开始占据上风。俄国对博斯普鲁海峡实施了封锁，力图阻断从黑海上的运煤港口到伊斯坦布尔的煤炭运输。在1916年，俄国人利用他们的海军优势实施了成功的水陆两栖作战，支持了俄国军队在黑海东部拉齐斯坦海岸线的作战。战役最终以俄国军队攻破特拉布宗结束。俄国军队也在切断土耳其煤炭贸易上取得了极大的胜利，使得伊斯坦布尔内煤炭短缺。但是由于1917年俄国革命，混乱逐渐蔓延到黑海舰队，俄海军的胜绩由此大打折扣。

英国和法国的海军1915年试图彻底破坏土耳其战区，扫除雷区，打通达达尼尔海峡的通道；不过失败了，使得伊斯坦布尔处于协约军的严密监视下。3月18日的袭击闯入了一条没料想到的新布的水雷线，两艘英国战舰和1艘法国战舰被击沉，其他战舰严重受损。结果使得军队陷入僵局，然而英国的潜艇还能在水下穿过达达尼尔海峡，并在马尔马拉海上成功作战，同时重组强化过的海军力量卷土重来，也取得了成功，最后进入的保加利亚，使得同盟国在战争中的失败成为定局。达达尼尔海峡战役也招致德国潜艇抵达地中海。德国此举是由于在1915年的春天奥地利人无力对被步步紧逼的土耳其人做出任何帮助。第一艘抵达达达尼尔海峡的德国潜艇U-21击沉了"凯旋"号战舰和"女王"号战舰，迫使英国做出战略调整。然而，潜艇还在打击地中海商船中取得了最大的胜利，德国最终在普拉建立了一支潜艇别动队，另一支在科托尔海湾。

潜艇战

在1915年期间，德国人发现潜水艇最有价值的作用是打击商船而不是战船。因为考虑到乘客和船员的安全问题，潜水艇太小了以致不能遵守巡洋舰战争的传统规则，所以德国人不可避免地卷入了与中立者的摩擦之中。涉及美国人死亡的事件已经导致美国人的强烈抗议，并且他们也下令限制德国潜水艇指挥官的行动。1916年3月"苏赛克斯号"事件之后，德国潜水艇指挥官再次受到限制，这些限制导致公海舰队恢复活动。因冯·波尔生病被迫下台，态度更加强硬的莱因赫·舍尔接替了他。1916年5月31日，舍尔在斯卡格拉克附近对英国巡逻队进行扫荡，"40号办公室"得知德国人外出后，日德兰海战爆发，这是一战中最伟大的一次海战。一直以来，关于这场战争争论的主题是因为此次战争开始时间较晚，较差的海上能见度和黑暗漫起让垮掉的德国人停止作战，在黑暗中甩掉了英国舰队，最终到达了安全的基地。与德国损失的1艘战列巡洋舰、1艘无畏舰、4艘轻型巡洋舰和5艘驱逐舰相比，英国遭受了巨大的损失：3艘战列巡洋舰、3艘装甲巡洋舰、1艘旗舰和7艘驱逐舰。但是战略情形没有改变。大舰队的优势始终不能撼动，无情的封锁仍在继续。几周之后，舍尔向德国皇帝汇报说："即使公海战役最成功的结局也不能迫使英格兰讲和。"舍尔号召重新恢复无限潜艇战。

8月18日，舍尔尝试让皇家舰队卷入潜水艇的埋伏之中，英国人又被预先警告了一次，但是还是没能阻止德国人，并且损失了两艘巡洋舰和潜艇。之后英国人决定不冒风险，把在北海南边的皇家舰队卷入。北纬55度30分以南和东经40度以东的海域将会为潜水艇留出空间。僵局重新开始，在1917年初，德国政府更倾向于号召无限潜水艇战役的人。

1917年2月1日，德军重新发动了无限潜艇战，并迅速取得大规模胜利，4月战果尤其丰硕。如果德军继续以同样的速度投放潜艇，他们本可以取胜，但英军采用护卫舰编制应对潜艇威胁。护卫舰是航海时代历史悠久的装备，但英军素来不愿采用该系统，其原因是多方面的：英军害怕护卫舰在港口出现拥堵或者过度拖延的状况，担心错误估算需要护卫队的船只数量。护卫舰和逃生路线的好处之一是让潜艇难以发现船只，其另一好处是护卫舰能在预定地点击沉潜艇，这是一些鸡肋猎潜艇做不到的。因此，协约国商船损失减小时，德军潜艇的损失反而增加。当护卫舰证明其价值的时候，准备周全的舰队编制在南北大西洋和地中海地区诞生。德军往往游弋袭击，攻击沿海水域以及港口和护卫舰或集结点之间的脆弱区域。英军派出地方护卫舰作为回应。此外，飞机和飞船与海滨地区一样拥有重要地位，因为飞机和飞船能阻止潜艇的海面行动，还能避免潜艇占据有利的开火点。潜艇损失不能完全被消除，但损失最终在可接受范围。1918年的第二个季度，新装备的吨位首次超过了损失。反潜艇战役需要英军付出不懈努力，英军需要组织和按特定路线派遣护卫队，启用无线拦截和智能机器协调逃生，使装备标准化，生产诸如小型护航舰的专业反潜艇船舰。最终，努力得到了回报：潜艇优势并没有为德国带来胜利。

奇怪的是，协约国海军联盟的领导在很久之后终于意识到护航才是解决潜艇问题的办法。在此之前，他们已经在其他方案上浪费了太多精力。1917—1918年间，联合舰队仍旧定期进行潜艇追捕行动，但收效甚微。1915年9月初，联合舰队尝试在地中海的奥特朗托海峡建立一系列漂浮着的拦截网，随后又使其固定并装备了水雷。但这样做的结果同样不乐观。在1917年5月，尽管奥地利人被成功激怒并偷袭了火力屏障，但在击沉了14架漂浮艇后，奥地利成功地在之后的追逐战中甩掉了试图拦截他们的联合舰队。尽管美军在1918年为其携有潜水测音器的驱潜艇装备了火力屏障，但是明显没有效果。在1918年的北海，美军是在奥克尼海峡和挪威海峡之间布置水雷的主要力量。这项巨大的工程被人们质疑是否值得为此付出这么多的努力。多佛尔南部的屏障更加有效。德国驱逐舰在1917—1918年初对英国进行了突袭，而英国对这些夜间突袭很难进行还击。尽管在此次被突袭中失败，英国仍建立起火力屏障来阻止德国佛兰德斯小型潜艇战队通过英吉利海峡向西进攻。他们的目标是通过迫使德军采取较远的路线绕过不列颠群岛，来减少其配置火力的时间。1918年4月23日，勇敢的英国人突袭了比利时的泽布吕赫和奥斯坦德，这一行动是为了阻断运河，避免复杂的潜艇战对布鲁日内陆造成影响。但对泽布吕赫的突袭最多只是一部分的胜利，因为对奥斯坦德的突袭失败了，而5月份的另一场突袭也以失败告终。不过，不断累积的压力事实上成功地阻止了德国潜艇穿过多佛尔海峡。

1918年的春夏，德军已无力阻止美军及其大量物资跨过大西洋，不仅如此，也难以阻止英国远征军运往巴勒斯坦的物资以及英法在萨洛尼卡的军队。地中海地区的人们担心德国会将手伸向俄罗斯的黑海舰队，然后突破达达尼尔。意大利和法国在亚得里亚海的指挥问题上有着不可调和的分歧，这些分歧掩饰了奥地利的重要性；同时，法国的舰队在科孚岛而意大利的舰队在塔兰托。不过法国的战舰加强了英军在爱琴海的力量，而黑海舰队危机事实上只是杞人忧天。德军只占有了几条船，因为俄军把其他船只都击沉了。而物资和人力短缺的问题在战争结束时并没有产生太多影响。

直到战争结束，战列舰时刻准备着军事行动。这就需要保留大量的驱逐舰以便更好地保护船舰。但是在战争中没有什么是注定的，主力舰指挥官杰里科和贝蒂，以及他们的继承者们，并没有享受到先见之明的好处。的确，一场伟大的战役很可能已经发生，因为德国政府开始就达成休战进行谈判，舍尔和海军高级司令部不愿意接受这个裁决，并计划采取最后行动。他们被自己的人搞得灰心丧气，因为公海舰队的主力舰不主动出击，已经影响了士气，此时士兵充满情绪，在战争的最后几天里，很少有人愿意送死，结果导致大家都无心战斗。当公海舰队最终起航时，它将在苏格兰近海与皇家舰队遭遇，并被押送到苏格兰水域，最终自沉在斯卡帕湾。

第九章

经济战

B. J. C. 麦克切尔

经济战战略

第一次世界大战是现代的第一次全面战争，同盟国和协约国的经济活力与他们的军事实力在追求胜利的过程中变得同等重要。因此，1914—1918年间，经济战的战略目标是破坏敌人的经济，削弱敌人的经济实力和军事行动能力。同盟国和协约国利用过去的经验，建立创新的官僚机构以满足新的条件，使用现代武器如潜艇造成地方粮食短缺，削弱他们的工业生产和商业，努力扰乱敌国的经济生活。因此，削弱敌人武装部队的物资供应成为每一个联盟大战略的组成部分。物质匮乏还有另一方面的作用：它可能助长敌对政府的国内压力，使其精力偏离战场，削弱其内部凝聚力。但值得注意的是，这场斗争中经济因素的重要性后来可能被过分强调了，例如，英国海军对德国的封锁。然而，毫无疑问的是，经济战对于协约国的胜利和同盟国的失败，是不可或缺的重要因素。

不出意料的是，英德两大国打经济战的总体战略取决于各自的主导性经济力量：即英国依靠其盟国，德国依靠中央集权。这意味着，这两种相反的经济战方式，基于国家发展状况、地理位置、军事力量和外交地位的不同，从而限制了对方的工业、金融和贸易。英国是一个岛国，国家生存依赖进口食物和原材料与出口工业化产品，对其而言，经济战在1914年已经不陌生了。1792—1815年与法国的战争期间，英国就已反抗了拿破仑为削弱其经济实行的大陆封锁体系——法国企图通过阻断英国与其他欧洲国家的贸易往来这样的战争手段，此举迫使英国在全球其他地方寻求替代市场和必需品供应。伦敦皇家海军也促使了英国实行对法国与其他国家的军事封锁。尽管英国的封锁激起了一些中立国的反感（例如1812年爆发过的英美战争），但是这打破了拿破仑的欧洲封锁体系，加速其战败。

随后一个世纪里，例如在1853—1856年的克里米亚战争期间，英国还未放弃封锁，到参与国际会议制定战争法时，尤其是1856年巴黎会议和1909年伦敦会议时，其国内反对限制皇家海军自由的呼声，导致继任政府正式放弃了对皇家海军的限制。倡导自由贸易的英国当然反对威胁到其海上贸易的挑衅，美国内战时北方封锁南方也是因为同样的问题。在1909年伦敦会议上，英国代表帮助拟定了严禁在公海走私军火弹药的宣言。困难之处在于，是否干涉"非直接贸易"这个通过中立国进出口军火和其他货物的方式。会议最终决定，如果能证明货物运往敌国，则启动对中立国港口的完全禁运，议会拒绝了修改《伦敦宣言》。到1914年，英国海军部和皇家国防委员会计划利用皇家海军的水上军舰实行战争计划，通过拦截所有载有走私品来往德国的商人，哪怕是经过中立国港口——以此来破坏德国经济。然后，重要的是，1909年后发布了《海军部手册》，要求皇家海军军官在用战舰拦截中立国运载商用货物（而不是严禁物品的商船）时要遵守《伦敦宣言》。其战争计划的另一方面，则是要在皇家海军的保护下，确保出入境英国的供给和贸易品得到最大收益。

德国在1914年以前便形成了"战争经济"的概念，这是由其位于欧洲中心的地理位置、自给自足的意识以及敌对势力的威胁所共同决定的。

自19世纪80年代早期，德国的军事策划人员就开始考虑进行一场双边战争的可能性，这一问题随着1894年法俄联盟的形成而变得尤为关键。尽管人们料到敌军可能会封锁德国海岸线，德军总参谋部认为即便在那样的交战时期，德国仍然能够实现诸如粮食、肉类及工业原材料在内的基本物资的国内供给。总参谋部继而制订了旨在9个月（德军供给开始消耗殆尽的最长时限）内快速全面制胜法俄两国的作战方案。对于短期作战准备最详尽的描述体现在1905年的施里芬计划中。但在这一关键时期，由于德国决心挑战英国皇家海军的威名，英德关系极度受损。

从1905年开始，柏林陷入了英国可能会加入对德阵营的担忧。鉴于此，德政府在海陆两个参谋部之间又成立了一个新部门。时任海军部长的阿尔弗雷德·冯·提尔皮茨认为：要让快速取胜成为可能，就有必要对德国可能面临的经济困难进行评估。总参谋部长官小毛奇对于德军取胜踌躇满志，他认定德国的扩张型经济是国力的一个组成部分，而国力正是作战毅力的巨大源泉。在德军赢得胜利的时候，战时供给的想法开始令德国的实业家们受到鼓舞。1912年，迫于来自实业家们以及海军方面的压力，德国部长们建立了一个临时委员会来收集农业生产的实时数据，确定工业原材料需求，并制定食品和原材料的存储与分配方法。德国还认为它可以同像荷兰、斯堪的纳维亚半岛的各个政权以及美国这样的中立国开展直接或间接贸易，以此来削弱封锁。然而，由于德国志在短期内结束接下来的这场战役，他们并没有考虑具体要怎样做才能破除可能形成的军事封锁。正如一项对战前德国计划的分析所指出的那样：没有什么提议是关于"怎样攻破围困"这一重大问题的。

说实话，每个欧洲强国的军事参谋都希望下一场大战能取得迅速而决定性的胜利。这些军事参谋计划利用轮船和铁路来部署军队、大炮和其他物资；快速将最大数量的军队部署到前线；制订作战计划以击败战场上的敌军。农业生产和工业能力是扩大战争所必需的，因此也是不容置疑的。1914年7月末8月初，当战争在欧洲爆发时，当然，每个联盟都迅速采取行动试图扰乱敌方经济。同年8月4日，德国在英格兰东海岸布下了水雷。作为回击，英国在德国北海航线布下水雷，此外，英国对此次战争中的中立国，尤其是荷兰发出警告，因为鹿特丹港处理来往于德国西部的货物。面对美国要求英国认可《伦敦宣言》的压力，也不管最初法国和俄国表示如果德国及其盟国也认可该宣言，他们愿意遵守《伦敦宣言》的意愿——英国拒绝向美国屈服。

同盟国的封锁政策

在外交部部长爱德华·格雷爵士的领导下，很快建立了对外海事办公委员会，该委员会旨在调查英国在此次封锁中的法律立场。经过这些审议，以及在德国布水雷的推动下，英国于8月20日发布了一项议会决议。该决议称英国将遵守《伦敦宣言》，而有条件的战时违禁品（作战所需的粮食和像铁丝网以及航海仪器这样的工业品）是其履约的附加条件，这些产品如果是要帮助同盟国作战，那么它们将会被禁止并截获。根据拿破仑战争的先例，英国还设立了军事法庭，由独立的陪审团审理被俘船只案件，根据国际公认的违禁品法律来决定这些船只和货物是该由英国政府征用还是自由放行。在第一次马恩河战役之前，面对德国对法国东北部的猛攻，法国支持了这些提议。

到1914年12月，东西两条战线的动员和准备工作已经完成，壕沟战拉开了序幕，伤亡人员不断攀升。这标志着全面战争的开始。由于领导层和普通士兵要为长期战争做好准备，经济战就显得尤为重要。协约国为了削弱同盟国而共同努力，采取新的形式联合摧毁同盟国的经济，包括限制邮件往来、严格管制出口、法律上禁止与敌国进行贸易往来以及扩大违禁品名单。

在战争初期，英国落实了封锁政策。由于国际商贸的重要性，它不仅可以提高战后英国的地位，而且有利于英国在战争期间履行为协约国提供经济支持的职能。而另一方面，法国的政策则是出于阻止德国战后经济恢复的考虑来制定的。因此，法国坚持提倡建立协约国之间更广泛的协调机制，这不仅可以作为一种加强战时封锁的手段，同时也可以为战后经济封锁打下基础。尽管1916年6月在巴黎举行了协约国之间的经济会议，但这些目标远没有实现；相反，随着法国对瑞士贸易的控制（瑞士是同盟国最南端的中立边界），一个实际上的劳动分工产生了。自从意大利1915年5月加入战争，协约国之间关系的维护就变得更加简单，意大利不仅可以安排瑞士进入地中海，也能封锁巴尔干半岛的亚得里亚海岸。

英国的封锁是由外交部协调完成的。此次责任分配反映出一个事实，与海军力量相比，许多其他因素对封锁效果更为重要。最重要的是，在管理德国周边中立边境上，需要使用外交手段，以防止这些边境成为德国进口货物的渠道。其次，对边界中立地带的管理，大量依赖于商业情报。在高级官员艾尔·克罗的领导下，成立了一个违禁品部门，由于战争的持续，外交部控制了封锁的战略方向。在这个过程中，在中立地带，无论是和英国海军部、贸易委员会以及情报接收人打交道，还是与英国使领馆合作，艾尔·克罗在建立机制上都起到了决定性的作用。这个机制将联合抵制向同盟国出口食品，重要的工业原材料以及各种机械。联合封锁政策源自伦敦。在伦敦，通过修改封锁政策的有关法律（制定了新的枢密院令和边境走私物品列表），加强了对同盟国的经济限制并且确保了封锁禁运的全面性（皇家海军的操作能力）。自从国际法律规定，只要封锁有效它就是合法的，这些经济战的因素就结合到一起了。

在欧洲，相对较弱的政府往往会在交战双方中保持中立，来确保自己国家的社会经济稳定有序，政治不会受到威胁。这其中，最有创意的做法当数荷兰了。荷兰政府发现本国陷入一个境地：一方面，如果德国发现自己太偏向他们的敌对方，德国政府就会对荷兰发起进攻；而英国一方如果发现自己同德国中央政权走得太近，就会对荷兰实施最严厉的封锁处理。

1914年晚秋，海牙官方清楚地了解到战争短时间内不会停止，于是政府决定将荷兰的经济控制大权发放给本国的龙头企业和船业集团，成立"荷兰海外信托"公司。信托规定，对于英国封锁的禁品以及禁止间接交易的法令，应由私企，而非政府来遵守。此外，私企也竭尽所能地同德方保持尽可能多的贸易往来。同样原因，瑞士政府也发现，法国和意大利政府先后对瑞士实施的地域封锁政策也阻碍了本国同德国的贸易往来，而这一贸易往来关系到本国经济的生死存亡。因此，瑞士效仿荷兰的做法，用建立良好信用等一系列的方式来维护本国经济发展。

1916年2月，针对外交部和海关部关于封锁政策引起的官僚纠纷，首相赫伯特·阿斯奎斯创立了"封锁部"，隶属外交部。这一举措不仅表明了外交部在封锁政策上享有优先决定权，也重申了战争经济在同盟策略中至关重要的地位。而这一同盟策略，在随后发生在凡尔登、索姆河和东欧地区的几次惨败之后也变得越发重要。新部长由原外交部副部长罗伯特·塞席尔伯爵担任，克罗将继续担任高级顾问一职。接下来的三年同往年一样，协约国经济体加紧了对同盟国的包围，一系列原本不属于绝对违禁品的商品也渐渐停止了向同盟国的供应，这其中就包括肉制品、金属以及矿物质、动植物油、煤油、棉花和羊毛。随着战争的升级和协约国作战区域的损失剧增，任何可以加强同盟国武装力量，维护该国工业发展或养育该国人口的产品都成了封锁对象。

协约国的胜利是大势所趋。举例而言，在一战前德国城镇人均每周消费3.2磅（1磅约为454克）肉类制品，而到1917—1918年，该数值跌至0.3磅。无独有偶，由于德国在1915年被封锁，造成88235名德国平民死亡（该数值比1913年平民死亡人数总和还高出9.5%）。到1918年，死亡人数飙升至29.3万人（该数值比1913年的死亡人口总数还高出37%）。关于战争期间，尤其是在1917—1918年的严冬，德国人民是否真正挨饿受苦这一问题还尚未有定论。有人称，人们的体重变轻，所以对食物的需求会变少，如果调理好身体，人们便可以一如既往地努力工作。总而言之，我们必须承认，在1914—1918年期间，封锁行动几乎没有影响到德国军人的战斗力，却对社会和人们内心产生了影响。因此也就给德国的政治带来了影响。高尔将军是一位高级官员，他称："德国人民失败了，究其原因有许多……而我认为封锁行为在这些事情中最为关键，它使全国人民意志消沉。"在1915年后，经济低迷，导致许多德国人开始埋怨政府。食品和生活必需品分配不均，比如，乡村地区的食品供给量充足，城市地区则不然。在城区内也存在着不均，阶级内部和阶级之间的分配并不平等，有钱人或是有权人可以在黑市上买到东西。在工人阶层中，制造武器的工人生活较好，优于非技术工种、白领工人，甚至比一小部分政府官员还要宽裕。因为像针织毯和皮鞋等一系列的日常消费品供不应求，所以在德国发生了通货膨胀，大众的负面情绪与日俱增。在1916年，德国发生了五十余起因食物引起的暴乱，在1917—1918年，这一数字还有所上涨。除了食物定量供给——在1917—1918年德国的冬天十分寒冷，而且国内动荡不安——还有封锁行动也造成一定影响，这直接导致1918年十一月革命的爆发，进而导致德皇威廉二世的退位和魏玛共和国（指1918—1933年期间采用共和宪政政体的德国）的建立。

转向无限潜艇战

同盟国对于经济战采取的办法并没有协约国那么复杂。战争前几个月，除了在北海布置水雷，德国和奥匈帝国还禁止与敌国进行贸易，禁止向大英帝国支付资金付款，并审查邮件和电报（保加利亚和土耳其随后也采取了相同办法）。1915年1月，战况日益明朗，战争并不会速战速决，取得胜利需要持续不断的士兵和财富作为支撑，所以同盟国采取的经济措施表现为两个策略。第一个策略就是确保充足的食品和原材料供给。鉴于1914年战前计划采取自给自足的模式，德国的资源必须得到充分利用。从已占领领土所获得的农作物和原材料能供应这些资源。同时，俄罗斯帝国的西部疆域表明，须采取措施克服由于协约国的封锁而引起的供应问题，而占领这些疆域正是德国的一个作战目的。至于比利时，由于德国的征战部队凶残地掠夺其食物和草料，人民正面临着饿死的危险。更远的柏林努力与中立国保持贸易关系，尤其是斯堪的纳维亚半岛、荷兰以及美国。这就涉及利用德国以及中立国航线的商人，通常要虚假地处理货物仓单以骗过那些拦截其货船的同盟国海军官员。

同盟国面对经济战的第二个策略就是竭力瓦解敌国经济，尤其是领军者英国。货运、贸易和保险都容易受到巡洋舰行动的影响，但德国的战前海军军费集中投放在了北海战舰上，削弱了其国际力量，无法发起一场种族战争。战争初期，英国贸易面临的最大威胁，即在中国的斯佩东亚舰队于1914年12月在福克兰岛战役中被毁。德国公海舰队未能以合理的理由与英国皇家海军开战。对此，德国的一些海军部官员、新闻界以及因潜艇攻击协约国海上贸易而利益受损的企业感到挫败，备感压力。德国海军部副部长阿尔弗德雷·巴林极好地总结道：德国不得不采取最残酷的潜艇封锁。1915年2月1日，德皇威廉二世与他的重臣以及军事顾问做出决定，即德国的潜艇而非海上战舰，将对协约国实行贸易封锁。

在战争前几个月内，德国只有39艘潜水艇。随着柏林海军政策开始全面强调这些战舰的重要性，与海上航船相比，潜水艇的建造变得更快速、更经济。德皇威廉二世为发展潜水艇拨出更多的资金与丰厚的资源。1914年秋天与1915年春天之间，德国造船厂收到了103份潜水艇订单。到了1915年初，德国海军在邻近英国与法国、远离佛兰德斯的大西洋和北海执行任务。这些攻击对协约国联军港口造成的影响不大。例如，在1915年3月进出英国港口的5000名商人，只有21名遭遇了沉船。但是在1915年3月7日，英国远洋客轮"卢西塔尼亚"号驶出纽约后，在爱尔兰被击沉。虽然德国情报人员认为"卢西塔尼亚"号载有战争武器，并且，德国驻美国大使馆在美国报纸上刊登警告说这样的船只易受到潜水艇的攻击，但这次攻击造成超过1000名乘客遇难，其中美国人有120人。伍德罗·威尔逊领导下的美国政府发表强烈抗议，并提议美国应该参加反德战争。

在8月，另一艘船又被击沉导致更多的美国人遇难之后，经过复杂的外交交涉，华盛顿的抗议与美国资源全面资助协约国的可能性迫使德国政府采取了潜水艇攻击限制政策：中立的商人与所有客轮不受攻击。在很大程度上，直到1917年1月，德国潜水艇的攻击行为才不再活跃。但是在日德兰海战中，没能突破英国皇家海军的防线使德国海军雪上加霜。德国海军部部长声称，潜艇每月可击沉60万吨位的航船，如果采取无限制的潜艇战，就可以在6个月内击败英国。但是由军队支持的海军在1916年"物资"之战中被击溃，这使他们认识到了美国的经济与工业力量。1916年12月的和平协商失败，减少了那些更倾向于保持美国中立者的争论。德国人估计，战争的最终成败会在美国军力生效前见分晓。

1917年2月初，德国展开了两年前由巴林和其他人共同提出的潜艇行动。1917年上半年，德国的军事行动导致英国及其盟国的商船沉没数量不断增加，6个月内的沉船数量高达1505艘，总重277406吨。但随后在美国海军的帮助下，英国皇家海军有效的应对措施：严密保护船队，改良深水炸弹和水雷，空中掩护以及设立更高效的情报机构。1917年末，虽然英国只能限量供应食物，一些基本商品也处于短缺状态，但德国利用潜艇扰乱协约国经济生活这一行动的效果却不如以往（后5个月船只沉没数量仅为617艘）。德国针对协约国船只的军事行动持续到1918年，但后期成效有限。等到1918年德国迫使布尔什维克领导下的俄国签署了《布列斯特-立托夫斯克和约》，并开始其重要的但最终失败的进攻时，同盟国已经失去了经济战中的优势地位。

对中立国的影响

两个联盟都未曾预料到这场战争会成为持久战，它们对中立国的外交策略是让其处于一种平衡状态，没有哪一方能真正地操控这场经济战。其原因很简单，全面战争一旦开始，同盟国和协约国都需要农产品、工业原材料、专业器械，以及只有中立国才能提供的财政援助。虽然交战的各国都思考了一系列的小举措，希望以此来触动中立国，比如西班牙想要与德国进行贸易往来，伦敦和柏林都希望能与瑞典以及美国建立同盟关系。但1917年中，沙皇俄国的覆灭以及美国参战，对抗同盟国使事情发生了转折。最终，协约国取得了外交胜利，增强了与同盟国对抗的能力。

1917年上半年，对同盟国与协约国而言，瑞典是欧洲最重要的中立国。这一局面是由若干因素造成的：瑞典政府于1914年8月之后对外宣布保持中立；瑞典议会、武装部队、政客和知识精英的亲德反俄倾向；以及瑞典重要的地理位置——它可以同时保持对德国和俄国的贸易路线。1914年8月，瑞典政府宣布中立，并继续保持同德国的商贸往来，正因如此，瑞典在1917年4月之后一直得到美国的支持。在这一时期，同样至关重要的是，斯德哥尔摩已经拥有自身明显的外交优势。对沙皇俄国来说，唯一有效的贸易路线是从像哥德堡这样的瑞典港口到俄属芬兰大公国这样的陆上路线。不仅如此，土耳其还封锁了达达尼尔海峡；同时，从尼克拉夫到摩尔曼斯克南海岸的铁路线尚未完成。在1915年的艰难谈判中，尽管有来自英国方面更具约束性的枢密令（1915年3月），但是瑞典政府迫使协约国接受转运条例：即对等于瑞典国内生产的货物以及运向俄罗斯的货物，瑞典人可以向德国出口相同数量的货物。

尽管伦敦海军和其他大臣感到不快，但这一安排得到了英国驻斯德哥尔摩大臣埃斯米·霍华德以及俄国的支持。转运确保了俄国得到充足的补给，这使得沙皇政权能够在东部战线维持其军事力量抗衡德国和奥匈帝国。一旦俄军瓦解或者和平条约破裂，德国将会空出80~100个师，而这些军事力量一旦西移，将会促使德国打破其在法国的军事僵局。令霍华德再度担忧的是瑞典的隐藏威胁，如果对瑞典封锁得太紧，瑞典将会加入同盟国参战。这种情况很可能将俄国驱离战场。这并不意味着霍华德同意转运。但是协约国的政策必须受到现实政治命令的指引，并且克罗和"封锁部"也勉强同意霍华德递交的北方封锁政策的申请。

第一次世界大战中，对协约国和同盟国来说，美国都是最为重要的中立国。1914年8月之后，美国有关交战双方经济战的政策是基于对"公海自由"的需求——或者更直白地说，对中立贸易权的需求。抱着想要得到美国物资以及资金支持的想法，交战双方都谨慎地与美方进行接洽。威尔逊政府在"卢西塔尼亚"号沉船事件之后，抵御德国潜艇的攻击已经引起了热议。然而，美国在抵制英国枢密令，捕获法院以及其他协约国封锁手段时却不那么积极：从1914年末到1916年末，威尔逊对抗这些举措的方法是通过一系列正式抗议书将其驱逐回英国和他们的盟国。美国国内，包括威尔逊以及在美国开设公司，为英国银行家服务的金融家杰克·摩根在内的许多地位显赫的美国人有着强烈的亲协约国和亲英派情感。

但是，英美关系在战争开始的前两年受到了严重破坏，并且有了皇家海军的支持，英方拒绝缓和封锁以迎合美方表示出的不满。1916年底，正值美国总统大选，看起来英美关系极有破裂的可能性。威尔逊在12月赢得连任并承诺不参战以及保证"公海自由"。美国明显表现出对于协约国封锁的敏感性，随后国会在12月份通过了一项议案，授权建立一支名叫"首屈一指"的舰队。一场重大危机即将来临。

然而，德国随后便发动了无限制潜艇战。1917年2月3日，德国潜艇攻击中立国船只，严重损害了中立国贸易权，致使美国与其交恶。此后两月，美国人的反德情绪日渐高涨，再加上齐默尔曼电报事件的催化，终于导致美国于1917年4月6日向德国宣战。对同盟国来讲，美国参战如同雪中送炭。就在此前一个月，俄国中间派为建立宪制推翻了沙皇统治，俄国局势因此混乱不堪。为缓解国内局势，俄国发动夏季攻势却致惨败。布尔什维克党11月（俄历十月）上台，沙皇俄国就此退出一战战场。德国等到了打破西线僵局的良机，并于1918年3月在西线战场发动攻势。1917年4月后发生的一系列事件，代表着协约国的经济战进入新的阶段。这一阶段，同盟国国家经济压力增大，因而削弱了潜艇战的威力，加剧了物质资源的短缺，刺激了德国及奥匈帝国国内民主势力的抬头。此外，美国的参战也意味着，以瑞典为主的中立国家失去了经济封锁中最强大的缓冲带。

经济战与最后的胜利

事实上，美国海军与英国皇家海军联手，对同盟国及中立国供应商们实施战时经济封锁，并以预想不到的活力赢得了最终胜利。俄国战争失败后，瑞典介入战争时施加给德国的威胁也随之消失。霍华德、克罗与"封锁部"向瑞典与德国施加经济压力，步步紧逼。最终，美国的物资供给与贷款更容易越过大西洋，以援助在西方前线与再度得势的德军交战的协约国联军。

随着美国宣战这一个月以来，亚瑟·贝尔福作为外交部部长、格雷爵士的继任者，前往美国申请了新的贷款，并争取到对于协约国战争的物资援助，这样的做法都在预料之中。1918年11月，美国远征军在最终击败德国及其盟国的战争中发挥的作用并不大。然而，因为有美国海军的支持以及充足的财政资源的帮助，在冲突爆发的最后18个月里，协约国经济战加速了同盟国的瓦解。从1914年8月—1917年4月，协约国实施的封锁政策扰乱了德国经济，日趋严重的食物短缺以及不断产生的国内动荡使得人心惶惶，引发内乱，例如粮食暴动。1917年后半年，更多有效的联合经济战加剧了这些问题在德国及盟国间的发酵。到1918年夏末，德国的反攻态势始终无法达到预期，突破封锁，并且它的三个盟国也纷纷提出休战。这时，威廉二世政府意识到自身缺乏持续这场争斗的军事与经济能力，帝国缺少时间和财力去开发因《布列斯特和约》条款而从俄国获得的资源。这样下去的结果便是帝国政权的分裂、共和政体继任人的出现以及1918年11月德意志帝国的投降。

在第一次世界大战期间，经济战至关重要。一般来说，各个联盟在战争中能否具备破坏敌方经济并削弱其健康财政的能力，与最终胜利的取得同等重要。当速战速决的想法被证明是虚幻的，双方的经济战争策略变得愈加精确和残酷。协约国最终证明了他们更擅长实践全面战争艺术这一要素，从其就封锁制定的法律条文，英国违禁品部门和"封锁部"的建立，反潜技能的应用以及他们在1917年中前后对中立国家的务实外交中可以看出这一点。相反，德国与其盟国的经济战争行为过于简单：从中立国家和被占领地区寻求物资供应，同时利用潜艇攻击盟军和中立国船只。当德国领导人采取无限制的潜艇战争时，他们便将美国推向了协约国的阵营，并疏离了像瑞典这样的友好国家；同时，由于基本商品更加短缺，德国和奥匈帝国的政治实力和凝聚力受到打击，从而加剧了其民众的生活困境。尽管这并不是导致德国与其盟国最终战败的唯一因素，但协约国在这场战争中采取的经济策略使同盟国丧失信心，从而削弱了他们发动全面战争的能力。

第十章

经济总动员：金钱、军需和机器

休·斯特罗恩

速战速决的幻想

士兵在1914年8月开赴战场，相信自己会在秋日落叶前回家，最糟糕也会在圣诞夜前回家。这只不过是人性的一种反映。面对逆境时的如意算盘，不过是人们应对逆境的一种机制，而并非对战争持续时间与其本质的战前的洞察，更不应该将流行的概念误认为是专家意见。

当小毛奇成功取代施里芬成为德国总参谋长时，他告诉德皇下次战争不会以决战方式解决，而是要和敌对国家进行长期斗争，直到该国的全部部队被击垮后，才能取胜。这样说来，小毛奇仅仅是在重复利用其杰出的叔叔（指老毛奇）的智慧，而他自己并没有单独思考这个问题。1914年8月，基奇纳成为英国负责战争的国务大臣，他建议内阁要做好准备，应对这场将要持续三年的战争。

士兵有三个理由去参加这场漫长的战争。其一，就像其他人知道的那样，士兵们知道这场变革可能造成的影响从1871年就开始了——倾向于防守并且战争有可能拖延，产生高昂费用。其二，广泛地发动战争总动员，这不仅为长期战争提供了充足的储备资金，而且在这个更加民主的时代，也保证了国家将会为之战斗，因为这项事业是正义的并且是受欢迎的。显然这样的战争一旦开始，将很难停止下来。其三，1914年成立的联盟集团意味着，对某个国家取得决定性胜利，并不能够解决战争。

正如施里芬一样，小毛奇的问题是德国军队不能接受这份分析的原因：英国、法国和沙俄三国的国家收入总和，比德国和奥匈帝国的收入总和多60%。甚至在和平时期，三个协约国的军费开支也要远远超过同盟国的开支。在大规模军队时代，协约国的人口基数比同盟国多5倍。一场持久战注定会使德国战败。唯一让同盟国感到安慰的是对手尾大不掉。他们的殖民地有着广阔但落后的领土（规模是同盟国的11倍），这让协约国有一些负担，协约国的人均国内生产总值仅仅是德国和其联盟国的一半。

施里芬正是因为认识到长期战争存在的危险，所以制订了一项对抗法国的短期决定性战役行动计划。但由于他知道战术和战略上的逻辑影响了其解决方案，于是采用经济和金融上的论据来支撑其立场。他认为战争持续时间不会太长，因为各个国家经受不起长期的战争。

战争资金

关于经济，许多具有远见卓识的观点都十分相似。事实上，在1914年前，布洛赫——一位波兰银行家就对未来要发生的战争做出了一个最著名的分析。与那些想要让我们相信的分析相比，他的分析并没有和当时流行的观念那么格格不入。布洛赫认为一场旷日持久，无法迅速结束的战争即将来临，即使是那些发达国家，想要为此投入大量财力，也是非常困难的。因此，他得出的结论盲目乐观，正如1914年8月那时普遍流行的观点一样——他认为需要在战争上投入的花费会阻止各国参战。

虽然布洛赫对军事情况做了正确的分析，但是他在财政方面的计算却完全错了。即使最贫穷的欧洲大国也不会因财务困窘而被迫退出战争。其实，奥斯曼帝国1912年就正式开始了战争，所以在整场战争中这里的战斗持续时间最长。欧洲的各种资源并未被自己看作对战争的限制，相反是赋予了战争的能力。典型的代表人物就是卡尔·赫弗里希。他于1915年2月—1916年5月担任德国财政部长，他拒绝厉行节俭，所以德国当时的口号就是"金钱无用"。英国财政大臣劳合·乔治认可凯恩斯的观点，在大战爆发之际，认为金钱毫无意义。总体上来看，那些交战国都认为，战后依然要为战争付出巨大的代价。

因此，在开战期间，用于资助战争的款项中税费只占了一小部分。在1914年，大多数国家税收系统的收入，大部分间接来源于关税与消费税；然而随着国际贸易的削减，这些收入也随之减少。同年，英国恰好单独拥有一个有效的所得税系统，但是全英国4600万人里也只有113万人缴了税。战争期间，有2400万人首次进入该系统缴税，其中：工人阶级中有收入的群体所缴税款就翻了3.7倍。尽管如此，在英国的战争花费里，税收也只占20%。征税的首要功能就是抑制通货膨胀（通货膨胀是指货币的数量增加了，但在消费品的使用率上却降低了）与维持国际借贷。

许多金融人士很早就认为会有一个短期战争，这是因为他们低估了国家的借贷能力。战争中，主要的经济来源就是贷款，款项来源有三种，第一种，也是最重要的一种，就是发行短期国库券。为保证国家纸币的发行，这种国库券也逐渐代替了黄金。因此，政府借贷的同时，纸币也大量流通，这也更加刺激了通货膨胀的发生。在1914—1918年，德国的纸币流通增长了1141%，英国增长了1154%，奥匈帝国增长了1396%。通货膨胀所带来的影响意味着，流通货币的增长变成了一种强制国内借贷。

对比之下，第二种借款的形式是在市面上发行战时公债，购买公债属于自愿行为。购买债券在当时成为一种对最终胜利充满信心的表现，因此，购买债券逐渐流行起来；同时，战时公债是在扩大货币发行规模时产生的，可以稳定流动债务。随着战争的进行，大多数战时贷款，例如短期国库券，是掌握在金融机构手中的。在交战国中，法国最为成功地动员了私人投资者。

直到1915年11月，法国才第一次发行战时公债，英国在战争期间也总共才发行过三次债券。英法借款方式与其他战争国借款方式的不同，主要是由于两国更多依赖于海外负债，也就是第三种借款的形式。这并不是意味着同盟国不重视国外借款：德国曾借款给奥匈帝国来交换黄金；之后，德国又用黄金交换土耳其的短期国库券。因此，德国公民手中持有的奥斯曼帝国货币增加，土耳其公民手持货币却没有增加。然而，德国并没有成功进入世界上最重要的、位于纽约的第三方货币市场。由于协约国的封锁，德国无法从美国进口商品，对美元的需求也因此受限。

相对而言，协约国各方，尤其是英国，用其在美国敛来的财富购买美国的货物。最初，英国此举多是为了满足俄罗斯的需要。因俄罗斯缺乏国际金融信誉，而英国则拥有此种信誉，因此英国代俄国完成。到1917年4月为止，70%以上由美国流入英法的资金都为俄所用。但1915年，英国也成为意大利战事中的银行，1916年，其逐渐成为法国人的银行。到1917年4月1日，英在美每周消费达7500万美元，且为冲抵总数高达4.9亿美元的证券缺口，英国已借款3.58亿美元。

因此，人们对于一场短暂性战争的预测停留在这一假设上：和平时期融资的正统观念将继续在战争年代盛行。经济分析学家虽然能够想象出现金耗尽的情况，但他们发现军需品用尽是更难以想象的。因为在战事中，能够主宰交战各方经济政策的，并非对于资金的管理，而是资源的最大化利用。

弹药短缺

1914年，欧洲实际上被军备竞赛所裹挟，自1911年第二次摩洛哥危机以来，各国都在加强军备，且在巴尔干战争中军心大振。加上随之而来的军界的高度调动，哪怕是和平年代，都可使这群期待一场长远的而非短暂的战争的人们的信念更为坚定。况且，就战争中的第一次主要经济危机而言，除由最初的资金调动所带来的资金流动性问题，这次危机并非融资问题而是生产问题。

1914—1915年的冬天，各国军队都面临弹药奇缺的窘境。大多数军队都增加了炮弹库存，他们认为至少足以进行3个月的战斗，在某些情况下足以进行6个月的战斗。但是弹药用完的速度远比他们预想的快。法国军队1914年9月中旬就面临弹药短缺的问题，德国、英国和俄罗斯军队在10月底也面临同样问题。因此弹药短缺的原因不在于战争的持续时间比预期长，而是因为其本质就是异样的。

弹药短缺的主要原因是堑壕战。如果在运动战中出现弹药紧缺，它往往是暂时性的——因为马拉动的供给，是跟不上战场上快速移动的部队的。一旦前线相对安定，工厂和炮台之间的运输线就安全了。如果枪支在堑壕战中缺少弹药，这种情况并不是因为运输问题，而是因为火力超过了生产率。并且固定位置使枪支可以确定更多目标。这不仅增加了弹药的消耗，而且还产生了对1914年装备的大多数野战炮弹的不同类型的弹药的需求。炮弹在向前发射时会在空气中四散成碎片，它是对付在空地上分散行进的步兵时首选的军需品，但是高爆弹药更适合攻击战壕的士兵。许多人急于将1914年战败归咎于缺乏高爆弹药，这样做只会鼓励他们一味地抱怨弹药短缺的情况，而非去寻求战术策略的解决方案，转而支持经济和工业解决方案。

经由和平时期到战争时期的转变，战时弹药需求和生产优先性急剧上升。1914—1915年，各国均追求能增加弹药产量的方法，这是工业重新定位的一个重大外部表现。比起落后的农业国家，更多的发达国家能够更好地应对这一转变，前者虽能召集大型军队，却缺乏相应的工业基础来武装士兵。因此，英国经济在战争期间增长了10%，而奥斯曼帝国的下降幅度高达40%。仅鉴于战前弹药的国内消费和国际贸易的需求，没有强国能够预料到从正常生产跨越到战时生产之际的混乱。尽管政治层面的变化因国而异，但从广义上来说，各国经济状况还是具有可比性的。战争一开始，三个问题立马显现了出来，即保护弹药原材料，劳动力需求和可用工厂供应。

造成原材料短缺的最直接原因是对手的入侵。法国于8月丢掉了其东北部领土，进而，其煤炭、铁矿石和钢铁产量大幅削减；且其国内生产总值下跌，一直持续到1918年。法国国内生产总值下降了30%，其中约一半是领土流失造成的。俄罗斯侵占奥匈帝国的加利西亚油田至1915年5月，而后者的原油总产量在战争期间下降了65%。同年夏天，俄罗斯撤离波兰之际，掠夺了其五分之一的煤炭产量和十分之一的铁矿石产量。更多的滞后效应源自堵塞封锁。俄罗斯的波罗的海和黑海出口关闭，西部边境则成为战场，剩下的海上联络点，符拉迪沃斯托克、阿尔汉格尔和摩尔曼斯克之间则距离太远，而且俄罗斯铁路交通太差，无法维持其所需的进口物资需求。因此，1913—1917年间，俄罗斯国内生产总值下降了三分之二。

早在1906年，因为害怕英国加入战争，德国海军一直强调鲁尔区是薄弱地带，进口原材料若遭到封锁将不堪一击。直到1914年8月，德国迅速行动，设立了由普鲁士战争部支持的原材料办公室，在此之前并未采取任何措施。该办公室实行集中配给制，其职能是对原材料进行中央调配。但大部分工作人员（包括总部和负责人）——德国家电品牌AEG的瓦尔特·拉特瑙，都是从一些大公司挖过来的。

因此，机构内资本主义思想盛行。事实上原材料的所有权也还是属于私营企业。这种矛盾不仅发生在德国，所有工业较为发达且依赖商人服务战争经济的交战国都是如此。而俄国的问题更多在于工业化本身，并非战时生产的转变。俄国的工业有效地促进了自身的发展。1915年6月，俄贸易和工业联合委员会号召全面发展工业，设立了战时工业中央委员会。到1916年，相比于1913年，俄国经济增长了21.6%。奥匈帝国却是与俄国完全相反的另一个极端。与其交战国皆不相同，奥匈帝国在战争开始前就做足了集权主义制度的立法工作：1912年紧急战争法允许国家接管与战争相关的经营活动，并要求其员工遵守军事法。一方面，企业资质看似被取消，另一方面，由于内阁的内部矛盾，匈牙利不认同他们眼中的奥地利协议，拒绝与奥地利合作，国家的主管部门也四分五裂开来。尽管如此，到1916年关键生产指数还是比1913年要高，1917年又再次下跌，1918年彻底崩溃。

直到1917年，英国的海上运输一直非常强大。当时，令英国人担忧的是，如何去管理劳动力而非怎样获取原材料。在1915年6月，劳合·乔治成了军需大臣，他决定限制商业联盟的权力，尤其要限制工人罢工的权利。军火库的工人们在为强制生产卖力，而且他们不能随意更换工作，1915年中期，新军队招募军人时已经占据了军火行业劳动力的16%，以及化工和炸药行业劳动力的23.8%。维克斯发起了一项"授予工人勋章"政策，这样他们就不再背负这样的污名——没有制服就代表缺乏爱国主义情怀。"冲淡法"——在自动化过程中使用一些没有技术含量的劳动力——能够补偿所损失的技术工作人员，但是这种方法受到贸易协会的强烈质疑，而且最终只是被看作战争时期的权宜之计。

在一些征兵的国家，这些问题就没有那么严重。在法国，与劳合·乔治同样是激进派的艾伯特·托马斯于1915年5月安排一名初级部长负责军火库。但是，跟其他国家一样，法国各处都想通过得到资本主义的资助来促进生产，而不是通过得到集体主义的支持。工人的权利是次要的。1915年8月颁布的一条法律中提出并设立了"军事工人"的概念。出于战争生产的需要，这些人不必参军了，但是这些不再参军的人由此不能随意更换工作，实际上也丧失了罢工的权利。在1916年早期，英国终于采用了征兵制——这就像是一个分配国家劳动力的工具，也像是为军队招募的一种手段。

第三个问题——工厂问题使所有的大国都感到苦恼。战前，大多数常规的军火订单是由政府军火工厂处理的。在和平时期，私人企业的工作仅限于建设一些军舰（在1914—1915年需求快速上升的背景下，军舰生产能力过剩）或者满足一些具体但通常是短期的需求。为了防止工厂无所事事，军火公司会从事多元化经营或者寻求出口市场。他们力所不能及的是在和平时期让工厂的订单维持在战时的水平。

因此，一旦交战国向私人工厂求购大规模枪炮弹药，军火商则难以在短时期内大量供应。许多军火商同样担心：建筑新工厂、获得新型机械会使各国在战后生产过剩，因此会导致实质上的劳动力分流。许多军火商——包括德国的克虏伯、法国的施耐德—克雷索、奥地利和匈牙利共属的斯柯达、英国的威格士——都致力于市场最复杂的一端。这些军火商研制重型火炮，而研制这些火炮又需要精密的策划和专用的高端机械工具。研制其他武器则需要重新规划，因此一些没有背景的军火商则会迅速投入其中。

堑壕战促使了古老的技术及围攻战中所用的迫击炮和手榴弹的改进，这二者都不是复杂的设备，且都是用新公司的方法进行武器生产的绘制。在俄罗斯，费伯奇就不再将宝石镶嵌在手榴弹上。子弹供应商都遭到整减了。德国和法国的子弹都是用铸铁制造而成，而非使用复合钢铁材料，因此，工厂不配有车床和磨具，而是使用水压机。正因如此，汽车制造商像路易·雷诺，就能够进军军火行业。但是加工过程不能改变子弹头的形状，雷诺的子弹必须做成两部分，故得名"双头集团"。

短期内提升产量的后果就是质量下降。人们降低了各种检查标准，所以新型炮弹的表现不敌旧式炮弹。法国在1915年因为炮弹早爆而损失了600架野战炮。1916年的索姆河战役期间，英军发射的炮弹有30%在轰炸伊始就变成了破铜烂铁。直到1916年以后，产量快速提升所带来的固有缺点——检查水准下降、低质工厂并入、技术工人水平降低才被克服。在接下来的两年中，各个交战国特别是协约国阵营的国家，炮弹的质量上乘，且产量充足。

物资之战

从1914—1916年，欧洲大陆的主要国家都在艰难维持着某种意义上的原地踏步。在开战前，他们要保证能够组建大量军队。因此他们国家的很多生产力都投入军备建设中，不同的大型兵工厂已经差别很大。比如法国就致力于生产75毫米口径的枪炮和弹药，而几乎无暇顾及其他大炮的生产。但是英国没有投入大规模的兵力参战，英军的军需供应风险较低，因为产量快速增加，很大程度上解决了弹药替换与补充的问题。用军备术语来说就是受到现有技术的限制较少。此外，服务已经开始依赖于技术的主导地位——在海军，技术是一种保持其至高地位的工具；在陆军，技术可以弥补殖民地管理的人数劣势：在1904年，英国是第一个将机械枪支分发标准化的国家；1905年，英国带头发起了战舰革命；所以在1915年，英国一直探寻技术的边界并且利用技术来补充甚至是替代劳动力，它的一个成果就是坦克的发展。而更为意义重大的变化是调整了生产次序，即生产重型炮而非野战炮，且设立的目标超越了英国的劳动生产能力。英国希望在1917年把工业实力应用于战场上，从而赢得战争。在这件事上，协约国考虑把时间表推进到1916年7月，但这对于兵工厂来说时间太紧，没办法完全达标，而且其运用过程中的特点尚待解决。再者，法国军队在凡尔登的战斗意味着英国在索姆河战役中参与更多。所以，英国直到1917和1918年才获得其大炮优势所带来的全部益处。

到1916年，英国以及程度相对较轻的法国在战时经济的控制与集中化方面，达到了可观的程度。但是德国首相贝特曼·霍尔维格依然反对任何类似社团主义的政策。这样的观点受到了凡尔登战役和索姆河战役影响的挑战：在某些观察者看来，英国的火炮击垮了德国的军队，其传统观念即使没有粉碎，也松懈了不少。德国人用了一个新词——"物资大战"来描述他们眼中的战争。

总参谋部新长官汉丁伯格首次在西方前线参战，他的观念丝毫没有发生改变。1916年8月31日，汉丁伯格推出了他所谓的"一号项目"，即到1917年5月，军需品供应翻倍，机关枪和火炮的产量翻三番。这一项目产生的影响巨大，其目的与战争部早先的目的大同小异，并且一定会产生重合。子弹火药的产量决定了德国枪支的生产速度；1914年德国的化学工业依赖进口的棉花、樟脑、黄铁矿以及硝石，因此，德国发展替代工艺弥补工业的不足，但是如果没有这些东西来制造火药，有再多的枪也没有用。

再者，汉丁伯格的项目将军事工业从整个经济体系中孤立出来——尽管1916年的事实已经说明二者不可分割。这也是官僚主义困惑的反映，对总参谋部来说，军用物资的需求无可非议；而利用并不坦诚的方式与工业供应商勾结，并缺少战争部的参与，这一做法并不可取。1916年10月，最高总部计划创建一项新的经济指令，使其受总部控制，并独立于战争部。最后，新的职能部门"战争办公室"成立，它包含在已有的战争部框架中，但重复了战争部的许多职能。

真正触发工业与现有战争部之间冲突的，是对工人的管理问题。工业部门出于对自己的利益的考虑，希望能够管理德国的劳动力。而战争部对于其他方面的考虑则更为敏感——不仅考虑到战争需要人参军，也需要考虑到确保工人权利的问题。汉丁伯格方案加剧了这一冲突，因为其成就依赖于从军队中释放技术工人。工业化的战争需要一条能够总体上满足军队、工业以及劳动力需求的劳动力政策。因此，这种构想才是真正的社团主义，它推动了战争办公室《附属服务法》的颁布，这一法律由帝国国会于1916年通过。德国对所有17～60岁男性征兵；同时德国通过了强制征兵的死亡条约，也接受工会作为工人管理中的角色。

从狭隘的层面来看，这两项措施令人震惊的是德国法律是在奥匈帝国紧急战争法案之后出台的，同时也是在英国采取了相应的措施18个月之后出台的。即使是在当时，这些法律也没有得到广泛应用。

1915年3月，英国工会坚持认为兵工厂权利的丧失会对雇主及利润形成限制。因此，战争军火法对军火公司的利润设置了上限，并在1915年9月针对从事其他活动的企业出台了超额利润税。意大利、奥匈帝国及法国分别在11月、4月及7月出台了类似的政策。英国税法还不够完善，澳大利亚和法国企业将纳税时效推迟到战后：1914—1917年间，雪铁龙汽车公司的利润达到了610万法郎，但纳税金额只有6万法郎。而德国，尽管是在1915年底出台了战争利润税，但政府对逃税做了严厉警告。所以在此以后，公司就通过转移财产或者通过获得政府战争贷款的行为来逃避缴税。公司给运费定价，所以国家（作为主要的消费者）成了主要的纳税人，工会认为，税务应得到加强，将其作为他们辅助服务的法定收入的一部分，但结果失败了。陆军部第一任部长——威廉·格勒纳在1917年用了一条相似的措施，结果遭到撤职。1916年，戴姆勒汽车公司得到了35%的分红，同时在战争的前三年，最成功的钢铁和矿业公司的利润翻了三番。

当时有人认为——而且之后也有人认为，利润动机是调动产业为战争做出努力的最佳方法。但是如果高利润伴随着生产力下降的话，这种观点可能就不适用了。德国产业对工人的重视反映了其信仰，即工人是确定性生产的关键性投入。但是对人力的重视让德国产业忽视了机械装置。一战期间，自动化程度出现下降而不是提高：1917年7月戴姆勒汽车公司每台机器平均雇用1.8人；而在1918年秋，每台机器工人的数量为2.4人。

这些数字表明，产业从人类大军中挑选劳动力的能力正在丧失。同时这些数字也表明中欧这片土地上工人劳动力的衰败。食不果腹、衣不蔽体、最健壮的人被带去服兵役，工人发现自己生产率在下降而工作时间却在增加。1916年，奥匈帝国每位鼓风炉工人的钢铁产量为365吨，而1917年为225吨。从1914—1916年，俄国顿涅茨盆地工人的年均生产量从146吨下降到122吨，铁的人均生产量也从347吨下降到202吨。

机械与人力

因此，在战争的后半期，资源流动中最关键性的问题在于机械与人力的权衡。如果自动化武器——轻机枪、火焰喷射器、坦克，以及最重要的大炮可以让军械代替人力，那么军队中就可以释放更多的劳动力，以此可提高武器弹药的产量。因此，前线的火力与人力的配比将会提高；与此同时，工业的发展也会不降反升。

在此，有理论方法来解决长期以来的工业化战争难题。在战争初期，每个营都会配备两把机枪——这在所有军队中都是标准装备。在1918年3月，德国每个师有9个营，每个师都配备54把机枪以及144把自动步枪；法国军队每个师则配备72把机枪以及216把自动步枪。英国军队每个师配备64把机枪以及192把轻机枪，并忍痛割爱，将每个师中原有的12个营压缩到9个营，由此立即提高了英国武器与兵力的配比。至于8月英国对亚眠的袭击，英国的每个营都配备30把轻机枪、8台迫击炮以及16个枪榴弹——仅供500名士兵使用，并且在每个师之前还有6辆坦克。而对比1916年，英国每个营包含1000名士兵，一个师也仅配备4把轻机枪和一两台迫击炮。

在1917年末，驻法英国军队预测，到1918年3月，其军队士兵数量将少于25万人；但是内阁人力委员会则表示，军械冲模工人所需数量少于造船、造飞机以及造坦克工人的数量。在德国，仅兴登堡计划就减少了100万士兵。1916年9月—1917年6月中旬，免服兵役的工人数量从120万上升至190万，而到1918年1月，这一数字则达到了230万。

做出这些决定旨在让协约国的军队更有利于管理。当1918年3月德国

发动袭击时，英国得到了法国的援助，军力得以加强，并且英国也得到了
美国的及时援助；此外，他们还从帝国中获得了巨量人力方面的收益。但
是德国缺少这样的资源。到1917年2月，德国军械数量达到峰值，其炮的
数量为7130；到1917年12月，炮的数量降至6353，而到1918年11月，炮
的数量则降至5000。这种下降趋势必然会发生——这反映出德国军队缺
少人力（和车马）。当1918年10月德国军队溃败之时，让德国最高司令
部哀叹的不是枪支弹药，而是人力。

在决定战场表现和工业生产关系的因素中，人力并不是唯一的变量。
最终，同盟国成员也无法逃避，因为原材料短缺的情况在战争爆发之时就
已经占据了他们的全部精力。总体上来讲，前线的人们没有直接察觉到这
些限制——主要是因为战争经济优先考虑武装部队的需求。到1918年为
止，最为明显的现象出现在交通运输领域。1917年，由于缺乏劳动力，德
国的煤炭产量下降。在劳动力从军队中释放出来之时，煤炭的可利用性加
重了人们在轨道车辆和铁路方面持续投资不足的影响。拒绝海上运输、拒
绝通过征服来扩张领土的做法，加重了铁路网所能承担的负荷。1914年以
前，作为煤炭净进口国的奥匈帝国，在面对这些压力时甚至更加无力。到
1918年为止，奥匈帝国的煤炭需求量远远超过了其供给量的27%。随着战
争结束，同盟国成员基本上停止了运输：煤炭运输取决于铁路体系，而铁
路体系自身正在消耗生产着的煤。

美国参战

封锁效应在创造这些特定资源限制中充其量起间接作用。其重点不是
狭义的禁运品——军火和生产工具——而是粮食。落后的国家在用尽军
火之前就消耗完了。这一问题在布尔什维克革命后的俄国以及奥匈帝国尤
为突出，因为奥匈帝国抢占了乌克兰的粮食储备，而这些粮食本来是德国

预留给本国人口的。但是，他们对同盟国为应对食物短缺所采取的行政安排感到困惑，他们至少确信，那些对于战争付出努力最多的人——前线士兵和国内重工业的工人有优先权。因此，封锁效应的主要受害者是那些对于军事工业最不重要的人。而且，在协约国金融家的眼中，经济战意外起了决定性作用。

1916年11月28日，美国联邦储备部给成员银行提出这样的建议：反对购买外国国债，提醒私人投资者审慎精选外国投资的对象。盟国股票因此价格暴跌，10亿美元一个星期以后从股票交易所蒸发掉了。美国经济对盟国所订购的燃料的依赖性远远高于本土，所以必须寄希望于协约国的最终胜利。除此之外，协约国依赖美国的货币市场，以便它获得产业潜力，这样的依赖性，创造了一种杠杆。使用这个杠杆，美国可以充当和平会谈时的中间人。

1916—1917年的冬天，英国运送3亿美元的黄金支持纽约银行的汇率，控制从美国出口的货品成本；同时，英国也积累了纽约银行近3.58亿美元的债款。但是英国并不慌张。双方经济力量是相互影响的，美国目前也不希望协约国失败。

这也是柏林的打算。从德国方面来看，虽然美国保持中立，但是在经济框架内成了隐蔽的"交战国"。因此，可以得出这样的结论，在1917年2月决定采取自己的形式的经济战——无限制潜艇战。但是实际上，英国无法知道它如何能够继续为4月以后的战争付出代价。德国知道英国的金融困境，但在战争努力中却低估了金钱的重要性，以至于无法理解其潜在的决定性影响。

在最后两年的战争中，最令英国担心的资源限制是货币。协约国在伦敦所欠债务，抵消了英国对美国的债务。但俄罗斯看起来很可能违约，法国和意大利都没有像英国那样的财政上的严格性。当无限制U型潜艇使美国加入战争时，英国财政部集体松了一口气。此外，美国参战加强和巩固了对德国的封锁，因为美国现在已经摆脱了对中立观点的担忧。

与英国经济一样，美国经济在战争期间也增长了10%。此外，俄国退出战争意味着协约国中的人均产出现在首次超过同盟国的产出。到1918年，协约国在所有关键指标——人口、领土和产出方面，相对敌人都有领先优势。尽管如此，任何对战争经济的分析都不应该仅仅因为美国对盟国投了很大的一笔，就认为协约国注定会胜利。首先，1917年4月之后的美国财政援助虽然至关重要，但仍显勉强，并最终放弃了援助。其次，美国大规模军队的建立将美国军需品的生产目的从支持欧洲军队转向生产自己的军需品。再次，美国军队所需的大多数最先进的装备都是由协约国提供的，特别是法国炮兵的武器。毫无疑问，第一次世界大战有助于促进纽约发展，并最终使其超越伦敦成为金融中心，但美国力量的决定性作用主要在于第二次世界大战，而非第一次世界大战。

第十一章

女性在战争中的角色

苏珊·R.格雷泽尔

第一次世界大战的专家盖尔·布雷本曾经写过：如果将女性视为一种"团结紧密的群体，有自己的宗旨，抱负和经验。那么女性可能是非常可怕的"。虽然有不少的战时观察家和战争之后的研究者已总结了女性在战争中的状况，但按照不同的因素，女性的经验也会有所不同，按年龄、社会地位、领域、婚姻状况、就业、种族、个性特征等。但也不能责备历史学家和今人想要做出关于女性的整体描述的愿望。要将她们作为群体来关注，就要始终关注她们在战时的某时某地角色，如此看来，如果要了解这次战争，就得了解当时在女性身上发生的故事。

所以，除了要记住以下讨论的女性是单独的个体，我们也应该将她们看作一个挑选出来的群体。因为除了个别特殊的，女性一般不参与前线战争。在很多战时宣言中，都强调带有性别色彩的战时行为——即男性属于前线战场，而女性应该待在家中。也就是说，一些因素对女性为战争出力的方式起了决定性的塑造作用。由于女性对国家的贡献不同于征召入伍的男性那样带有强制性；相比之下，她们在各行各业的工作更多是自愿的。当数百万女性还在努力地做着家务和新的带薪社会工作时，国家逐渐将其影响渗入日常生活中更私密的地方。

尽管战时女性的公私角色不断切换，但理想型的女性形象和描述，作为国家的一种象征，几乎出现在各种宣传中。1914年夏天，德军攻入中立国比利时，奸淫及各种暴行以图片的形式展现了出来——不仅表现在女性和儿童难民的照片中，也可以从倒在军靴下的妇女形象中体现出来。更引人注目的是，在一张号召美国人民"摧毁疯狂暴行"的海报中，一名德国士兵以猩猩的形象出现，一只手挥舞着带有军国主义字样的棒子，另一只胳膊搂着一个不幸的女子。这样带有性别特征的形象，将战争复杂的起源和行为，变成了简单的文明与野蛮的对抗，通过对妻子、母亲和怀中孩子亵渎的展现，来揭露战争的野蛮。还有一些刺激性较弱的形象，把女性比作国家、自由和正义的象征。例如，法国士兵为了"玛丽安"的荣誉而战，而其他国家也有日耳曼妮娅和不列颠女神等象征。

战争时期，当局还曾以女性作为诱饵和笑料来吸引男性入伍。英国在战争开始时依靠的是志愿者而不是应征入伍兵，所以，未来的新兵似乎听到了所有女性的询问。一位小女孩坐在父亲的腿上问道："你们在大战中做了什么？"妻子和母亲们都在不断地说："去吧！"祖母也会鼓励大家参军。战争后期，在美国艺术家霍华德·钱德勒·克里斯蒂的一幅画中，一个穿着制服的年轻女子宣称"哎，真希望我是一个男人，可以加入海军"。虽然这在战争结束时变得可以接受，但在整个战争期间，大家都认为，女性的意见可以影响男人的行为。媒体在口头和视觉上大肆呼吁女性要宣传战争，这表明政府将其视为一个特定的群体。与各自国家的男子一样，大多数女性在战争中努力做出了至关重要的贡献。

性别与地理

因此，要是女性未能正式参军，和她们的丈夫一起上前线的话，她们也会快速响应号召，支援战争。她们的经历有共同之处。但是，战争中，女性真正会经历的，很大程度上取决于她们所在的地理位置。不仅国家动乱会对女性造成深刻的负面影响，她们身处国内怎样的城市地区也是影响因素。战争会给城市生活带来许多的困难，在缺乏男性劳动力的乡村地区，情况又不尽相同。尽管对于新军事化武器的使用率越来越高，无论离得多远，都可以利用空军来破坏掉房屋与前线之间的障碍，但是，战争中，首当其冲的还是那些毗邻战场前线的地区。敌军占领的区域内，想要继续在这片区域生活的女性又面临着其他一些困难挑战。

举例说明，1914年，德军攻打比利时，占领土地，当地女性被迫卷入战火中。随着德军的"扫荡"，众多女性遭受性侵等暴力行为，流离失所。这些女性难民如果想要带着她们的孩子逃走，所需要的支出又是战争损耗的一大尖锐象征。有些仍旧留在被占领地区的女性，要在当地驻军的需求压力下，依靠外界网络的帮助，解决食品与燃料短缺的问题。还有一些女性选择加入劳动力队伍，这些人里，有人选择了护士职业，负责照顾受伤友军。她们还为这些军人提供藏身之处，帮助军人逃往中立国比如荷兰，同时她们还是英国情报局的一员。这些女性是在拿自己的生命来冒险，一个显著的例子是，1915年，英国护士伊迪斯·卡芙被处以死刑，因为她曾帮助比利时的友军逃走。

比利时绝不是唯一在敌人统治下改变了女性生活的国家。在成功征服比利时之后，为了在1914年秋季结束战斗，德国军队横扫法国。法国在西部前线严防死守，但北部的10个地区仍被占领。随着战争持续时间超出了最初的预期，法国担心战争中留守女性的命运。鉴于德军的野蛮声誉，一位法国参议员竟然提议修改法律，允许生活在被占领土上的女性堕胎——这些女性被德国士兵强奸和蹂躏。这项措施从未成为法律，但大家对这些所谓的"敌人的孩子"的命运展开了激烈的辩论。孩子不仅与这些女性的安危息息相关，也可能意味着法国的未来由拥有一半德裔血统的孩子掌握。

在法国，差异性体现在农村地区和城镇中心。农村地区在无男性劳动力的情况下，妇女们为维持农产品产出量而苦苦挣扎。而城镇中心，尤其是巴黎，多数妇女则与战争紧密关联。玛丽·皮蕾奥，一名法国西南部的年轻女子，写信给她的丈夫保罗，说她面临着艰辛的农业耕种环境以及糟糕的农村生活。显而易见，妇女、男孩、老人作为劳动力是不足以维持战前产量水平的。相应地，物资短缺可能在巴黎这样的城市引发配给问题，而这些城市中包括女性在内的城镇居民也面临着其他接连不断的问题，比如住房问题。风餐露宿考验着丈夫不在、自己负责维持家庭生活的女性们的心，她们对维持其家庭战前生活标准深感无力。

而这种情况在权力集中的城市可能最为严重。战争期间，柏林或维也纳的女性们是坚强的——但并不总是成功——随着粮食渐渐限量供给，她们要坚强地支撑家人的存活。柏林政府在战争期间号召女性们组成一支战争后方志愿军，以此来支持上阵杀敌的士兵们。但女性们觉得此角色渐渐难以胜任。自1915年，家庭厨房所做的救济主食比如说面包日益减少。各阶层的柏林妇女们知道，领取供给她们自己及家人的食物意味着排长队，而且这些食物常常不够。在战争期间，作为一家之主的维也纳妇女觉得很难获取基本必需品，因为她们要与靠近战区的奥地利—匈牙利地区城市难民进行竞争。受政府在战争伊始施行的坚壁清野策略的影响，处于战争旋涡的维也纳妇女们开始意识到，她们的牺牲几乎与士兵们的不相上下。1917年3月，一名妻子写信给她被俘的丈夫，她恸哭道："我和你唯一的孩儿想再看你一眼是没希望了，因为我们娘儿俩就要饿死了。"那些生活在更为偏远的农村地区的人更容易获取食物，而排队领食物的、实实在在挨饿的妇女们渐渐乐意采取行动——反抗、暴乱、抢夺食物。

数百万的俄罗斯农村女性沦为难民并蜂拥至市区以寻找新的工作机会。与德国和奥匈帝国的抗议者们一样，抗议呼声最高的群体之一便是士兵的妻子和女仆，她们要求国家能照顾到其基本的生活需求。这些女性认为，国家应给予她们充足的食物和燃料，因为她们家里的顶梁柱都已奔赴前线。若是这些必需品无法得到满足，她们就会首先在经济领域，其次在政治领域中公开反对战争。

在欧洲其他的一些地方，生活在奥匈帝国和德国部队占领区的女性们，曾遭受过严重的粮食短缺和资源匮乏的困扰。在不同时期，想要在白俄罗斯、意大利、立陶宛、波兰、罗马尼亚以及塞尔维亚的部分地区中生存下去，就要取决于妇女们与占领军交易的意愿是否强烈。这种交易还包括以肉体之躯换取物质所需。帝国主义军队向占区妇女所施加的隐晦性暴力已席卷包括比利时和法国在内的各大占领区。这种情况部分源自沦陷区妇女焦虑而又绝望的心境，尤其在1916年春天前后，年轻女子被国家强制征调时，情势更为严峻。

在这种情况下，许多女性既住在家里，也在一定程度上是住在"前线"。英国发动的空袭和海军轰炸，同样给生活在农村沿海地区和伦敦市中心的人们带来了战争。在1916年撰写的关于齐柏林硬式飞艇袭击事件的文章中，居住在马盖特附近的一名女性描述道，"那是非常大的爆炸声，离我们很近，紧接着就是另一个……我们都不知道下一个会不会出现在房子里"。虽然房子幸免于难，但炸弹却炸死了一名婴儿。这种可恨的状况同样也将发生在其他地方，这种新技术可以使战争在除了前线的其他地方照行不误。

远离欧洲主战场的国家——例如澳大利亚、加拿大、新西兰以及美国等国的女性，承担起战争的后援工作。她们为资助士兵和水手的各种慈善组织贡献力量，并且带动国内消费以确保军用物资的供应。远在非洲和印度殖民地的女性群体也为这场全球战争贡献了力量。一些颇具影响力的印度妇女，例如既是作家又是政坛活跃分子的萨若吉尼·奈度，她就鼓励印度男子响应军方的号召，同时也呼吁更多地关注印度的人权。包括德国和法国在内的一些殖民地国家迫使来自亚洲地区的妇女进行劳作来满足战时需要。同样地，生活在这些地区的妇女食不果腹，无法享受到正常的家庭生活和工作。战争年代的妇女所做出的牺牲和承受的苦难无论是在欧洲还是在世界其他地方都有所不同。然而无论各个国家和地区的情况如何相异，女性群体的参与不仅成为战事的重要组成部分，更关键的是得到了全世界的认可。

工作中的性别

尽管在战争初始之际，女性对世界上的无薪水劳动再了解不过了，但是战争危机以重要的方式改变了她们带薪劳动的性质。一些女性在此之前就转移到了那些仅限男性的工作上来，其中大多数女性从一种工厂工作转移到了另一种，或者对绝大多数女性而言，她们的工作从家政服务转移到了工业或服务业领域。

整个西欧为了1914年的大战全都动员了起来，其中女性农业工作者仍然仅占劳动力的一小部分。而在战争期间，她们在农业方面的地位显著提升。其中意大利尤为明显，在工业方面，女性并没有实质性地取代男性，而在农业方面则是相反的情况。与并没有正式女性组织的意大利相比，英国既需要提高其国内的食物供给量，又需要补充劳动力。结果，像女性陆军和女性森林军团等特殊组织招募城市女性来弥补这一缺失。作为食品的主要生产者和消费者，女性在战争期间所提供的支持起到了重要的作用。在当时的战时海报上，一位面带微笑的女性宣称"厨房是取胜基石"。或许这可能有些夸张，却很好地体现了女性在连接国内任务与为战争胜利所做出的努力上起到的纽带作用。

然而，对许多由男性在战后可以胜任的工业领域或其他职业而言，女性并非第一选择。包括工业家及政府官员在内的雇主，他们会首选在军工服务方面很年轻或很年老的男性，其次是那些海外或殖民地劳动力，最后才会选择女性。直到1915年,女性才以绝对的数量转移到工业劳动上来。女性参加工作(尤其是在与战争相关的工厂)、女性在现代战争中扮演重要角色——这已经成了最明显的标志之一,因此很可能打破传统的性别角色位置。而且,与此同时,女性加入许多战时工业中,而且这些工业正在向规模化生产过渡,这种生产将工作量分解成了更小的单位,然后重新分配到大量没有技能或有一点技能的工人身上,这些工人既有男性又有女性。因此,许多女性完成的工业任务大都无须专业技能并且是不断重复的,不过战时条件也为女性创造了一些机会,她们可以接受训练并且可以完成更加复杂的任务。事实上,尽管相比那些与她们职业相同的男性,女性要挣得少,但她们的薪水却要比那些被定义为传统的女性职业——比如纺织业和服装生产或者是家政服务,高两到三倍。除此之外,鉴于女性工人作为劳动力中很重要的一部分,一些国家也采取了一些措施,让工厂工作与家庭劳动更加相容,这些措施中更包括一些创新,例如将托儿所建到法国的工厂中。

1917年,俄罗斯妇女劳工已达到全国劳工总人数的40%以上。至1918年,法国军工企业中有三分之一的从业者是女性。大战伊始,德国克虏伯公司雇用了2000~3000名女性从事军火生产,1918年1月后则飙升至2.8万人。同年,英国劳工妇女人数几乎有500万,但战前仅有100万。可供妇女们选择的岗位层出不穷,金属加工及军火制造领域尤其如此,整个气象为之一变。因为12小时工作下的繁重劳动,常年与TNT一类可产生毒性黄疸(致英国女性皮肤变黄的一种病症)的化学物质打交道,加上潜在的爆炸危险,可以说女性工作的危险系数和劳作强度,与男性不分上下。

动员劳动及家庭责任带来的双重压力,让女性工作者苦不堪言。战时奥匈帝国、德国和俄罗斯等国家的女性更是深陷其中。1917—1918年间,女性劳工的社会角色日益政治化,德国、法国、意大利及俄罗斯等国女性在罢工和抗议中占据主导地位突出体现了这一点。女性投身工厂工作,也重塑了其他领域女性的社会分工。例如美国国内的白人女佣进入工厂工作后，非裔女性便离开南方的广阔田园，填补了这一市场空白。

女性们从事新的工作，极大改变了战时社会形态。伦敦时事评论员指出，越来越多的女性成为有轨电车司机、警察，走上那些从前男性专属的岗位，成为上班族。今天女性从事的秘书等工作，在战时初具规模。彼时，间谍工作方兴未艾，女性也在这一领域中崭露头角。一战时最臭名昭著的女间谍玛塔·哈丽于1917年执行任务败露后，被法国政府处决。而其他女性间谍则为赢得这场战争做出巨大贡献。这其中，沦陷区女性尤其功不可没。

大多数国家开始依赖医学领域中的女性劳动力，尤其是护士。战争初期，医院任职的专业护士包括红十字会国家分支机构招募的妇女，或者在英国为其他服务团体如急救护理组和志愿救援支队服务的妇女。她们也会开救护车和建立战地医院。相比其他职业，护理行业让女性有机会在战争期间做些不可或缺的工作，从而为国家效力。这些工作又正和她们的性别相匹配。虽然护士理应躲避前线的风险，但事实上，她们经常驻扎在战地或者附近，冒着生命危险救治伤员。

虽然女性医生数量少，并且经常遭人质疑，但她们也提供了帮助。面对政府经常性的打压，这些勇敢的女性仍主动设立医院。埃尔西·英格利斯医生通过英国主要的女权组织即英国全国女权联盟募集资金，在法国、塞尔维亚和俄罗斯建立了苏格兰妇女医院。1915年，英国陆军部放松了对女性医生的打压政策，并允许医生路易莎·加雷特·安德森和弗洛拉·莫里在伦敦建立了恩德尔街军事医院。一些甘于奉献的美国女医生也想方设法地到法国提供医疗服务。战争结束时，她们不仅在欧洲治疗伤员，殖民战地印度和东非也有她们的身影。还有些妇女负责运送伤员，这让她们像医生和护士那样直接接触到战争中的残杀。

最令当代人疑惑和震惊的是，战争时期女性被纳入国家武装部队。战争早期，英国的几个妇女团体设立了妇女自愿预备队等准军事组织。她们下定决心证明女性也可以为保家卫国做出贡献。尽管在当时，人们谴责她们穿卡其布做的衣服来假装士兵是在侮辱战士；但到1917年，英国政府设立了第一个正式的女子辅助部队。该组织准许其成员在部队中提供辅助性的服务。法国女性在部队里也履行类似的协助和支持职责。正如一个文章标题所言，她们负责"打扫房间、洗衣做饭"这样的工作。但她们没有军衔，也不能像英国女性那样穿军装。德国也开始招收妇女来负责基本的军队辅助任务。这样一来，女性有力地帮助了男性在战场上发挥更重要的作用。

女性在参战中备受排挤。有两位传奇人物打破了这一现象，成了独立女性中的代表。她们其中一位是英国女性弗洛拉·桑迪斯，服役于塞尔维亚军队；另一位是罗马尼亚的埃卡特琳娜·特奥多罗尤，她曾是一名护士，最终于1917年在战争中被杀害。显而易见的是，1917年，当临时政府允许她们这个创举的时候，俄罗斯女子"死亡之营"的成员们就引起了广泛的关注。紧跟着俄国革命的是大规模的叛乱，那年夏天有5500~6500名女性参军。她们特地剪掉长发，穿上制服，打算继续在军中服役，以此来让男人们感到羞愧。这些女性军队中最著名的，也是见证这场战争的一支军队是由玛丽亚·波卡列娃领导的。她之前是一名护士，后来是一位农民。在俄罗斯军队最后的战争中，她的参战军队有200~300位女性。虽然这些军队在战争中的贡献并不是特别突出，但是她们成了这场战争潜在的强有力的符号，在很大程度上转变了人们对于性别标准的期待。

尽管很多女性加入了军队，战时政府也给她们的家属提供了专项资金，但是他们仍然认为女性的首要任务就是待在家里。一方面，这些资金意在保持士气，这与女性家属生活的好坏一致。法国设立了一项津贴体系，采用均值测试。这样，只有那些完全依赖于士兵工资的人才能获得国家补助。德国和意大利对那些需要帮助的人的救济有许多限制。到1915年底，超过400万的德国家庭有资格获得政府补助，由当地发放资金，这些家庭大多由女性主导。奥匈帝国给在军队服役军人的妻子们提供了直接的财政资助。然而，在这两个例子中，逐渐恶化的战争形势使这些资助变得更加困难。除此之外，政府控制这些资金的发放，以实现其他的战争目的。例如，奥匈帝国决定要扩大劳动力，于是停止了对那些不需要照顾孩子的妻子的资助。在一些比较富裕的国家中，美国有着极为慷慨的国家资助。尽管美国参战的时间相对较短，但仍然将士兵工资的一部分直接提供给他们的妻子——不管他们的财政状况如何，而且没有种族之分，平等对待。军人妻子的津贴如此丰厚，有时甚至超过了战前军人的收入。

在大多数情况下，尽管资金分配数量有所不同，国家仍然承担着额外的角色，监督那些忍受着分离或是得到士兵津贴的女性。尽管资金有时被用在了某些情况下不合法的妻子和孩子身上。但是，在一些地方，如果妻子被发现品行不端，相应的资助也会被取消。除此之外，女性相对较高的战时补助也引发了铺天盖地的报道，据称在法国和英国，战时女性工人行为不检点，引起了公众的呼声，督促政府约束她们的不端行为。伴随着这些担忧的是将一些女性视为潜在的"内部敌人"，威胁着社会和军队的士气、道德和繁荣。

士气、道德和记忆

从很多战时媒体报道中很明显可以看出，女性对她们男性亲人和家庭的情感支持是女性对战争的贡献的关键部分。战争打响时，国家和民间团体组织呼吁女性爱国和做好随时为国奉献的准备。不出意料，女性的情感寄托有助于士兵们坚守在阵地上。女性的日常家庭生活和女性志愿组织工作的核心内容就是寄出装满亲手织好的舒适衣物、特别准备的美食以及其他的她们儿子、兄弟、丈夫、情人和朋友要求送去的物品，还有信件。除了监管，亲密关系，比如母子、夫妻关系，不用多说就会激发士气，不断地提醒着士兵们，自己在为谁而战。许多妇女组织自愿支持那些缺乏家庭和团体关怀的士兵。

在法国，这种亲密关系通过"战争教母"的形式准规范化。"教母"收养一名在前线的"教子"，并会像母亲一样为他们送去温暖。意大利参战后，一个同样的组织"士兵教母"出现了，并且成效卓著。意大利参战后的前10个月的时间里，热那亚的一个当地组织为士兵们寄去了2.9万封信。然而，这样匿名的关系纽带导致"教母"这一角色的性别意味，在法国尤其如此，《巴黎周刊》上登载的广告中一位士兵在1917年说："我不需要袜子，但是很乐意与一位年轻、漂亮又深情款款的教母保持联系。"

女性支持前线士兵，从另一方面来说也会因为某些妇女过于热情而反倒成了一件危险的事情。由于据宣称妇女将获得新自由，公众评论迅速聚焦于战争暴露出来的道德标准可能存在的不足。举一个极端案例，1917年英国报纸谴责某些妇女为残暴贪婪的"鹰身女妖"，对无辜男性下手。1918年美国的《妇女家庭杂志》的编辑，将英国的街道描述为美国大兵被放荡的女人"钉上道德的十字架"的地方——这些女人利用了他们的寂寞和背井离乡的心理。道德废弛产生了巨大威胁，性病会损害服役士兵的健康。

战时，国家对性行为尤其对卖淫行为的规定，让女人们明白了战争的传统。有些国家，例如德国和法国，实行卖淫合法化；但英国和美国与之相反。国家尽力确保战士不会因性接触而感染性病，尽管性接触对年轻男子来说是必要的，这些男人被剥夺了正常的战前的社会生活，而女人们战前会因传染给士兵性病被判有罪并遭严惩。英国的防御条例第40条中指出，严惩任何将性病传染给帝国军队的女人。一些国家，例如，英国和法国，也试图阻止殖民地非白人的士兵和欧洲白人女性发生性关系，无论这些女人是护士还是普通民众。

战时生活对女人们另外一个方面的影响就是悲痛。服丧的仪式慢慢适应了大规模的死亡，女人们继续作为家庭和秘密回忆的承担者存在着。在战争快结束时，女人们开始在重要的公众场合举行追悼会。例如，1920年，在威斯敏斯特，一个不知名战士的葬礼开始了，女人们可能更多以哀悼者的打扮出现在战争纪念仪式前，尤其是打扮成悲伤的母亲，而不是战时的工人。

结论

怎样确切报答女人在战争中的牺牲和提供的服务，引起了人们对女性公民权利和战后选举权的讨论。战争以前，几乎没有女性选举权。少数女人（男人）曾在战前积极参与到女权主义运动中，她们却颇有争议地在战时抗议反对战争的人。其他积极分子认为，战争给予女人为国家服务的机会。这些争论形成了一种思潮，在这种思潮中，女性的选举权在战争的最后几年里极大扩大，并且从那之后快速扩展。俄国和德国的革命政体可以毫无争议地保证女性的选举权。公民权利中死亡的扩张伴随着女人更多发言权的要求。战争之后，一些国家授予女人投票权，这些国家包括澳大利亚、比利时、英国（尽管在平等条款上女人不如男人，但在1918年人民代表法案中，有权投票的女人不得超过30岁）、加拿大、捷克斯洛伐克、丹麦、爱沙尼亚、德国、匈牙利、拉脱维亚、北爱尔兰、波兰和美国。只有法国作为主要战争参与国却坚决反对授予女人投票权，甚至立法机构也在讨论的措施，只给失去一家之主的女人"家属票"或"为逝者投票"，这些女人因此承担投票的角色。战前女权主义者的目的是获得选举权，现在由新的女投票人承担了责任，并保持质疑权。

尽管社会政治和文化潮流都在瓦解性别规范和两性关系，然而德国的本杰明·乔曼发现了一种模式，这种模式或许在绝大多数参与国中都是正确的："家庭作为中产阶级社交的重要团体，为资产阶级的男男女女们带来了稳定，而这些人正在应付由战争带来的改变。资产阶级思想中的核心价值观和文化习惯等，虽然不是毫无损伤，却在战争中极大地保存了下来。"衡量家庭生活是否稳定的两个核心指标——结婚率和出生率也确实在战后得以恢复。公众鉴于战争造成的惨重伤亡，开始抱怨不愿嫁人的女性们。然而，一种社会文化期待，即女性应通过婚姻和母亲的身份来获得主要的满足，给各个阶级的女性带来了胜利。女工们发现自己和男工们一起被解雇；随着战争的结束，他们中的大多数人都不再拥有战时的职位和薪水。然而，对数以百万在战争中帮助维持国家稳定的女性来说，这段经历给她们留下了无法磨灭的记忆。

第十二章

自由主义遭遇挑战：战争大后方的政治

约翰·特纳

政治背景

战前的欧洲由四大工业国家——英国、德国、意大利、法国和两大幅员辽阔的农业帝国——奥匈帝国和沙皇俄国主导。1914年8月爆发的战争，给这些政体带来了三大问题：第一，内部矛盾亟待解决，然后才能对外作战；第二，政治家和士兵需要在几年的和平共处之后，重新处理他们的关系；第三，国家需要扩张政权以调动人力物力对外作战。不同的国家在不同时间以不同方式应对这些挑战，结果也不尽相同。没有一个国家能够逃离战争风暴。大多数国家都能发现，1914年建立的体制事实上非常脆弱。

19世纪末的欧洲社会，依赖自身所拥有的巨大财富和权力、专注于特定领域、拥有教育程度越来越优良的产业工人。不能指望他们接受从属关系——有序社会和有序工业需要的从属关系。胁迫是无效的，社会的快速变化和个人流动性打破了自然关系。各国政府不得不面对来自混乱政治和工人阶级的挑战。

战后的政治体制也各不相同，各种形式的政体让人眼花缭乱。作为当时主要欧洲国家的英国，已经持续开展了一个多世纪的工业化运动；而美、法、德等国也早已从19世纪中期迅速崛起，并在20世纪的最初10年间实现了跨越式发展。相比之下，意大利和日本则是从19世纪90年代异军突起；同期的沙俄则因为沙皇的不作为，工业化进程一波三折。工农业间的社会和政治平衡也随之发生变化。同样发生变化的还有中产阶级的规模和人员结构，中产阶级和工人阶级享有等量的工业产品和财富。

此外，这几个大国的管理体系也大相径庭。尽管所有国家（除美、法）都实行君主制的政体，尽管所有国家（除沙俄）都广泛开展民选，组建了国民代表大会，但实际上国与国之间的管理体系完全不是一回事。在中欧和东欧，集体政治在过去对政府各部门的影响相对较小。德国政府则是由德皇及皇室掌控。德国首相和各部长无须经由德意志帝国议会任命通过，只需要在德皇、皇室和军队的辅助下统领国家。各政党的影响力也微乎其微。奥匈帝国实行贵族部长负责的外交和军事政策，这些部长大人大多无视奥地利和匈牙利选出的议员——而正是这些议员组成了帝国的代表大会。奥地利议会推行广泛民主，各政党积极参政议政，因而很好地代表了奥地利人民的利益；而匈牙利议会则是由马扎尔人统治，匈牙利政府也是残暴无道、压迫人民的。在俄国，沙皇及其幕僚大权独揽，情况比匈牙利更恶劣；至于1906年一次小型革命后匆忙设立的杜马，则从未"轻易"启用过。

在西方，国家的治理结构更凸显了社会的复杂本质。意大利是一个君主立宪制国家，国家大权掌握在一个政党手中，它们主导国会和执行政府，但是各种政党权力薄弱，杂乱无章。也是由于这种政党间的杂乱无章，这个国家本身对意大利社会影响不大。在英国——另一个君主立宪制国家，各类政治党派井然有序，能够创建强有力的政权。但是同样地，国家对社会影响很少。在法国，其下议院权力很大，能够组织政府或推翻政府（在1871—1914年间，就有60个政府的更替）；其执行政府本身制度不健全；政党无组织纪律可言；然而相较英国和意大利来说，其国家大权更依赖法国社会本身。

自由主义陷入困境

第一次世界大战的政治危害在于，它带来了一种政府的新模式和对政治的新态度，这在19世纪后期和大战爆发前的10年表现最为明显。不论在何种欧洲的政治体系中，总有一些人认为，国家大权应掌握在立宪政府的手中，认为这些政府应当对它们统治的大部分人群有求必应。这些人认为，社会和政治上的变革就是无法改变的事实。政府存在的意义就是拨乱反正，在总体上使世界上的国家、民族同时存在，共图繁荣发展。这些看法都是自由主义的态度。自由主义的想法，可以看成是对历史学家阿诺·迈耶曾提出的"秩序的力量"和"运动的力量"的一种平衡——粗略地可以区分为保守主义和社会主义。自由主义向往自由贸易、言论自由，提倡保护人权。同时自由主义也给很多人以希望——如果反动保守派的行为被严加控制，工人阶层的起义力量也会因为革命难以实现的要求而受到抑制。很多欧洲社会有一个或多个政党，其行事原则彰显了一些自由主义的价值观：对立法的执着，灵活性的变通和响应能力共同组成了一种政府的模式，能够被政党或政权接受，然而这些政党对自由主义的其他价值观却不感兴趣。自由主义的存在显示出能够接受多种政权形式的社会，并且希望社会的不同不会意味着破坏性的冲突。

在一些国家，自由观念在大战前深入人心，甚至影响到了右翼政党，尤其是在英国。在德国和奥地利，没有执政希望的政党才会推崇自由主义。而在俄国更是如此。开放的、积极的宪政思想，只不过是首相、大臣有时讨论解决棘手问题的方法。在意大利，自由主义不仅被视为是阻碍社会主义发展的屏障，也是天主教独裁主义和极端民族主义的反对者，还是对立宪和世俗价值观的拥护者。尽管这些自由主义的形式是多样化的，但它的确加速了欧洲19世纪社会、政治和经济的变革进程，它也使自由主义在与保守主义、社会主义的竞争中占据显而易见的优势地位。战争将这种优势付之一炬。在欧洲，随处可见的是社会和政治团体的瓦解，而这是战争带来的直接的不良政治后果。在英国，主要政治争论在1914年世界大战爆发后销声匿迹，这种局面至少持续了一段时间。在没有征兵制度的情况下，男人们蜂拥志愿加入到爱国战争中来，工业中的动荡局势明显减少，爱尔兰避免了内战的爆发。另外，保守党和自由党这两大政党向小政党、工党和爱尔兰民主主义人士宣告政治休战，而这些党派大部分都遵从了两大政党。英国首相赫伯特·阿斯奎斯仅用了一句反语就概括了自己的感受：大战的爆发是他政治生涯中幸运的一笔。

法国下议院各政党的休战这一背景同样为全民拥护一战创造了有利的条件。要知道，联盟在法国政治中并不罕见。其中1914年8月的法国下议院的"神圣联盟"内阁格外引人注目。主要是因为除了总理，该内阁还包括勒内·维维亚尼（曾是社会主义者）、亚历山大·米勒兰（社会主义者）、阿里斯蒂德·白里安（与维维安尼同为前社会主义者）和保守共和党人亚历山大·里博特。这一政府持续至1915年10月，后由白里安组建的内阁继任。白里安内阁既包括代表天主教利益的人士，又包括极端的反教权主义者。尽管这一"神圣联盟"内阁与其他的民族联合政府一样不堪一击，民族联合的思想也还是持续到了1917年。

法国和英国国家内部的政党间休战，均未坚持到一战结束，这与意大利、德国、奥地利和俄国的经历大为不同。意大利参战的决定仅仅由几个内阁部长就做出了，甚至未寻求军事部门的意见，更别提国民大会了。渐渐地，战争本身就成了一种政治图谋。乔瓦尼·乔利蒂在1903—1914年的大多数时间里，都是自由党首相。1914年3月安东尼奥·萨兰德拉接替其位置，后者更右倾。当意大利因萨兰德拉卷入战争后，乔利蒂就赢得了反对战争的代表们可观的支持，直至乔利蒂败北。自1912年反对利比亚的战争后，乔利蒂的支持者们就被指责为不爱国，与社会主义勾结。对此次战争，意大利民众大多不支持，不管是战争伊始，还是在1917年卡波雷托战役达到极点，奥地利对意大利造成重创的那几年。此外，萨兰德拉政府是战后唯一垮台了的战胜国国家政府。

德国就更不同了，更加激进，主要是因为德皇威廉治下的德国不能像其他类似的地方一样追逐权力。在德意志帝国国会占主要地位的是社会民主党，他们中的大部分人都将传统的"反对侵略"这一政策抛在脑后，不过帝国政府在战时也不需要他们支撑。实际情况就是社会民主党加入了"国内和平"的阵营，政党间达成了一致协议，左翼分子支持战争以换取对改革的空头支票。战争第一阶段，右翼派的野心持续膨胀，既想要攻克外部的东西战场，又想强化独裁政权。同时，为动员战时经济，国家自然进行了更深的干预，这些干预大部分由德国纳粹党的领袖完成，比如右翼政治的突出代表阿尔弗雷德·胡根贝格，而他在战前一直不能过分插手政权。

在奥地利和俄国，君主政体对战争的爆发的反应是，试图忽略战前政治问题并依法令管制国家。结果，政治问题太严重，不容忽视。遍及奥地利帝国的少数族群，对代表遥远王朝的利益愤恨不已，而诉诸武力。斯拉夫人的领地，尤其是由匈牙利议会管理的领地，传出了自决的呼声。帝国政府实行的战时政策过于集权，负责帝国外交政策的切尔宁伯爵在1917年4月已警告，如战争继续，帝国注定会解体，而奥地利和匈牙利的政治领袖在1918年12月才得知此事。在俄国，不满情绪已经很普遍，由对政体的反对所引发。此政体对军队和公民的要求十分无情，而组织工业战的低效却是显而易见的。但是这种不满情绪以及最终推翻两个帝国的运动进展缓慢，不是一开始就达到了充分的效果。

左派的构成

战前的欧洲，"左派"由多种社会组织构成，通常有中产阶级的领导，还有一些主要关注工业问题的贸易工会。这些工会领导者通常是社会主义者，或者属于与工会利益相关的社会主义团体。但是他们的关系并不简单。许多工会领导者拒绝了社会主义性质的政治目的，例如由社会主义代替资本主义、扩大福利、追求经济平等等，而是支持在集权下实现成员的直接利益。在英国，尤其可以作为例证的就是1900年形成的工党，它不是社会主义团体，而是作为向议会施压的组织来维护贸易的合法权益以及各工会在市场地位的政党。工人阶级运动从而变得支离破碎，此运动曾尝试组织并代表一大群人——其中很多人没有意识到阶级斗争的存在或者试图改变工业所有权的分布和财富的分配。尽管如此，社会主义言论成为欧洲社会主义团体和工会的通用语。其中很多人在社会主义国际（第二国际）找到了认同感。社会主义国际组织国际集会、传播工人阶级团结的力量比贵族更强大的思想。

战争使整个欧洲把目光聚焦到阶级矛盾身上。工会与社会主义政党会将爱国主义情怀置于阶级意识之前吗？如果答案是肯定的，那么绝大多数的工业化人口是会选择追随他们，抑或是转向那些中产阶级和贵族的政府呢？这些政府已经陷入战争泥潭。放眼欧洲，社会主义政党已然分裂，他们中间的大部分支持自己的国家政府，只有一小部分还在坚持国际主义。在法国，工人运动很快展现出了对于这场战争的支持态度，毫不含糊。法国总工会秘书长茹奥·乔豪斯信誓旦旦——法国的工人们一定会为奥地利和德国的皇权统治敲响丧钟。在英国，工人运动的热情虽然不敌法国，但英国工党和工会联盟也表示这是一场民主与专制的较量，在这场战争中，工人应当站在协约国的一边。拉姆塞·麦克唐纳作为独立工党的创始成员想要信守住独立工党的国际主义，也因此辞去了议会工党大臣的职务，由亚瑟·亨德森接任。独立工党不断遭受质疑，是英国异常强烈的反战运动的核心。但在这场运动中反战只是少数人的观点，官方打出的标语是"德国胜利之日即欧洲民主衰败之时"。在德国，人们则相应地认为自己的国家正在遭受未开化斯拉夫人的威胁，并且还不止于此，威胁还来自法国和俄罗斯政府被别有用心的人操控，欲借巴尔干半岛冲突来满足帝国主义私欲。

然而表面浮华的1914年8月和9月，并不能掩盖同时期全部的阶级斗争和政治运动。当政府要根据战需分配那些少得可怜的人力与资源时，工人阶级的参与问题就变得更加尖锐。壕沟战的所需，迫使政府去挤压那些依旧留守在家生产弹药、耕种田地的劳动力。他们受到不同程度的压迫，罢工活动受挫、被禁，工资受到管制，工人只能在规定的领域做工，那些能够给予工人一些市场控制权的、让工人自己决定生产过程的传统活动全部都被迫停止。女工以及没有学徒经验的不熟练男工进入工厂，去取代那些参战的熟练工；而那些在不同程度熟悉自己生产领域的熟练工则按照命令去到国家需要的领域。无论这是军方的要求（在德国日益如此）还是民选政府权力扩张的结果（在英国、法国、意大利一向如此），它都具有引发破坏性社会倒退的隐患，特别是当改变的直接推动力是雇主的时候。

英国和法国政府从而与工会做了具体的交易，工会会员要参加当地委员会，当地委员会须设定薪酬，分配劳动力，用于补贴征兵、薪酬控制、雇用女性及残疾人。5名工人代表在联合政府获得席位：亚瑟·亨德森于1915年4月参加了首个英国联合组织。艾伯特·托马斯作为法国社会主义运动的重要成员，主要负责从1914年10月—1917年9月的法国军火工作。但是这一办法并没能让阶级矛盾或工业动荡得以消除。车间工人认为，他们的领导正在与他们的阶级敌人勾结——因此，谁能为他们争取更大的利益，他们就听谁的。1915年夏末，英国制定了征兵政策，因此爆发了一场重大罢工行动。在1916年春，工程行业出现了大范围罢工，1917年再次出现，这些运动都是由工厂的工人代表领导的，他们既要挑战工会和政党领袖的私自勾结，也要反抗传统工会组织对信教教徒的排挤。

工人代表参与国家事务，使得工人运动更加分裂，左翼态度更加强硬，这一矛盾更是无法解决。没过多久便面临战争持续打下去的威胁。1915年9月，来自交战频繁国家的许多少数民族的社会主义者在瑞士的齐美尔瓦尔德会面，并在会议上谴责了战争的爆发，更大程度上针对的是由列宁提出的革命失败主义策略。厌战情绪最终还是占了上风。1916年和1917年发生的罢工事件，关系到的不仅是工人的利益。虽然在所有发达国家，工人阶级的实际收入在总体上有所提高，但缺乏成熟的经济管理会导致物价先于工资上涨：这会导致当地滋生极端厌恶情绪。在1915年和1916年，征兵和住房条件差是罢工的主要因素。直到1917年，英国的工人代表一直在呼吁和平谈判，进一步缓解公民的艰苦条件。

为反对临时政府，俄国爆发了第一场革命，并出现了苏维埃士兵和工人，这使得西方的工人运动备受激励和震惊。亚瑟·亨德森于1917年7月从俄罗斯访问回国。他向刚加入新成立的劳合·乔治联合政府的同伴们警告说，必须尽快考虑以谈判来结束战争，以防工人阶级崛起并停止战争。他的内阁同僚将其驱逐出局，之后他便回到了工人运动的怀抱。到年底的时候，无论是工党的左派还是右派都强烈批判政府拒绝对谈判进行深入思考。这导致工党对立的两派之间出现一定程度的调和，甚至在工厂工人代表和官方工会的各个层次结构之间都产生了一致的意见。

欧洲也出现了类似的发展苗头。放弃工人阶级提出的增加薪水、改善工作环境，并享有更大的政治和社会影响力的要求，只能是暂时性和权宜性的。关于放弃来之不易的成果，总会有一些质疑的声音存在。政府没能够予以回应，这使得人们确信，当进程变得举步维艰，正如1917年各交战国之间陷入激烈的斗争旋涡，如本书第十七章中讨论到的，热血沸腾的社会主义反对党将会成为真正的威胁。在法国，少数派代表艾·玛黑姆是冶金工会的秘书，他将少数派和多数派的社会主义之间的冲突人格化。他于1916年12月坚持认为，只要是国防建设开始的地方，社会主义和工团主义就不再反对茹奥提出的多数派要求，即国家的利益乃劳动者的利益。同样，俄国的工人和社会主义当时也分为多数社会民主主义者（当时由弗里德里希领导）；独立社会主义者（当时由雨果·哈斯领导），他们曾公开批判战争；斯巴达克党（由卡尔·李卜克内西和罗莎·卢森堡领导）以及左派代表，他们对俄国革命释放出的信息，表示积极支持。

左派与工人阶级参与政治进程，对工人阶级运动产生了持久的影响，也使得战后欧洲出现社会主义政府成为可能。另一方面，在战争后几年，他们的参与使得阶级冲突司空见惯，这也许是战争所产生的更重要的影响。

右翼的复活

战前欧洲的右翼政治与左翼政治同样花样繁多，支离破碎。在社会层面、政治层面和经济层面都存在分歧。在除法国的所有国家，拥有土地且与军队有密切联系的保守贵族，是重要的政治力量，即使在法国某种程度上也是这样。总的来说，工业资本主义的代表都是右翼。行业协会和雇主联盟不断要求自由贸易或关税保护，各种团体要求保护财产权。代表这些右翼立场的政党往往一片混乱，这不难理解，因为他们的组成人员存在矛盾。例如，在德国，封建官僚主义法庭和军队大都由普鲁士贵族组成，他们在国会占有的议席数量也很可观，原因是选举体系严重倾向于农业地区代表，而且莱茵—威斯特伐利亚（Rhine-Westphalia）的商人被边缘化了。在英国，虽然持续下滑的经济使得拥有大量土地的贵族日渐衰落，但他们在保守党中仍然具有影响力，该党在亚瑟·贝尔福时代的领导人于1911年被安德鲁·博纳·劳（一位格拉斯哥商人）驱逐。英国自由党对许多商人来说仍颇具吸引力。

贵族因为有众所周知的物质财富需要去保护，所以无论何地何种情况下他们更倾向于保守主义。然而，贵族却完全不是工业资本家最可争取的盟友。德国、法国、意大利和一些英国商人发现自己因其贵族身份影响受到了他们认为自己应得的政治权力的排斥。于是他们决定采用不同的策略，正如大众政治中挑战左派一样引起焦虑。工人阶级的爱国主义诉求很坚定，这十分常见。尽管在大多数国家这一策略通常不厌其烦地被用于吸引下等中产阶级和农民而非产业工人。另一方面，与政治立场息息相关的是社会帝国主义，这一主义意味着全部就业的承诺，采取一定的社会福利措施，并且向可提供市场和原材料的殖民地扩张。这些情况并不完全与事实相符。军备和军事扩张通常意味着税收，税收大部分又由富人们支付。福利意味着国家干预社会。对此，战前欧洲的工业巨头和贵族精英为了抵挡左派而做出妥协，其中最显著的例子是为了普鲁士土地所有者和普尔·俾斯麦领导下的德国工业者的利益而服务的税收政策。所以这种妥协十分脆弱。

这场战役是右翼重获主动权的机会。在德国，"泛德运动"日益声势浩大，与重工业以及武器制造商所援助的军国主义集团相关的运动尤其如此。泛德运动者们不久就抱怨说，支持战争贷款的社会民主党议员们已经宣称站在爱国立场上有诸多好处，而这可能也会在某种情况下强加到他们头上。右派则让风险有所增加，因为他们定下了一系列扩张主义的战争目标，而这些目标与社会主义者进行保卫祖国战争的观点丝毫都不相容。政治冲突持续加剧直到1914年堑壕战停止，东部前线运动战越来越缺少人力，战局也更加难以预测。到1916年中期，右派与陆军高级指挥部加紧发动全面战争以控制欧洲与殖民地区（指挥部由某些主要党派援助，包括民族自由主义者，目前，他们已完全忘记了他们战前寻求国际和平的愿望）。右派的政治主动权落入了高级指挥部手中，以东部前线的胜者保罗·冯·兴登堡元帅和埃里希·鲁登道夫上将为代表。社会民主主义者意识到德国的工业与工人正遭受苦难，看不到成功的曙光，所以他们开始不再支持战争贷款，甚至建议在与协约国在合理妥协的基础上进行和平协商。这场斗争在并不确定的国家首脑——也就是德国总理贝特曼·霍尔维格与德皇之间激烈展开，二者都认识到泛德和平不可能实现，不能容忍社会民主党人"谢德曼式和平"明显的失败主义，不能满足与之相关联的宪法改革的需求。

很快就出现了宪政政治的完全崩溃。高级指挥部要求无限制潜艇战，这不可避免地使美国投入战争。在未能使协约国陷入困境之后，国会大厦的左翼政党提出了"和平解决方案"。鲁登道夫威胁要辞去军事职务，因为他无法再与贝特曼·霍尔维格合作。由于德国国会党拒绝支持总理，甚至反对军队，霍尔维格被解雇并被军队傀儡迈克尔斯取代。迈克尔斯在社会民主党、左翼自由党和天主教中心党之间，在国会大厦中试图达成有效的亲和平联盟。和平解决方案被勉强通过和真正忽视了。迈克尔斯的背后是军队，他在三个月内取代了赫尔丁伯爵，他不像贝特曼·霍尔维格或米卡艾丽丝一样能够回应国会大厦的要求或阻止它表达不同意见。1917年9月建立的德意志祖国党，开始更加强硬地控制德国政府，代表泛德的一切，而兴登堡和鲁登道夫开始更加强硬地控制德国政府。

1917年秋，对大多数欧洲国家的自由主义运动而言，实际上恰处于其最为不振的时刻。尽管每次自由主义运动都以不同形式面对其强敌。在法国，继任的联合内阁遇到了军事失败以及群众暴乱。到1917年春止，法国发动了尼维尔攻势，这一举动产生了灾难性的后果，各个群体都紧跟着参与了暴动。在尼维尔攻势前，也就是在1917年3月，白里安政府垮台；接着，里伯特政府首先以左翼姿态亮相，以期迎来和平，收复权力，并对战争进行强有力的抵抗。里伯特在8月末垮台，而潘勒维坚持抗争到1917年11月。那时，他的职务由乔治·克列孟梭继任，克列孟梭最终借由社会主义者取得了联合内阁的控制权而结束暴动。克列孟梭作为一个强势的劳工压迫者和自由主义的敌人，重振了其名声。这样说可能有些过分了，不过他确实残忍地对待其政敌，其政敌经历过逃亡，现在躺在牢房里，时日无多。克列孟梭的影响力，让他在战后的余生里仍然握有权力。这一影响力便是他有大众拥护，可以树立自己的言论权威，而这些支持也让他不可撼动。法国政治沦为支持抑或反对战争的一场争论，在这样的局势下，取胜的可能性极大地受到了影响。

劳合·乔治在英国的境遇与克列孟梭的情况十分相似。自1915年4月阿斯奎斯联盟建立以来,劳合·乔治担任军火部部长一职。虽然阿斯奎斯所主持的内阁由自由党掌控,但是政府赞同了扩大征兵与民间经济的必要性,这一举动使他们失去了自由党派和下议院中工党的支持,同时也失去了保守党派的青睐。因为他们并不认为阿斯奎斯或是他的自由党党员(除劳合·乔治)会真的投入战争中。最终,阿斯奎斯于1916年12月下台,被劳合·乔治所领导的以保守党为主的联盟取代。劳合·乔治联盟扩展了对于经济以及社会的国家控制。劳合·乔治认为,他之所以能上台只是因为民意支持他反对下议院;1917年5月,他一直在为首相选举准备,这次他将会带领一支右翼亲战的自由党人士,与温和的保守党人士组成的联盟,反对反战分子的队伍,也就是阿斯奎斯——左翼自由党派以及工党。最终,劳合·乔治通过将反战主义与失败主义联系起来,成功地分裂了自由党。1918年1月,政府的战争目标发生了表面变化,变为旨在承认美国总统威尔逊敦促的"民主和平",于是反战运动也就被此计谋消解了。虽然这使战争政策变得有些不同,但它还是承认反战运动是政治危险的。可与此同时,一份声明表示强劲的政策会克服"和平主义"。

劳合·乔治政府还面临来自右翼分子的另一种挑战,大多数参战国于1917年和1918年被占领。它们原以为稳操胜券的国家通过他们在战前所努力培养出的军力会在战后的经济大战中实现经济上的独裁,可是最后,这场"军事胜利"却令人不太满意。在英国,这意味着保守党中关税改革派的胜利,自由党自由贸易信条的逆转。在德国,这也是泛德意志主义的胜利,在法国,这代表着又一次地对大型企业的民族主义利益的鼓励。从与1916年巴黎经济会议的协定来看,这已成了严肃的政治问题,其在英国与法国得到自由党和社会主义政治家的一致接受,又对战前自由主义造成另一次冲击。

政治斗士们

我们已经见证了德国军事干涉对政坛产生的深远影响。英国是传统意义上实行宪政制度的国家，其军事等级制度也带有很强的政治色彩。英国军事等级制度体现为保守党的政治宣传，饱含同情的新闻报道以及阿斯奎斯采取的军事政策。为了证实先前弹劾他的同僚是错的，十分重视对军队的控制，阿斯奎斯以壳牌公司丑闻事件为导火索，强烈谴责国内政客造成的军事失败。阿斯奎斯对1915年第一次世界大战英国的达达尼尔海峡惨败负有重要责任。海军上将费舍尔因达达尼尔海峡军事进攻计划而辞职。1915年底，国内政客威逼阿斯奎斯政府强制征兵并采用西部战线的策略。

劳合·乔治与大部分政治同僚意见不同，他坚持认为应该实行征兵制。他一直以来质疑英国军方的决策，索姆河战役后，最终失去了耐心。劳合·乔治当首相的首要目的就是阻止英国帝国总参谋长罗伯逊和法国指挥官道格拉斯·黑格爵士对无用的防线部署军队。1917年3月，曾经选举劳合·乔治上台的保守党政治联盟否决了其想解雇黑格的提议。劳合·乔治不得不接受黑格的佛兰德斯防线，这最终导致了帕斯尚尔战役。1918年2月罗伯逊由于最高军事委员会的身份遭到撤职，而黑格则侥幸留到一战结束。

劳合·乔治作为英国首相却迫于形势，不得已容忍违抗命令的将军，然而这种情况并不只发生在英国。在意大利，卡多尔纳将军拒绝与政客讨论军事战略，并在1916年8月废除了战争区的政治官员。在1917年他还试图强迫时任内政部长的奥兰多下台，当然最终没得逞。在意大利输掉卡波雷托战役后，奥兰多成了首相，罢免了卡多尔纳并任命迪亚斯为新将军。在此期间法国经历了四次主要的军事领导人更替，约瑟夫·霞飞将军领导了1914年和1915年法国的大规模进攻，尽管当时的白里安政府强制他用相同的精力保卫凡尔登，他还是在1917年主张再次发动进攻，并因而被免职。随后，白里安政府被罗伯特·尼维尔上将所控制，但在1917年他所发动的春季会战使法军士气大伤。上将亨利·菲利浦·贝当重新集结了军队，但由于人心涣散，战略失误，很快就在1918年3月被斐迪南·福煦所取代。福煦任协约国军队总司令期间，指挥英、法、美、比军队挫败德国的五次进攻，捍卫了自己的声誉。像英国的上将一样，法国上将展现出了非凡的能力：夺取政治领导人的权力、操控社会媒体和舆论、形成自己的议会体系，并在人民怀疑的目光中捍卫了自己军事洞察力的权威性。

国家和民间社会

在其他章节中我们已经见识到了战争带来的社会经济变化：工业遭到大规模破坏、女性角色发生迅速而巨大的转变、社会渐趋动荡、阶层关系的重新排列组合。这些变化的一个重要的政治方面的表现就是，国家以各种形式扩张，这些扩张以牺牲公民的隐私和独立为代价。正如我们所提到的，在不同国家，这个扩张过程的起点各不相同但方向却一致，主要的受害者是战前的自由秩序。

战争的必然结果是反对国家力量的人权的中断，在英国，首次提出的强制征兵引起轩然大波，而在欧洲即便在和平时期，也有义务兵役的存在，此种现象令人费解。长期而言，也许更重要的是国家政治监督机器的发展。沙皇俄国的政治警察作为俄国政治系统中的一部分被人熟知。然而不可避免的是，法国军事情报工作者往往不为人知，他们通过战争发现像罗曼·罗兰一样杰出的反战知识分子，还有英国特勤局的警察们，他们的关注点从爱尔兰的民族主义者到商场的服务员再后来到内心不满的退役军人。从这些人到左翼组织和工人运动机器只是一小步，这是战争之间的特点。

在国家与社会之间一个不同且依然重要的部分是税收。战争增加了公共支出，这些支出多为军需品和军队支出，他们受到税收资助，税收在每个地方都使人不悦。而且税收的必要支出比大多数公民所认为的要少得多。通过提高战争贷款，或通过印钞和引发通货膨胀这些手段几乎是普遍现象。但战争中幸存下来的公共支出形式，对战后整个欧洲高消费政府的维持做出的最大贡献是支付形式的转变：针对特定社会群体的社会福利支出要么是因为他们的需求很大，要么是因为他们构成政治威胁。失业津贴和公共住房计划就是典型的例子。自由主义者不喜欢这种隐晦的额外税收以及它在劳动力自由市场中造成的扭曲。

欧洲国家从战争中学习到怎样干涉私人行为，至少干涉了工人阶级的私人行为。英国政府确保士兵的妻子得到一份异地津贴，条件是必须忠于她们的丈夫，并细心照顾抚养他们的孩子。在战争结束后不久，法国收紧了已经很苛刻的重大国策，方法是禁止控制生育。

总体来说，这些转变使国家向更加注重道德转变，而在战争之前这些只是由中产阶级的慈善志愿组织来完成，例如英国的慈善组织和法国的天主教堂。

最终，国家和社会的边界被永久地模糊掉了，但界限也可能因为战争工业关系的改变而更加清晰，除了德国，战前的福利系统主要基于工会组织的兴起，这种组织是自发的，在英国和法国，他们在战争前就采取了许多措施来使这一整体融入国家福利系统。例如英国1911年就通过了国家保险法案，以及其他许多力图阻止工会的运动，因为这些运动产生了许多政治风波。与此同时，工会与工厂主就福利也难达成一致，工业的买卖双方最想做的就是不让国家干预，尽管有些工厂主想拉拢国家来承受弹性成本，而工会领袖意识到他们双方的社会成员无法提供足够的帮助。国家、工会和工厂主可以被看作是三个独立的实体，国家起着控制工会和工厂主之间的矛盾的作用，此外国家还可以维护公共秩序，这就是战争前自由国家的特点。

而在战争期间，正如我们所见，各国政府都迫使工会和工厂主加入了战争。政府不仅依靠工会的官方合作，还得到了工厂主们的个人支持，其中不乏商业巨头，比如掌握德国军工生产的沃尔特·拉兹诺以及曾在英国政府大有作为的铁路大亨埃里克·格迪。除此之外，各个工厂主协会也大大帮助了政府处理复杂的平民争斗。此时在英国，一些大型组织也在悄然兴起，其中就包括英国工业联合会（FBI），其规模可比肩德国中央工业协会以及其他在法国和意大利类似的大型商业团体。无论是工厂主协会还是大型商业组织，都对政府干预经济的做法不认可。它们的立场与贸易协会相同——认为与政府合作是有利的，同时还担心背叛政府会失去成员的支持。贸易协会十分希望进行经济战争，并试图影响政府的政策。总的来说，各国政府都听取了贸易协会的意见，并尝试在一些政策问题上与贸易协会谈判以扩大双方合作的好处。出人意料的是，这种合作最终使得私人利益与国家行为相互交织和渗透。

将政府、工厂主和工会联合在一个共同框架中的努力，在德国工会和工厂主之间曾相当短暂地达成了一个协议，即所谓的《斯廷内斯—列金协议》。这些协议预示着战后的德国政府将接受经济政策通过三方协议来制定；这种情况一直持续到1923—1924年的大通货膨胀。在英国，同样的努力是：1919年的全国工业会议，由总理提出了工会大会和联邦调查局接受的一些建议。但在英国，联邦调查局主要是关注贸易政策和关税；全国工厂主联合会主要关注工资谈判，最终并没有长期合作。尽管如此，工会和贸易以及与政府单独谈判的雇主和协会的做法，在法国和英国比战前更加安全，这代表了一种在战前自由国家中隐蔽的、鲜为人知的新形式的政治行动。

自由主义的失败

从最简单的意义上说，我们可以看到第一次世界大战中欧洲政治制度忽左忽右的极端化，这对世界各地的战前自由派和中左派都是一个打击。在大多数情况下，左翼会在战败的国家中占上风。暴力革命推翻了德国和俄罗斯的君主政权，奥斯曼苏丹国屈服于凯末尔·阿塔蒂尔克的民族主义和世俗化起义。因此，战争的集体记忆经常反映在俄罗斯布尔什维克的格言中，即战争是"革命之母"，这也就不足为奇了。

然而，对于战胜国来说，就没有这样的必然性了。英、法两国的政权一直保持到了两次世界大战之间，右翼政治力量大大加强。而意大利则对残破的和平做出了反应——完全清除了左翼势力，转变为右翼权威政体。甚至连西班牙和葡萄牙也打算坚持其有些摇摇欲坠的君主制，但这种君主制也同样伴随着猛烈的右翼运动。尽管所有这些国家都在政治文化方面发生了巨大变化，有时还会有更多群众参与进来，但不能简单将第一次世界大战与"进步"、左派运动或民主运动混为一谈。

但在大战中消失的自由主义，不仅是20世纪初期政治的温和中心。不论战后地区是选择了左派还是右派，他们对社会都产生了进一步影响，成了不同的政治实体。即使是左派也搁置了国际主义。因为政府在战争期间对经济与社会采取的责任方式与1914年之前大有不同，所以政治冲突更明显地直接集中于阶级利益和经济政策方面。在战争的重重压力之下，国家权力变得活跃起来，这不仅是为了公民的利益，也是为了保护自己的生存。"革命之母"同样孕育了作用，使战前自由主义在两次世界大战之间被社会冷落。

第十三章

东线与西线，1916—1917年

罗宾·普莱尔　特雷弗·威尔逊

对德国的高级指挥官来说，1916年东部战线的战役绝不是一场全面战争。1915年俄军的撤退已经使沙俄的部队远离德国前线。因此，法金汉将主力部队调到西部战线去，他认为那里的战事更为紧急，但这并不意味着德国对1916年俄国前线的顽强抵抗无动于衷，只是德国不会再对那里进行重大的进攻行动了。

与此同时，1915年12月，在尚蒂伊（霞飞总部）举行的一次会议上，协约国指挥官正在商讨来年的协调作战计划。一旦达成共识，法国、英国、俄国和意大利的军队将共同作战，来对抗德军和奥匈帝国的军队。这样德、奥将无法利用国内交通线把军队转移到西部或者东部前线。

布鲁西洛夫攻势

在这一伟大行动中，俄国一开始以为这只是西南战线进攻哈布斯堡王朝军队的一次小型战役。但就在那之后，俄国西部和北部战线对抗德军的重大战役打响了。相应地，士兵和武器装备都将集中在反击德军上。该行动定于1916年6月开始，届时沙俄的军队将已重新整顿和获得补给。

有了上次的经历，并非所有的俄国军事指挥官都愿意立即再次开展对抗德军的行动。1915年末的一系列成功之后，他们更加迟疑了。1916年3月18日，俄国部队在纳罗奇湖周围对维尔纳发动了袭击。他们原本打算几个星期前就行动的，好利用结冰的湖泊和晚冬坚硬的地面。但士兵和武器未能及时集结，导致行动时湖面正好开始解冻，这也使行动陷入被动。其后果之一就是夏季攻势中反击德军的热情进一步减退。

因此，4月份，俄国总司令积极筹备6月即将打响的战役，主要目标还是维尔纳。但是他们西部和北部战线的军队指挥官都踌躇不前。他们表示可以行动，但要等重型弹药足够用时才行——这种反应可能会越来越强烈，但这未必是件坏事。

最终说服他们同意采取行动的是西南战线新上任的指挥官。布鲁西洛夫将军指挥他的军队在反抗德军的同时，也在对抗奥匈帝国。虽然这些军队本身供给不足，但这将牵制敌人的军队并提高他在北方战场的胜算。布鲁西洛夫的提议通过了，条件是他的部队不会得到额外的士兵或弹药补给。这样他们就达成了（某种）共识——夏天，三位俄国指挥官会按照尚蒂伊计划一同出击。

从某方面来说，结果是皆大欢喜的成功。刚好，布鲁西洛夫在两支北方军队之前行动，这两支军队仍在等待上级批示下来的大量装备。为响应意大利在特伦蒂诺遭遇奥匈帝国袭击、需要支援的请求，布鲁西洛夫于6月4日发起攻击。他的作战方式与当时的正统战术背道而驰。他并没有把他单薄的武器和人力集中在一个特定的地域，而是沿着前线进攻。

需要说明的是，如果他一直与德军正面作战的话，只能是死路一条（但这一点经常被忽视）。而对抗正处于士气低迷且兵力不足的哈布斯堡王朝军队，（因为部分士兵被转移到了特伦蒂诺），作战从一开始就非常成功。6月的头几周里，布鲁西洛夫的军队势如破竹，捕获了大量的战俘，占领了大片的土地。

但这样的成功无法一劳永逸。俄国高级指挥部将兵力集中在北方战线，而布鲁西洛夫的攻击是分散的，虽然这使他可以占有攻其不备的优势，但装备不足使他无法完全发挥这种优势。而且他很快发现，德军数量越来越庞大，因为德国东部指挥部意识到奥匈帝国的艰难处境，德国援军必须火速赶至南方。

与此同时，俄国指挥部还在摇摆不定，是继续准备维尔纳之战，还是将资源支援给布鲁西洛夫？最后，7月初，俄国发起对德行动。但行动很快陷入困境。在那之后，俄国北部和与哈布斯堡王朝交战的前线都出了问题。罗马尼亚预计奥匈帝国将会溃败，于是加入俄罗斯方面参战（结果可悲）。这使布鲁西洛夫的部队转移到了喀尔巴阡山脉，并与罗马尼亚一起遭受了滑铁卢。不久，布鲁西洛夫在德国的压力下被迫放弃所有战果，德奥军队的伤亡总计约为140万。

有必要对这次行动做一次总结。布鲁西洛夫在寻求实现一个目的的同时，即为他的北方行动寻求强大的侧翼支持，暂时看来似乎还想同时实现另一个目标：削弱奥匈帝国的战斗力。然而，他只重视了战争刚开始时候从东部战线传来的消息。如果俄国不能击败德国，则在其他战场上也无法取胜。

1917年7月的东线进攻

1917年东部战场的突破带来了转机（与前一年有些许不同）。德国高级司令部再一次选择在东部采取防守策略（而在西部战场，德军期望用潜艇战来更好地代替陆上作战）。俄国发生的事件（十月革命）使德国更加坚定了这一战略。因为俄国无心恋战，德国指挥官也不愿意继续进攻，以免重燃俄国人民的斗争精神。

而在战线的另一端，俄军依照年初制订的计划，准备再次对德国和奥匈帝国采取行动，但这次的首要目标是西南战线以及易于攻打的哈布斯堡王朝军队。然而，俄国革命的爆发很快中止了这些计划。革命情绪的扩散，以及人们对战争的认识逐渐觉醒（1917年3月和4月有200万士兵逃亡就可以证明这一点），人们怀疑俄军进一步作战的能力。但临时政府（沙皇下台后建立）认为，只有盟军的胜利才能保住新生政权，只有一场伟大的战役才能重新鼓舞士气。

因此，布鲁西洛夫成为总司令后，在6月和7月展开了更大的行动。突击队在作战中打前锋，战斗力较弱的部队紧随其后。在整个前线，尽管这些行动最初获得了短暂的胜利，但几周后行动全都失败了。突击队很快变成了残兵败将。后续部队或拒绝行军，或干脆准备投降。

布鲁西洛夫被解除职位后，科尔尼洛夫将军继任。他停止了进攻，并热衷于对抗平民政府，从而导致士气进一步衰退。俄国在一战中的战斗走向终结。此后，西方盟国不得不在俄国退出的情况下继续坚持战斗。

炮兵与西线

如果1916年和1917年，东部前线上德军占上风而俄军处于劣势的话，那么西部战线的战况将会更加难以预测。英国和法国军队发起的三次进攻并没有取得良好的效果（即使从最乐观的角度来看）。但是对同盟国来说，德国对协约国西部盟军的攻势，包括1916年的陆战和1917年的海底战同样并不乐观。

协约国1916年的西部战线计划源自1915年末的尚蒂伊会议，计划提出英法军队将在仲夏时节联合跨越索姆河进行攻击。但是他们在1916年2月被德国先发制人，作为法国大本营的凡尔登被攻打。

两次行动的目标经常被人们拿来做比较。英法两国在索姆河的进攻目的是在20英里的战线上破坏德军防线，并让步兵和骑兵通过攻破的战线攻入门户大开的德国。但人们都觉得这是异想天开。相反，德军在凡尔登的目标，看起来更加合情合理。法金汉，这位德军总司令并没指望能够取得突破。他在回忆录中说到他的目的是消耗，就是在自己的军队不遭受相应损失的情况下，折损大量法国士兵。他会首先与敌军短兵相接，然后向前推进骑兵和炮兵，以便在敌军武装支援抵达时立即将其消灭。这样，他就能一点一点地做到覆灭法国大本营，并将敌军耗尽（而不是他自己的军队）。

法金汉的想法似乎与黑格的野心勃勃形成对比——这是一个令人不寒而栗的现实。实际上，他们两个并没有可比性。两个指挥官意图的不同，对他们的行动并不具有长期的影响。从根本来看，法金汉和黑格都很有远见，但也被同样的妄想所困扰。

他们洞察到的最关键的就是，事实已经证明什么才是武器中的胜者，它不是毒气，毒气在1915年失败了；它也不是坦克，因为坦克对条件的要求很苛刻。而且无论如何，坦克在1916年末才得以使用。取得胜利的武器是高爆炮弹。这场战争中其他值得注意的武器，如机枪和带刺铁丝网，可能更适合防御。而高爆炮弹，如果大量使用的话，可不分防守和进攻。防御工事下的守军将如置旷野，屈服于它的暴怒。

法金汉看到了这一点，同时黑格也看到了。战争最终会（也有权）证明他们的见解是正确的。1918年的胜利主要是由炮兵取得的。除了其他因素，西方协约国赢得了这场大战的原因是，在战场上他们装备了足够的炮弹，并使其发挥了最大的作用，还分析了什么是可行的和能够受益的目标。但是1918年与1916年不同。到了战争的第四年，枪支和炮弹以及使用技术都得以普及。而1916年并没有达到这种程度。

法金汉和黑格在策划凡尔登和索姆河战役时忽略了这一点。他们只注意到自己储存的大量炮弹，认为这是史无前例的。最荒谬的是他们心中的目标：要么是法国被耗尽，要么是德国战线崩溃。

法金汉至少尽力限制他攻击的范围，从而让炮击足够猛烈以使目标地区一个活口都留不下。即便如此，炮兵顾问仍怀疑轰炸是否猛烈到足以达到他的目的。但更重要的是，因为他选择只攻击前线有限的一部分（默兹河右岸8英里），德国指挥官当时必定无法顾及法国炮手在左岸的类似行动，这个区域在法金汉的攻击范围之外，但仍在其炮弹的射程之内。

相比之下，黑格预见到，来自侧翼的火力可能会威胁到试图前进的部队。他选择通过攻击20英里的前线来消除这个威胁，从而将他行进的步兵和骑兵放置在侧翼火力射程之外的中心地带。他从而陷入了与法金汉相反的误区。对如此宽阔的前线，以他的枪支和炮弹数量，他根本无法直接突破他面前敌人的防御，所以在这次战役中，他的部队将在敌人的炮兵和机枪的攻击中全军覆没。因为他的轰炸太微弱，根本无法阻止敌人的进攻。

两名指挥官都未能认识到问题的关键，即他们实际需要拥有多少武器才能完成当下的任务。这导致和凡尔登和索姆河战役相似的问题持续出现，尽管在计划和意图上有所不同。双方都持续遭受了巨大的伤亡，只有小范围土地的频繁易主（有时只是暂时的），没有任何一次行动使进攻者或防御者获得这场战役的最终胜利。

凡尔登战役

法金汉于1916年2月21日发动了凡尔登战役，并进行了毁灭性的轰炸，随后取得了惊人的初步成功——夺取了杜奥蒙要塞。此后，行动陷入困境，而且再也没有恢复势头。这次袭击一部分是靠前线的幸存火力在顽强抵抗，但更多的是来自默兹河左岸的侧翼火力。法金汉不得不迅速重新调整他的行动。他将注意力转移到了默兹河左岸，从而扩大了他的前线，但也令他失去了方向感。直到5月下旬，在双方激烈的血腥战斗之后，他才消灭了位于默兹河另一岸的法国炮兵主力，并设法回到原来的目标上去。6月，他完成了对法国堡垒的第二次（也是最后一次）抓捕行动。此后，即将到来的索姆河协约国联军行动给了法金汉停战的理由——或许只是借口。

法国军队在大部分战斗中都有着坚定的意志；但到战争后期，士气有了明显下降，且遭受了残酷的打击。不过德国的损失几乎一样惨重（几乎每100万伤亡中就有三分之一是德国人）。最后，法金汉只能无功而返。他试图在不造成自身重大损失的情况下消耗法国军队，并占领大量土地的这种想法，被证明是无稽之谈。

索姆河战役

当英法联军于7月1日开始行动时，法国在凡尔登的失利，使得索姆河战役成为英国人主导的一次进攻。相应地，制订作战计划和指挥的责任主要落在作为总司令的黑格和英国第四军的司令亨利·罗林森爵士身上。

1915年，黑格和罗林森在所有西部战线上的行动中都一起战斗。他们学到了重要的一课：只有密集的火炮攻击才能突破精心布置的防御工事；没有捷径来为进攻者打开突破的大门，进攻步兵行动速度要快，利用掩护并采用相互协助的火力和移动战术。（甚至新到达的基奇纳部队也证明了这些战术的可行性。）

索姆河的计划几乎未采纳这些积累下来的经验。罗林森关于定点攻击的计划被束之高阁，整个英国的计划都集中在突破和探索骑兵的使用方法上。因此下令攻击20英里的前线，初步深入4500码（1码等于0.9144米）。黑格的400门重炮和1000门野战炮都不足以保证攻下这样一个区域。同样，关于步兵战术的经验被搁置一旁；相反，攻击主力将以整齐的队形缓慢穿过无人区。

因此，1916年7月1日，战役的第一天，成为一场不可避免的灾难。战壕防守未被清除，敌军炮兵甚至还没有参战。那天过后，一共12万人的进攻士兵中，伤亡人数达5.7万，其中两万人丧生，但只夺回了南部战区前线的一小部分领土。英法联军在右翼得到大量法国炮兵的援助，才控制了德国前线，并向第二条防线挺进。相比之下，北部和中部的进攻一无所获。毫无疑问，出师不利使得这场战役被迫暂停。为履行对协约国的承诺以及黑格的意愿，战役才继续打了下去。后续行动分为三个阶段：7—8月，9月，10—11月。

在第一阶段，黑格和罗林森很少对日常战事进行指导。从典型战役中可以看出，这支军队的小分队在不同的时间段攻击着狭小的防线。这种方法却让德军可以集中他们的火力，一次性对一个地方进行反攻。因而英军大部分战役都以惨败告终，只有偶尔会出现比较好的状况。7月14日，一连串猛烈的炮火攻击，吞噬了德军第二条防线中的很大一部分，但并不是所有战役都是这样。从7月2日到8月末这段时间内，英军损失惨重，为了夺取和第一天攻获的差不多大的地盘，伤员多达8.2万人。同英国协同作战的法军只能在右翼跟随英国的节奏。

到了9月，进攻形势似乎有所好转。英国的炮兵能够在行进的步兵之前打出徐进弹幕。这种"移动的弹幕"有效地压制了处在战壕中的防御力量（但很难压制敌方炮兵）。而且，一种类似坦克形式的新型武器即将投入使用。结果，首次使用的时候（9月15日），这种新型武器以及新型炮兵技术并没有得到充分使用。为了不击中坦克，弹幕轰击中留下了空隙。如果坦克发生故障而不能及时到达，步兵就会既得不到坦克也得不到炮兵的保护。一旦这种情况发生，黑格就会再一次将他的炮兵散布到很宽广的区域，以便让装甲兵进入。因此在9月15日，坦克的首次亮相仅对德军的防线造成了很小的破坏，但在10天后却取得了实质性的胜利。所有的坦克都按兵不动，仅由炮兵来保护步兵。除此之外，黑格的目标也十分切合实际。最终，德军的第三道防御体系遭到瓦解。

事实证明，这种效果也是暂时的。此时，在黑格的军队和巴波姆之间，德军第四、第五和第六战线已经处在建设中。雨从未停止，行动的黄金期即将结束。很显然，当务之急是叫停战争。然而，黑格继续前进，从10月初到11月中旬，他七次对德国第四防线发起进攻。在到处是积水和烂泥的艰难环境下，行动全都失败了。随着人力资源逐渐减少，该行动最终于11月14日停止，距离巴波姆（第一天的目标）还有6英里。索姆河战役给英国造成了45万人的伤亡，法国在侧翼作战行动中的伤亡达20万。德国人的伤亡人数比较少——40万人。黑格和霞飞宣布，该行动将在新的一年重新开始。

尼维尔攻势

在这种情况下，黑格和霞飞1917年的计划都没有实现。法国政府不希望索姆河的悲剧重演。他们撤了霞飞的职务，取而代之的是罗伯特·尼维尔将军，他是最近在凡尔登成功进行定点攻击的指挥官。

尼维尔1917年的计划与之前的计划完全不同。第一种计划，英军（由尼维尔指挥）被要求通过攻击阿拉斯来吸引德国火力。然后尼维尔将对阿拉斯进行主要打击。他希望通过这次强力的打击来使法国人能够突破德国阵地并获得实质上的巨大胜利。如果48小时内没有完成，就中止行动。

法国和英国的政治领导人最初很支持尼维尔的计划。对法国人来说，它似乎远不如霞飞的"蚕食"计划那么代价高昂；对英国首相来说，所有法国将军似乎都更喜欢黑格的作战方式；不幸的是，对盟军来说，这些愿望并没有实现。1917年2月，为了保留人力，德国人已经将他们的军队撤回到更短且更具防御性的兴登堡战线上，因此，尼维尔要攻击的德军其实只剩下很少的兵力。4月9日，在阿拉斯发生的第一次袭击，英军确实收复了维米岭和南部的一些领土，但此后英军的进攻陷入困境。在"贵妇小径"，尼维尔4月16日的大规模攻击取得了初步进展，但既没有突破也没有重大损失。不幸的是，进攻也没有停止。

对许多法国士兵来说，这是无法忍受的，因为尼维尔不切实际的承诺，他们的期望值曾经很高。一些散落在战线外的小分队只愿意死守战壕，不愿再参加任何更进一步的行动。而其他人则完全拒绝继续作战。到了5月底，最坏的情况出现了，当时大概有3.5万名士兵参与了集体抗命。法国政府也同样幻想破灭，尼维尔被撤了职，贝当接替了他，取消了一切进攻计划，并且承诺改善军队的境况。他还以军法审判了3400名罪魁祸首，并且把其中的450人判处了死刑（其中只执行了50人的刑罚）。

德军没有发觉法军的动乱。几乎可以确定的是，德军没能趁机展开任何行动。事态逐渐趋于平静。但有一件事很明确，那就是法军当年不能再进行任何持续性的进攻了。如果1917年协约国再次发起进攻，那一定是英国发起的。

第三次伊普尔战役

由于法军在"贵妇小径"战役中的失败，英军在阿拉斯的支援行动也毫无成效。黑格在恢复对军队的掌控权之后，选择继续进攻——只不过是在北方战场。他从伊普尔的山地地区进攻，并且向比利时的海岸推进。他将会攻占那里的潜艇基地，而所有驻扎在比利时的德军都会陷入困境。

但是首先，黑格需要夺下梅西纳岭，才能阻止德军窥探他对战斗做出的准备。6月7日，普鲁默将军率领的第二军占据了梅西纳岭。在此前的两年时间里，英军在山脊的德国阵地处安置了100万磅的TNT炸药。在攻占山脊行动的关键时刻，19个内含百万磅炸药威力的巨型地雷被突然引爆，同时再配合普鲁默军队的反炮兵部队对德军炮兵的绝对压制，保证了普鲁默以相对适当的代价取得了此次占山行动的成功。

黑格为了主要的北部袭击，并没有选择普鲁默做指挥，而是选择了经验较少（或许还听话）的第五部队司令高夫将军作为指挥。但令人费解的是，占据梅西纳岭6周后，高夫才开始发起攻势。而这段时间给了德国喘息的机会。德方抓紧时间将他们的防卫专家陆军上校冯·洛斯博格接到了梅西纳，利用地形优势把阵地变成了一个巨大的防守阵地。最终，7月31日，高夫指挥军队发起攻击，但面临的是西线战场上最严密坚固的防守战线。

英方的进攻伴随着空前规模的轰炸开始了。然而英方计划本不切实际，他们并没能完全攻破冯·洛斯博格所布下的防线。而且，一些英军最开始夺得的阵地也被防御军夺回，并落入英军火力攻击范围之外。最重要的是，德军在战略地带格卢维尔特高地上获得了一小块土地，从这里德军可以俯瞰整个战场。不过高夫确实在1.4万码的前线向前推进了3000码——毫无疑问，这样的结果比1916年7月1日那次彻彻底底的失败好太多了。出于方便考虑，山脊战役剩下的部分分为三个阶段——8月阶段、9月阶段和10—11月阶段。

8月是第一个艰难的阶段。雨从7月31日下午开始一直不停地下，持续到整个8月几乎都没有放晴。低地大都成了沼泽。而这并未阻止高夫的步伐。这一个月来，他发起了6次进攻。最后，由于伤亡惨重——死伤了6万名将士，他再难向前推进毫厘。有几次进攻尤其失利，以至于军队几乎无法爬出战壕，更别提发动连续攻击了。终于，黑格行动了。高夫被降级，受命从北部侧攻。普鲁默的第二军接手了看似棘手的格卢维尔特高地。

8月就这样过去了。普鲁默终于等到了适宜的天气，他随即在9月20日、26日以及10月4日先后发起了一系列定点攻击，总共在格卢维尔特高地上前进了4500码。继而帕斯尚尔山脊也遥遥在望了。帕斯尚尔山是高夫在战争刚打响的时候就立下的攻击目标之一。

10月的头几天，雨又开始下，战争也进入第三个阶段。雨水把本就浸透了的战场变成了月球表面般坑洼的泥潭。黑格的军队这时也发现，他们正在进入一块不断缩窄的凸出位置。那里没有足够的空间用来部署枪炮，反倒是把全军置于南部纵向攻击的枪口上了。按照常识，这场战役该结束了，但黑格和高夫都不愿意这样做。更让人惊讶的是，普鲁默也不愿结束战斗。所有的英国指挥官都没来由地放言德军就要走上穷途末路了。各方都觊觎着帕斯尚尔山脊及其周围的草场。战争还在继续。

所以，在10月8日这天，英国装甲军不负所望，再一次于前线集结。只是，他们注定无法取得突破。此前步兵部队在不具备天时地利的情况下勉强作战，虽然时而被逼到匍匐前进，却也慢慢攻取了通往帕斯尚尔山脊的区域。终于，11月10日，帕斯尚尔村被攻获，结束了这场战役。然而，这支时运不济的军队现在发现，自己所处的这片凸出地过于显眼，一旦敌方发起联合反攻，他们肯定难以招架。（在1918年的德国春季进攻中，1917年获得的所有土地都在3天之内失守。）

该行动造成英国27.5万人伤亡，德国人伤亡人数要少很多，只有20万人。它削弱了协约国最大最可靠的军队，并且使黑格无法拥有足够的后备力量来抵挡德军在即将到来的春天发起的猛攻。

1917年在西部战线上还有最后一次闪击战。虽然帕斯尚尔战役已经进入最后阶段，但是黑格组织军队对坎布雷—兴登堡线的一个薄弱的部分进行了攻击。11月20日开始的这次攻击没有什么永久性的收获——30日，德国收复了他们失去的所有土地。然而，这场战斗体现了两种发展前景。第一，坦克被大量使用。尽管过于机械化，不容易持久，但它们在初始阶段确实帮助步兵前进，同时使损失降到最低。第二，而且更重要的是，采用了新型火炮技术。声音检测技术极其精准地定位了敌人的火力点，使英国炮兵连在发起攻击前能够一直隐藏行踪，然后用火炮将德国的枪支化为灰烬。战场上惊喜连连。1918年，炮兵的精确攻击且出其不意，偶尔由坦克协助，这为胜利开辟了道路。

| 第十四章 |

哗变与军队士气

亚历山大·华生

士气与战前的军队

　　1914年之前，领导西方军队的职业军官认为，士气是现代战场上的决定性因素。斐迪南·福煦是一战后期协约国军队的最高统帅。1903年，他曾用最简练的语言表达了自己的理念"战争是士气的战争，胜利是胜者士气的获胜，是败者士气低迷的失败"。他十分重视培养军队英勇的精神。因为第二次布尔战争（1899—1902年）以及日俄战争表明，军队需要巨大的勇气、坚强的意志，最重要的是铁一般的纪律才能穿越战火之地。而由于新型装匣步枪、机关枪、疾射火炮的引入，现在的战场要比过去更加危险。军事专家们主张将士气摆在首要位置，高于作战技术之上。提出这一主张的部分原因，是他们害怕新发明可能会导致军队无法出击，进而给他们带来政治影响并威胁到他们的社会地位。这也是对社会达尔文主义者所谓的社会和政治体制"退化"的焦虑反应。他们还认为，工业化、社会主义以及正在兴起的民主意识正在阻碍人民的成长、毒害人民的思想、弱化差异、削弱士兵的忠诚和坚定。军队最不满意的就是1914年他们所处的社会和政治环境，他们的物资准备不足以迎战他们潜在的敌人，也就是热烈信仰士气的法国和奥匈帝国。一战前几十年的和平岁月里，法、奥两国军队皆"尚武"，与其他好勇斗狠的军队相比，其攻击性有过之而无不及。

第一次世界大战首次战役就揭露了一个血淋淋的事实：在战场上盲目坚信"士气至上"是十分危险的。起初流动作战阶段，所有陆军部队都因盲目坚信士气而遭受了大量人员伤亡，法国和哈布斯堡王朝的陆军更是伤亡惨重。这两国的步兵依然勇敢，且服从指令对敌军发起进攻，但是由于没有详尽缜密的作战计划，还缺少炮兵的支援，他们在敌人的火力攻击之下溃不成军。在8月末，有25万法国士兵或死亡，或受伤，或被俘。奥匈帝国自夏天对塞尔维亚发动战争以后，一直处于损耗状态。在东部战线，奥匈帝国共损失了37.5万人，超过了流动作战部队总人数的五分之一。然而即使最初就造成了灾难性的后果，但战争仍以人们始料不及的方式证明和平时期坚信"士气至上"这一信念的正确性。首先，陆军没能像预测中那样速战速决，战争变成了胶着的持久战。1914年秋天以后，西线军一直寸步难行。而别处的战争仍十分激烈，却无法决定胜负。士兵们面临着各种问题：长期病痛困扰、思乡以及意识到结束战争遥遥无期。在这种僵局之下，士兵们的勇气、决心以及部队培养和保持这些品质的能力，成为决定胜利与否的关键。其次，分散的小队战术在战争中逐渐成熟起来，其目的是打破过于依赖高昂的士气而造成的僵局，但这与战前军队所崇尚的士气有所不同。不同于早期对纪律和服从的强调，这种战术更注重个人意愿、主动性和团队合作，并与可以装载士兵的新型武器相结合，来打破敌人的防御。

训练和纪律

1914年，全面训练普遍被认为是提升士气的基础。欧洲陆战部队素来保持着和平时期至少两年一次征兵的传统，英、美两国则雇用长期服役的士兵。训练能够向军人传授武器的使用技巧和野外作战技术，但其首要目的是培养他们的军人精神，使军队组织严密有序。通过安排紧凑的训练，新兵立即被要求统一遵守纪律。军人的着装和行为都有严格规定，逾规者将会立即受到处罚。在基础训练中的军规是最严厉的，教员不断向士兵灌输服从的思维惯性，士兵们绝不许忘记凌驾于他们之上的绝对权力。军队权威立足一系列可怕至极的惩罚措施：英、德（至1917年）和奥匈帝国经常采取的一项措施是将罪责很轻的违规者捆绑于车轮或大树上数小时。哈布斯堡王朝军队还会使用手铐脚镣，俄国和奥斯曼部队会抽打或鞭打反抗的士兵。情节更严重的则会面临着监禁或苦役。战争的第二阶段，德国军方怀疑有些军人宁愿被关在监狱以求安全，也不愿参与危险的战斗，于是建立了督战队。接受种种惩罚的受害者们都被送往前线执行最艰难且危险的任务。军队处置中针对最严重的违规行为有着最严厉的惩罚，那就是死刑。

表2　死刑1914—1918年

军队	兵员	死刑判决人数	死刑执行人数
德国	13 380 000	150	48
比利时	365 000	220	18
英国	6 147 000	3080	346
法国	8 340 000	2000	约600
奥匈帝国	9 000 000	暂无资料	737
意大利 （1915—1918年）	56 000 000	4028	729

训练与纪律，尽管这是两项确保军队服从命令的重要手段，但也受到战争条件的影响。为了保持前线兵力，新兵只能训练两三个月。即使是在和平时期，这么短的时间也不足以让新兵完全内化军队的严格纪律。甚至以德军为首的一些侧重战术创新的军队，在战争进入后半段前，已经将重心从训练转移到提高军队的主动性以及使用武器的熟练度。而一些依靠惩罚制度激励士兵的军队依旧保持一贯作风。如意大利军队——纪律最残暴的军队之一，每17个士兵中就有一人因违纪而受到纪律处分，然而即使这样严苛的军队，也慎用死刑。一战时意军共枪毙了729名士兵，只占服役士兵的万分之一。其他军队相应地更少动用死刑，这表明，尽管那些已执行的处决被广泛宣传以最大限度地发挥其威慑作用，但是担心自己被军队处决并不能增强战斗的士气。此外，在战争期间，大多数军队的纪律都会变松而非变严。此间，英军和法军死刑的定罪率逐年降低。奥匈帝国同样如此，战争第一年，奥匈帝国共处决了268名士兵，但在最后一年，除了地方性出现的逃兵，只有143名士兵被处死，只比之前的一半略多一点。1917年，奥匈帝国和德军都减轻了部分刑罚。与此同时，俄国明显走了另外一条道路：脱胎于沙俄军队的红军，在1917—1922年的内战中迅速因铁律如山而家喻户晓。

军事忠诚

军队不仅是为了压迫士兵，更重要的是培养他们的忍耐力，培养他们作为军人的自豪感和身份认同感。一位值得信赖的指挥官会激发士兵们的斗志。1914年，陆军元帅保罗·冯·兴登堡在坦能堡战胜俄国后，成为德国民族英雄，这提供了第一次世界大战中最好的例证。以奖励和晋升激励士兵奋勇杀敌；哈布斯堡王朝军队尤为慷慨，截至1917年发放了300多万枚奖牌。在凝聚和激励士兵方面，更重要的是培养军队忠诚。军团不仅是军队的战术或行政分队，他们是具有历史血统、传奇和特定风俗的军事社区。军人穿着整齐，在代表他们的方阵里面行进，并且被告诫要维护由先辈以勇气为军团赢得的荣誉。在战前，英国正规军不遗余力地发扬这种团队精神，将军队忠诚转变为长期服役士兵的一种"宗教信仰"。战时士兵也很认同他们的军团，尽管通常来说，这并非因为军团对过去军旅生涯的美化，更多的是因为士兵出身之间的联系。除了奥斯曼帝国的所有大国都按地区划分招募新兵。大陆地区的军团通常具有地区上的联系，而英国的军队则以他们所征新兵的郡名命名，至少在名义上是这样的。一些英国军队确实非常本地化：战时"伙伴营"的成员来自同一街道、协会或者企业。区域同质性有助于提升士气，因为它将士兵聚集在一起。他们不仅说同一种方言，共享当地文化，而且还在捍卫同样狭义意义上的"家园"，它将当地社区变成了战场上的战斗部队。

军事一体化也严重依赖于人际关系。士兵与他的小队或部门人员之间的关系，10~15人不等，他们一起吃饭、睡觉、工作、训练和战斗，他们关系的好坏对士气影响极大。这些小分队为他们的成员提供情感支持和安全感，使他们保持紧张状态，并强制服从。害怕令"好朋友"或"同志"失望的情感往往比惩罚更有效。这种整合方法在一种情况下效果不佳，就是当士兵和互相排斥的少数民族聚集在一起时，同伴的压力会向另一个方向发展，引发违纪。德国军队在战争的第一年发现，波兰人经常被孤立——特别是集中在同一军队时。奥匈帝国人担心他们的捷克士兵也会出现类似的情况，特别是在1915年春两个军团向俄国集体投降之后。对罗马尼亚、鲁塞尼亚和一些南斯拉夫人军队，这样的疑虑也越来越多。因此，哈布斯堡王朝的军队在1917年进行了重组，以便打乱士兵的国籍。这破坏了凝聚力，阻碍了基于小团体基础和团队合作的新战术的引入，因为士兵经常需要与他们几乎无法沟通的同志一起完成任务。不过，这也减少了叛乱，帮助部队在一年半的战争中幸存下来。这些由不同国籍军人组成的部队的另一个问题是他们易受伤亡。虽然可以整合替补队员并且待伤病员在恢复后返回，但是非常激烈的战斗可能会使整个小队或军团覆灭。例如，在1916年7—11月的短短4个月内，英国在索姆河战役中作战的部队，平均失去了70%～85%的步兵。因此，在最需要他们的时候，连接紧密的前线小组却很快就被摧毁了。

另一个对军队士气具有重大影响的就是，士兵之间以及士兵与其长官之间的关系。年轻的军官带领战士们战场杀敌，士兵们期望他们有战术技巧和过人的勇气。然而，在1914—1918年战争期间，军队大部分的时间都在休息、劳动和训练，或者是在进行低强度的堑壕战。因此，军官们的工作内容更多涉及了关心下属。试尝他们的伙食，关心他们的身体，并组织士兵保持营舍卫生，这些都是排长或连长的职责。他们的认真负责与否会在很大程度上影响士兵们的士气、纪律和健康。一个集体的领导者如果做事高效，并且关心下属，那么这个集体的士兵们甚至连患精神疾病的概率都会变小。战前的军官们一般是上层阶级的新入伍者，一部分原因来自势利的思想，但另一部分原因是这种候选人所受到的家长式管理和爱国式的教育。只有法国的军队，一个中产阶级占主导的团体，为很大一部分现役军人出身中产阶级。1914年，极其严重并且快速增长的军官伤亡迫使所有的军队降低了对战时任命军官的社会阶级标准，并且严重依赖将后备军官输送至前线。英国军队，以上层阶级的习惯训练战时工人阶级以及中产阶层下层的新入伍者，成功地保留了上层阶级的家长式管理。法国的初级军官也表现得尽职尽责。德国军队则更严格地坚持社会排他性，设法在很大程度上保持了良好的前线同级间的关系。而在后方，口粮严重短缺，士兵对上级有更好的口粮和工资怨声载道。相比其他国家的同级别职业军官而言，奥匈帝国的储备军官通常语言技能不精，使得他们与多国籍士兵组成的部队疏远了。俄国军官名声最差。在和平时期，俄国曾是在欧洲社会上最排他的军队，家长式管理方面也声名狼藉。随着学生、富农以及有一技之长的工人参军打仗，军队的构成有了很大的改变，但是阶级间的关系仍然很紧张，这也是军队疲弱的主要原因。

组织性保障

由年轻军官领导的战斗部队的适应能力，主要取决于后勤保障是否到位，以及军事集团的人事管理能力。士兵不仅依靠军队提供武器和弹药，还有他们的基本生存需求：比如食物、衣物、休息场地等。位于欧洲西侧的协约国，因其财富积累和世界市场的便利，在这方面优势巨大。战争后期，由于受到了封锁，同盟国士兵缺乏物资，士气低迷。食物对他们来说至关重要。等到1917年，德国士兵担忧，在食不果腹的情况下，他们如何打赢这场战争。奥匈帝国的军队在战争末期时饥肠辘辘，这使士兵软弱无力，精神萎靡，毫无斗志。服装是另一个刚需，也十分匮乏。衣物不仅可以保护士兵免受环境的影响，还能显示士兵们的军人身份。军服越来越破烂，士兵们的健康每况愈下，作为军人的荣耀感也渐渐消耗殆尽。1918年10月，一位衣衫褴褛的哈布斯堡王朝士兵抱怨道："比起英雄，我们更像是乞丐。"为了增强士兵的耐力以及减少前线伤亡，规律的休息也十分重要。德军很晚才认识到经常轮换部队的好处。1916年凡尔登战役，德军只有当溃败到无法控制战线时才撤出军队。而法军则经常轮换部队，保护有生力量，以便随时可以重建军团。不光是休整的频率，休整的质量也十分重要。英国军队在大洋一角驻军数十年，其技能得到了磨炼，尤其擅长为士兵举行娱乐活动。运动会、球赛、马术表演、看电影、海边远足以及无处不在的音乐会都有助于避免部队无聊或陷入阴郁情绪。

公民士兵

参与第一次世界大战的都是公民士兵，他们仍最忠诚于平民百姓。服兵役向来是一种民众责任，整个欧洲也觉得这种观念理所当然，即便是在专制的俄国也一样。士兵对军队权威的服从是暂时的和有条件的，尽管比较模糊，但它最终来自他们对社会、国家和他们所奋斗的事业的承诺。1914年，战争双方的公众舆论都认为这场战争是一场正义的保卫战。但超出战争目标的惨重损失、伤亡以及争议渐渐动摇了这种共识。腐朽的政权渐渐开始丧失民心。自从1905—1906年爆发的革命失败之后，本身就风雨飘摇的专制沙皇，尤其容易受到由资源掠夺和军事失败引发的愤怒和幻灭情绪的影响。家庭在保持士兵和战争事业的联系方面起了至关重要的作用。对许多在前线冲锋的战士们来说，他们的亲人就是自己要保护的整个社会。这种家庭与前线战士的紧密联系，使得士兵时刻保持斗志。例如，法国士兵在战争期间收发信件的数量高达100亿封。战士们也渴望离开战场与心爱之人相聚。家人们往往会向战场上寄一些自家烘焙的食物、衣服以及值钱物件，表达他们对士兵的关爱和感激。1917年，每周都有超过100万个这样的包裹抵达西部前线的英国军队。这些信件和礼物有力地提醒士兵他们负有捍卫国家的使命；相反，在战争后期，德国以及奥匈帝国的士兵不断收到家人寄来的表达绝望或者担忧的信件——这些信件逐渐动摇了他们对领导者的信心，并开始质疑继续战斗的意义。

军队最初的准备不足以塑造军队的意识形态动机，在和平时期，欧洲的武装部队自诩为"民族学院"，专门教导军人服从命令，热爱祖国。然而，独立于民间社团和政治政党之外的职业官员并不适合这项工作。战争时期，早期的军事宣传更倾向于依赖军队牧师的布道活动开展。然而，1917年的俄国二月革命是个转折点，这场革命揭示了忽视群众会有多么可怕的后果，并引发了战争中的另一个危机：意识形态危机。革命政权之所以迅速在部队中引进了一套现代化的政治教育运动，是因为他们意识到，士兵是军队的关键组成部分，可借此作为影响俄罗斯人民的渠道。早在1917年夏天，一个"中央社会政治启蒙委员会"就在培训讲师，给部队安排会谈，并编制关于军队士气的日常报告。作为俄国的政治对头，德国也悄然效仿，并于1917年7月公布了"爱国主义教育"计划。各级指挥官也大肆宣传，旨在教导士兵"不可受敌方诱惑而妥协求和"。他们的方法也成熟老到，不惜代价也要查明并解决军人们所伤心忧虑之事。很快，他们就意识到，寓谈于乐最容易引人共鸣。电影也成了化解逆反心理的新媒介。很快就有了效仿者，其他军队也开始关注自己士兵的疲惫，并越来越多地使用进攻性宣传来激发部队的士气。1918年1月，意大利军队因上一年秋天在卡波雷托的失败而很清醒，于1918年1月建立了宣传办公室。3月，奥匈帝国与英国军队也成立了自己的宣传机构。就连美国也成立了自己的士气部门，开始在每年秋季进行露营训练。虽然这种种举措大都太过有限且为时已晚，并无太大作用了，然而，它们的存在，就像适度的惩罚一样，表明了军队对士气的重视程度的提高。大部分军队最终意识到，想让公民士兵配合，不是只下达一条命令就能解决的，关键是要建立一种新的可解释的，甚至是可以协商的纪律条文，这样才能有效地让士兵信服并遵守，提高军队的战斗力。

违纪

在战场上，军纪实际上不只是长官下达命令，其执行结果还要看士兵接受的程度和意愿。甚至在1914年，长官下令战斗到最后，几乎都没人听从。士兵的所作所为，通常位于绝对服从和完全叛变之间的一大片灰色区域——部分服从。个体可能会推卸令人不快的任务，装病告假，或在战斗中迅速寻求掩护，"互放彼此一条生路"。休战期间，战火仍在继续，但双方都尽量不杀害任何人，也不故意得罪别人。敌对双方甚至偶尔如兄弟般友善，最为著名的是在1914年圣诞节。尽管协约国是严格禁止这种做法的，但在1917年春，怀着加速瓦解俄国革命军的企图，德国指挥官在东部战线却鼓励这种做法。然而，很少有士兵公然蔑视军队权威。几乎没有人能从前线退下来，这也不被看作是明智之举。自残不仅意味着终身残疾，还会受到军队的严惩。例如，在奥匈帝国，曾有129名士兵因自残而被处决。无论是临时的还是永久的逃跑，在战区通常都并不诱人。由于其所涉及的距离遥远，以及有部署在铁路线后和火车站的宪兵，逃跑的概率是极小的。惩罚极其严厉，不仅包括军队的处罚，还有其他士兵的排斥以及社会对其家庭的指责。在西部，几乎没有士兵试图逃跑。只有31 405名英国士兵和5万名德国士兵曾擅离职守或逃跑——占每个军队士兵总数的不到0.5%。即使是意大利军队，其在战争最后一年，依靠少而严厉的纪律来激励士兵，也因此造成糟糕的战绩而付出了沉重代价，但它也维持了这一最低限度的服从。该军队记录有162 563名逃兵，小于其士兵总数的3%。

尽管如此，即便大多数战争逃兵率并不高，但它的确反映出士气的波动。1917年军队状况很差（当时人员伤亡达1700万，仍然看不到和平的希望），逃亡率在欧洲军队激增。德军逃兵率翻了3倍，在比利时军队中翻了不止4倍。二月革命后，俄军逃亡率增加了5倍。只有英国远征军未受此影响。个体违纪行为人数上升，随之而来的是集体违纪现象的出现。冲突引起的最惊天动地的哗变发生在俄国首都彼得格勒，彼得格勒卫戍队倒戈加入示威群众当中，是二月革命成功的重要因素。纪律约束一旦遭到破坏，就再也无法在沙皇的军队中得到复原了。彼得格勒苏维埃一号法令成立了民主士兵委员会，与其说这是明确协商在指令与执行关系中地位的尝试，不如说这是赋予士兵反抗军官的权利。此举有助首都恢复安定，使前线不再发生暴乱。但是它削弱了权威，必定也摧毁了军队的战斗力。

在其他军队，1917年的反抗更加温和，而且也只发生在战区。1917年3月与7月，两支意大利军队发生叛变。9月，英国军队斯台普斯的训练营发生暴乱。德国战斗部队在整个夏末和秋季都受到小规模的恐慌和起义的困扰。这些骚乱规模有限，而且是因为士兵疲劳以及对恶劣条件的不满，并不是为了更加野心勃勃的政治目标。然而，士兵们士气低迷可能会导致严重的后果。在秋季的卡波雷托战役中，在德国与奥匈帝国的双重袭击下，意大利军队溃不成军。有28万意大利士兵选择投降，35万落荒而逃，还有1万人牺牲。法国军队经历了大战中最严重的前线士兵的叛变。

1917年4—6月，共有近一半师的4万名士兵哗变。一些士兵拒绝上前线作战，其他人同意赶往前线但不再准备进攻。高级指挥官试图将士兵的违纪归咎于后方颠覆，但是真实原因却是对休假不足、口粮劣质，以及对家庭的担忧。除此之外，还有最重要的一点，对军队领导层的进攻策略感到失望，这一不满则在"贵妇小径"的大溃败中达到高潮。最终，与俄国农民士兵与其国家疏远形成鲜明对比的是，这些叛变体现了源于法国共和体制的强大韧性。法国士兵想要和平，但当务之急仍然是将德国军队驱逐出他们的国土。军队进行了血腥镇压来重塑权威，以儆效尤——554名逃兵被判死刑。但实际上，只有49名被杀，其他人则通过私下商议服役条件后重新编制入伍。一旦自毁性进攻停止，军人生活条件得到改善，法国军人就做好了进一步牺牲的准备。

海军哗变

海军的违纪行为从1917年开始增加，这些表现比陆军违纪更有组织性，也更为激进。在和平时代，战舰和巡洋舰一直是舰队的骄傲，但这些军舰却更易受兵变之害。原因是：第一，这些士兵中的大多数来自城市工人阶级，这使得他们自身带有工业文化下的阶级凝聚力及集体行动特性。而相较而言，大多数陆军成员多为贫农。第二，大型战船很少投入实战中，这些战船长时间停在港口，这使得水兵们感到自己参军并无意义，也给了他们机会聚在一起互诉不满并策划反抗。第三，阶级之间通常是相互有敌意的，这在中欧和东欧舰队中更为明显。海军军官很少使用类似陆军中的"家长式管理"。海军的伙食比陆军士兵的还要差，这导致他们更加埋怨长官有更加优厚的休假津贴，抱怨上级因陆上粮食短缺而拒绝为海军改善伙食。因此当反抗爆发时，才如此暴烈。在俄国喀琅施塔得海军基地1917年2月的革命中，士兵因不满纪律的严苛，愤怒和政治上的矛盾被激化，士兵用刺刀杀死了指挥官并以私刑处死了其他军官。一年后，奥匈帝国的海军士兵们控制了停在卡塔罗港口的装甲巡洋舰。他们杀死了一名军官，威胁如果哪艘船只没有悬挂红旗，他们就会立即发起攻击，他们要求立即无条件实现和平，要求政治民主化和民族自决。因其不能将反抗势力扩散到港口之外，他们与岸上的军队展开了紧张的48小时的僵持战，并最终被制伏，4名反叛者随后被处决。

海军哗变可能对战争结果造成极大威胁，这在著名的战争中得到了有力的证明：1918年10月底德国公海舰队起义，德国水手和俄罗斯、奥匈帝国的士兵一样，缺乏士气，厌倦战争并痛恨他们的指挥官。他们对1917年夏天的早期罢工和对主力舰上的抗议活动受到了镇压、两个水兵被处决而耿耿于怀。叛变的导火索是德国最高海军指挥决定攻击英国。对水手而言，这是毫无意义的自杀；德国和美国政府自当月初就一直在进行协商，人们满心期待着即将到来的和平。起初，人们的抵抗只是为了阻止战争行动。然而，在叛乱船只被转移到基尔且当局打算实施处罚时，抗议者制定了更激进的目标。其他军团的平民工人和军人与顽抗的水手一起煽动革命，革命迅速席卷德国。1918年11月9日，革命之火烧到柏林并推翻了德皇政权。

崩溃

在国内，正如俄国和德国政变证明的那样，陆军和海军叛乱可以在政权更迭中发挥关键作用。然而，在前线，军队在整合和强制士兵方面的作用也很显著，违纪行为基本不会给军队带来致命的打击。例如，在1918年底，奥匈帝国和奥斯曼帝国的军队都衣衫褴褛，饥肠辘辘，意志消沉。两个国家都有大量的逃兵：在战争结束时，有25万人从哈布斯堡王朝军队中潜逃，近50万人从奥斯曼帝国盟国军队逃跑。可是，大部分士兵是在休假时逃亡或者是在铁路运输中和前往前线的行军营中逃亡。战区的监督更加有效，部队依靠军队获得供给，成千上万的人仍然处于备战状态。兵变大部分只限于大后方。1918年夏天，奥匈帝国国家卫戍部队遭遇了一连串暴动，这些反抗通常是由俄国激进的前战俘发起的。然而在前线，直到10月底，哈布斯堡王朝完全瓦解的时候，才出现了严重的集体违纪行为。尽管如此，低落的士气影响还是很大：制度约束可能会使军队坚守各自岗位，但无力在军队中阻止疲惫和绝望导致的士气低落的蔓延。所有同盟国军队在最后几个月的敌对行动中，军队作战表现都非常糟糕。

造成全军溃败的原因不是哗变而是低落的士气。德国军队在西部前线的惨败，为这一点提供了最戏剧化也最有力的例证。1918年，德国军队和其盟国军队一样，交通线路上出现了严重的士兵逃跑现象。被德军视为胜利最后机会的春季进攻失利，征兵的运输部队频繁抵达法国，但他们的补给被削减了20%。在前线，疲惫、消沉、渴望和平的情绪日益增长，尤其是从7月中旬开始，法国和英国得到了美国大量新增兵力的支援，发动了最后一场压倒性的反击。直到战斗的最后几周，德军才出现大规模的士兵叛逃，但战斗热情之前已经急剧下降。士气低落的士兵不是反叛，而多是在他们疲惫不堪的年轻长官的带领之下集体投降。在战争的最后4个月，共有38.5万人投降，比之前4年被俘的人数总和还要多。史无前例的投降浪潮，使得协约国的进攻迅速向前推进，这又反过来加速了投降。当德国的军队退回他们自己的边境的时候，低落的士气在前线士兵和军官中层层蔓延。9月底，最高指挥部也乱了阵脚。军队指挥官抱怨再也不能鼓舞士气，宣布战争失败，并说服德意志帝国政府立即开展停战谈判。德国军队对胜利的渴望被彻底粉碎，只想赶快迎接和平的到来。

结论

士气对于第一次世界大战的持久度和最终结果都有着极为重要的影响。尽管在和平时期军事专家预测出来士气的决定性影响，但他们对于战争到底需要多高的士气仍然不甚了解。正如早期作战的血泪教训表明，他们绝对服从的信念不足以抵抗现代武器。部队需要韧性、决心、主动性以及团队协作才能在1914—1918年这场残酷的持久战中有效作战。为满足这些需求，最成功的部队把严格的无条件服从折中成为更灵活的纪律，妥协使得原则不那么容易被打破。军队通过审查士兵的包裹来探知本国士兵心系何物，探索在保持权威的同时满足士兵需求的办法。在战争的决胜期，军队甚至会对进一步牺牲做出解释，来增强战争的合理性，这种合理性是有条件的，并且植根于战争时期军队对社会、国家和事业的贡献。结果证明，他们确实是适合作战的、相当强劲的军队。

尽管如此，自1917年开始的分裂迹象表明，士气并不能决定一切，尤其对欧洲东部和中部来说。国家物资的短缺和战争正义的幻灭使不满和逃跑现象加剧。俄国革命表明，国内兵变和国内反抗势力一旦联合起来，可能会对政权造成致命威胁。恶劣的服役环境和腐朽的军队内部等级关系，使海军处于最有可能集体叛变的危险地带。在前线，军规比士气更加容易维持。在战争的最后几天，更严密的监督和整合遏制了大部分严重的集体违纪趋向，但是同盟国却不能消除士兵中的冷漠、疲惫和绝望。按照福煦的说法，低迷的士气摧毁了军队作战的热情，消磨了军队的战斗力，也因此注定失败。

| 第十五章 |

战争目的与和平谈判

大卫·史蒂文森

　　普鲁士军事理论学家卡尔·冯·克劳塞维茨有一个著名的观点，即"从其他的角度来讲，战争其实是一种政治工具，也是政治活动以另一种形式的延续"。本章内容将会从这一角度出发，再次回顾第一次世界大战。本章内容将通过分析此次战争双方的目的：即他们打算使敌人陷入何种境地，进而从政治角度集中讨论这次战争双方斗争的原因。双方目标相互冲突，使得任何企图通过谈判来获取和平的努力都变成了徒劳。即使到后来，战争变得比1914年任何国家政府所预期的更加持久，花销更大。这种从政治角度来揭示战争核心原因的方法只是众多方法中的一种，但它确实是最有启发性的。战争目的与和平谈判的历史，为我们了解军事行动提供了更好的背景。接下来将分为三个部分论述：1914—1917年初同盟国与协约国的战争目标的发展变化；1917年通过协商实现和平的努力失败；1918结束战争的决定。

德国的战争目标

相关档案的解禁，改变了我们对战争时期的外交政策的认知，现已有大量的资料可供查阅。但还是弗利茨·费舍尔教授那本开拓性的书——《德国在一战中的目标》开启了这个话题。尽管遭到了批判，但这本书仍是所有后续讨论的起点。

费舍尔认为"德国战争目标"整体上前后一致，并得到了德国社会大多数和几乎所有政治阶层的支持。这两个说法都是有理由的。很显然，德国人在很严肃地看待他们的战争目标。他们没有仔细审视目标就开始了敌对行动，甚而妄图牵制法国和俄国，使他们为了保证在欧洲大陆的安全而无暇顾及其他，并以此来为自己的对外侵略扩张创造更多的机会。就在短短的几天内，审议就在总理西奥博尔德·冯·贝特曼·霍尔维格的办公室开始进行了。很快，相关的部委就制订了一连串的规划，开展定期的高层会议和更广泛的公开辩论活动。

费舍尔最轰动的成果叫作"九月计划"，总理贝特曼在1914年9月9日批准了这项计划。这项计划中阐明了这场战争的总体目标，即保证德意志帝国在西部和东部一直处于安全状态。这项计划还设想，在西部战线上，卢森堡将会被德国所吞并，比利时也会沦为德国的附属国，即"在避免国内政治动乱的情况下实现兼并"。德国会将列日（海军部门后来提议的）以及布鲁日—奥斯坦德—泽布鲁日三角区作为海军基地。比利时其他地区也将被一直占领，且将加入德意志的货币和关税联盟体系，其铁路运输也将会被德国所控制。至于法国，主要的吞并部分将会是布里埃—龙韦盆地，其铁矿产量占据法国总产量的十分之九。另一方面，尽管法国可以支付一笔沉重的赔偿金，以阻止德国再次发起进攻，但条件是法国与盟友割裂并单独与德国议和，则它的赔偿金会得到相应的减免。如果不这样做，那么法国将面临更严重的赔偿。极有可能的是，包括北部的煤田和海峡港口在内的地区也将被德国所控制。

虽然到了1917年德国有意使目标更为温和，但是德国在"九月计划"制订的针对西部的目标在战争中相对保持了前后一致。帝国殖民部又推行了第二个野心计划，即将中非地区一个连通东西海岸的殖民地从法国和比利时的手中瓜分过来。第三个野心计划则是派遣海军分别开往地中海、大西洋和印度洋基地，与佛兰德斯据点相结合——这将会威胁到大英帝国的通信系统。然而，德国接下来的两个目的却与此前的不甚一致。第一个目标也是初步的经济目标，是中欧计划，这是一个关税同盟，涵盖了欧洲的中西部。此举意在巩固"九月计划"中德国对中欧的经济统治地位。贝特曼认为，这一举措主要是另一种政治上控制德国邻国的手段。而德国商业界却认为如果这意味着隔绝外部市场，那么它并无价值可言。在随后的战争中，随着协约国封锁的加强，重新在世界贸易中获得一席之地成了至关重要的商业目标。德国将中欧计划作为一个保密的军事协议，同时也是与奥地利互通特惠关税的协议。但是，奥地利过分谨慎的态度阻碍了这一计划的实现。

最后是东欧。虽然在"九月计划"中德国设想"俄国最好节节败退……而且俄国对非俄罗斯附庸民族的控制将被打破"，但是德国在东欧地区的目标迟迟没有实现，直到1915年期间德国和奥匈帝国才占领了俄属波兰。战前东部的这三个帝国在控制波兰的问题上有着共同的利益，但是此时波兰归属权不仅会使俄国与同盟国决裂，还会使奥匈帝国与德国决裂。起初，贝特曼同意将俄属波兰并入哈布斯堡王朝，以换取后者接受中欧计划中的经济和安全关系，但是1916年夏天的布鲁西洛夫攻势凸显了依靠哈布斯堡王朝是十分危险的。于是德国最终决定，俄属波兰应该在名义上独立，但是要与德国结成货币和关税同盟，并由德国控制，这样的结果远远超出了比利时方案的预期。波罗的海沿岸的库尔兰省和利沃尼亚省也同样在名义上独立并接受德国政府的间接控制。1917年，这一方案被应用于乌克兰。

尽管德国的目的一直都在于抵抗西方列强，但是此时的东部战场却在德军不断进攻下开始扩大。战争目标不具体并且经常处于争论之中，也就没有必要设置强制性不可协商的要求。贝特曼把"九月计划"当作德军驻扎西部的"临时计划"，而随着德军逼近巴黎，这一计划似乎胜利在望。然而3个月后他就认同了新任总指挥埃里希·冯·法金汉的观点——想要完全战胜所有协约国成员是完全不可能的；而与这些强大的敌人长期对峙的话，德军就会显出疲态。贝特曼认为从现在起主要的目标是努力分裂敌方联盟，为此，他和法金汉不打算设立什么明确具体的目标。他们都认为最有希望的目标就是俄国，因为1915年德国对其做出过和平试探，而攻打俄属波兰和巴尔干地区也是为了迫使其做出回应。德国人起初只打算吞并波兰疆域的边疆地带，（然而，这里的斯拉夫人和犹太人将被消灭），而1916年后他们目标的东移也证明，俄国的反应并没有使他们满意。同样，他们也希望凡尔登战役能迫使法国投降。但到1916年末为止，俄国和法国都没做出回应。法金汉的继任者保罗·冯·兴登堡和埃里希·鲁登道夫则认为，德国不需要做出让步。但受奥匈帝国的激励，并且考虑到了以后可能会和美国展开潜艇战，贝特曼获批在12月做联合声明，表示同盟国愿意提出和平协议，但如果协约国对起初的和平试探做出回应，他也提供不了什么承诺，不过实际上协约国愤慨地拒绝了同盟国的和平协议。

德国政府在先实现战争目标规划还是先分裂协约国之间摇摆不定。德国并不愿意接收大批他国人口，所以德国希望能借助缓冲国以及经济主导权来实现本国扩张，并在此基础上实现其欧洲霸权。在公众面前，德国当局声称自己的目标是维护"安全"以及提供"保障"，而从不将真正的目的宣称于世。尽管如此，德国国内还是有大批强大势力想要求取帝国间的和解，其中包括德意志帝国议会中的右翼和中心人物，许多重工业、农业代表、知识分子精英以及威廉二世本人。

协约国的战争目标与凝聚力

如果贝特曼想要分裂协约国，他们必然会团结一致。冲突中存在的主要问题成为国际联盟的通病。早在1914年之前，德国就已经感觉到自己处于俄、英、法协约国三方组成的包围圈中，所以德国开战的部分原因也在于想要分裂三方联盟。协约国也意识到了，如果放任德国行动，就会打破相对独立的三方平衡，所以三国在1914年9月签订的《伦敦公约》中决定不再单独和解或单方面谈判。两方联盟存在根本区别，即德国是同盟国中最强大的一国，如果德国想要和解，那么其他盟友必将效仿。但在协约国之中，英、法、俄三国势均力敌，且目标都直指粉碎同盟国的阴谋。

英国对欧洲以外国家的目标是确定的，但对欧洲国家内部的目标是不确定的。它认为，战败的德国将失去舰队和殖民地——它们对于英国的航道及海外领土是极大的威胁。但对于其他欧洲国家，英国的一个明确承诺是，恢复比利时战前的独立和完整。除此以外，英国领导人在经济上不想太过压制德国（因为他们意识到德国作为贸易伙伴的重要性），抑或是苛求数量极高的赔款；在战略上，他们也不想过分削弱德国而让法国和俄国渔翁得利。英国希望这种民主化的处理方式使德国维持统一，并约束其行为。德国自身的战败也足以说明侵略是得不偿失的。法国人则更为激进，他们立刻投身于收复阿尔萨斯—洛林的战争中。此地区失守于1871年普法战争，是法国铁矿石、磷酸盐、钢铁的重要来源，也是莱茵河的边界，寄托着法国人深深的爱国之情。他们希望，战后比利时和卢森堡能同意建立关税联盟和开展安全合作。法国在1916年6月举办了巴黎经济会议。此次会议原则上通过了一系列措施，以便把协约国统一成一个经济联合体。而且1917年2—3月，法国与沙皇尼古拉二世秘密协定（《杜梅格协议》），同意俄国在波兰问题上的要求，以换取俄国放弃莱茵河左岸管辖权。莱茵河左岸的国家，将在法国统治之下分为多个缓冲国，大部分萨尔河煤田会连同洛林一起被兼并；而除了德国的战败国则缴付赔款，解除武装。英、法的主要敌人始终是德国，但对俄国来说，奥匈帝国和奥斯曼土耳其也几乎是同样程度的敌手。1914年，英、法、俄三国宣告，他们将收回波兰主权并收回波兰人居住的所有地区（包括从德国收回波兹南，从奥地利收回加利西亚）。但除此之外，他们没有再发起针对德国或是奥匈帝国的行动，不久，他们便遭受了重大军事失利，计划也因此暂时陷入搁置状态。

1914—1917年，协约国缔结了各种条约以吸引新的伙伴，同时留住同一战线的盟国。其间，他们通过提高德国分离附属国的难度，从而进一步使其与同盟国的和平进程复杂化。日本于1914年8月参战，协约国承诺认可其对中国胶州半岛和对德国太平洋岛屿的主权。意大利也于1915年5月与英国进行谈判，签署了《伦敦条约》。该条约承诺，它将会得到哈布斯堡王朝在特伦蒂诺、南蒂罗尔、伊斯特里亚以及达尔马提亚的领土。罗马尼亚在1916年8月参战，作为回报，它也将得到奥匈帝国的利益。另一个使事情变得更加复杂的因素是土耳其的介入。俄国想得到君士坦丁堡和博斯普鲁斯的亚洲海岸，英、法两国在1915年3—4月签署的《海峡协定》中承认了这一点。1916年6月阿拉伯起义之前，在开罗的英国高级专员与麦加的谢里夫间来往的"侯赛因—麦克马洪信函"中，英国承认阿拉伯独立，而起义的势头则加速了与巴黎签订协议的进程。1916年5月签署的《赛克斯-皮科协定》圈画出了对土耳其位于亚洲领土的控制和影响范围，确立了英国在美索不达米亚的统治地位，以及法国在叙利亚和黎巴嫩的统治地位。1916—1917年进一步确立了俄国在土耳其亚美尼亚和意大利在小亚细亚南部的主导地位。普遍意义来说，1916年6月，在巴黎经济会议上，协约国同意战后对德国商业区别对待，但是要尽可能地做到协约国自身的自给自足。最终，在1917年1月10日，美国总统邀请两个阵营对战争目的进行陈述（贝特曼秘密做了回复），而协约国公开明确了他们的目标，如果不是有意扰乱视听的话，那这个目标的精确性是前所未有的。

对比双方的阵营，冲突的焦点显而易见。英国和德国在比利时以及殖民地的问题上产生冲突；法国和德国就阿尔萨斯—洛林和莱茵相持不下；俄国和同盟国争着要统治波兰；奥匈帝国和意大利也在争抢阿尔卑斯山脉以及亚得里亚海；德国和法国对待关税同盟的政策相互冲突。但是，1914—1916年，几乎没有任何和平试探能够取得实质性的进展。德国希望分裂协约国，但因协约国团结一致而未能实现。对战争目标的外交僵局和海陆的战略僵局，使德国四面楚歌。无论是折中妥协，还是诉诸武力，又或者是革命，都无法结束战争：参战人员和后方群众始终在坚持。从第一次伊普尔战役到推翻尼古拉二世，三足鼎立是当时世界的主要格局。

1917年的和平倡议

在这个僵局中，1917年的最大变动是国内战线的凝聚力。沙皇下台，现有秩序受到了更大的挑战，此外还有德国和英国的工人罢工、意大利的暴乱以及法国的军队哗变。然而，东欧的交战国，俄国和奥匈帝国的局势最为紧张。1917年成为尝试通过谈判解决骚乱的高潮。然而，他们未能实质性动摇任何一方的战争目的。另外一个重大变化是美国的介入，这使僵局更为紧张并延长了战争的时间。

沙皇俄国和奥匈帝国的领导集团都发生了变动，奥匈帝国弗朗茨·约瑟夫皇帝辞世，卡尔大帝登基，新外交大臣奥拓卡尔·切尔宁上任的同时，俄国临时政府诞生。二元君主制中的民族分离主义势头越来越强，城市的供给不足，于是，卡尔大帝和切尔宁急切想要恢复和平。卡尔在盟国和外交大臣都不知情的情况下，秘密通过波旁家族的西斯托王子与法国联络，并且偷偷写信支持法国对于阿尔萨斯—洛林的"正义之战"。法国和英国与奥匈帝国不存在领土纷争，对奥匈帝国的提议十分心动，但是他们又不能抛弃意大利。不管怎样，卡尔想要一个总体的和平，而不是单独的和平。他既不愿意抛弃德国，又不能够说服贝特曼妥协，相反，这位德国总理尽管仍想尽办法分裂他的对手们，却被兴登堡和鲁登道夫所诟病，这便使他的目标更加难以实现。即使7月德意志帝国会议通过了一项"和平决议"，谴责合并和索赔的行为，但这项决议的起草者并没有把德国的自治缓冲国算在内。与此同时，由于和平决议的通过，贝特曼被迫卸职，但继任者乔治·米凯利斯是最高指挥部而不是立法机关的候选人。米凯利斯只以"他理解的方式"接受了和平解决方案。

俄国在协约国内部施加的压力几乎没什么效果。与卡尔和切尔宁一样，临时政府也从单独媾和中退出。埃茨贝格尔·考利施科在3—4月期间与德国的对话基本没取得什么成果，因为德国似乎想以波兰和波罗的海沿岸地区作为交换。政府提倡盟国之间召开战争目标会议，但遭到英、法拒绝后，此倡议也无疾而终。对俄国的盟友来说，更危险的是有人提议在斯德哥尔摩召开社会主义政党会议，彼得格勒苏维埃强烈支持该提议。虽然这个倡议前景迷茫，但它却有可能激励法国和英国的左派。反对妥协的人依然存在，法国众议院在6月通过的杜蒙决议，与德国一样，对否认兼并含糊其词。

如果底层不对推进和平施加压力，那么政府间的交流也不会有什么成果，秋季的协商就已经证明了这一点。事件的起源是教皇本笃十五世提出的倡议，他主张要充分了解战前状况，然后得出解决方案。尽管双方都拒绝他的主张，但英国通过梵蒂冈弄清了德国对比利时的立场。在此期间，奥地利与法国举行会谈（阿莫得-莱沃特拉对话）的消息传到了德国：如果奥地利放弃它的盟友，法国将会为其提供德国的土地。德国外交大臣理查德·冯·库尔曼察觉到，这将威胁同盟国的统一，他决定以牙还牙。对英国的调查更使他确认了自己的观点，即英国是协约国的薄弱环节，他告知西班牙中间人维拉博侯爵，暗示他做好双方交换意见的准备。

库尔曼的消息于9月发布，同时，法国得知，冯·兰肯男爵——布鲁塞尔的一名德国籍官员愿意与法国总理阿里斯蒂德·白里安在瑞士会面，白里安也愿意前行。两个西欧大国现在面临着重大抉择。白里安的继任者——保罗·潘勒维，怀疑即使收回了阿尔萨斯—洛林地区，法国人民仍会继续战斗。潘勒维的外交部部长亚历山大·里博特，谋略比白里安更胜一筹，阻止了此次瑞士之行。事实上，即使米利凯斯愿意放弃吞并龙韦—布里埃地区，以换取铁矿石的供应，德国人也只打算归还少数边境村庄。至于英国，在贝尔维尤皇家议会上，德国领导人同意不再要求佛兰德斯海岸，但是对比利时的其他要求不变。英国首相劳合·乔治愿意不惜以俄国为代价来实现和平，但是他的内阁绝大多数成员坚持，英国必须与其盟友协商——英国外交部确实这样做了。结果库尔曼受邀与全体协约国交流，讨论他忽略的那条建议。

谈判一开始就证明了德国根本无法分裂英国或是法国。双方经过深思熟虑，觉得自己仍然可以获得战争胜利。兴登堡和鲁登道夫认为，随着俄国的陷落，他们能够取得上风。里博特和劳合·乔治认为，他们能于战场中幸存并且在美国的援助下，能确保其战争目标的实现。美国的财政贷款已使英国在濒临破产的数周内脱离危机，并且能使协约国可以继续购买必需的钢铁、军粮和石油。在俄国寸步难行之时，美国供应了几十万的新兵。虽然如此，美国的援助仍会被尽可能地延迟并予以限制，这就会给同盟国一次最后翻盘的机会。

这么做不仅是逻辑使然，更是出于政治上的考虑。美国总统威尔逊在1917年2月与德国断交，原因是德方发动了无限制的潜艇战。威尔逊想对战后世界格局施加决定性影响，因此才在4月份对德宣战。他相信，只有参战才能达到这样的目的。在国际联盟（由威尔逊提议建立）的支持下，威尔逊为重组国际关系设计了一个伟大的宏图。由于德国军国主义者是这一宏图的根本障碍，因此必须打败德国，使其成为一个民主化国家。然而英国、法国、意大利和日本的首脑们同时也怀疑威尔逊具有帝国主义的野心。

从短期来看，"威尔逊并不想看到威廉二世的政权安然无恙。他拒绝参加斯德哥尔摩会议，并驳回了教皇本笃的倡议。他从不干涉其他盟国追求各自的利益目标，尽管他们通过支持国际联盟来取悦威尔逊"。1917年

11月，英国之所以发表《贝尔福宣言》，支持在巴勒斯坦为犹太人建立"民族家园"，部分原因是他们知道威尔逊具有悲悯之心，并希望得到美国犹太复国主义者的支持。法国在1916年巴黎和会上放低了经济争夺战的目标，转而集中精力推举总统，以保证战争结束后，法国能够继续控制世界大宗产品贸易。然而，英、法两国此举都是徒劳的，威尔逊总统依旧和他们保持距离。他既不承认秘密条约，也不拥护《伦敦公约》，并且与其他国家保持联合而非同盟关系，这样就可以随时和同盟国单独媾和。威尔逊总统乐于看到伙伴国对美国经济的日益依赖，同时在欧洲培育激进分子和社会主义势力，一旦时机到来，威尔逊就准备立即给欧洲政府施加压力，当事件愈演愈烈，达到高潮时，美国随即将以仲裁者的角色登场。

《布列斯特-立托夫斯克和约》及后果

1917年僵局被打破，但还不足以促成和解。1918年，东西线的武力战争都结束了。在东部战区，布尔什维克革命首次以势不可当之势登上历史舞台，成为一个愿意单独缔结和平的政权。紧接着，1917年12月停战，3个月后签订了《布列斯特-立托夫斯克和约》。列宁一开始并未料到革命居然传播到了德国。然而，社会主义革命在德国失败，布尔什维克政权的生存就变成头等大事，这就使得停止战争变得至关重要。然而，通过公开发表言论和否定盟军之间签署的秘密协议，谴责"和平法令"里面的兼并和赔偿条款，布尔什维克在某些程度上与威尔逊保持一致，达成了内部共识。

结果演变成了一场宣传战。库尔曼和切尔宁认为有机会通过《圣诞宣言》使布尔什维克从西方分离出来，在这份宣言中他们声称，如果他们的对手也这样做的话，他们就放弃兼并和赔偿。然而，正如1918年1月5日，劳合·乔治在的卡克斯顿音乐厅的演讲，以及威尔逊于1月8日在他的

"十四点原则"演讲中所说，协约国和美国不会满足他们和平前的现状。两人都向第三股力量发起呼吁：即同盟国阵营里的社会主义者、工会会员及国内左派，还有俄国。对威尔逊来说，这意味着给列宁改革提出了替代方案，他承诺实施开放外交政策、海上自由通航、商业非歧视政策、军备限制以及除了盟国"对殖民地要求采取非歧视态度"。但是他也支持精确限制的协约国战争目标，包括归还比利时，纠正法国在阿尔萨斯—洛林问题上的"错误"，授予意大利无可争辩的领土主权。奥匈帝国和土耳其应授予他们的属民自治权但仍隶属国家管辖，俄国须有自主权。

同盟国利用这一借口，坚称《圣诞宣言》无效，并继续同乌克兰独立政府和平交往。俄国高喊着"没有战争就没有和平"从（与德）谈判中退出，这是因为布尔什维克中央委员会的绝大多数委员都支持革命战争。但是俄国对德国之后的入侵毫无还手之力，之后，列宁说服了支持革命战争的布尔什维克中央委员会中的大多数人，并说服了他们接受条款。在《布加勒斯特和约》中，俄国放弃了对波兰、库尔兰、立陶宛和乌克兰的主权，并且从芬兰撤军，这等于放弃了原沙皇俄国三分之一的人口、耕地和大部分工业。5月份，根据《布加勒斯特和约》，无路可退的罗马尼亚只得向德国出售小麦和盈余的石油，并接受德国的长期占领。然而，德军并没有停止进攻，列宁不得不在8月签署补充协议，放弃利沃尼亚、爱沙尼亚和格鲁吉亚。同盟国沉浸在如此绝对的优势之中，他们可以随意地添加条款，并且受到德意志帝国议会绝大多数代表的支持，这些人投票支持了1917和平方案。德国企图建立一系列东部卫星国的野心似乎就快要实现了。

此外，俄罗斯的停火使鲁登道夫自1914年以来首次在法国获得少量的民众支持优势，并开始了他毁灭性的春季攻势。胜利有助于重新统一国内战线并减少与哈布斯堡王朝的摩擦。此外，在1918年4月所谓的"切尔宁事件"中，法国总理乔治·克列孟梭公开了卡尔去年发给波旁的西斯托王子的秘密信件，这因此使得卡尔向德国承诺不再有独立外交。德国和奥匈帝国针对未来合作的谈判更推进了一步，德国似乎不仅巩固了其在东部的统治地位，还巩固了它在奥地利的统治地位。

和平不能取胜？

尽管如此，几个月内，德国在其达到最辉煌的时刻之后，接受了失败的命运。主要原因是西线战况的转折。鲁登道夫未能发起攻击，到7月份，美国军队以最快的速度抵达战场，协约国重新获得了主动权。9月28日，随着保加利亚求和，土耳其军队在巴勒斯坦溃败，英国人越过兴登堡防线，鲁登道夫发现他也必须请求停火。然而，他的部队现在无法撤退到德国境内。他很快重拾信心，认为还可以抵抗几个月。他于10月4—5日发出呼吁，这一呼吁不是指向协约国，而是针对威尔逊一个人，他要求停战，还提出根据威尔逊条款实现和平。伴随着政府组成成分越来越复杂，马克斯·巴登亲王被任命为总理，给外界创造了一种民主的印象。德国尝试过停战，但仍心有不甘，而且这一次它仍希望能够分裂敌方阵营。

与1917年不同的是，美国正努力在协约国内获得如德国在同盟国中的首要地位，威尔逊看到了实施他计划中下一步骤的机会。与之前的做法不同，他没有和克列孟梭和劳合·乔治商量，就公开了"十四点原则"。但与此同时，他严格遵守停火协议，是想以此换取协约国对德国的同情。当鲁登道夫后知后觉地试图反对时，威廉表现出极少见的武断，他坚持要罢免这位将军，但留用兴登堡。他已经拯救不了他的王朝了，因为十一月革命席卷了德国城市，9日，威廉退位支持社会主义领导的临时政府。尽管纳粹后来矢口否认，但当时德国内部已全面崩溃，结果是最高指挥部做出了求和的决定。十一月革命使德国无力抵抗，但停战条款在德皇下台之前就在巴黎的协约国内部会议上拟定好了。其中，最大的输家是奥地利。切尔宁事件以来，为抵御奥地利，西方各国加固防线，认为该国实行的二元君主制在德意志人的主导下已不可挽回地失败了，最后的统治权最好还是要依靠各主体民族。波兰、捷克斯洛伐克和南斯拉夫代表都得到了新的承诺。当奥地利政府呼吁根据"十四点原则"达成协议时，威尔逊总统却称，"十四点原则"已经失效，可能由于他的声明，民族主义革命爆发，在社会主义夺取德国之前废除了双重君主政体。然而，对于德国，威尔逊基于"十四点原则"，与盟友达成和平协议。从这一层面上讲，德国获得了比单独和英法谈判更为优厚的条件，"十四点原则"部分被接受（英国拒绝承诺海上航行自由并增加了潜在赔款），在停战协议的陆军和海军条款中，协约国得到了很多好处。德国的殖民地仍为英国所占有，并且交出了大部分海军，比利时部队撤离，法国入驻阿尔萨斯—洛林和萨尔河地区，协约国驻守莱茵兰地区。意大利占据了1915年就承诺给他们的领土，而德国从俄国撤军，废除了与布尔什维克签订的条约。而威尔逊总统是否真的能够站在世界各国的角度做出决策，仍然需要在议和会议上商榷。

同盟国和协约国都努力为抵御外敌、保卫安全而斗争；并对其人民说，这场战争是为了终止战争。但是，只有扩张的方法才能达到自我防卫的目的，尽管交战双方都对彻底的兼并只字不提，但他们都努力扩大自己的影响范围，以永久限制敌方的主权。列宁认为，战争是帝国主义的，这是事实。这并不一定说战争徒劳无益，也不是说那些为了实现国家首脑的目标而遭受如此痛苦的普通公民被愚弄了。1917—1918年，俄国革命以及美国参战之后，相对自由的国家与独裁国家之间相互斗争，西部国家发言人以公正的态度告诫说，鲁登道夫在德国影响很大，与这样的德国达成的协定不可能持续太久。威尔逊提倡的"没有赢家的和平"即使求得了稳定其基础也是脆弱的。尽管《凡尔赛和约》有种种缺陷，但是如果严格遵守的话，它就足以维持欧洲超过20年的和平。然而，在20世纪二三十年代，德国一直试图分裂的协约国最终破裂，为第二次世界大战打下了基础。

| 第十六章 |

宣传和动员

J. M. 温特

宣传战的政治尺度

第一次世界大战中的每个参战国都设立了控制信息流的机构,监督和影响公众舆论。第一项任务并非难事:军队总是对军事部署的细节,作战时间和士兵伤亡了如指掌。第二项任务确实需要一定的创造力。在早期的冲突中,作家和艺术家、牧师和外行名人都有自己的小群体,但在大战之中,宣传的声音必须传至整个国家。共同的奋斗目标是大规模战争的一个基本要素;宣传活动在50个月之久的战争中起到了重要的作用。

第一次世界大战催生了迄今为止规模最为壮观的广告运动,而被推销的产品则是战争的正当性。他们的推销术语是道德,这种语言中充满了象征形式,"正义"和"非正义"的概念被裹挟在流行文化之中。由于广告的"用力过猛",宣传一词已经成为谎言的代名词。但是战争期间,宣传绝对不止于此。想要了解集道德冲突、选择性报道、误导和不实论断为一身的战时宣传,最好的方法就是将之视为"国家律师"的简报——在其国民和世界人民面前为国家的事业做辩护。

国家主导并不意味着国家能够控制导向。的确，国家可以进行一些舆论操纵，但绝不会实现完全操控。宣传的一个最关键的特点就是其具有双重性，它把政治观点与民间诉求融在一起。国家宣传的力量是在与民众观点相一致的作用下所形成的合力。国家宣传有悖于普遍意义上的常识时，这种官方信息会因空洞而被大众所忽视；反之，如果两者的观点恰巧相一致，特别是当民众观点是自发产生并且具有持续性的时候，国家宣传就被赋予了无尽的能量。

1914—1916年，作战双方都在宣传中强调，这场战争对于自己而言是属防卫性质的，他们都受到过挑衅，遭遇过袭击，他们之所以参战只是为了保卫国家领土、捍卫国家尊严。在战争的第一阶段，军方因掌控着诸如德国克里格斯出版社、法国梅森·德拉出版社等一系列舆论机构，在宣传中占主导地位。但自1917年起，民间机构大量涌出，原因显而易见：战争的政治性质改变了，宣传也随之而变。美国于1917年4月参战，同年俄国也历经两场革命，这些事件使战争舆论宣传发生了转变。现在战争目标成了宣传的核心。在一战的最后两年中，舆论宣传的焦点问题是实现什么样的和平，即我们要建立怎样的战后世界。蛰伏于欧洲每一个参战国中的社会主义运动兴起，他们提出有关欧洲未来格局的设想。温和的社会主义者想要中央政府实行永久计划经济，因为它已经为人们提供了不错的薪资，也完全消灭了失业。但列宁和布尔什维克对这个问题有另一种看法：这场战争都是帝国主义彻头彻尾的阴谋。为了证明这一点，他们通过外交部发布了俄国与英国和法国之间就未来控制君士坦丁堡达成的协议。难道这就是数百万人用生命争取来的东西？美国总统伍德罗·威尔逊则持另一种观点：必须通过建立在国际联盟下的民主国际秩序，来证明这些牺牲的伟大意义。

这个动荡的时期显然需要一种新的方式来引导公众的舆论倾向。在1917年活跃着的各种新思想的衬托下，欧洲各国显得格外沉寂。英国首相劳合·乔治和法国总理乔治·克列孟梭既不和列宁统一战线也不买威尔逊的账。德国高级指挥部对民主思想的传播更加抵抗。必须为筹备战争找到合适的理由。因此，主要的欧洲参战国都为宣传工作披上了合理的外衣。他们建立了新的宣传机构，还使用了新的宣传方法。迄今为止，德国高级指挥官都没有充分考虑舆论状况就进行战争。现在，随着兴登堡和鲁登道夫的当权，应对人民渴望协商和平的呼声，解决这一民愤成了当务之急。英国民众对战争的合理性有着同样零零散散且源源不断的怀疑，这迫使英国建立了一个情报局，而这也是英国历史上的首个情报局。劳合·乔治向两位新闻巨头——布鲁夫布鲁克和北岩勋爵求助，并将国外和国内的宣传权转交给他们。因此，在战争的最后阶段，宣传成为战争政策的一个独立且必要的元素。我们将在下面研究它的影响。

纵观20世纪的历史，宣传的政治重要性并不能在其中得到完全体现。其意义更多地体现于大规模动员的文化历史和社会历史中。在这个动荡的世纪，宣传给政治生活和社会生活都烙上了独特的印记。

宣传对巩固长达四年半的战争所需的团结有重要作用。宣传并没有缩短战争的时间或赢得战争。但是，宣传有助于将社会改造成更加有效的战争工具。自从1914年以来，随着对士兵、军火和劳动力的动员，以及平民战争，思想动员也随之而来。这种现象是一战中最突出且令人不安的特征之一。私人领域和公共领域的界限、个人表达和思想控制的界限被重新绘制或不复存在。

正如我们注意到的，战时国家的宣传仅仅是一部分。双方都在努力地进行宣传，从残暴的故事到野蛮的漫画，再到儿童故事，再到彻头彻尾的谎言。最强有力的宣传不是来自当权者，而是来自人民群众。"仇恨政治"就是大众政治。它既是可见的也是口口相传的，更是有效的。它之所以有效，是因为通过商业广告、漫画、海报、明信片、布道、伤感歌曲和战时不断发展的自由创作诗歌，吸收了底层的生活图景和概念。

有一种现象特别值得关注。第一次世界大战为了渲染战争正义性而调动了神的形象和神谕。这一点也不奇怪，因为国内数百万的百姓都在担心他们战场上的至亲是否安在。多亏圣母玛利亚以神圣的教堂为许多士兵提供了容身之所得以幸存，也因此，在战争初期出现了宗教语言热潮。每一个现存的教堂，甚至是最离经叛道的教堂都奉此次大战为"圣战"。

同时，在战争时期，参战国家内部的宗教划分也开始渐渐淡化。其他方面的一些界限也发生了明显的变化。在法国，影响尤为深远。一战之前，天主教大部分信条都是反对共和制的。反过来，不那么激进的执政党在1905年正式以非国家身份对教会特权发起挑战。在文化（而非制度）意义上，一战使罗马天主教民族化。

无独有偶，在1870—1871年发生的普法战争，德国战胜法国在色当日举办庆祝仪式，在德国的大多数地区，这一天都是一个反天主教的节日。1914年以后，德国天主教徒可以展示他们是多么具有德国特色。同法国一样，描述"牺牲"和"殉难"这类词都会融入战时文化。所有参战国中，犹太人的爱国精神最为明显，至少一度让那些地方性的反犹太主义都黯然失色。说教布道随处可见，它们宣扬"正义"，祈求神明庇护征战的士兵。对每个国家来说，战争都是一件全体性的大事。

宣传教育走进了千家万户。对于儿童们的宣传更是有大量的振奋的标语，根据战争期间一个法国儿童撰写的文章来判断，民众和这些"未来的士兵们"都会接受这样的战时文化教育，首先，最重要的，就是要学会憎恨敌人。

早在拿破仑时期，儿童一直都是勇敢者和受害者的形象。但是在1914年之后，他们不再只是被动承受，他们学会了杀戮，学会了等待向敌人复仇的时机。一首英国童谣就很好地捕捉了在全面战争时期针对儿童们的宣传动员。一个小孩面对着一间被毁房屋吟诵道：

> 这是杰克建造的房子，
> 炸弹落在了杰克建造的房子上，

是匈牙利人往杰克建造的房子上扔下了炸弹，

子弹打死了往杰克建造的房子上扔下了炸弹的匈牙利人，

——而这次，是那个孩子拿起的枪。

战争伊始，政治宣传更多的是口头上的空话，而没有付诸实际行动。所有主要参战人员中的有名人士都对敌军声伐笔讨，借此来声明国际抵御是多么崇高正义。一大批德国科学家和人道主义者反驳了对德国军队在比利时野蛮行径的指控。专家认为，迫害欧洲士兵的是协约国带来的黑人军队，而不是德国。在战争后期，英法知识分子、艺术家和作家也都陷入了对敌人的类似程度的诋毁之中，他们认为，德国文化催生了一种"普鲁士主义的疾病"。

随着动员的传播，一本描写一方虚伪，另一方正直的学术小册子的出现变得微不足道。政治宣传的核心是行动落实的前提，尤其是在讽刺漫画和海报艺术中。所有参战国的报纸都把战争的矛盾冲突道德化了。它们提供了敌人的原型：把疯狂的、像动物一样野蛮的匈奴人形容为肥胖、贪婪的英国商人，他们贪婪地渴求德国的财富和珍宝。在法国，一个圆胖、狡诈、嗜血成性的布伦希尔德形象代表了德国；一个虽然天真幼稚但有点快乐的玛丽安代表了法国。

这些文化图像以多种形式表现出来，不只是讽刺漫画。法国学者所谓的"战争平庸化"，即它作为一系列正常事件融入日常生活的能力，再没有比这里更明显的了。爱国主义和利益渗透到了兴登堡桌布、福煦烟灰缸、基奇纳啤酒杯这些平凡的事物中，把无休止的战争碎片化了。位于法国东部城市埃皮纳勒的佩莱伦公司，专门制作宣扬战斗神圣的廉价海报。它平庸和荒谬地创造了一个完全虚构的战争，远离了战场上的泥泞和流血。这种非现实有利于它的销售，这种销售体系庞大且遍布全球。

战时爱国主义思想深入人心，尤其是在形式净化以后。明信片是家人与前线士兵通信必不可少的媒介，也是各种爱国言论的载体。在法国，经过战争的杀戮，人口骤减。夹杂着诱惑的性暗示扭转了这种局面。

平凡并不意味着微不足道。事实上，士兵的昂扬士气源于他们的作战演习。战争在继续，所以爱国言论仍起到昂扬斗志的作用，因为这是一场正义之战。这场战争不是那些受人尊敬之人唇枪舌剑的政治之战，而是道德之战。有些人认为战争会以谈判或和平妥协方式结束，这简直是无稽之谈，还会背上背叛前线作战士兵和已牺牲士兵的指责。因此，这种自下而上的宣讲是压制异己的良策。政府层面已尽力避免和平言论在战时散布，然而统一言论是最有效之策，就是用精细或者粗糙的大量图像以视觉形式在战时社会广泛传播。

以电影、宣传和道德重振军队

在战争中期，为了表示战争是正义与邪恶之间的较量，电影业兴起。宣传重整军备题材的电影形式迥异，从喜剧到情节剧再到悲剧，不一而足。大多数电影的出厂不是政府策划的，也不是以常见的国家资金支持形成。诚然，电影的审查是严格的。但现在，个体电影独领风骚，在银幕上，人民群众喜闻乐见的大众娱乐节目流行起来，宣扬善恶分明。音乐厅、情节剧和留声机产业也挤进来了，向越来越疲惫、紧张、焦躁的人群售卖有利可图的"止痛药"、振奋人心的海报及音乐。

电影在战时很受欢迎，这一点都不奇怪。电影满足了人们在平凡的情况下对平凡的渴望：讽刺了枯燥的军队生活，并直接针对所有问题产生的源头——敌人表达了异常的愤怒。这是一个专为查理·卓别林量身定制的时代。他是英国出生的音乐厅演员，在1913年12月加入了麦克·塞纳特的启斯东电影公司，在1914年就已经成名，并且通过留在加利福尼亚制作电影而不是参军为战争做出了贡献。

卓别林通过大银幕上为协约国作战所做出的贡献远胜于他参军做出

的。卓别林是标志性人物，他既脆弱不堪又胆大包天。他是《流浪汉》里伟大的幸存者——这是卓别林1915年最成功的电影——他几乎丢失了所有的体面，但仍然不屈不挠。难怪一些英国高地轻步兵偷偷拿着卓别林的人物海报，带去了西部前线。

更不寻常的是，卓别林的照片对于治疗弹震症的作用。一位心理医生服务于美国军队时指出卓别林的照片在治疗中产生了奇迹般的作用。"请在您的照片上签名"，路易斯·科尔曼·霍尔医生给卓别林写道，"几乎每位士兵都在照片上见过您。我将会向可怜的士兵展示您的照片，这有可能会吸引他的注意力。他可能会说：'你认识卓别林吗？'因此便有了拯救这个士兵的第一缕希望。"

卓别林的一些电影具有明确的政治宣传色彩。他通过电影宣传自由公债，然后呼吁公众购买。1918年4月8日，卓别林和玛丽·璧克馥、道格拉斯·费尔班克斯一起现身纽约华尔街，大约吸引了三万人前来。和费尔班克斯一起扮小丑（并站在他的肩膀上）后，卓别林告诉围观群众，在这个特殊的时刻，德国处于优势地位，必须为协约国军队募集钱财。这一点很重要，只有这样我们才能把那个老东西——德国皇帝赶出法国。在华盛顿，卓别林同样提到了这点："德军已经攻到我们门外了！我们必须阻止他们！要想阻止他们，我们就要购买支持自由公债！记住，每一张债券都能挽救一个士兵的生命，一位母亲的儿子，也会为这场战争早点儿画上胜利的句点！"卓别林随即迅速地从台子上跳了下来，并且（用他自己的话说）"抓着玛丽·杜丝勒一起跳了下来压到了富兰克林·D.罗斯福的身上"。那时年轻英俊的罗斯福是我的朋友，而当时，他碰巧是海军部副部长。罗斯福去会见威尔逊总统时，考虑到英国观众，他特地与著名的英国音乐厅明星哈利·劳德一起出场。而哈利的儿子，于1916年不幸被杀身亡。

然而，卓别林的主要银幕成就是他通过《从军记》这部战争影片，宣告了其他所有战争类电影的终点，为战争电影立下了一个新的里程碑。

1918年10月20日，《从军记》公映，随即便收获了一片赞誉。电影的背景设定在一个美军训练营，着力讽刺了美军新兵训练营的严酷性。经过一次不成气候的演习操练之后，筋疲力尽的卓别林睡着了，而醒来之际，他发现自己身处西部前线上。卓别林单枪匹马地抓捕了一整个德军部队，这期间他将伪装艺术运用到了极致，将自己装扮成了一棵树，并设法捉到了德皇本人（德皇由他的兄弟西德尼扮演）。

卓别林在战争期间独树一帜——成了那个时代的天才喜剧演员。电影对战争的影响远不止一个方面。战争期间出现了许多与战争主题无关的电影，这些作品都是逃避现实的。但是，另一部分人则选择直面战争，利用电影来传播明确的道德观，希望借以鼓励众人的士气。当我们回看这些电影时，我们会发现，在这些作品的影响下，人们变得更加一致统一；而人们在军事冲突下所产生的不可避免的焦虑恐慌的情绪，也在喜剧电影柔和且具有安抚作用的画面与情节之中，得到了缓解。

许多德国人也认为他们的事业是正义的，而且他们的文明是建立在比法国的颓废和英美粗俗的商业主义更高尚的价值观上。在德国，电影也在传播信息。1913年，德国有超过2000家电影院，仅在柏林就有200多家电影院。全国影院总数仅为英国影院数量的一半，但随着丹麦和美国电影的进口，德国电影在战争前夕得到蓬勃发展。

最初，电影业被高层指挥官视为烦恼，但随着1916年埃里希·鲁登道夫接任首席军需官一职，电影突然有了许多强大的支持者。1917年，当美国新闻影片进口被禁止时，国内产业出现了违规行为，即为无法满足的大众提供关于前线的照片。克虏伯武器装备公司总监阿尔弗雷德·胡根贝格在这项工作中发挥了主导作用，于1917年末催生了"环球电影公司"，这是一个电影公司联盟，三分之一归德国国有银行所有，并在间接军事控制下。有了这样的支持，"环球电影公司"的生存能力得到了保证。但就像德国的战争努力一样，它不是来自流行文化，而是来自政治和工业精英。

电影业与当局的关系限制了其行动的自由性及有效性。但是，高级指挥部认可了大众对电影的需求。在1917—1918年的艰难岁月里，优先供给电影院煤炭和电力，使整个德国和被占领的比利时影院人气一直很高。

军队拥有自己的电影业。1917年有900家露天电影院，有德国电影明星亨利·波顿和阿斯塔·尼尔森，他们擅长喜剧和情节剧，但他们有意识地将利润和爱国主义结合起来，从而在战争结束时建立了强大的国内电影产业。在那时，德国电影业既是一个可行的经济企业，又是大胆的实验工具。1914—1918年战争中的电影宣传手段遗留下来，得以被纳粹分子在第二次世界大战中利用。

结论

宣传是否有助于缩短战争？可以几乎肯定地说不能。当德国军队在战场上遭到痛击，并没有其他原因，德国就投降了。愤怒的士兵试图归咎于盟军的宣传——诱惑和误导，从而导致失败，但只有阿道夫·希特勒及其随行人员那样警醒的人才认真对待这一论点。第一次世界大战的历史学家已经撤销了这项指控。

关于协约国宣传对1917年4月美国加入战争的影响，人们也提出了同样夸大的说法。实际上英法对美国确实做了大量精密的宣传。德国宣传人员也在那里，尽管他们的工作在德国战争努力之外其他地方也有同样的拙劣和笨拙的痕迹。

英国的宣传方式是间接的。英国宣传主义者认识到美国孤立主义的力量，在加拿大出生的吉尔伯特·帕克爵士的带领下，试图通过直接邮寄来吸引有影响力的人。吉尔伯特爵士的卡片随附了小册子或转载，增加了个性化设计。他们安排了与英国知名人士的媒体访谈，并总是用礼貌的信件向编辑回应新闻批评。电影新闻片将协约国的正面形象带给更广泛的公众，并主持了一系列公开会议。1917年1月，吉尔伯特·帕克爵士回到英国并将其职位移交给继任者——格拉斯哥大学的W. M.迪克逊教授。

从那时起，德国在美国的前途就自我毁灭了。首先是无限制潜艇战：对美国船只的直接威胁，为协约国带来美国海运的私人援助。然后是俄国的二月革命，消除了自己支持"民主"——即协约国——中的障碍因素，进而顺理成章地反对"军国主义"——即德国。然后是德国外交部对墨西哥的疯狂态度，将美国西南部的大部分地区作为联合行动的潜在成果。英国情报部门截获了这一消息，并在新当选的总统伍德罗·威尔逊将被迫采取行动的恰当时刻透露了这一消息。他在1917年4月6日采取了行动，因为美国参战了。

孤立主义者和反英主义者认为，虽然协约国的宣传不足以完全消除战争，却能够控制战争的爆发，缓和各方立场。美方加入战争并非受到宣传的影响，而是因为德国从多个方面威胁到了美国人民的生活和利益。

欧洲歌剧院内，远有比协约国宣传更有力的影响源，而这恰恰对协约国能够比同盟国更好地承受战争压力一事做出了解释。协约国独立掌控财政，支配原材料的利用，这都缘于其长达一个世纪的帝国扩张。相对而言，德国并无这样二、三、四线的增援。与这些巨大的不平衡力量相比，宣传仅是其挫败对手的一个微不足道的原因。

德国在文字与图像的战争中还存在着另一劣势。因为长达四年，德国并非依靠统治阶级的支持，而是依靠德军不可战胜的神话来获得德国人民的支持。况且，在1914年8月坦能堡大战中的两大功臣兴登堡和鲁登道夫，四年后负责起了战争大权。这些人也代表了德国的一种骄傲而挑衅性的军事传统，这种传统牵制世界长达50个月。1918年夏天，在德军向对手屈服而撤退之时，在每位德国人都渐渐明白这场战争注定会战败之时，德国不可战胜的言论仍在大肆宣扬，这无疑加重了其战败的痛苦。

1918年德国不得不吞下一剂苦药，而其并非由宣传而来。而这正是让协约国的百姓和士兵们度过了那段黑暗的战争时期的原因。方法是坚持考虑到这一简单的信息：因为德国所构成的威胁，军人们仍在战场上战斗着，因此必须将其遏制住。对于奋战在法国的法军和比利时军而言，这是显而易见的。但同样，这种想法也存在于德军、美军、英军、从殖民地来的帝国军人，以及其后方的家属当中。并非协约国的宣传使各方萌生这一想法，而是在德国入侵比利时，看到自1914年以来德国穷兵黩武的时候，就产生了这种信念。不断加长的伤亡名单，增加了协约国阵营的痛苦和战争胜利的决心。德国自掘坟墓，后来试图把注意力从这个事实转移到对战争的伟大性宣传上，但它根本不具备能赋予其上的军事意义。它的根本影响是文化，而不是政治；他们展示的是一个更黑暗的未来，以及在一场更可怕的战争中所调动的仇恨。

第十七章

社会主义、和平与革命，1917—1918年

约翰·霍恩

到1914年，战争与和平以及革命早已锻炼了社会主义者的想象力。1912年11月，当欧洲与巴尔干半岛的战争一触即发之际，社会主义者第二国际的领导人在瑞士巴塞尔会面。他们相聚在一座教堂里，当教堂的大钟发出警鸣，他们发表了一份声明，称这场战争对发动者，那些精英来说，可能是一场毁灭性的灾难。从逻辑上讲，也许在一个致力于社会主义革命的组织中，这样的预测应该是人们乐于见到的，而不能称之为警告。最为激进的一些代表，如列宁和罗莎·卢森堡，确实将战争视为革命的契机。战前社会主义思想的新理论强调在资本主义的最新阶段，作为经济帝国主义之一，其中国际经济力量之间的冲突将导致持续的战争和最终的革命，方向相同。列宁将在1916年写成的《帝国主义是资本主义的最高阶段》中对这一著名观点做出表述。

但是，总的来说，欧洲社会主义者对战争的坚决敌意，以及对战争与和平问题与革命的问题区别看待，是非常了不起的。自1889年第二国际成立以来，强调了每个参与党的变化和经济政治发展的复杂性在国家环境的

演变中的重要作用。第二国际不可否认地发展为了一种独特而深刻的国际主义文化，它主要是在德国社会民主党（SPD）的马克思主义以及杰出哲学家卡尔·考茨基的影响下形成的。但是，他们所设想的革命是一种广泛的革命，在这场革命中，不可阻挡的历史潮流将塑造无产阶级的大团结。并将马克思主义理论中的社会巨变抽象化，注入一种积极的民族主义，使"社会主义"变成文明最先进的方式，并注入了一种乐观的理性主义，视社会主义为"文明"最先进的表现形式。

随着国际局势日益紧张，维护人道主义价值的社会主义者把"防止战争"这一问题提升到大于一切的高度上来，战争不仅被视为资本主义的产物，也被看作是"文明"的对立面。的确，1914年人们有着某种悲观情绪，以至于无论是工人阶级还是参加工会的工人都遵守了第二国际的指示，拒绝发动战争，尤其是因为相互矛盾的不同国籍使拒绝发动战争的形式无法达成一致。但这才让防止战争发生显得更为重要。

战争与社会主义，1914年8月—1917年2月

然而战争依然爆发了，这给社会主义者带来了双重打击。战争的爆发显示了第二国际的无能，即使它的爆发是偶然的，第二国际并不是引发战争的原因。而这也使社会主义者对战争的看法产生了质疑，因为矛盾并非来自其经济竞争对手，而是由于巴尔干半岛地区的民族主义冲突。1912年，第二国际曾抑制住了巴尔干半岛地区的冲突，并为此沾沾自喜。战争引发了一系列的侵略行动，因此，社会主义者很快就重新找到了可以合理地参与国家防卫的语言来维护他们自身的未来。他们争论的依据出现在一本有影响力的书上——《新军队》。这本书是法国社会主义领导人让·饶勒斯写的，是为了调整国际无产阶级的行动，以防止资本主义和殖民战争利用工人阶级来保卫国家。他的想法来源于法国的共和传统。具

有讽刺意味的是，饶勒斯在法国战争动员的前夕被一个狂热的民族主义者刺杀，成了战争狂热气氛下的牺牲品。但整个欧洲，不仅是社会主义者，还有无政府主义者和工团主义者都认为，工人的确有他们各自的国家。并且，由于一套更明白易懂的左翼理论，他们还支持（甚至参加）战时国家政府。

起初，军事行动和速战速决战略率先爆发，任何政治生活正常的假象都会告一段落。但是随着战壕逐渐稳定，社会学家和其他人一样面临着影响广泛的工业战争所带来的全新事物。多少年来他们都受此影响。第一，除了战争准备，漫长的战争需要国家动员所有的意识形态和文化资源。这个过程无疑带来了一些问题：战争的目的是什么，它将以什么为代价，同时这个过程使得支持国家行动的社会主义浪潮在管控中争取更大的公平。鉴于战争还需要大规模的经济动员，因此在大部分劳动工人中间，在英、法、德等国的社会主义领袖中间形成了一股独特的战时改良主义倾向，这是全国战时动员的教训。与此同时，还形成了可控的战时经济，并按照社会主义的路子进行战后经济政治"重建"。事实上，战争确立了社会主义的国家使命。第二，军需品的需求规模之大难以想象，这就使得工业工人与士兵一样，对战争胜利至关重要。随着工业动员规模扩大，特别是战时经济状况降低了人们的生活质量，却给予工人众多的经济便利（尽管一些新形式的工业规定试图去控制它），工人不但在战争中举足轻重而且变得越来越好战。在主要的军需品集中地区，当地激进的工人运动发展起来，推翻了已有的工会和社会主义组织。第三，伤亡人数逐渐上升，军事行动陷入僵局，交战各方不知是该奋战到底还是通过协商缩短战期。社会主义者是最重要的反建制运动群体，特别公开地表达了这些疑虑。

战争的这些对社会主义者在不同方面的组合和影响，因国家而不同。在战前，政权的合法性以及战时国家动员最广泛的地方，比如英国和法国，社会主义者对战争的潜在反对最为温和。在这两个国家中，由于政府有效地让平民可以得到世界粮食供应，战争对工人的经济影响不如其他地方那么严重（尽管仍然很突出）。在德国，更严酷的经济条件和更有争议性的政权，在战争期间演变为军事威权主义，导致更大的不满和社会主义的反对。在1917年4月，这些社会主义反对者分裂成为德国独立社会民主党。然而，大多数社会民主党成员是战前第一国际的最大派别，仍然保持强大的力量，并且仍然以某种形式效力于国家。它出现在像意大利这样的国家，特别是俄国，战前狭窄的国土及其与社会（特别是工人阶级）之间微弱的调解关系，已经因受到战争的残酷经济和军事影响而变得不稳定。对战争努力的反对意见最大，社会主义者对战争的敌意最为强烈。对于所有这些差异，到1917年，大多数参战国普遍存在疲惫感，罢工、抗议和叛乱不同程度地表明了人们对和平的深切渴望。

和平与革命，1917年2—9月

和平，不亚于战争——通过世界战争的经验为社会主义者取得了新的重要性和意义。1914年12月，年轻的德国社会民主党代表卡尔·李卜克内西拒绝投票支持战争贷款，这一举动立即得到了国际知名人士的欢迎。到1915年初，大多数欧洲社会主义政党中都有少数声音和许多工会运动开始质疑支持战争的正确性并寻求方法结束战争。由于在阶级和人道主义方面对战争的敌意深深植根于战前第二国际的价值观，至少恢复国际精神来反对战争是合乎逻辑的。第二国际常设局（在德国入侵时从比利时迁至中立的荷兰），因支持国家力量的主流社会主义者的敌意而濒临瘫痪，因此中立的社会主义者虽是非正式形式，但实际获得了领导地位。温和的荷兰人和斯堪的纳维亚人以及更激进的瑞士人和意大利人组织了国际会议。特别是来自法国和德国的持异见的社会主义者和工会会员，以及流亡的俄国社会主义者（包括列宁和托洛茨基），以及来自中立国家的侨民，在两个不起眼的瑞士村庄，齐美尔瓦尔德（1915年9月）和昆塔尔（1916年4月）聚集，共同抗议战争。

决议案的论调取决于两次会议均保留了传统的战前马克思主义思想，这次战争被看作资本主义和帝国主义的产物，国际劳工和社会主义联盟才是反对资本主义和帝国主义的正确道路。只有革命能够彻底结束帝国主义和军国主义，结束战争本身。但是和平才是最终的目标，而不是革命。尽管这两个术语在语义学领域是和谐共存的，但它们之间有着明显的差异。齐美尔瓦尔德会议强调赢得和平的重要性而不是赢得革命（除了少数由列宁起草的宣言）。尽管在1916年的昆塔尔再次强调了和平的重要性，和平自始至终都是首要目标，为无产阶级革命最终胜利开辟了道路。列宁是改革的先锋，1914年，他认为旧有的第二国际已经瓦解，便逐渐开展了一项政策：将坚定的改革分子挑选出来，这其中包括中立的人们，从而使和平服从于革命。

但是，强调和平而非强调流行于社会主义和贸易联盟的革命是本末倒置的。社会主义和贸易联盟在精神上以及事实上对抗了战争，它在战前的国际社会发挥了巨大作用，并在社会主义的言论中不断突破。德国少数的领导人（伯恩斯坦、考茨基、哈斯）在1915年6月的声明中形容战争是野蛮时代一切残忍形态的结合。时间需求以及同样的术语遍布四处。托洛茨基起草的齐美尔瓦尔德方案中阐释了混乱的战争是帝国主义的产物，但同样以混乱的描述开始：

> 数百万尸体覆盖了战场。数百万人余生将会成为残疾人。欧洲对于人们来说已经成了一个巨大的屠宰场。无数先辈的劳动人民所创造的所有文明注定会被毁灭。如今，野蛮正在战胜迄今为止构成人道骄傲的所有东西。

法国国际关系恢复委员会于1916年公布了齐美尔瓦尔德和昆塔尔会议公告，该组织还发行了一本小册子，抓住了妇女在前线等待亲人消息的痛苦："啊，女人，一生的使命便是繁育和爱，你们的心灵更加敏感。难道你们没有看到战场的可怕吗？难道你们没有从你们的儿子、丈夫和兄弟那里听到痛苦的哭声吗？"毫无疑问，这些在很大程度上是士气高昂的社会主义活动者甚至是知识分子的心声，而不是普通士兵、工人和厌战百姓的意愿。但是，这一举动也表明社会主义者希望能够理解并对工业战争的新奇做出解释，也表明工业战争的破坏规模之大，使传统阶级分析不再适用于当下的环境。

俄国1917年的二月革命（公历3月）似乎果断地把革命的概念移到了所有社会主义者的议程中。沙皇下台是一个巨大的事件，更加长远地来看，俄国的动荡成功地重新定义了社会主义者对革命意义的理解。但是，1917年，人们迅速了解到了革命在当前对于战争和和平的忧虑方面的意义。自然，革命有它自己严格的俄国逻辑。军事自信的崩塌、俄国沙皇正当性的瓦解、深度的经济混乱以及反对国家的社会极端主化1917年在其他国家都没有发生。然而，其他国家已经在1905年俄国革命前期（也就是和日本交战失败后）预演过这些现象了。但是当同代人，尤其是社会主义者们尝试预言这些危机的影响时，却不会注意到这些危机有多么特殊。

沙皇下台后，出现了两种权力形式。第一种也是比较弱势的一种，是临时政府（由政权的敌对方自由党组成）；第二种权力形式更为强大，政治权威的来源（当代人称之为"双重权力体系"）包括各种民众抗议运动，包括工人、农民和越来越多的士兵，这些运动形成了无数的地方委员会和"苏维埃"。影响最大的是彼得格勒苏维埃，表达了社会主义者和人民对战争的不满，并从一开始就坚决要求协商一致的和平，但不放弃国防。

人们最稔熟的历史模型就是法国大革命的雅各宾模型。因为它带来了战争，许多从协约国过来的亲战社会主义者，包括英国工党的领导亚瑟·亨德森和法国军事部长艾伯特·托马斯的意见就是，被革命带来的战争肯定诱发民主主义和国家动员，所以他们出使俄国就是为了鼓励这个结果。尽管临时政府尝试过实行雅各宾模型和克伦斯基领导的"继续战争"，但是只带来了1917年失败的夏季攻势和军队的解体。

但正是这种对协商和平的普遍革命需求使欧洲社会主义者感到兴奋，并解释了俄国革命之所以产生广泛影响的原因。革命体现了对和平的希望，还伴随着1917年几乎每个参战国家的士气危机。这种用苏维埃和其他革命形式传达出来的信息给人一种控制命运的感觉，这种感觉与军事僵局和战时社会条件给人的无力感形成了强烈的对比。"把命运掌握在自己的手中"，这是在1917年4月罢工庆祝俄国革命期间，向莱比锡工人分发的一部革命的小册子所宣称的。苏维埃的事例鼓励各地激进的工业武装分子把他们的地方力量看作是促成和平的手段。意大利最严重的战争动乱是1917年8月的都灵起义，部分是由彼得格勒苏维埃访问团引发的，受到4万名都灵社会主义者和金属工人的欢迎，他们高喊："俄国革命万岁，列宁万岁！"因为面包短缺和对工业纪律的强烈不满，都灵迅速响应，发出了和平的诉求。在法国，劳工的政治文化是建立在广泛的革命传统之上，俄国革命加强了经济和政治抗议的倾向，包括以革命语言、革命意向来表达和平的诉求。"俄国革命恰逢人们（包括欧洲人民在内）厌倦了迎合沙皇、德皇和普恩加莱的贪得无厌之时。"1917年3月，法国社会主义代表和昆塔尔文件签署人皮埃尔·布里森宣布说："革命者将实现和平，这将带来人类的新生和所有边界的废除。"即使在英国，劳工的政治文化一般都绝非是革命性的，但二月革命的威望也助长了对和平的渴望。1917年6月在利兹举行的社会主义反对派团体特别会议呼吁在全国各地建立"工人士兵委员会"。

1917年，在斯德哥尔摩召开的社会主义大会上明确指出，俄国以外的欧洲社会主义党成员应保持内部和平（革命的重要性成了一种象征性的词）。中立国家的社会主义党人提出了这项计划，试图恢复交战国家之间社会主义党成员的联系，但是如果没有彼得格勒苏维埃政权的认可，这项计划也终将变为一纸空谈。支持这场"防卫战争"的社会主义党成员很少为战争辩护，但是他们对最终胜利的承诺使得他们很难谴责人们对壕沟僵局的恐惧。激进的革命者（比如列宁和齐美尔瓦尔德左翼成员）认为，战争是危机的前兆而非危机本身。因此，反战者们广泛地联合在了一起，他们对其他一些标准有着分歧（比如对改革和革命）。同时，也是这些人为计划中的会议提出了一些希望，并针对1917年普遍存在的战后倦怠情绪提出了一些社会主义党人的看法。1917年4月，德国独立社会民主党成立了，该党派中既有修正主义者伯恩斯坦、"教皇"考茨基，又有李卜克内西和卢森堡带领的斯巴达克斯党极端左翼分子。该党派成了在和平诉求下政治重组的典型代表。同样的变化也发生在其他部门。希望用和平取代战争的革命者以及国防部的大多数成员（即使他们仍对协商和平持怀疑态度，但仍坚持战争会给人类带来痛苦）都认为，自己国家不应该对外扩张并且应致力于化解国际争端。

然而，斯德哥尔摩的失败证明了1917年社会主义者对和平的看法是多么异想天开。最终，终于定在9月初的会议从未举行。法国和英国政府担心，公众舆论可能会因为社会主义者的联合而认为这场战争无法获胜，他们禁止国家社会主义者和工党代表团参会。但即使不是这样，社会主义者也绝对不会同意以妥协来结束战争，这注定会议将会失败。国与国之间相互冲突的战争目标，压力依然过于强大。社民党试图与军政府的激进扩张主义保持距离，但它仍然认为这场正义之战是德国的国防手段之一。英国和法国多数人仍然相信德国应对这场战争负责，并且某种程度上，他们希望利用斯德哥尔摩共同对抗社民党的阴谋，从而帮助俄国，尤其是这场战争中的彼得格勒苏维埃。当会议未能举行时，齐美尔瓦尔德左派（主要是布尔什维克和斯巴达克思主义者）在斯德哥尔摩会面，抛弃复兴第二国际的想法，并果断地利用和平运动进行革命。

就在道义上反对战争惨剧与人类屠杀，以及就如何结束战争和达成政治协议问题而言，斯德哥尔摩计划没有实现。在俄国之外（或许在意大利），同样的问题使得工业和大众抗议运动没有转变成对国家备战的声讨。实际上，即使是俄国群众的革命运动，也在1917年6月的最后一次

攻击的失败中，在7月的剧变中向这个结果更迈进了一步。正如法国少数
民族社会主义领导人和和平主义者让·朗格特在1918年的德国春季进攻
中评论的那样："在这种危险面前……为了世界的自由，没有社会主义
者或国际主义者会表达任何其他想法。在面对德国人的冲击时，只有抵
抗……"

革命与和平，1917年10月—1918年11月

公历9月，社会主义者在斯德哥尔摩未能达成和平协议，随即布尔什
维克党在其后的俄历十月（公历的11月）成功地发动了一场革命，建立起
新的政权。那时，新政权的未来风雨飘摇，在那之后的三年期间，其内部
矛盾频发，历经内战，遭到外部反动势力的排挤，直到1920年夏，十月革
命的成果得以确立，这一切才得以平息。十月革命是一场几近没有流血的
政变，它让布尔什维克党掌握了俄国的命运。从那时起，这场世界上第一
次成功的社会主义革命不仅深刻地影响着其他社会主义政治运动，而且还
影响着其自身的革命形象。

对十月革命进行猛烈批判的人则认为，这仅是一场暴乱。但是这样
的评价对作为一支政治力量的布尔什维克党所发挥的重要作用有失偏颇。
1917年4月，列宁在瑞士的流放结束，在他返回俄国的途中，布尔什维克
党在其指导下竭力为参加城市民众运动的广大人民发声，为他们诉说心中
的愤懑——粮食匮乏、战乱不断。在此期间，布尔什维克党发挥的作用要
胜过其兄弟党派——孟什维克党以及民粹社会主义革命党。到10月，布
尔什维克党在苏维埃大会取得了大多数席位。克伦斯基领导下的临时政府
已处于一种瘫痪状态，当布尔什维克党的领袖们从临时政府那里取得政权
时，他们虽表现迟疑，却完成了对革命进程和社会主义革命理论的重组。

最重要的是，布尔什维克党迅速将俄国改造成一个一党制国家。在

二月革命之前，俄国是通过公选选举制宪议会来制定宪法的，这一经典的制度则源于法国大革命，而在俄国社会农村群众中仅拥有极少数成员的布尔什维克党则取消了这一制度。布尔什维克党将无产阶级力量从传统的西方民主准则中分离出来，再把无产阶级专政的概念与布尔什维克党自身的准则进行合并。此前，布尔什维克党与革命政府，孟什维克党以及左翼社会革命党产生了严重的分歧，布尔什维克党将这些分歧也纳入合并的概念中。根据马克思主义理论，布尔什维克党敏锐地认识到，在一个落后且基本没有进行工业化的社会中进行先进的社会主义革命，将会是一个非常荒谬的行为，于是他们采取紧缩政策。而在此后的很长一段时间，该政策都是布尔什维克党的一个标杆，用来处理与其他革命党派的关系，控制民众运动，以及对抗反革命行动。即便如此，在十月革命一周年之际，新政权对有序但彻底革命的设想与现实形成了鲜明的对比，现实就是由于大规模的经济征用、红军的临时政策和内战而导致的混乱和激烈的冲突。新政权认为自己可以通过社会化和集体所有制在俄国建立起一个现代工业社会。

国际上对十月革命的影响充满了悖论，国内也有很多议论。摆在眼前的有两条路，一是通过发起布尔什维克反德国家动员而继续留在战争里；二是完全摆脱战争以满足大众的反战情感。列宁选择了第二条路，尽管遭到了革命中极端分子的反对以及一些亲密同志的不情愿，比如托洛茨基。1918年3月签署了《布列斯特–立托夫斯克和约》，俄国与德国讲和并退出了一战。代价是沉重的，沙皇俄国的西部要受制于德国。这种直接的羞辱在世界革命的进程中，俄国事件只不过是第一幕罢了。这也回答了如何在一个落后国家推行马克思主义革命的大难题。尤其如托洛茨基所说，革命很可能从全球帝国主义经济最薄弱的环节开始，不过只有它能蔓延到先进的工业中心地带才能生存，比如德国。对布尔什维克来说，这种对革命过程的理解为他们认为正在进行的"永久性革命"提供了一种优势，同时他们也通过一个崭新的、革命性的共产国际来培养它。

由于《布列斯特–立托夫斯克和约》，布尔什维克戏剧化地将革命置于和平之上，也因此大大削弱了社会主义改革运动的吸引力。社会主义革命运动此时正受困于战争形势。对以前的盟友来说，尤其如此。法国和英国的社会主义者狠狠地批判布尔什维克主义者，因为他们单方退出战争，使德国人有机会在1918年发起春季进攻。一些德国的社会主义者甚至都在批评布尔什维克主义者，因为他们助推了军国主义，并且对德国做出了回应，但是更多人只在原则上提出了反对意见。如果是德国的社会主义者首先提出反对意见，也不足为奇，因为布尔什维克主义夺取政权，受到影响最大的是第二国际的主流思想马克思主义，而德国的社会民主党将自己视为第二国际的管理者。1918年中期，《无产阶级专政》问世，这本书在当时非常有影响力。在这本书中，卡尔·考茨基不赞同俄国的革命模式，他声称在工人阶级占社会人数的绝大部分之前，任何想要实现社会主义的行为都会加快专政统治的形成，并对民主不利。而社会主义要想成功，甚至存活下来，必须依靠民主。实际上，考茨基曾将自由民主主义和大多数社会民主党人，甚至大多数独立社会民主党人所支持的集体社会主义的结合体作为布尔什维克主义的对立面。罗莎·卢森堡在1918年12月主持了斯巴达克斯联盟向德国共产党转型的会议，在1918年末时，她发表了语言非常犀利的批评文。同列宁一样，是战前年青一代中比较重要的激进分子，她用文字批判了第二世界中华丽的辞藻，罗莎·卢森堡早就认为革命是一场灾难性的活动，在这场活动中，革命政治起到的作用只是引导性的而不是决定性的。因此，她批评布尔什维克的专制主义，因为它扼杀了革命进程中的创造力，随后，在1919年1月，她与卡尔·李卜克内西被杀害。同时，在德国战后的秩序恢复中，她的自发的暴力革命的观点被残酷地镇压下去。

尽管受到指责，布尔什维克主义还是引导了欧洲社会主义的极端左翼分子运动，并在革命问题上重新予以组织。早期谨慎的德国共产党不被激进的法国社会主义和革命工团主义分子接受，更不用说强烈反对意大利参战的绝大多数意大利社会主义者。正因为信息匮乏，每个组织可以按自己的意愿（鼓励工团主义，实行大规模罢工，推崇无政府状态，建立自制苏维埃）为他们理想中的十月革命做准备。

一战期间，对大多数中欧和西欧的社会主义者而言，不用革命手段达成和平仍是重中之重。而斯德哥尔摩会议没有开成的事实，打消了他们通过达成社会主义共识和进行外交来结束战争的念头。更重要的是，人们意识到战争的真正意义和结果应该是阻止此类灾难再次发生。"再无战争"不是战后短暂的稳定局面，而是战争本身发出的号召。这又让战时和平主义者和社会主义爱国者的道德矛头指向建立一个新的世界秩序，确保"进行一场结束一切战争的战争"成为事实。建立和平世界，即所有国家拒绝武力，和平仲裁，建立国际联盟的思潮在一战前的第二国际中就已具雏形。但现在这种思潮意义非同小可，借助大量涌现的社会主义者和人们对通过"民主"和平解决争端的支持，它系统而有条理地团结起了广阔的忠坚力量。美国总统伍德罗·威尔逊将这一愿景诠释得更有影响力。1918年12月，威尔逊抵达欧洲，受到英、法两国工党和社会主义领导者的欢迎，这证明他具有代表性意义。战争最后一年，威尔逊思想显然比列宁主义在欧洲社会主义人士中更具影响力。这不足为奇，持续数年的一战夺去了无数人的生命，不仅让社会主义人士，也让其他人产生了末世论。因此，坚信世界和平优于革命似乎是唯一能缓解战争给人们留下的恐惧的办法。

和平不会重塑世界。社会主义政党到处谴责和平条约和国际联盟，因为他们认为这些曲解了自己在战争时期所抱的希望。战争为那些战败和新建立的政权带来了转型危机。在德国，1918年发起的十一月革命推翻了因战败而臭名昭著的君主制，而革命队伍也分成了两部分：社会革命自由民主主义者和一小部分激进的社会主义者。在过去政权的军事条件的帮助下，民主派只是设法压制住那些社会主义者，从一开始就向魏玛共和国做出了妥协。但是到1920年，激进主义的浪潮在各地开始减弱。虽然共产主义俄国那时被孤立了，但是仍然对革命及其政治主张产生了更深的影响。随着社会主义者对布尔什维克主义的批评愈演愈烈，第二国际被分为共产主义国际（创建于1919年）和两个社会主义国际，最终，他们合并在一起。

1914年发生的一战使得蕴藏着第二国际政治文化的火苗迸发出来。但是由于战争形成了长期分裂，和平与革命的意义也不断发生改变。布尔什维克主义者们认为，他们能取得革命成就的部分原因是自己一直反战，并且树立了一种观念，即把战争的历史妖魔化，将拥护战争的社会主义者看成背叛者。战后，共产主义一直将反战主义这种道德论述当作革命的目的，一直持续到20世纪30年代，法西斯形成的威胁才改变了人们对战争持有的态度，相反，改良派社会主义者认为，布尔什维克是一种独裁主义，是战争所形成的那个更残酷的世界里的一部分。他们从改良主义走向社会主义的道路，阻止了十一月革命形成的混乱。现在保卫国家和反战主义之间的冲突得到了解决，维护民主世界的和平，实际上已经成为再次创立战前形成的人文主义的价值观的核心。这是一个过程，它可使改良派与革命社会主义中的非共产主义倾向共存。战后这种趋势发展得很快。这个过程结束很长时间以后，战争又改变了其所导致的社会主义的分歧。

第十八章

美国参战及其影响

大卫·查斯克

决定参战

美国不愿意参与第一次世界大战，而且基本没准备与强大的欧洲军队联盟。伍德罗·威尔逊总统竭力避免使美国成为交战国，而且试图协调战争矛盾。这种惊人的行为本身就违背了美国的"孤立主义"政策。在美国最终加入协约国后，威尔逊总统也确实朝着与孤立主义相反的方向走了，得益于此，他可以对其他陷入战争中的国家做出战后安排。

美国长期对外政策的趋势使美国与其他反对同盟国的国家逐渐组成联盟，这种趋势最终使美国在1917年4月6日对德宣战。在战前，英美友好协约已经形成。同时，美德之间也处于一种微妙的敌对状态。在美国成为一个强国以及国际平衡完全被打破之后，这些政治变化反映了美国利益所在之处的变动。与英国和其他海岛国家相似，美国的重要利益所在是要阻止欧亚大陆的陆权强国称霸欧亚。过度集权可能会导致严重的后果：如果一个国家能够控制整个或大部分欧亚地区，那么将会对整个新世界形成安全威胁，北美地区尤其严重。如果这种惨剧发生，那么美国政府的民主理念——"民有、民治、民享"将会破灭。而关于美国民主模式将会渗透全球的通常假设也将不会发生。

在美国中立的那段时间（1914年8月—1917年4月），很多事件大大加速了各国对于组建国际联盟的想法，这是一个反霸权主义的联盟。德国针对外海域非战斗人员和中立商业活动所发动的潜艇战，就意味着开始了对协约国的侵略。1917年2月1日的海上战争愈演愈烈，最后完全变成了不受控制的潜艇战，这是对传统意义上中立国权力的滥用。这时，公众也不得不认为美国势必要站在协约国这边了，尽管他们很不情愿。

对此现象，威尔逊强烈反对：在向国会提出要对敌方宣战之前，他犹豫了整整两个月。他花费了两年多，竭尽全力想让自己成为交战双方之间的和事佬，希望在美国未参与作战的情况下平息这场战争。然而，这个想法还是破灭了，因为在1915—1916年间，不管是协约国还是同盟国都不愿接受调解，相反，随着战争步伐的前进，双方的对峙更加尖锐，都希望赢得这场战争。

威尔逊希望美国可以调解这场战争的想法，在一开始是借助一种秘密的外交手段实施的。然而，在1916年12月，他为了要通过谈判而达到和解，让交战国陈述战争的目的，这也让他之前的想法公之于众。但是，交战双方的回答都不尽如人意。德国表示，大规模的潜艇战就是为了让美国的想法破灭。此时的威尔逊陷入进退两难的地步，无路可走。他要不就选择代表协约国参与作战，要不就退回被动的中立状态。

最终，他选择了参战。因为他希望逼迫国际上可以接受崭新的、不同以往的国际秩序，这是唯一的办法。对威尔逊来说，他不仅是要和解这场战争，在他心中，已经对未来的国际社会构想了宏大的蓝图。威尔逊式的伟大设想不仅体现了国家对于一个稳定的国际社会的期盼，更反映出他们对于发展意识形态的想法，特别是在反军国主义和反帝国主义的过程中所体现出的民主价值观。在协约国与同盟国中，他都发现了致命的缺陷。在抉择站在哪一方的过程中，就体现出了国家本身对亚欧地区扩张势力内在所固有的反抗。战争尾声时，他希望可以让双方止步于此，因为交战各国的行为已经严重违背了他对未来规划进程的核心内容。

威尔逊更喜欢以两个方面为基础解决问题，一个方面是在国家自决的基础上公正地解决领土问题，另一个方面是在公共安全基础上建立国际联盟。联盟中应该有议会，负责维持和平，包括美国在内的大国在议会中起主导作用。议会中的各种机构反映了国家为所有人民构建一个和平与繁荣未来的构想，议会也通过这些机构支持所有形式的国际改革。这种方案不承认同盟国们已经相互制定的"秘密条约"——这些秘密条约主要处理战后的领土划分问题，通常忽视了民族自决。

尽管威尔逊在同意进行武装干涉前寻求各种办法以避免战争，但他并不是一个和平主义者。他的参战决定源于这样一种理念，即只有和平和解，只有1917年1月22日的"无胜利的和平"声明，才能给全人类——包括那些受到欧洲殖民者统治的非洲和亚洲人民带来稳定与机遇。他也曾在自己的伟大演讲中向公众描述过这样的和解。协约国成员都是帝国主义国家，所以威尔逊想要改革协约各国中的联合形式和敌对阵营，这反映出了一种古老的美国信念，即衰微的旧世界和崭新的新世界之间存在着巨大的分歧。而新世界终将取代旧世界。

海上的美国

困难在于军事和海军力量不足。美国没有为一场大战做好准备，因为威尔逊没有预料到参战。他的思想停留在调解上。到1916年，他认识到未能强硬调解的部分原因是缺乏强大的武装力量。他需要足够的力量来支持他野心勃勃的外交。在这个时刻，他成了"准备"的信奉者。1916年的国会立法通过了"首屈一指"的海军计划和陆军扩军，但在这一变化巨大的国家安全政策可能产生影响之前就进行了干预。

美国怎么协助新的"伙伴"（associates）呢？【威尔逊从未使用过"盟友"（allies）一词，以表达对纠缠不清的国家结盟的憎恶】。它可以延长贷款，为协约国国内战线和武装部队提供急需的物资。它也可以立即给予海军支援，因为有相当数量的船只准备采取行动。问题层出不穷。军队只有13万名常备军和7万名国民卫队。佩顿·康韦·马奇将军恰当地描述了这种情况。就法国作战而言，这支部队没有实际的军事价值，它几乎不足以组建一支针对（国内）紧急情况的警察部队。

德国领导层支持无限制潜艇战，因为他们知道这可能会导致美国的干预。他们认为美国在协约国军队被迫投降之前无法改变什么，德国采取了激进的海上战略，发布了海上商业禁令，因为他们认为军事上无法强迫法国做出决定。尽管德国几乎击败了俄国，但在海军赢得战争之前，它现在将处于守势。

目前，威尔逊避免与盟友讨论战后安排，因为他知道这种交流可能会激发不信任。他打算在美国为联盟事业做出重大贡献后，再重新恢复有关民族自决、集体安全和国际改革的外交运动。他给他最亲密的顾问爱德华·M. 豪斯上校写信说："英格兰和法国对和平的看法在各方面都不一样……战争结束后，我们可以强迫他们采用我们的理念，因为那个时候，他们的经济将掌握在我们手中。但我们现在不能强迫他们，因为任何企图为他们辩解或是提及我们共同意志的话题都会带来分歧，这些分歧将不可避免地浮出水面并影响整件事情的效果。"

在调停战争的前几个月里，美国做出了一项基本决策，即从此之后调动军事资源。维持英国和法国财务现状的举措得到了认同。而且，美国决定接受同盟国的海军战略，该做法进一步牵制了德国水面舰队以及同盟国的经济封锁政策。U型潜艇的攻击力危及了这些目标的安全。

首要且刻不容缓的做法就是要派遣美国反潜机，尤其是要派遣驱逐舰来帮助对抗海底威胁。短暂的犹豫之后，根据美国海军军官阿尔弗雷德·塞耶·马汉的陈述，暂停了1916年海军建设规划，该规划规模宏大，旨在建立一支能够获取制海权的"平衡舰队"。该项极端举措是一项不合时宜的海军战略举措。美国制船厂不建主力舰，反而建造反潜舰和商船。一支拥有6只驱逐舰的舰队即刻前往爱尔兰昆士顿，那里在进行一场由英国海军上将指挥的军事活动。其他战舰在闲置之时前往那里。一支美国燃煤战列舰舰队于1918年加入了英国大舰队，该舰队是唯一与反潜战争完全不同的舰队。

被派往伦敦的海军上将威廉·西姆斯强烈支持英国反潜增援的请求。尽管西姆斯对英国观点的支持引起了海军部门的不满，在海军部门，对于英国皇家海军的一直以来的抗拒仍然存在，他的建议通常获得批准。没有其他选择，尽管海军作战部长海军上将威廉·本森和其他人不愿意推迟马汉的建造舰队的计划，但他们认为战后需要能够对任何欧亚舰队作战的海军，包括英国和日本的。如有必要，建造舰队的计划可以在以后恢复。

一些争议阻碍了海军合作。海军部门坚持认为联盟应对潜艇和潜艇基地采取"进攻性"措施。护航队似乎仅是一种防御策略。这种态度导致了美国对在扼流点铺设水雷行动的广泛支持，潜艇必须通过该点抵达公海。这样的位置在挪威和苏格兰之间。1918年，美国率先大规模铺设水雷，以封锁北海出口。像多佛尔海峡和奥特朗托海峡的其他此类行动一样，这项措施失败了。护航系统决定了海底战争，其中包含U型艇，足以保持必要的通信。

另一场海上争端发生于1918年，当时美国开始向欧洲派遣许多运输部队。英国人不想削弱商船队的护送队。美国人自然希望为他们的士兵提供可靠的保护。幸运的是，联盟保留了足够的船只来护送商船和部队运输。美国空军运输船在去往欧洲的途中沉没。虽然商船吨位的损失在整个1918年一直有，但数量明显减少。

美国军队

大陆战略暴露了许多问题，因为军队规模太小。国家将如何动员其军队？它会在哪里战斗？如何战斗？将人力快速送到战场的一种可能方法是，派遣在军团或师中形成的作战部队去往经验丰富的协约国指挥人员的指挥下运作，利用盟军后勤系统维持这些"合并"单位。美国一直反对将美国人送到像萨洛尼卡和巴勒斯坦等"次级战场"的提议。美国的准备工作设想了一个"西方战略"，战争部门从未偏离过这样的观点，即集中精力使法国取得胜利将对战争的结果有着至关重要的影响。

派遣到美国的盟军任务提出了在西部战线上合并作战的可能性，但它被立即拒绝了。它将有损民族自豪感，美国军方自然会反对它，而更愿意在自己的国旗下服役。还有一个令人信服的政治考虑因素：合并可能会破坏战后威尔逊主义外交倡议的支持度。

美国没有利用其兵力来补充法国和英国的缺口，而是决定动员一支庞大的独立军队，在自己的旗帜下作战，由自己的军官指挥和配备，通过一个独立的后勤组织提供供给，并在其自己的西部地区作战。成立后，这支军队将发起决定性的攻击并保证战后政治目标的实现。约翰·J.潘兴将军带着这种想法去往法国，战争部门提供了大力的支持。战争部长牛顿·贝克表达了最重要的想法："在任何时候，都必须保持美国军队的独立性和认同感，这样他们才会成为美国政策的执行者。"

潘兴享有一定免受民间干涉的自主权，这在军事历史上极为罕见。他的影响力之大，以至于战争部将自己视为潘兴将军在法国下属的分支，由此对动员进行大规模指挥。任职至1918年的军队参谋长达斯科·布利斯将军将自己看作美国远征军总参谋长的"副手"。布利斯的继任者佩顿·马奇将军曾试图重新夺回战区军队的控制权，但潘兴保留的影响力实在太大了。虽然总统掌管政策，以确保专业军事决策与其宏观政治目标方向一致。军令安排并未影响民用控制，因为潘兴并未试图影响基本政策和战略。他专注于训练和行动，强调彻头彻尾的独立军创建工作。

决定动员一支庞大的独立军队隐含着巨大的风险。这样的一支军队直到1919年，也许是1920年才开始开展大规模军事行动。美国的方案意味着联军在极度缺乏军事援助时必须忍耐，等到美国远征军已经充分征募完毕、武装齐全、训练结束并运往西线为止。考虑到战斗时庞大的需求，1917年时无人能确定联军是否能坚持到从美国作战行动中获益那一天。威尔逊总统的新型理想主义并不意味着他不能以权宜之计达到目的。

1917年，动员军队的工作在混乱无序的状态下迅速展开。政府实行征兵制，这使军队的组建变得公平有效。地方官员们在征兵委员会中任职，而这个委员会要做的就是使征兵合法化。一座座训练营仓促而建，工业部门也转变为生产军事装备和物资。然而，在1917年，只有4个师的军队被派往法国作战，可是他们并没有做好全面战斗的准备。

这次动员规模空前。但是各国并没有立刻完全采用欧洲广泛的制度变革，迟迟没有发动全面战争。谨慎小心的威尔逊派努力让现行的政策措施变得不那么暴力。直到1918年，战时产业委员会才建立起来，其目的是使采购合理化。陆军部和海军部也逐渐建立起必要的行政机构。所以说，当时的美国政府并没有充分发挥好它的职能。1918年是令美国人绝望的一年。而那时，美军还远远达不到作战的能力。

1917年，协约国遭受了一系列的重创，像U型潜艇的攻击、法国在战争中的失利、英法联军攻势的失败、俄国打了败仗、布尔什维克革命、意大利又在卡波雷托惨败。这些打击迫使协约国第一次开启了盟国之间的合作。在1917年12月举行的巴黎会议上建立了最高军事参议院，其职能在于把握总体的政治军事方向。同时也建立了海军战争委员会来协调海军活动。其他一些像处理海运、生产、财政和陆运事务的盟国间的组织也纷纷成立。

威尔逊与布尔什维克主义

美国对这些变化喜闻乐见，前提是不干涉威尔逊的战后计划。为避免纠葛对美国的行动自由造成限制，威尔逊并没有派政治代表参加最高战争委员会。尽管如此，他还是任命布利斯将军加入该委员会的常驻军事代表咨询小组，要求进行必要的军事协调，尤其是统一指挥。威尔逊并不很支持最高战争委员会的倡议，他认为这些倡议不仅不合理而且会对他的战后意图造成威胁。例如，他一贯反对旨在颠覆俄国新布尔什维克政权的结盟计划。他谴责企图破坏列宁政府的做法并非因为他拥护布尔什维克党，而是威尔逊认为这些举措侵犯了国家主权。他认为同盟国的失利将会削弱俄国的激进分子，他还反对除西方战线的任何地方的军事承诺。1918年7月，为了应对极端压力，他勉强放宽了对俄罗斯北部和西伯利亚东部远征的严格限制，以此来保护储存在摩尔曼斯克、阿尔汉格尔以及符拉迪沃斯托克的物资，并帮助快速营救被俘虏的捷克士兵。

为了应对布尔什维克的挑战，以及意识到美国在战争中的地位提升，威尔逊最终打破了对战争目标的沉默。1918年1月8日，他在国会上发表了"十四点原则"，这是一项未与协约国协商的单方面声明。于同年2月、7月和9月也分别发表了类似的声明，所以最终的美国计划包含了27项具体要求。到目前为止，这是在战时对战后政治目标做出的最详尽的公开阐释。主要目标依旧不变，那就是威尔逊制定了一个基于自决权的公平的领土协议和一个基于集体安全的国际组织系统。威尔逊这么做是因为他意识到协约国现在依靠美国并且没有资格进行抗议。当时，他并没有试图获得盟国对其和平计划的认同，因为他意识到自己的谈判筹码有待继续提高。通过这种方式，美国向两个交战国联盟公开表明了其广泛意图，而又不损害其与盟国的关系。威尔逊希望能够以他温和而富于创造力的方式激发国际社会对战后"十四点原则"以及相关声明的支持。

1918年初，德国两位首脑鲁登道夫和兴登堡意识到无限制潜艇战已经失败，他们也认识到在美国增援部队改变法国的力量平衡之前必须迫使他们做出决定。其结果是决定在西部战线上取得突破，意图粉碎法国和英国军队，从而在美国军队大量涌现之前结束战争。

驻法美军

1918年3月21日，当德国军队发动第一次强力进攻时，只有30万美军抵达欧洲。新的德国战略迫使盟军和联合的大国在法国将军斐迪南·福煦的领导下建立一个统一指挥部，以改善法国几支军队之间的协调，包括比利时军队和新生的美国军队，得到了美国强烈的支持。德国的攻势也迫使美国改变其打算以自己的军队作战的努力。

法国对人力资源的明确需求，使临时将美国作战部队合并到盟军的热潮再一次产生，至少对训练和有限的实战而言是这样。它将允许美国远征军在继续建立一个独立的军队的同时，阻挠德国的攻势。潘兴不愿允许它以任何形式进行合并，担心这会阻碍美国军队的发展。结果是，虽然美国的军队越来越多地抵达法国（1918年5—7月期间有80万人），但大多数人被分配到训练部门。这项措施使经验丰富的盟军军队可以加强防御。虽然一些经验丰富的美国军队提供了有用的援助，特别是在6月份的德国第四次进攻和7月中旬的短暂的第五次进攻中，但盟军还是首当其冲地受到了德国人的攻击。

潘兴将军抵制进行联合，这让其受到了大众的反对。对于联合，他仅仅允许在短期内从协约国额外获取物资，以此作为报答。不像西姆斯那样主张在不损害自己国家利益的前提下，与盟国保持友好关系，潘兴将军颇自以为是又极其傲慢，主张在军事与政治领导上与协约国保持各自独立的立场。尤其要与法国的乔治·克列孟梭总理保持疏离的关系，具体做法是对其所在任期采取极为严苛的要求，以创建独立的军队。

和解的结果是，允许短期内与美国部分士兵联合，尤其是一起进行训练，这一和解加快了为美国进行分散演习做准备的进程，尽管潘兴将军坚信，这样的让步扰乱了他开展计划。潘兴将军担心盟国的将领会让美国的远征军消耗严重，让其士兵无法进行独立武装行动。布利斯将军在最高军事会议上倾向于赞成盟国的意见，纵然他忠诚地拥护潘兴将军。这一紧张情势于暑期在一定程度上有所缓解，在那时，来自德国的进攻得到了最终的遏制，而彼时布里斯将军更大程度上扮演着同盟国间军事调停者的角色。此外，潘兴将军手握大权，组建了美国第1军，并于当年9月初期开展了独立的演习活动。这一军队无法自给自足，缺少防身武器、盔甲、战机以及后勤供应，而这些都是盟国理应提供的必需品，也是进行大规模的美国战事演习所要付出的代价。

斐迪南·福煦计划于7月初进行具有侵略性的演习活动，这一演习在1918年余下的时间里分为两个阶段。首先，会有一系列的有所局限的进攻活动展开，旨在削弱西部前线沿路的各种地处凸角位置的部队的力量，以作为确保迅速移动的工具。这样的事业能增加法国全军的士气，法国军队那时尚未完全从1917年的惨败与叛乱中恢复过来。这样做也可以帮助英美两军为1918年第二阶段的作战做好准备。第二阶段作战是一次具有普遍性的进攻战，其旨在将德国人从比利时与法国境内的战场上驱逐出去，从而确保1919年能够达成协定。

福煦将军所采取的一系列小范围进攻大获成功。英国军队8月在法国的亚眠赢得了一场转折性的战役。这场战争迫使德国不得不考虑尽早脱离这里的泥潭。同时，在美国军队的帮助下，法军在瓦兹河—马恩河地区也取得了巨大的突破。9月，美国第1军在洛林发起了最后的有限攻势，占领了圣米耶勒突出部，这也是潘兴部队一直计划的行动。

美军第一军在9月12—16日对圣米耶勒进行了攻击，德军在1915年后就开始占据这个地方，但是考虑到自身的弱点，德军计划撤兵，放弃圣米耶勒据点，把兵力集中到沿线的防御据点。美军的进攻加快并打乱了德军的撤退，美军只能在突出部回味与德军对战的笑柄。虽然潘兴在这场战役中取得了胜利，但胜利也掩盖了一些残酷的现实，尤其是指挥官和士兵缺乏经验的事实。可以肯定的是，圣米耶勒战役的胜利，证明了美军第一军能够击败强大的敌人。

美军的胜利给福煦的战略反击准备提供了大力的支持，福煦最终在9月底开展了战略反击。和克列孟梭不同的是，福煦花费了很大的精力来说服潘兴提供美国的军事援助。潘兴在法国进行军事行动的初期，面对防御工事完备的梅斯，他起初的计划就是先进攻洛林。

他的参谋认为占领梅斯可以封锁德国的通信，让独立的美军采取行动。他创建了供给服务和训练设施来支持这一具有野心的行动。占领梅斯并不会堵住另一条离东边有一定距离的路线，潘兴当时没有认识到这一点。另一方面，福煦打算攻破兴登堡防线，这条防线是用来保护供给德国前线的铁路的。他的目标是北方莫伯日到欧努瓦艾姆里之间的铁路，和南方梅济耶尔到色当之间的铁路。如果成功了，协约国就能够封锁里尔到斯特拉斯堡之间的通信，使德国不得不撤退到安特卫普—默兹河战线。因此福煦命令美军向北发动攻击，作为向欧努瓦艾姆里—梅济耶尔区域协同作战的一部分。第一军将做出卓越贡献，但会与同盟军共享胜利。

福煦的同步强攻立马就成功了。英国在皮卡迪向东发起了攻击，向圣康坦市坎布雷进军。在另一边突破兴登堡防线，使欧努瓦艾姆里—莫伯日地区暴露。几个美国师与英国第四军的合作很有效率，因此可见短暂的联合是行得通的。这场胜利最终结束了德国的优势。

美国第1军的收获根本无法与英国相提并论，甚至连法国都比不上。潘兴于9月26日对从阿贡森林到默兹河之间进行大规模袭击，共有15个师，相当于欧洲军队30个师的兵力，美军与法国第四军团22个师合作，向北进军至阿贡森林以西，战争在44英里的前线爆发。在阿贡和默兹之间，德军最强大的阵地最初配备了5个师，大概是他们正常人数的三分之一；默兹西部和东部的海拔高度为炮兵和机枪提供了绝佳的位置。潘兴在前线险峻的地形上的行动必须迅速突破几条坚守的防线并开辟通往梅济耶尔—色当地区的道路。第一军依靠出其不意达到目标，突破了葛朗伯莱—默兹河畔丹线，这是补偿其经验不足的方法。

起初9月26日的攻击进展顺利。但是，在达到敌人防御工事的第二线后，第一军陷入了困境。它没有出奇制胜，德国的增援部队很快就到来了。只有两条不太好走的路通往前线，导致交通堵塞。步兵行进，炮兵重新安置和后勤支援变得非常困难。10月期间，第一军没有取得什么进展，但损失惨重。停战时120万的军队约12万人伤残，其中2.5万人牺牲。

潘兴声称，他的行动压制了德国部队，否则这些部队本可以在其他地方支援陷入困境的德国军队，但这一成就远没成为早先设想的决定性胜利。正如黑格和其他人所担心的那样，缺乏经验的指挥官和士兵效率低下，潘兴坚持认为野战的策略在受攻击的地区是不合适的。

大量的德军向大规模步兵的汹涌浪潮掷来猛烈的火力。如果盟军是在其取得胜利的时候偶有失利，那还尚可原谅，否则这就是一次严重的失败。

10月10日，潘兴任命少将亨特·利格特为美国第1军的指挥官，并组建了美国第二军，由少将罗伯特·布拉德指挥。第二军被指派准备东袭，这表明美国仍然希望能够夺下梅斯。潘兴作为美军总司令，和利格特花费了几周的时间重新对涣散的军队进行训练。最后，在西部战线的其他战役中证明，利格特的训练及作战策略是十分有效的。这些作战技巧在后来北上攻打色当的战役中，使美国第1军大受裨益。

默兹—阿贡战役中遭遇的滑铁卢并未使威尔逊总统改变主意，他仍然希望点燃德国对和平的渴望。德国新任总理马克斯·巴登亲王认识到，美国的和平计划远没有协约国盟军的计划破坏性那么强。相应地，他给威尔逊写了一封信。威尔逊在10月6日收到信件，并基于"十四点原则"及相关声明提出了和平协商的建议。威尔逊10月8日的回应促使美德交换了双边意见，10月27日，马克斯亲王接受了威尔逊的提议，双边交流达到顶峰。整个过程中，威尔逊没有询问盟友的意见，盟友表现出强烈的不满。还差最后一步，即在巴黎举办盟军会议，来验证各怀鬼胎的协约集团各国是否会接受这一提议。

11月1日，福煦又发起了一次全面攻击，旨在完成9月26日就开始的行动。被袭的德军别无选择，只能撤退。最后，美国第1军攻破了默兹和阿贡之间的堡垒，并加入突袭中，突袭很快阻断了敌人的铁路交通线，顺利完成了福煦的作战计划。潘兴仍梦想着攻击梅斯，但一直没有机会。截至11月11日的停战，美国军队前进了34英里，占领了580平方英里的领土，和盟军的战果相比，美军的成果真实但有限。

与此同时，豪斯上校代表威尔逊参加了盟军讨论美德条约的会议。尽管许多代表都反对美国要求公海自由权和法国的赔偿要求，威尔逊还是强行要求盟友接受了他宏伟计划的绝大部分。在那之后，德国被要求签署停战协议，保证不会再发起袭击。

尽管美军从未获得过预想中的决定性胜利，但美国的全面参战仍为战争的胜利增加了胜算。大多数情况下，美国远征军英勇奋战，但它从未成长为一支高效独立的军队。具有讽刺意味的是，美军表现最好的一些战役发生在临时与盟军军队合作的时候，尤其是1918年7—8月，在艾恩—马恩战役上，与法国第六、第十部队合作时，在9—11月那次具有决定性意义的皮卡第行动中与英国第四部队并肩作战时。在美军指挥官员完全掌握指挥技术，调整训练方式和作战技巧来应对西部战线需要之前，战争早已结束。潘兴作为一名指挥官的缺点也映射出许多欧洲指挥官曾有的缺点，这些指挥官在进行早期现代战争时，从失败的经历中学会了现代战争的最佳可行方案。10月份他安排手下最有能力的少将指挥美国第1军和第二军，是明智之举。

威尔逊总统主导了战后和平协商。尽管被迫在诸多事宜上做出让步，协约国还是同意了关于领土分割的安排。领土安排通常尊重自决，协约国还通过了建立国际联盟的主张，以确保和平并帮助恢复国际关系。战时威尔逊和平主义的夭折，缘于美国拒绝接受国际领导。没有美国的支持，和平方案就无法生效，威尔逊主义最终获得了胜利，但那是在第二次世界大战和冷战之后的事了。这些阻止德国和苏联在欧亚大陆上霸权主义的努力，是1914年就存在的世界失衡的延伸，而在之后1918—1939年的努力，也以失败告终。

| 第十九章 |

德国的胜利，1917—1918年

霍格尔·海威格

德国的防御准备阶段，1916—1917年

1916年底，德国及其同盟国的前景不容乐观。奥匈帝国的皇帝弗朗茨·约瑟夫于11月逝世，而外界对他的继任者卡尔一世知之甚少。弗朗兹·康拉德·冯·赫岑多夫将军"征讨"意大利的军队在伊松佐河沿线溃败。而东线，俄国的布鲁西洛夫将军大举进攻卢茨克，粉碎了这支古老的帝国皇家军队。军工产业缺少各种原料和军用物资，饥荒在维也纳和其他城市的中心肆虐，粮食暴动与工厂罢工现象都呈上升趋势。

德国方面，在凡尔登和索姆河两大战场上接连溃败（80万人伤亡）后，法金汉卸任总参谋长职位，让位给兴登堡与鲁登道夫。新上任的两位将军采取了长期的"歼灭战略"，希望带领战争走向胜利。1917年，他们开始采取防御措施，包括从前线阵地的突出部上撤军，例如法国阿拉斯到苏瓦松之间的"昂克尔河膝盖"区域；建立大规模防御工事，即齐格飞防御地带（又称兴登堡防线）；按照威利·罗尔上尉暴风突击队的训练

模式反复操练军队士兵；通过实行无限制潜艇战来打破英国的"饥饿封锁"。1916—1917年的"芜菁之冬"导致本国前线士兵士气低落，很快就要吃不上饭了。尽管如此，兴登堡和鲁登道夫仍然在发动工厂、动员国民，为1917—1918年的"全面战争"做准备。

"阿鲁贝利西"行动成了这场战争中最伟大的工程壮举。一支由50万德国预备役军人、平民以及俄国战俘组成的军队，赶工4个月，沿着阿拉斯—拉昂战线打造了5个独立的、由混凝土和钢筋加固的防御阵地。鲁登道夫还记得1915年俄国在波兰实施的"焦土政策"，遵循这一政策，他损毁了所有遗弃的领土，这样一来，协约国只能"找到一片完全荒芜的土地，机动性会大大降低"。齐格飞防线10英里范围内的城市和村庄都被摧毁，所有的战争物资都被一扫而空，树木被砍倒，街道上布满了地雷，水井也被投了毒。鲁登道夫大胆地放弃了过去三年间，以数万士兵性命为代价赢得约1000平方英里的土地。"阿鲁贝利西行动"行动应该可以算作鲁登道夫作战艺术中的一次杰作，这一行动帮助德军缩短了近30英里的战线，并解放了10个师和50个炮兵连的兵力。

接着，鲁登道夫整编了现有的军队，已经升格至半独立状态的师又掌握了对其炮兵的控制权。鲁登道夫将每个师分为了3个兵团，每个兵团又分别有3个营。每个师都配备有54把重型机枪和108把轻型机枪。德意志帝国11个骑兵团中的4个被解散。

同时，军官也修正了战争理论。1916年12月1日，赫尔曼·盖尔上校起草了《阵地防御战的指挥原则》。这一理论旨在"有效节约地利用己方军力"，同时使敌方"精疲力竭，伤亡惨重"。为了实现这一点，该理论没有围绕士兵这一主体进行展开，而是更加注重具有极大优势的器械（包括火炮、迫击炮以及机关枪等）。同时，该理论主张修建"纵深"防御工事，也就是说，歼敌区由至少3条纵深6~8英里的防线组成。只要前哨战区配备薄弱且"避开"主要攻击，"纵深防御地带"就会更"灵活"，敌方的主力进攻则会深入由机枪控制的交叉火力区。处在后方区域的小型联合武装部队将夺回失去的领土。炮兵则部署在反向斜坡上，受空中侦察机的指挥，先与敌方炮兵交火，随后与敌方步兵（此时超出了他们枪炮的射程范围）进行交火。

接着，鲁登道夫开始专注于训练恩斯特·荣格尔笔下的新式"战士"。所有连营的长官都就盖尔的"指挥原则"接受了为期一个月的指导课程，随后他在索莱姆、瓦朗谢讷和色当，为最出色、最富有远见的军官开设了特殊的"战争学院"。另外，鲁登道夫还创建了9个炮兵学校来训练炮兵，学习布鲁赫米勒上校发明的徐进弹幕射击战术（即"钢铁之风"），以此来掩护步兵向前推进。至1917年1月，他还为士兵们接连提供了为期4周和6周的课程，按照罗尔暴风突击队的训练模式开展训练。典型的暴风突击队是指由1名上尉和4名中尉领导的队伍，队内配有24把轻机枪、8门迫击炮、8门轻型迫击炮、8个火焰喷射器、4个轻型火炮群、若干重机枪、手榴弹和一个信号喇叭。

在物资方面，鲁登道夫按照"兴登堡计划"，吩咐普鲁士陆军部将弹药和迫击炮的产量提高一倍，并将火炮和机枪的产量提高两倍——普鲁士陆军部实际上已经下达了这样的命令。"人和马都必须尽可能多地被器械取代。"《预备服务法案》力求动员17～60岁的所有男性参军，并让女性进入工厂劳作。威廉·格勒纳将军领导建立了一个特殊的指挥部，来监督他们在"全面战争"中的工作，但他估计产量仅增长了60%。运输车辆、煤炭、铁路站场和桥梁的不足，以及极为紧张的运输体系都限制了产量的提高。兴登堡希望让城市青年和妇女们加入劳工营的愿望也没有实现。但是鲁登道夫和他的战士们至少勇敢地面对了1914年之前德国军队不用考虑的问题——现代工业化战争。现代工业化战争是由数百万战斗人员参与，数百万工人劳动推动的战争，这是拿破仑时代的军队和武器所不能比的。

1917年协约国的进攻

正如1916年冬季举行的尚蒂伊会议所概述的，在接下来一年的绝大多数时间里，德军都要做好准备，迎接意料之中的协约国协同进攻。在西部，英法两国针对齐格飞防线发起了进攻。1917年4月16日，罗伯特·尼维尔将军带领法军对德国的前线部队展开了大规模攻击。德国的前线部队范围很广，从南部的阿拉斯延伸向了苏瓦松，向东则到达了雷姆斯。但是，作为"阿鲁贝利西"行动的一部分，德国放弃了其前线部队，并据守在齐格飞防线混凝土与钢铁浇筑的要塞和碉堡之后。四天之内，他们就瓦解了尼维尔的攻势。北部的道格拉斯·黑格爵士于6月7日—7月21日在佛兰德斯对梅西纳（Messines）以及伊普尔发动了大规模攻击。但由于黑格的部队又一次缺乏奇袭的策略和凝聚力，且行军所经之处刚刚被撤退的德军焚毁，所以他们只得以在初期有所斩获，随即就又陷入了佛兰德斯的泥浆和血泊之中。但黑格并未泄气，7月31日，他对伊普尔展开了第三次进攻。然而黑格的部队并未因此摆脱困境，40万伤亡的数据验证了德国弹性纵深防御的实力。兴登堡和鲁登道夫虽然为帕斯尚尔战役惨痛的伤亡人数感到震惊，却还是为自己在西线防守策略上取得的成果而沾沾自喜。

在东部，俄罗斯前线也爆发了可怕的战役。1917年7月1日，为纪念军事部长亚历山大·克伦斯基，布鲁西洛夫将军发起了以克伦斯基为名的颇为自负的进攻，带领俄国第七、第八和第十一军试图夺回加利西亚东部。起初，随着哈布斯堡第二和第三军从德涅斯特河撤退，一切都在按照计划推进。但随后德国人就开始进行反击，并在10月19日击溃了在佐洛乔夫附近的布鲁西洛夫部队。随后马克斯·霍夫曼的军队在俄方撤退时迅速向加利西亚和布科维纳推进，但是最终还是因为缺少补给、夏季炎热和士兵疲惫等结束了此次进攻。9月，德军攻取了里加，并于10月攻取了波罗的海的奥塞尔、月亮和达戈群岛。1917年11月6—8日，布尔什维克党在弗拉基米尔·伊里奇·列宁的带领下在俄国首都夺取了政权，此前他被德军从瑞士送往彼得格勒。

最后，意大利根据之前在尚蒂伊会议上制定的联合盟军战略，于五六月份袭击了奥匈帝国伊松佐河沿岸地区，并于1917年8月和9月发动了又一次袭击。在第10次伊松佐战役中，路易吉·卡多尔纳军队的伤亡人数达到15.9万人，在第11次战役中，该数值又增加至16.8万。哈布斯堡军损失过半时，维也纳的民众及军队首领终于承认：尽管二元君主制不会再让损失扩大，却也无法在没有德国帮助的情况下赢得战争。尽管维也纳将前方战场视为"本国的战争"，而且卡尔一世下令只有他"本国的军队"才能击败"宿敌意大利"，但最终维也纳也别无他法，只能向兴登堡和鲁登道夫寻求援助。

卡波雷托战役

事实上，鲁登道夫认为，他的部队在整个1917年并没有完全处于防守状态，他在9月时派遣阿尔卑斯战区的专家，巴伐利亚军队参谋长克拉夫特·冯·德尔门辛根前往尤利安阿尔卑斯山。克拉夫特深信，如果意大利再次进攻，奥匈帝国必定失守，于是提议奥匈帝国及德国联军沿着弗里锡和托敏中间30英里长的狭窄小道发动进攻。而一个名为卡波雷托的小镇就坐落于这条战线的中心。这位巴伐利亚参谋长拒绝使用惯常的哈布斯堡强攻战术，而是沿着阿尔卑斯山脊向前推进，以便对山谷地区进行大面积的突袭。他称这次行动"艰难，危险，并充满了不确定性"——但并非不可实现。

鲁登道夫对此表示赞同。他任命奥托·冯·毕洛将军率领新十四军，克拉夫特·冯·德尔门辛根担任参谋长。从9月20日开始，2400余列火车载着重型火炮，榴弹炮和空军部队从波罗的海前线驶向卡尔尼奥拉和卡林西亚。接下来的一个月里，毕洛冒着连绵大雨，在尤利安阿尔卑斯山南部斜坡伪装良好的前沿阵地中，整合了他的混合部队。这支军队在夜间移动，并采用了迂回路线，无线干扰和封闭式空中掩护，帮助他们躲开了意大利侦察兵的视线。为了做好山地战的准备，德国人进行了艰苦的训练和进攻演习。火炮齐射，犹如暴风骤雨一般密集，紧随其后的便是密集的火力掩护。挺进到前沿阵地的最后一段路程都是在夜间进行的，而运送补给的则是一群被包住了蹄子的牲畜。

1917年10月24日凌晨2点，毕洛的第十四军在浓密的灰雾中发射了2000发致命性的蓝十字和绿十字毒气弹。雾雪笼罩下，毒气在狭窄的阿尔卑斯山谷中快速扩散，而意大利原始的防毒面罩根本无法为卡多尔纳军队提供任何保护。接着，毕洛将迫击炮换成了炮弹，在意大利的第一线上重创了对手的设施和士气，而这一战线上部署了绝大多数部队士兵和机关枪。早上6点30分左右，德国人集中重型迫击炮的火力直接攻打卡多尔纳的第一道和第二道防线。最终，在8—9点间，德国和奥匈帝国的步兵排成一纵列在密集的炮火掩护下前进。他们先后占领了弗里锡、托敏和卡波雷托，而且在当天有许多分队都前进了10英里。在埃尔温·隆美尔的带领下，符腾堡山地营中的几支分队快速攻陷了克拉格恩扎、库克和马塔杰尔山高地，俘虏了3000多名士兵。伊松佐河"石头荒原"上尖角的石灰岩悬崖，没能为意大利人提供什么庇护。在马焦雷山的一场暴风雪中，10个团大批投降。

紧接着就是全线崩溃。路易吉·卡佩罗将军由26个师组成的意大利第二集团军，在战斗的起始阶段就被摧毁了。到10月下旬，意大利第一集团军和第二集团的100万士兵，同他们的装备一起，顺着伊松佐河溃败至塔利亚门托河。卡多尔纳军队在4天内舍弃了他们过去耗费30个月夺取的所有领土——曾有30万人为其而死，74万名战士因其受伤。此外，他在佩拉尔巴山和亚得里亚海之间一整条宽100英里的防线也被摧毁了。11月2日，奥匈帝国的部队跨越了塔利亚门托河。毕洛没有听从鲁登道夫的命令在河边停下，而是选择乘胜追击。因大雨阻滞，又加之缺乏骑兵和机动部队，奥匈帝国和德国的联军最终在皮亚韦河停下了进攻的步伐，这里距离最初的伊松佐河前线只有70英里。协约国将6个法国师和5个英国师从西部防线一直派到皮亚韦河。卡多尔纳和卡佩罗因这次失败遭到了贬斥。新上任的意大利指挥官阿曼多·迪亚兹承诺，会边战斗边撤退，一直撤退到南面的西西里岛；而法国元帅斐迪南·福煦则尖刻地建议他将皮亚韦河作为起点。

卡波雷托战役是第一次世界大战中最惊人的战术成就之一。此战役最初规模有限，只是为了缓解意大利对奥地利的压力，但70天内作战范围就扩张了80英里。在此过程中，同盟国与意大利之间的战线缩短了200多英里。意大利陆军遭受了惊人的损失：1万人死亡，3万人受伤，29.3万人被俘，损失了3150门火炮以及1730门榴弹炮，超过35万名逃兵游弋在乡野地区。而胜利方的伤亡人数则在6.5万~7万之间。

但是卡波雷托战役也暴露了德国和奥匈帝国在军事作战方面的不足。饥肠辘辘的军队在意大利丰富的食物仓库和葡萄酒窖里狂欢了多日——这也成了1918年在法国接连发生事端的前兆。由于缺乏坦克和机动运输车辆，行军步伐被拖慢，最终致使军队滞留在了皮亚韦河。同盟国军队之间的合作也非常有限。哈布斯堡的将军们认为，鲁登道夫过早地限制了军队行动，并指责德国指挥官有诋毁奥匈帝国军队的行为。而德国予以还击的方式则是对他们奥地利同僚的"冲锋"和"勇气"进行中伤，并暗示成功皆属于毕洛的第十四军。更重要的是，鲁登道夫将这次行动视作其终点和目的，而没有将其作为更广泛战略中的一环。

1918年攻势

1918年这新的一年给了鲁登道夫一丝希望，有望能终结德意志帝国两线作战的噩梦。2月18—19日，借着列宁发起的革命，50多个德国师在东部再次开战。一支北路军队从普斯科夫州向纳尔瓦进发（为1941年的突袭埋下了伏笔）；一支中路部队奔赴斯摩棱斯克；还有一支南方军占领了乌克兰。德国的霍夫曼将军把这次作战比作乘着火车和汽车的一次悠闲漫步。1917年12月3日，布尔什维克与德国人进行了停战谈判。经过一番杂乱无章的争吵后，列宁同意于1918年3月3日在布列斯特-立托夫斯克签订停战条款——而当时德国军队正在攻打高加索、克里米亚和芬兰。两个月后，在《布加勒斯特条约》框架下，罗马尼亚沦为德国的附庸国。做着"中欧梦"的人们很高兴德国正在"间接"扩张主义的基础上走向经济霸权，无限量的粮食和石油储备的景象仿佛在他们眼前起舞。然而，很少有人关心或意识到，100万德国士兵将不得不留在俄国占领区，来管辖并开发这片广袤的地区。

事实上，就在鲁登道夫肆无忌惮地想要重绘东欧边界时，他的战地指挥官和部下正在评估德国在1918年的前景。前景并不光明。最后的预备役已被征召入伍；工业生产也没有达到兴登堡计划中设定的目标；10~15个美国师预计将在1918年5—6月间抵达法国；而1917年2月1日制定的无限制潜艇战略都成了无用功。西部前线仍然决定着战事的走向，英国也依旧是德国的最主要敌人。德国最高指挥部负责人乔治·魏采尔少校直言不讳地说：德国唯一的出路就是"在美国实施有效援助之前，将英国一举歼灭"。1917年11月11日，鲁登道夫决定在蒙斯进行最后一搏。1918年1月23日，德皇威廉二世获悉了"米夏埃尔行动"，3月10日，兴登堡下达了正式的攻击指令。许多参谋员称这次袭击是德意志帝国的"最后一张牌"。

德意志帝国为赢得这场战役做好了孤注一掷的准备。2月15日—3月10日期间，10400余辆全节火车昼夜不停地将士兵和物资运往前线。鲁登道夫将他的部队划分为三个部分：44个装备齐全的机动师，每个师850名士兵配有机枪、火焰喷射器和迫击炮；约30个进攻师，作为一线的替换部队；100余个战壕师，他们没有最好的武器装备，唯一的使命就是驻守已攻占下来的阵地。70余个机动和进攻师的上校及少校在色当和瓦朗谢讷接受了8天的进攻策略培训。速度、时机和专注力都至关重要。炮兵得到了补给，空军也增加到了126个中队，约有2600架飞机。部队连夜奔赴前线。此外，军方还制订了一项特殊的诱饵计划来迷惑协约国的侦察员。

步兵再一次成了战役中的重中之重。1918年1月，盖尔上校提出了一项全新的战术攻击理论《阵地战进攻学》。这一理论要求小型联合部队要渗透进敌军防线，绕过防御中心，并迅速深入敌人的后方；预备队则要利用敌人防线上的疏漏；分队不是停止进攻进行补给，而是要不停推进直到筋疲力尽；而接受过补给的小队则会越过他们继续前进。"不要给惊讶的对手以重新整理反击的机会"。这种高超的战术技巧已经取代了最高指挥部的战略。事实上，鲁登道夫拒绝使用"战略"或"行动计划"这样的词。"我反对'行动计划'这个词。我们会（在他们的防线上）打出一个洞来。至于其他的事，等着瞧吧。"他说。

德国的计划是召集第十七、第二和第十八集团军，以钳形攻势突破陆军元帅黑格的第三和第五集团军，并将英军困于康布雷的突出部。然后，这些德国分队将沿着索姆河西北方向前往阿拉斯—阿尔伯特，并给余下的英国远征军分队制造混乱。军方选择的进攻区域主要是平坦地带，这里有厚重的黏土土壤，其间还遍布着索姆河、昂克尔河以及克罗泽特运河狭窄且沼泽密布的河谷。阿尔伯特和蒙迪迪耶之间的主要作战区，在1917年"阿鲁贝利西"行动期间被德军摧毁了。

1918年3月21日凌晨4点，6608门炮与3534架迫击炮打响了"米夏埃尔行动"，西部前线顿时陷入猛烈的炮火中。5个小时后，炮兵团撤下毒气弹换上了开花弹，并为大约70个进攻师布下了火力网。柏林已经挂满了旗帜，人们敲响钟声，期待着这场胜利。

战场发来的初步报告让鲁登道夫很满意。不出48小时，毕洛将军的第十七集团军和格奥尔格·冯·德·马维茨的第二集团军就在进攻巴波姆的途中成功会师，随后便重击了黑格的第三条防线以及他的炮兵驻地。

另外，奥斯卡·冯·胡蒂尔的第十八集团军也冲破了"黑格阵地"，向福莱斯特进发。鲁登道夫迅速加强了胡蒂尔的军队，并促使他向索姆河沿岸的佩罗讷进发。短短两天时间里，德军不仅粉碎了休伯特·高夫将军的第五集团军，还迫使英国远征军后撤至索姆河及克罗泽特运河后40英里。黑格部队损失了29万士兵和1300支机枪。

鲁登道夫并没有一个战略甚至是作战指挥的概念，他指挥第十七集团军前往杜朗，指挥第二和第八集团军前往米洛蒙-利翁和朔勒讷-努瓦荣，从而盖过了胡蒂尔的功绩。他希望派军驻扎在哈兹布鲁克重要的铁路线上，把英、法两国分割开。他用了3天时间，带领他的部队跨越了1916年的索姆河战场。黑格和法国总司令菲利浦·贝当担心盟军阵线可能会崩溃。在过度分散的第五集团军败退之后，英国的注意力全部集中到了第三集团军的行动上，希望守住阿拉斯和维米岭的北部关卡。在南部，法国派出了24个师来堵住这个关隘，但他们的行动颇为迟缓。此外，贝当像黑格一样战战兢兢，唯恐丢失他负责的防线上的其他防守据点。谨慎催生了不信任。因此，迄今为止第一次，两方都同意让一个最高联盟指挥来协调他们的诉求。3月26日，在杜朗召开的一次会议上，福煦被指定为总司令，负责整个西部前线，至于进一步明确他的权力，则还需要更多的会议。福煦精确地指出，亚眠是打击德国的关键之地。3月28日，约翰·潘兴将军同意派出美国编队以巩固盟军防线。在开展"米夏埃尔行动"的一周后，鲁登道夫展开了一系列针对法军和英军的小型进攻。但在这一过程中，他反倒削弱了德军进攻的攻击力。德军在瓦兹河与英吉利海峡之间的区域呈扇形散开，以巨大的辐射阵形行军，这一战略让他们很快就筋疲力尽，士气也跌落谷底。德国近半数的预备役和三分之一的炮兵都提前丧失了战力。截至3月27日，这次进攻战已经沦为阵地战。

鲁登道夫部队中的土耳其青年党纷纷谴责"米夏埃尔行动"缺少作战计划，甚至都没有一个作战目标。有人称鲁登道夫已经"变得懦弱"了，其他人则哀叹德国缺少坦克和卡车（德国有10辆坦克和2.3万辆铁皮卡车；而协约国则有800辆坦克和10万辆橡胶车胎的卡车）。同时，还有人对德军经常停止作战，去抢夺协约国盟军丰富的食品仓库和酒窖的行径感到愤怒。鲁登道夫之前曾声称，"米夏埃尔行动"进行到第4天就能知道它是否是成功的。而3月27日，当总参谋部官员提醒鲁登道夫这件事时，这位第一军需部长尖刻地回答道："你叽叽喳喳的为了什么？你到底要我怎样？我现在要不惜一切代价缔结和平条约吗？"

鲁登道夫没有选择承认失败，而是转移了作战的重心。4月9日，他在利斯河上袭击了佛兰德斯，再次迅速地取得了初步胜利，并迫使黑格于4月12日发布命令，提醒英国军队，他们已经走投无路了。协约国在4月10日失去了梅西纳岭，4月25日又失去了凯默尔山至利斯河北的地区，但到26日时他们稳定了前线。3天后，这场战役宣告结束。

5月27日，鲁登道夫再一次变更了他的进攻线路，转而攻击埃纳河。他在"贵妇小径"打响的突破性战役旨在威胁贡比涅、雷姆斯以及终极目标巴黎，在此过程中他还设法诱使法国预备军离开德军想要攻击的真正目标——黑格。在战役打响的第一天，汉斯·冯·伯恩将军的第七集团军就越过了法国第六集团军，抵达了韦勒河畔的菲斯梅。鲁登道夫利用了这有限的战术性胜利，将布吕歇尔卷入了苏瓦松–雷姆斯这场伟大的战役中。5天之内，德国就俘虏了5万名战俘，切断了巴黎到南锡的重要铁路线，并向马恩河畔的蒂埃里城堡进发。6月初，德国士兵重新回到了1914年9月他们曾放弃的阵地上。巴黎似乎又一次陷入危机中，多达100万人在恐慌中逃离了首都。克雷皮森林一侧，改良版21厘米口径的克虏伯海军炮将巴黎置于炮火射程之下。

鲁登道夫面临他在战争中最后一次主要的进攻抉择：他是应该扩大马恩河前线部队并攻击巴黎，还是应该移军北上将英军驱赶至英吉利海峡？为了避免任何直接损失，他选择了前者这个更诱人的选项。6月9日的浓浓雾气中，胡蒂尔的第十八集团军和伯恩的第七集团军从马恩前线部队的西面、努瓦荣和蒙迪迪耶之间的地区发起了进攻。两天后，在"坦克部队"——美国第2、第3师的帮助下，福煦将军向蒂埃里城堡和贝洛森林发起了一次激烈的反攻。德国军队再一次止步于巴黎城门之外，伤痕累累，筋疲力尽。6月，德军已经折损了209345名士兵。

在德军向巴黎进军时，当时的哈布斯堡指挥官康拉德·冯·赫岑多夫，说服卡尔一世在提洛尔对"毒蛇"意大利发起再一次进攻。1918年6月15日，在将近一周的阴雨之后，康拉德沿着阿斯蒂科和皮亚韦河之间50英里的战线发起了进攻。同时，陆军元帅斯凡多萨·冯·波吉纳向奥德尔佐—特雷维索方向进军。在康拉德梦想着进入威尼斯的时候，博罗维奇也瞄准了帕多瓦。然而，奥地利历史学家彼得·菲亚拉认为，皮亚韦战役被证明是哈布斯堡军队命运的尾声。6月16日，康拉德第十一集团军又回到了最初的阵地，粮草匮乏，弹药不足，且士气低落。与此同时，由于协约国的空军来袭以及皮亚韦河水位上涨，博罗维奇第六军也溃不成军。在短短一周多的时间里，奥匈帝国军队就失去了142550名将士。在接下来的3个月中，随着近20万士兵的伤亡，这支军队已经不再能被称为一支战斗部队了。

一方面，康拉德在皮亚韦战役中失利；另一方面，1918年7月中旬，鲁登道夫对马恩河前线部队东侧进行的最后一次突击惨遭失败，使得同盟国的军队被迫进入了永久性的防御状态。不管是鲁登道夫还是康拉德，他们的内心深处都明白：这场战争的主动权已经转移到协约国手中，德意志帝国已经与胜利渐行渐远。

第二十章

空 战

约翰·H.摩罗

空战预想

从汽车和化学制品到发电机和炸药，19世纪末与20世纪初见证了技术与工业的爆炸式增长。随着1884年法国动力飞艇的诞生以及1903年美国飞机的出现，动力飞行的时代迎来了曙光。在动力飞行出现之前，古希腊神话中的代达罗斯和伊卡洛斯都展现过飞行的梦想，而在第一次世界大战的空中战役打响之前，人们对空战的设想就出现了。航空业迅速引起了民众的关注，而航空领域的成就也成了20世纪初衡量一个国家是否强大的标准。

人们在脑海中勾绘出的空战场景，并不一定预示着随之而来的现实。1883年，也就是飞船出现的前一年，阿尔伯特·罗比达在《20世纪的战争》一书中设想了一场突如其来的毁灭性空袭。伊万·布洛赫在1898年撰写的关于战争的论文也预料到了，未来将会出现来自飞艇的轰炸。1908年和1909年，德国伯爵斐迪南·冯·齐柏林巨型飞艇的发展也预示着这种可怕预言即将成真。

对英国来说，飞行成功可能意味着这个在现代历史上从未遭受入侵威胁的岛国将面临新型的攻击方式。1906年，当阿尔伯特·桑特斯·杜蒙在法国飞行时，报界巨头北岩勋爵艾尔费雷德·哈姆斯沃斯意识到，"英格兰不再是一个岛屿"。他把这种威胁理解为"敌人驾驶空中战车突袭英格兰"，尽管有些不切实际，但这确实是对其本质的经典评价。

学者们都在推测动力飞行对战争的潜在影响。受到了齐柏林硬式飞艇的启发，赫伯特·乔治·威尔斯在1908年出版的《空中战争》一书中预言了一场主要由飞艇引发的无休止的世界大战，这场战争最终将导致人类文明的崩溃。其他一些欧洲作家称，航空飞行将会把各国联结起来，使战争的残酷难以想象，还有一些人含糊其词，宣称飞行器会益于和平也会促进战争。

1908年，在政府官员的激励下，欧洲各国对航空业的兴趣普遍提高。那一年，齐柏林硬式飞艇进行了12小时的飞行，亨利·法尔芒第一次驾驶飞机完成了跨国飞行，而威尔伯·莱特则完成了两个小时的闭路飞行。1909年，路易·布雷里奥穿越英吉利海峡和雷姆斯的空中飞行，更进一步激发了公众对飞行的热情。由于这些飞艇和飞机给欧洲民众留下了深刻的印象，军事航空联盟和航空俱乐部开始出现在法国、德国乃至欧洲各地。这些议院外的航空飞行活动集团模仿了在此之前的海军联盟，著名的军事、政治和工业领导人都有参与其中，他们建立了自己的新闻机构并鼓励议会代表支持军用航空。军用航空的资助者中也不乏出身显赫的，例如普鲁士的海因里希王子、俄国大公亚历山大·米哈伊洛维奇以及英国海军大臣温斯顿·丘吉尔。

这些鼓励航空业军事化的、好战的主流态度，成了1914年欧洲航空发展的背景。而美国，由于缺乏这种主流态度，他们陆上飞机的发展也很快落后于欧洲，尽管格伦·柯蒂斯在水上飞机和飞艇的研发上表现出色。1909年末，法国和德国开始打造军事航空部队。而在德国，新闻界实际上在齐柏林硬式飞艇达到军事性能规定之前，就起到了助推的作用，促使军队接纳了它。

1911年摩洛哥危机之后，欧洲已经料到战争即将爆发。1912年，为了应对欧洲大陆的发展，以及大英帝国空中联盟和英国航空俱乐部针对齐柏林硬式飞艇袭击发出的警告，英国政府最终成立了军事及海军航空兵。德军利用文化的沙文主义至上观念支持军用航空，并通过其在德国社会中的普遍影响力，有效地控制了民用航空。1912年，政府和工业界成立了一个国家航空基金，为军队购买飞机、训练军事飞行员、资助建设机场和成立航空研究所。

其他的欧洲国家也建立了类似的基金。随着大赛和锦标赛时代的终结，再加上事故冷却了公众对航空运输的热情，航空体育产业开始逐渐衰落。在缺乏充足的体育或商业市场的情况下，军用航空的支持者们开始主导主流风向以支持他们的事业。1912年，飞机制造商通过合约，与军方建立起了牢不可破的关系，他们开始资助民用飞行员——媒体界视这些飞行员为国家荣誉的捍卫者。飞机设计师和制造商成为战时航空领域的中流砥柱，其中包括：法国飞机制造商法尔芒和伏瓦辛兄弟、路易斯·宝玑以及斯帕德的路易斯·贝什罗；德国的安东尼·福克、罗伯特·泰伦以及恩斯特·亨克尔；英国的杰弗里·德·哈维兰和托马斯·索普威斯。还有发动机制造商，如法国的尼奥姆和雷诺、德国的戴姆勒。

航空领域的国家优势竞争带有文化和帝国主义的色彩。德国人认为齐柏林硬式飞艇象征着他们自认为的文化至上思想，而法国人认为驾驶飞机时所必需的主动性与高卢人大胆无畏的个性十分契合，在英国，如拉迪亚德·吉卜林这样的航空倡导者将飞机视作工具，可以统一整个帝国，给有色人种殖民地居民留下白人具有优越性和控制力的印象。当英国人考虑用飞机来管辖帝国的时候，法国人和意大利人实际上已经将飞机应用在了1911年和1912年的北非战争中。因此到1914年，飞行就呈现出了民族主义、帝国主义和军国主义的特征。

　　齐柏林硬式飞艇的出现，让德国全体官兵产生了不切实际的期望。他们认为一支十几艘舰艇的微型舰队就可以对敌人进行一次有效的打击。这种飞机广泛激发起了大众的热切情绪，但人们也并没有期待它能起到决定性作用，因为大规模的杀伤力显然超出了当时脆弱的飞行器的承受力。但在1914年，意大利的设计师乔瓦尼·卡普罗尼和俄国的设计师伊戈尔·西科尔斯基创造了多引擎飞行器，这种飞行器使轰炸成为可能。

　　战前时期的文学作品，几乎预言了飞机将在第一次世界大战中扮演的每一个角色，包括轰炸平民可能会给全民士气带来的破坏性影响。这种态度也预见了意大利空军理论家朱里奥·杜黑在战后提出轰炸平民迫使国家走向失败的主张。民用和军用航空领域之间的密切联系，为这一既能在即将到来的战争中激励平民，又能直接威胁到平民的武器提供了一个非常合适的环境。

　　在战前时期，公众就已经将飞行员视作英雄人物，视作征服天空的技术大师。新的精英战士开始在欧洲的航空兵中脱颖而出，潇洒大胆的"中尉代达罗斯·伊卡洛斯·布朗"正是如此，他已成为英国打油诗中标榜的"集名誉声望于一身的"皇家空军飞行员。

　　大多数陆军（和海军）都强调要开发飞行缓慢、稳定的飞机来用于侦察。战前的民用和军用实验实际上都忽略了空战领域，更倾向于侦察和轰炸。具有讽刺意味的是，在接下来的战争中，军方会重新动用战前飞行运动员小型、高速，且现已加以武装的机动型飞机，让它重新回到公众的视野之中，并使它成为这场战争中最伟大的个人英雄、空中王牌和战前最英勇的运动飞行员继承者的座驾。战时空战将会重新引入战前军方一直试图根绝的航空运动领域的一些方面，这一领域强调个人攻击，这甚至有时候会伤害自己飞行员的高性能飞机。

1914年的飞行侦察

1914年8月，欧洲各国将初级的航空兵（每支部队包含至多几千名人员和200～300架飞机）和刚刚起步的航空工业投入了战场。在西部和东部前线上，飞机传递着重要的情报。当西方前线的战争陷入对峙僵局时，飞机成了侦察和炮兵定位的唯一移动工具。然而想要强化观测能力，它还需要进一步加强摄像和无线电报技术。飞机进一步证实了，在极具攻击性的英法飞行员手中，轰炸和空战是具有极大潜力的，他们不仅满足于履行军事观察职务。

事实证明，运输和生产是至关重要的，每一处的战争，在爆发后的两个月内都会中断运输和生产。在西部，军方主要通过铁路和卡车输送兵力；在东部，俄国和奥匈帝国的军队通常使用马车或牛车作为交通工具——将最现代的发明与最古老的交通工具结合起来。面对人力和物力出乎意料的高损耗问题，法国人的反应最为迅速，他们在秋季时开始将飞机——特别是发动机的生产列为重要事项，并将其标准化、规格化。德国在冬季时开始效仿法国的做法。英国的产量仍然较少，与俄国和奥匈帝国的产量相当，尽管后两个东部帝国缺乏英国的工业潜力。

1914年10月，一名法国炮兵指着阿尔伯特附近的一架德国飞机对一名英国记者评价道："就是那只可怕的大鸟在困扰着我们。"这只战争之鸟已经展开翅膀，它的阴影笼罩了欧洲。1915年，它将成为一只拥有利爪的猛禽，将其笼罩下的土地和海洋变成一个致命的格斗场。

1915年的轰炸机和战斗机

1915年，空军军备更加先进，逐渐发展出不同类型的飞机来完成前线上的特定工作，但同时这些军备也需要更多的技术和工业力量来满足其对新型改良材料的需求。轰炸与追击成了空中武器在战争中的新定位，这也迫使现有的最合适的飞机类型进行一些调整来适应这一新定位——如莫拉纳和纽波特这样的轻型飞机，福克这样用于战斗的飞机，还有像伏瓦辛和阿维亚蒂克这样机型更重、用于轰炸的飞机。俄国、意大利和德国都有一些可以投入使用的大型飞机，如西科斯基、卡普罗尼和哥塔，它们的飞行距离和负载量都证明了它们有更强力的发动机，有潜力发展成为战略性轰炸机。

然而到1915年，只有德国的飞艇有能力携带足够的炸弹，并且攀升得够快够高以躲避空中拦截，从而使战略突袭成为可能。英格兰也因此遭受了第一次空中袭击。但是这些空中巨人仍然容易受到地面火力和天气因素的影响，未能进行有效的打击，德国因此重蹈了1917年因为潜艇舰队不足而无法击败英国的覆辙。德国将这些昂贵的庞然大物——同时也是敌军炮兵的主要攻击目标——从西部前线转移到了人口较少的东部前线，而德国海军则继续成功地使用飞船来侦察敌情。所有参战国家，包括1915年5月刚刚加入战争的意大利，都开始在北海、黑海和亚得里亚海上使用水上飞机或是飞艇。

1915年航空领域最大的发展就是战斗机的出现。首先是法国人罗兰·加洛斯在他的飞机上安装了固定的前射机关枪，只用一个导流板来保护他的螺旋桨。接着是福克调整了同步装置以便在他的单翼机上配置枪械。到了1915年末，一架高效的战斗机不再只需要速度和机动性，固定前射机关枪也必不可少。早期有追求的飞行员，如马克斯·殷麦曼、奥斯华·波尔克、乔治斯·居内梅和利奥·霍克，尽管他们性情各异，但都表现出同样的坚韧、果断、勇气和进取心。这类新型的技术类士兵也衍生出了新的飞行战术，并提出建议改良驱逐机。他们的努力将会使欧洲战场上的作战双方在来年变得更加危险。

1916年真正空战的到来

历史学家认为，1916年是第一次世界大战的一个分水岭，凡尔登战役和索姆河战役使作战双方均自以为唾手可得的胜利化为了泡影。同时，由于双方都致力于通过发展大型空中武器来获得制空权，这两场战役也成了空战正式开始的标志。1916年的空战既是军事战争，也是技术与工业的战争。虽然政治和管理上的冲突损害了各个国家的航空力量，但法国还是在工业实力的竞争中领先一步。法国的飞机发动机生产远超其他各国，因为法国早早就积蓄力量建立起了大范围的自动化工业以打造多种飞机发动机，特别是具有革命意义的西斯帕罗-苏扎V8发动机。因此，其飞机引擎的产量领先于其他各国。而德国由于缺乏人力和物力，无法像协约国一样拥有工业方面的领先优势，发动机产量更是难以与之匹敌，因此德国只能凭借其先进的飞机制造技术与其他国家对抗，比如雨果·容克斯的悬臂机翼全金属飞机和1915年巨大的R型飞机，以及1916年的"信天翁"战斗机。

西部战线上，各主要国家所采取的空中战略反映出了各国的工业现状和基本军事战略。英国和法国的空中战略都极具攻击性，但相比法国，英国皇家飞行队队长"响雷"休·特伦查德将军采取的进攻战略更加无情和强硬。德国则节约资源，采取防守式进攻策略，集中其航空部队力量，力图在有限的时间和空间上掌握制空权。

1916年，欧洲的航空部队中出现了最可敬的英雄——年轻的王牌飞行员，他们体现了国家的牺牲意志。波尔克是德国的一名飞行大师兼航空战术家，在获得过40次胜利后，于10月坠机身亡。他的过世引发的全国性哀悼，都肯定了他对德国青年的鼓舞作用。个人英雄的时代持续到了1917年，但是个人难以左右日益增多的空中消耗战。1917年，工业实力对航空业来说将变得更加关键，因为飞机已经成为战争中不可或缺的一部分。

1917年空中消耗战

1917年，随着西部战线和意大利前线接连不断的大规模战斗机战术、近距离空中支援和战术袭击有所发展，以及德对英的战略轰炸，飞机成了战争中一个多功能武器。由于春夏季节空军训练不足，英国皇家飞行队在向德国派遣战斗机并进行轰炸的过程中遭受了惨重的损失，这是"血腥四月"传奇的缩影。皇家飞行队指挥官淡化了这次损失的严重性，并称其证明了空军对战争的贡献。飞行队从国内招募士兵，填补了人员耗损，并订购了3架新型战斗机——索普威斯"骆驼"战斗机、SE5战斗机和布里斯托尔战斗机——赶在秋季前克服了这一危机。

1917年5月"贵妇小径"战役失利后，法国军队限制了自身行动只进行有限的进攻，为了防止人力耗损，采取了更加谨慎的政策。然而精英战斗机群，如"猎鹳号"，仍在毫不留情地追击着德军。但是，法国飞行员单打独斗的空战理念越来越不利于他们战斗机部队的效率。在1917年的空战环境中，只有极少数的个体能生存下来，更不要说杀敌了，单枪匹马的王牌飞行员阿尔伯特·鲍尔、盖纳莫和维尔纳·沃斯的牺牲证明了这一点。幸存到1918年的英德王牌飞行员都是老练的空军中队领袖，其中包括爱德华·马诺克、詹姆斯·迈卡登以及"红男爵"曼弗雷德·冯·里希特霍芬。像查尔斯·南杰瑟和勒内·丰克这样伟大的法国王牌飞行员仍然是独行侠，他们幸存了下来并还在突破万难地杀敌。然而，能主导空战进程的是群众而非个人，这和地面上的战争是一样的。英国和德国的战斗机飞行员们也许都会承认自己有成为一名新军事贵族的想法。不同的是，英国战斗机飞行员将这一想法与对团队的信任结合在了一起，他们有这种信任，是因为在公立学校学生时代就把空战视作一种团队性运动。而德国的飞行员大多是职业军人，他们更信奉纪律，这种文化心态有效促进了向大规模空战的过渡，这在德国战斗机"集团"中有所体现，这一军团中包括多达4个拥有60架飞机的中队。

1917年，德国和英国的指挥官都认为，近地空袭将在未来的战争中大放异彩。英国的战斗机担负着近地空袭的责任，还要与友机合作进行随机的、不协调的以及个人的进攻。然而，尽管付出了巨大代价，此类攻击仍未对总体战局造成影响。德国人开发了专门的装甲对地攻击机和高度机动的双座战斗机，这些战斗机由士官执飞，最多30架为一个机群组，对地面堑壕进行猛烈扫射。

1917年，战场上的装备消耗以及物资短缺，加之后方英法两国的政治纷争等因素，迫使各国提高本国的飞机产量。在空中装备较弱的国家中，意大利强调本国空中力量要进行严格的标准化，以此来弥补国内物资匮乏的劣势；俄国空军多年辛苦经营未有起色，直到该国伊戈尔·西科尔斯基研制出大型四引擎侦察轰炸机情况才有所改善，然而布尔什维克革命爆发后又重新归为沉寂。奥匈帝国也受困于物资短缺而举步维艰，慢慢走向崩败。美国于4月参战，只有在训练和飞机方面依赖盟友的帮助，才能在未来掌握一定制空能力。

1917年，空军实力的发展凸显出了航空发动机的重要性。三大主要国家都遭遇了发动机生产危机。法国解决了这一问题，优化了他们引以为豪的"西斯帕罗-苏扎V8"发动机，并生产出一批具有更大马力的版本，这一发动机应用于法国"斯帕德"机型以及英国SE5A战斗机。而不管英国还是德国都未能克服发动机生产不足这一更为根本的问题。因此，在战争结束时，法国生产的发动机数量将相当于英国和德国两国的生产总和。

法英两国航空管理部门的政治化程度都很高。法国政府的不稳定性以及高级指挥部与作战部之间的官僚主义分歧导致其航空业不断发生变化和冲突，直到1917年深秋，乔治·克列孟梭担任总理，菲利浦·贝当担任总司令，法国才趋于稳定。在英国，陆军部和海军部为争夺航空资源进行了激烈的斗争。最终，劳合·乔治政府成立了一支独立的空军部队才解决了这场冲突，并在首相与各将军争论战略政策问题上给予支持。因此，1918年4月，英国皇家空军成了第一支自主空军部队，其中还包括一支以战略轰炸为目的的独立空军，不过实际上它的行动并未有什么改变。

与宪政政府相比，德国军用航空局堪称是稳定平和的典范，直到战争结束都一直是同一批将领统领着空中工作，这其中包括赫尔曼·冯·德尔·里斯·汤姆森上校、威廉·西克特中校以及在1916年担任空军总指挥的恩斯特·威廉·冯·霍布纳尔将军。面对无法弥补的人力财力短缺情况，德国空军在1916年秋季的兴登堡动员计划之后开启了另一项计划，即1917年的"美国计划"，以期应对日益恶化的形势。

1917年，在西部战线上，协约国的优势不断扩大，但由于英法两国缺乏合作，导致德国空军依旧存活了下来。1917年4月，美国加入战争，但可惜的是美国并没有在空战领域做好准备，因此他们需要更加协调地分配所有资源，以便装备一支美国空军加入未来的行动。

空军力量对最终胜利的贡献

1918年，航空业对战争的胜负起到了至关重要的作用。1918年西部战线上，各方飞机的总数超过8000架，这表明空战，特别是空中的搏击已经成了一场大规模的消耗战。1918年前线上的空军人数已经达到9万～30万人，飞机有2000～3000架，与此同时，国家航空工业雇用了数十万工人，每月生产上千架飞机及引擎。

不仅是中队这样的基本作战部队编制了，这些分队还被纳入日益庞大的军队中——像是拥有60架飞机的德国战斗机部队——希望借此来获得空中优势。1918年，法国最终实现了航空部门的整合，部署了700余架轰炸机和战斗机，轰炸机均采用了最先进的宝玑14轰炸机，它以速度快、坚固耐用、装备精良而闻名，而战斗机则采用了强大的"斯帕德13"，旨在对德军战线进行攻击性的战术突袭。即使是配备"传奇福克D7"的德国编队——这场战争中大量投入生产的终极战斗机，也无法阻止协约国数量众多的轰炸机和战斗机的联合攻击。在意大利前线，30～40架"卡普罗尼"三引擎双翼轰炸机或掩护步兵进攻，或跨过亚得里亚海进行分段长距离突袭，有时为了躲避防空工事，这些轰炸机只能在距离海面12码的高度飞行。

这些空中武器并不能左右战争的胜负，起到决定性作用的还是地面战争。战斗机除了直接对地进攻，通常还通过保护或是攻击侦察机和轰炸机以在地面战争中发挥间接作用，而战略轰炸因为仍然处于萌芽发展阶段，还无法影响战争的结果。

飞机在战场上对军队进行支援，确立了它的真正意义。侦察机使军队很难在日间进行活动，这迫使他们在夜间运送人力和物资。然而因为执行这些任务的英法双座双翼飞机已经老旧，不免成了敌方战斗机的囊中之物，直到1918年"萨尔姆森2A2"型飞机的出现。相比之下，德国则派遣专业机组人员，驾驶性能卓越的"朗普勒"和"DFW"双翼飞机在高海拔飞行，对手即使是技术娴熟的战斗机飞行员也不免感到棘手。1917和1918年，飞机开始对战场和后方的部队和物资进行越来越具有攻击性的打击。德国常在100码的高空集结30架飞机，用机关枪、手榴弹和轻型杀伤炸弹对敌人的火炮阵、据点和步兵储备实施打击。

在第一次世界大战中，战场的制空权成为赢得战争胜利的关键。各个战线上都有飞机服役。政治家和指挥官们，如英国军需大臣温斯顿·丘吉尔、德国首席军需部长埃里希·鲁登道夫以及法国的总司令菲利浦·贝当，都意识到大规模战役中空军的重要性。英国人准备使用亨德里–佩奇公司的V-1500轰炸机轰炸柏林的举动结束了战争。战略性轰炸的价值至今仍未能证实,但轰炸平民会削弱士气,并且战争可能会结束的这种认知,已在参战人员和航空理论家的心中生根发芽。1914—1918年间发明了空中作战基本技巧的战斗机飞行员后来并未退役,其中有一些还成了第二次世界大战的指挥官。1914—1918年的空战策略与空战战术都预示了1939—1945年间会发生更大规模的空战。

在战争结束后的两年内,所有的航空兵都复员了,同盟国各成员国因为和平条约而不得不遣散兵员,而胜利的一方因为战争的结束也自然地遣散了兵力。随着军事订单的减少,航空业也逐渐萎缩。一些飞行员和实业家开始重新关注起民用航空运输,一些国家的军队也在帮助民用航空起步;而另一些飞行员和实业家则留在了英法两国的空军部队中,致力于监管帝国的边远地区。

战时航空业的遗产、空战唯一的官方历史、多卷文献、《空中战争》、传记、战争回忆录和大众作品,都强调了英雄主义和个人主义。空中英雄的悼词和人们对个人空中战斗的关注让人回想起工业化以前的战争理想和过去神话般的战士,这在战前非常流行,也让战争和现代化技术更容易为人接受。新生代精英战士的功绩被浪漫化,使民族神话得以延伸至工业时代的战争中。在这一时代中,新的精英战士主要来自中产阶级。

第一次世界大战的战况促使空战被神话化为单一的个人战争形象。陆战前所未有的大规模屠杀使个人无足轻重。空战英雄这一形象肯定了个人和年轻人在这场屠杀中的重要性,尽管这具有一定误导性,但人们急需这种肯定。因此,战斗机飞行员不仅成为航空业的象征,同时也成了第一次世界大战中的终极英雄。

然而,关注个人战功的行为,让这支新生的战斗部队呈现出了一种陈旧的、过时的面貌,这在新的"全面战争"中有所体现——新"全面战争"融合了军事、政治、技术和工业等方面。它也往往掩盖了空中消耗战中伤亡的程度。1914—1919年间,法国有1.8万余机组人员在接受培训,其中伤亡人员占39%，而2.2万英国飞行员的伤亡人数更是超过50%。如果不是难以记录，德国的伤亡人数也不遑多让。1918年上半年法国步兵的伤亡人数占总人数的51%，而法国飞行员伤亡率则达到了71%。最大的伤亡来源于前线上的事故与后方的训练。

空战飞行既不是运动也不是比赛，它致命无情又反复无常。在战役中，一名空军飞行员的性命不仅依赖于他的技术和运气，还取决于飞机本身，而飞机可能出现发动机失灵、枪支卡壳、机翼破损等情况。精神紧张与飞行疲劳这样的职业病反映了空战的压力。爱尔兰的爱德华·马诺克是英国最高的王牌飞行员，他在1918年出现了非常严重的神经紧张问题，以至于他在巡逻之前常常生病。手抖和泪流满面暴露了马诺克的精神紧张，这不仅是因为他坚信自己会死，害怕被烧死，还因为他的飞机反复出现问题。1918年夏，他被地面火力击中，坠落火海。空中战斗是令人振奋和陶醉的，但也令人烦恼和恐惧。

强调个体作战的行为也掩盖了这场战争留下的一个更深远的遗产，即战略轰炸平民的谬见。空中武器确实是全面战争时代的产物，它将平民和军事目标混为一谈，并认为轰炸妇女和儿童是赢得战争一个可接受的手段。在德国空袭伦敦期间伦敦陷入了一定恐慌，除此之外，第一次世界大战并没有足够的证据证明空中轰炸造成了平民的严重伤亡。然而，平民无法抵御轰炸的假设仍然存在。对空战浪漫理想化的想象根植在过去，而大规模平民伤亡的残酷景象则预示着未来——这些画面构成了20世纪空军力量的双重遗产。

| 第二十一章 |

协约国的胜利，1918年

提姆·特拉弗斯

1918年初，协约国在战争中属于失势方。俄国革命、意大利在卡波雷托的失利、1917年法国的叛乱、协约国兵力的减少以及帕斯尚尔战役后英国军队的耗损，这一切都表现出协约国存在相当大的问题。因此，在1918年初，英、法决定继续在西部战线上部署防御，等待充足的美国兵力加入战局；同时增加坦克、飞机和其他一些机械装备的生产量，准备之后再发起新一轮的攻势。然而，大家普遍认为这场决定未来战局的战役将在1919年爆发。那么，协约国是如何在1918年就在西线上大获全胜的呢？

实际上这取决于六个决定性阶段。第一，协约国抵挡住了1918年德国发动的大规模春季攻势；第二，7月18日法国在马恩河上发动了决定性的反攻；第三，8月8日，澳大利亚、加拿大与英国在亚眠战役中大获全胜；第四，美国远征军的陆续抵达；第五，9月末协约国发动全面进攻；以及最后10月和11月初，协约国对德国撤退部队发起最后的追击，这也直接促成了1918年11月11日停战协议的签订。

马恩河上的反攻

　　德军在3—6月春季攻势中获得初步胜利后开始显露疲态。鲁登道夫此前认为，春季攻势会吸引协约国的预备军离开佛兰德斯地区，以便他在佛兰德斯发动决定性的"哈根"进攻，并将英国远征军都赶到海里去。现在，鲁登道夫再次进行尝试，计划于7月中旬进攻马恩河地区以威胁巴黎和雷姆斯。然而，当时的时间非常紧迫。因为截至6月中旬，美国远征军已经在法国组建了20个大型师，而且美国大军还在以每个月25万人的速度，潮涌般进入欧洲大陆。很快，德国在人数上的优势将被逆转。但在7月份的马恩河战役中，尽管兵力有些不足，但法国的33个师仍在对阵45个德国师。此外，德军火炮的数量即将告罄，6353架训练用火炮也不得不加入马恩河战役。即便如此，德国在火炮装备上也有2∶1的优势——这一比例在以往的德军攻势中是最低的。更重要的是，很快贝当将军指挥的法国军队通过情报来源，得知了德国将于7月15日发动进攻的消息。而因为在此次攻击中，每125码就需要布置一条火炮输送路径，所以想要隐蔽地发动进攻是非常困难的，这也让德国失去了突袭的机会。贝当还认识到了构筑纵深防御阵地的必要性，并说服了古尔戈指挥的法国第四集团军也采用此方式，但法国第五集团军并没有采纳。同时，法国的炮兵团做好了对德国步兵进行反击的准备，但并不准备袭击德国炮兵团，因为法国已经没有充足的炮械和弹药支持对两方都进行打击。

　　7月14日午夜后，德国的一枚炮弹切断了古尔戈将军总部的电力供给。尽管陷入了黑暗，但是古尔戈很高兴，因为这枚炮弹证实了法国的预测："从没有一次炮击让我这么高兴。"德国的攻势迅速陷入僵局，接着，在7月18日，法国开始发动反攻。法国已经为这次进攻准备了些时日，原本只是针对苏瓦松的有限进攻，但第十集团军的曼金将军将这次攻势扩大为一次针对马恩河阵地突出部侧翼的大规模进攻。

　　具有讽刺意味的是，7月15日德国取得的有限胜利，反而使法国的反攻从中受益，得以进一步深入突出部。法国第十军和第六集团军（包括美国和英国师）统领了这次进攻，配有750辆坦克，火炮装备数量上也拥有2：1的优势。这次进攻非常突然，先前没有进行炮队标记，但是密集的火力网掩护了步兵，使得初期战果丰硕。火炮是成功的关键，地面上每1.27码就有一个重炮弹坑，每码有3个野战炮弹坑。与其他所有的进攻行动一样，进行到后期进攻会变得更加困难，但是法国和协约军一直在持续进攻，直到8月初才停止。

法国的反攻扭转了战局，使德国成了失势的一方。值得注意的是，7月20日，鲁登道夫叫停了哈根攻势；7月24日，当时的西部前线协约军总司令福煦将军指挥他的军队继续进攻。战争的局势已然扭转，直到战争结束，德国军队将一直处于防守状态。然而，随后8月8日的亚眠战役，掩盖了7月18日进攻的成果，历史学家们也大都低估了1918年法国军队的作战能力。7月15日—8月5日，法国的伤亡人数总计95 165人，8月又增加了10万人。法国第十集团军作为进攻的先头部队，从7月18日到战争结束期间的伤亡人数超过了10.8万，其中1.3万人死亡。7月1日—9月15日间，法国总伤亡人数约为27.9万人。英国远征军的伤亡人数更多。1917年的法军哗变仍然影响着法国陆军，但1918年时，这支军队还未达到强弩之末的地步。

然而，除了伤亡数据，其他的统计数据甚至给了德军一个更大的教训。3—7月间，德国主要通过进攻占据了一些阵地，但这些地区都需要兵力进行防御。此外，德军的压力非常大，这一时期德军的总伤亡人数已经接近100万人，其中包括12.5万人死亡，10万人失踪。士气的大跌也让德军陷入困境。德军缺乏补给，一有机会便去抢夺敌人的物资和酒，而许多德国士兵都借机放弃或是逃避前线上的任务。接着，在6月和7月，流感席卷了整支德国军队，50余万人感染。这使得德军的兵力在1918年7月时被大大地削弱了。8月1日，德国第二集团军宣布，它的13个师中，两支部队适合作战，5支部队只能进行防御，3支部队连防御工作也难以维持，还有3支部队需要救援。每个营中只余200支步枪、15～20支机关枪的兵力，军士和军官都难觅踪迹。因此可以说，西线的德军由于其自己发动的进攻惨遭失败而付出了高昂的代价，导致他们在3—7月之间的战争中铩羽而归。当然，这并不意味着德军就此停战——事实上，从7月到停战期间，另有42万士兵伤亡。在这期间，8月8日的亚眠战役也极大地推动了德国走向战败。

亚眠战役，1918年8月8日

因此，8月8日，集中了步兵、炮兵、坦克和空军的亚眠战役促成了协约国第三阶段的胜利。由罗林森将军率领的第四军发起，亚眠战役展示了精心组织的联合武器进攻所能达到的效果。干扰敌军的策略和严格的保密制度让人有意外之喜。特别是德军知道澳大利亚和加拿大的军队是英国远征军的主要进攻部队，也是这次行动的先头部队，所以干扰和保密的策略显得尤为重要。这一次步兵得到了比以往更多的火力支援，包括刘易斯机枪、迫击炮、机关枪和发烟弹。炮兵在后方进行标定，用1917年开发的精确测量方法预先记录敌方炮台和其他目标。在战斗开始前，协约军已经查明了95%的德国火炮，因此德国的反击不会造成很大的影响。大约1900架飞机掌握了制空权，部分掩盖了地面342辆Mark V坦克、72辆中型A坦克还有兵员运载和攻击坦克出发时的声音。凌晨4点20分，当雾气、烟雾和黑暗笼罩在这片土地上时，2000门重炮和榴弹炮的轰鸣打响了这场战役。另外德国由于夜间进行轮值救援、士气低落且防守疏松，也让这场战役更加顺利。

在加拿大第1师中指挥第十六营的空军中校佩克追忆道："浓雾弥漫，军队在零点时迫不及待地向前发起冲锋……一英里内没有遇到敌人的阻拦。烟雾非常大……派珀·保罗在我身边被击中了。大军一直坚定地向前进发，占领了一座又一座山岭。我们在欧贝尔库尔短暂地修整了一下，坦克也在这里停留了一阵。最终在早上7点15分时与敌军交火。"事实上，这次进攻取得了惊人的成功，第一天就向前推进了6至8英里，尽管侧翼很大程度上要慢于这一速度。接下来几天，也取得了进一步的进展，但同时损耗也更大，英国远征军总司令福煦和黑格给罗林森施压，要求这场战役要比他预想的更深入。为了持续进攻，他们牺牲了许多坦克和飞机，例如在第4天时只有38辆坦克仍在进攻，到了8月8日有96架飞机折损，第2天又折损了45架，这样大量的耗损主要是因为他们在试图摧毁索姆河桥。

8月10日，在鲁瓦附近执飞巡逻的韦斯特上尉荣获了一枚维多利亚十字勋章，"就在他返回我们阵地的飞行途中，遭到了7架福克双翼机的攻击。几乎在他的飞机第一次被击中时，其中一架敌机……就用3枚炸裂弹射中了他的左腿。尽管韦斯特上尉的左腿无法控制飞行，右脚也受伤了，但他还是成功地驾驶飞机返回并降落在我们的阵地上。"降落后，韦斯特上尉也坚持在接受治疗前先进行汇报。

8月8日之后的几天里，亚眠开始变得混乱不堪，造成了许多步兵伤亡。此外，此次袭击深入了之前的索姆河战场，德军部队在此地寸步难行。最终，18个德国预备师进驻此地以加强防御。迫于加拿大部队指挥官库里所施加的压力，罗林森说服了黑格于8月11日停止进攻。然而，侧翼的军队并没有同享此次亚眠战役的胜利，英国实力较弱的远征第三军在向北撤离时遭遇严重问题，而法国德伯内的第一集团也没能成功向南推进。此外，罗林森的第四军指挥部一直没有派出唯一可动用的英国远征储备军——第三十二师，直到战局已经无法逆转。另一方面，8月8日的战役在德国司令部内引起了激烈的讨论。鲁登道夫称它为"德军的凶日"，而德国官方的专文指出："当8月8日战场上的余晖散尽之时，这场战役就无可辩驳地成了德军自开战以来遭遇的最大失败。"

攻破兴登堡防线

亚眠战役之后，福煦要求协约国尽可能快地开展一系列进攻。在开战之前，福煦一直不惜一切代价地想要推动这次进攻，而现在的战局终于能让他付诸自己的想法了。但是如何开展进攻？福煦希望能针对特定的目标，而黑格则更乐于沿着防线发起总攻。8月末，黑格建议和南部的美兹埃尔部队，以及北部的圣康坦-康布雷部队会合来发动进攻，福煦接受了这一建议。但现实情况是，在美国做好准备之前，协约国中最强大的军力集中在防线的中段，部署的主要是英国远征军，也因此，此处必须是迎接敌方最主要进攻的部位。8月21日，为了利用亚眠战役获胜的优势，英国远征军第三和第一军，以及法国第十和第六集团军发起了针对阿尔伯特—巴波姆的大规模进攻。著名的军事战役包括9月1日澳大利亚军夺取圣康坦山的战役。在夺取这个难攻的小镇时，澳大利亚军先是用迫击炮和榴弹炮进行了半小时的轰炸，随后派出了一队配备有刘易斯机枪和步枪手榴弹的步兵冲入战场。9月初，加拿大军团在敌方防守士兵士气低落时夺取了德罗库尔—凯昂战线，进攻中先使用了740支枪进行密集攒射，关键时刻派出了坦克、配备有刘易斯机枪和步枪、手榴弹的重装步兵进行支援。

现在，这场战争准备进入下一关键阶段，即进攻兴登堡防线，这也将成为9月下旬连续四场大规模协约军进攻作战的一部分。福煦按照黑格"集中进攻"的想法，把重点放在防线中心拉昂的突出部，但是福煦同时也希望能最大限度地分散德国的防守，防止德军后备兵力转移。因此，福煦命令大军从默兹向北海进发。9月26日，美国第1军和法国第四军进攻默兹—色当地区；9月27日，英国远征第一军和第三军进攻康布雷地区；9月28日，比利时、法国和英国驻扎在佛兰德斯的军队沿着海岸线向根特进发；最后，在9月29日，英国远征第四军和法国第一军进攻比西尼地区。

在如此大规模的进攻中，只有几个特定的战场能被人铭记。第一个就是9月12—18日美国远征军成功缩小圣米耶勒突出部的战役。随后从9月26日到战争结束，该军队投入默兹—阿尔贡战役，但这次就没有那么幸运了。尽管美国远征军并没有为协约国赢得这场战役，但是这场战役贡献了战员方面的重要优势，截至11月底，已有超过200万美军驻扎在法国。正是因为预料到美国远征军的人数会稳定上升，德军才不得不发动了注定会失败的春季战役。美国远征军的到来给协约国带来了巨大的心理鼓励，并确保了协约国最终的胜利，即使美军在战场上有时缺乏作战经验，有不足之处，但这都是可以理解的。

第二场被人铭记的战役则是9月27日，第一集团军中的加拿大军团对北海海峡发起的进攻。军团指挥官库里计划让两个师冒险穿过运河上2600码的干涸河道，接着由另两个师展开扇形攻击。尽管库里所在军队的指挥官霍恩将军努力让他改变计划，却并未成功。这次进攻是在凌晨5点20分发起的（现在在早上发起进攻已经是惯例，黑暗能帮助军队躲开机关枪扫射），并极为依赖枪炮。在230把德军枪炮下，加拿大军团的炮火反击成功率达到了80%，而决战时刻的徐进弹幕射击更导致了德军防御的瘫痪。正如一名炮手所说的那样："前线上数英里内你所能见到的全部都是漫天的火炮，弗里茨战线上充满了硝烟和炸开的炮弹。"步兵发现运河上没有设置任何路障，他们一跃跳下干涸的河床，在远处搭起了云梯，并爬上了岸。在没有充足梯子的时候，他们便踩在彼此的肩膀上攀爬。

坦克难以在此地前进，所以机关枪的火力遭到了弹幕射击、刘易斯机枪和步枪的压制。到了晚上，加拿大军团已经大面积接触敌军，北海海峡防线被击破，德军防线断断续续，部分区域的士气低落。一位观察员回忆道："随着火力扫射起伏如雾，我看到德国人向我们的阵地奔来，并向他们遇到的每个人举起双手。"一名德国战俘用英语向俘虏他的人大喊："你不知道，战争已经结束了。"这显然是不成熟的想法，因为第二天德军就发起了反击，在接下来的几天中，加拿大军团在敌方无组织的进攻中挣扎前进，但德军的机枪防御总能摧毁他们。10月4日，库里写道："德国人从未如此苦战过。"但康布雷仍于10月9日失守。这场战斗确是一场消耗战,加拿大军团在8月22日—10月11日期间伤亡30 806人。虽然这一阶段的战争取得了胜利,但付出的代价也很高。

第三场被人铭记的战役是第四军在兴登堡和博雷瓦尔战线上的关键性进攻,其中包括在9月29日圣康坦运河上的进攻。澳大利亚军团指挥官莫纳什组织了这场进攻,他的军团是第四集团军的一部分。如北海峡战役一样,莫纳什也野心勃勃地计划让两个美国师穿越一条6000码的狭窄运河通道,然后呈扇形而出,同时派遣两个澳大利亚师穿过中心区,与美军交替前行并最终占领博雷瓦尔战线。由于对计划不甚满意,罗林森将正面进攻的面积扩大到了1万码,在南部增加了46个师,这些师的士兵将不得不通过救生筏、救生圈、梯子、船和绳索跨越水域过河。然后将有32个师成功过河加入战斗。罗林森还将配备的坦克数量增加了近一倍,达到162辆(总司令部为第四集团军预留了大部分坦克),并增加了轻型坦克和装甲车。因为兴登堡战线布满了壕沟,沟中又布置了大量电线,于是炮兵部队准备了1637支枪械,用四天时间清除金属线,打破防御,尤其是敌方第四十六军的防御,压制敌军的火炮和机枪。英国远征军还第一次使用了3万发BB弹(芥子气)。最后,一份俘获的德军防御地图也为炮兵提供了大量有价值的攻击点。

9月29日早晨5点50分,在运河上的大部分的作战区中,密集的火力和坦克掩护着步兵接近敌方目标,但随后交替前进的澳大利亚师则面临着重型机枪火力。据B53坦克9月29日下午6点30分汇报:"在我前进的过程中,坦克的前部被来自卡巴雷森林农场前方壕沟内和农场内发出的枪林弹雨般的MG子弹扫射……我的左炮手使用霰弹击倒了一名壕沟后的MG枪手,我的右炮手则一直用钢弹与MG子弹和野战炮进行交火。我注意到我坦克前部的机关枪扫射到了许多壕沟内的敌人。在前进的过程中,我的坦克两次被击中右侧翼机体,并被打掉了一个舱门。"事实上,个别村庄和据点配备有200架或更多的德国机枪的事情并不罕见,而这些地区也很少被炮兵摧毁。因此，需要用到坦克或是步兵来应对这些坚不可摧的防御体。再往南，第四十六军跨河更是一项难得的壮举。在密集的火力和浓雾掩护下，先头的步兵旅清理好了通向运河的道路，并如狂风般开始渡河，紧跟着的还有其他的旅和第32师。在接下来的六天中，战役一直在持续进行，由于出现了太多次冲锋与太多次组织不协调的攻击，使得协约军损失惨重。在8月8日—10月5日期间，第四集团军中的澳大利亚军团伤亡人数达到了25 588人，同时澳大利亚军中开始有人对他们持续进攻的任务感到不满。因此他们于10月5日退出战线。

鲁登道夫提出停战

随着兴登堡防线和其他防御工事在9月下旬的进攻中彻底崩溃，协约国在西线上的战事进入最后阶段。9月28日，鲁登道夫下定决心，为了拯救日益耗损的军队，有必要提出停战，陆军元帅兴登堡也认同这一观点。同一天，德国的盟军保加利亚在莫纳斯提尔—多恩战役后要求停战。接着，在10月下旬，自从6月份奥地利皮亚韦河战役失利后就一直安稳的意大利也开始投入战斗。10月24日，意大利、法国、英国的盟军联合进攻维托里奥威尼托，这加速了奥地利的败势，并促使他们于11月3日停战。土耳其也于10月30日同意签订和平条约。

同盟国军队的盟军迅速溃败，但是从10月中旬一直打到最终停火的西部战线战役仍未结束。同盟国军队普遍开始撤退，尤其是英国远征军第一、第三和第四军面对的敌人。通常情况下，每天都有一支德军撤退，德军的野战炮和重型枪械掩护着彼此，而机关枪、单机枪和迫击炮则掩护着步兵撤离。而协约国主要以火炮予以回应，正如一名军官所写的："在徐进弹幕射击的射程内，步兵可以轻易地接触到敌军。然后德军会被俘、被杀或是撤退到下一个进攻线，可能是在后方6000码的地方。而步兵则接着推进……然后在下一条战线上进入下一轮僵持局面。"协约国的问题则在于后勤部门和士兵的厌战情绪，法国第五师的一名士兵回忆道："每个人都很沮丧，因为我们知道德国人已经要求停战了，我们都希望在我们重新回到战场之前能有停战的消息传来。但是没有，我们每个人都感觉到即将到达这场战争的终点，我们更害怕在距离战争结束如此近的时候死去。"而德军方面，10月18日，皇储鲁普雷希特写道，他的部队不再可靠，由于"缺少马匹"，炮兵也开始脱离战斗。

最后，在1918年11月11日上午11点，枪声停止了。西部战线上的胜利决定了这场战争，但是协约国是如何获得胜利的？答案相当简单，按重要性列举如下：第一，日积月累的消耗对德军来说影响很大，所以他们无力承担起比协约国失去更多的士兵。1916年和1917年的协约军进攻如预想般重创了德国军队。而且，具有讽刺意味的是，德军从未从1918年春季战役中恢复过来。春季战役使他们失去了最优秀的部队，并且彻底地动摇了德军士气。1918年德军的失利导致在3月21日—11月11日伤亡人数达到了176万人，其中包括大量不愿意继续战斗的德国人。德军部队中实际上已经没有兵力了，而协约国还在通过美军的集结而不断扩充兵力。德军因为损耗和筋疲力尽而被击败。

协约军胜利的第二个原因则是因为其在技术和物资上占据优势。无论是在火炮、弹药、坦克、飞机、刘易斯机枪、手雷、机关枪、食物供给、铁路，甚至是在马匹方面，协约国都有着压倒性的优势。即使是在德国春季战役之前，德军在西部战线上也只有1.4万门炮，而协约国拥有1.85万门炮；德军拥有3760架飞机，协约国4500架；德军10辆坦克，协约国则800辆。也许1918年战争的关键武器是火炮，而协约国并不缺少弹药。正如一名英国官方历史学家写的："敌方每发射一枚炮弹都会受到10枚、20枚的反击。在1918年夏季和秋季的轰炸中，英国炮兵极大地主导了战场，以至于敌方的反击很大程度都是盲目的。"因此，1918年9月28—29日作战期间，英国远征军消耗的炮弹是战争开始以来最多的，共发射了945 052发。夏季，法国军队平均每天要消耗28万发75毫米野战炮的炮弹。协约国的物资优势轻而易举地就拖垮了德国军队。

如果说1918年有一个转折点的话，那就是法国在马恩河发动的反攻，以及其后的亚眠战役。获得胜利的第三个原因，即为战术变革。现在，英法两国军队完善了多武器联合作战的学说：他们出其不意，对敌人发动不明炮火袭击，实施威力巨大的炮火反击，另外还使用坦克、飞机、调用步兵进行陆地作战。尽管如此，更好的战术也并没有避免更大的伤亡——事实上，伤亡人数要比公众所知的更为严重。7月1日—9月15日，法国军队失去了7000名军官和近27.2万名战士。8—10月的英国伤亡人数约为30万。同样伤亡惨重的还有加拿大的军队，从1916年的8—11月，加军总共损失了30 089名士兵，主要是在索姆河战役中牺牲的；1917年伤亡人数达29 725人，主要是在帕斯尚尔战役中折损的；1918年伤亡人数达49 152人。因此，尽管协约国军队采用了新的联合部队战术，1918年也成了这场战争中最艰难的一年。

最后，1918年，协约国军队在西部战线上还取得了什么成就？在此期间，英国远征军俘获了18.9万名战俘，2840门炮；法国军队俘获了13.9万名战俘和1880门炮；美国远征军俘获了43 300名战俘和1421门炮；比利时军队俘获了14 500名俘房和474门炮。这些最终的统计数字可能恰当地代表了1918年协约国在法国战场胜利中的各国主要贡献。

第二十二章

和平条约

左拉·施泰纳

和平会谈

1919年1月18日，巴黎和会正式召开。来自不同大洲的37个国家的代表团聚集至仍处于战时状态的法国首都。许多非官方代表和请愿者挤在酒店走廊上，一支500多人的记者团似乎记录了这次世界性对话。美国总统伍德罗·威尔逊的"十四点原则"吸引了欧洲人的注意力，他也因此成了当时的英雄。疲于战争的人们期盼着美国梦中所提到的和平与繁荣。西部战线已经归于平静，但其他地方的战争仍在继续。三大帝国的失败和崩溃，导致它们以前的领土上出现了无政府状态和革命起义。无论是以前的沙俄还是之后的苏联都没有参与和平谈判，但是布尔什维克主义的浪潮就如同班柯[1]的鬼魂，笼罩在和平谈判桌上空，威胁着整个欧洲。新旧各国都在抢占着邻近的领土，俄国国内及其边境地区内战频发。协约国军队仍

---

[1]　莎士比亚悲剧《麦克白》中的人物。——编者注

然驻扎的地区还能保持和平，但是欧洲的大部分地区都不是胜利者能控制得了的。

尽管伦敦、华盛顿和巴黎做了很多会前准备工作，但实际上会议的安排还是十分混乱。由英、法、美、日这些主要胜利国各派两名代表所组成的十人会议难以达成一致意见，于是在3月中旬，一个非正式的四人会议出现了，其中包括劳合·乔治、乔治·克列孟梭、伍德罗·威尔逊以及维托里奥·奥兰多，其中维托里奥·奥兰多是四个人中影响力最小的。他们就需要做出裁决的主要问题进行了磋商。在考察团、委员会和个人顾问的协助下，"三巨头"以临时、零碎的方式为和平条约中的内容做出重大决策。

由于伍德罗·威尔逊具有一定声望和名气，加之协约国对美国的重要性表示认可，所以全体会议在其第二次会议上才得以设立了一个委员会，由威尔逊担任主席，审议拟议中的国际联盟问题。《国际联盟盟约》以英美草案为基础，由主权国家制定了一个集体行动的制度化模式以维持和平，在次要问题方面，它鼓励各国加强合作以获得社会和经济福利。为了取代之前没能成功的权力平衡体系，新制度把条约中的第十条和第十一条作为核心条款，呼吁联盟各成员国尊重和维护其他所有成员国的领土完整和政治独立，并使针对单一成员国的战争或战争威胁成为全体联盟国家共同关心的问题，并为之行动。第十二条和第十七条则描述了可对侵略方采取的措施或制裁。战争虽然不归属于非法行为，但是需要延期3个月，以便国际组织达成一致意见。《国际联盟盟约》接受了"集体安全体系"的畅想——这个术语仅在20世纪30年代中使用过——但此举并不是为了创造出一个超级国家，而是为了在主权国家的世界中进行运作。

自从成立以来，国际联盟虽然在意识形态上得到了国际认可，但是对于那些必须去运作这一体系的人来说，这是非常难以接受的。美国参议院否决了《国际联盟盟约》及其所载的《凡尔赛和约》。而威尔逊的倡议并未能得到英国或是法国政府的支持。劳合·乔治急于平息英国国内强烈

的亲国联倾向，他拥护国联，但是对此并没有什么感情，并利用其他个人
外交手段达成他的目标。法国人想要建立一个由常备军队支持的加强版胜
利者委员会。由于该计划未能成功，保持怀疑态度的克列孟梭只能寄希望
于确保法国的安全得到更切实的保障——他对国际舆论的力量并不抱任
何信心，但他意识到，需要对国际体系的改变做出回应。将《国际联盟盟
约》纳入巴黎和平条约的每项条款中，并暂时把前敌对国家排除在外——
这样的做法将新机构与胜利者的和平和现状联系在了一起，使得德国人愈
加认定威尔逊出尔反尔，并加剧了苏联对这一新机构的敌意。

　　"集体安全体系"能否在所有国家都发挥作用，是一个非常值得怀
疑的问题，甚至在这一体系建立并接受检验之前，成员国的后续行动就凸
显出了该体系存在的根本弱点。国联的成立被公认为是这次会议的主要成
果，至少这是国际秩序的一个新特色，对各国的政治家及其民众产生了深
远的影响。"裁军"与"集体防护免受侵略"的承诺，让威尔逊"结束所
有战争的战争"的主张更具有实质性的内容。不幸的是，就像权力制衡一
样，新体系还是依赖于主权国家履行条款的自我意愿，不得已时还要发动
战争以强迫他们履行。

《凡尔赛和约》

　　《国际联盟盟约》落实后，缔造和平的主要任务即可展开。1919年
6月28日，在凡尔赛宫的镜厅内签署了《凡尔赛和约》，这是巴黎缔结的
五项和平条约中最重要的一个。此时，距离弗朗茨·斐迪南遇刺已有五年
时间。

　　克列孟梭、劳合·乔治、伍德罗·威尔逊，以及他们各国国内憎恶
德国人的民众，都认为德国应该对此次战争负责，并且坚持要让他们受到
惩罚。没有人相信德国会因此被摧毁，但也没有人准备迎来一次"软和

平"。和克列孟梭一样，劳合·乔治认为这场战争犯了危害人类罪，而伍德罗·威尔逊对正义的理解与德国所期望的不同，包含着强烈的惩罚性因素，认为只有在惩罚过后才有调解的可能。这三位领导人只在这一点上达成了共识，目标却完全不同。78岁的克列孟梭特别关注法国未来的安全，并寻求保障以保护自己的国家免受人口众多、经济实力更强大的邻国的侵略。他深信德国会再一次危害和平，因此他想要寻求一个安全体系能够重新调整德法之间的平衡，使其有利于法国。作为一名彻底的现实主义者，他明白，想要实现这个目标离不开美国和英国的支持。他的想法并非毫无可能实现，通过强迫德国积极参与和平调解，也许能够建立起一个新的安全体系。在会议召开之前，劳合·乔治就以德国为代价，确保了英国主要海军和殖民地的安全，但他也不只是关心如何惩罚德国，同样他也在关心欧洲大陆未来的安稳。在认可法国提出的安全要求的同时，他也在寻求一个德国人可以接受的"公正和平"，他希望在这"和平"中不会再产生新的仇恨，也不会再有新的阿尔萨斯—洛林来挑起未来的战争。过于严苛的和平会动摇德国政府的统治，带来革命与贫困。英国如果想要追求至高无上的帝国主义同时又有经济野心，就需要一个繁荣的德国重回欧洲舞台。首相在巴黎扮演的角色就是要促成一种和平局面，即最终无须英国维持，而是靠欧洲大陆上各个国家相互制衡的平衡关系。伍德罗·威尔逊思想的关键在于建立新的国际联盟。国际联盟和在经济上与其对应的自由世界贸易体系不会排斥一个民主和平的德国的加入。如果威尔逊能更善于谈判，他可能已经签订了一个更自由的条约，但因为他充分相信国联将纠正和平缔造者的错误，所以愿意牺牲"十四点原则"中的一部分内容。

《凡尔赛和约》的签订代表着，在英国关注欧陆稳定性，而威尔逊关注民族自决和国际联盟问题时，法国呼吁修改安全策略的要求占了上风。约翰·梅纳德·凯恩斯在1919年发表的精彩的、极具影响力和误导性的《和平的经济后果》中声称，这不是"迦太基和平"。德国没有被瓦解，它重新振兴的能力也没有被剥夺。由于其周边帝国的垮台，德国保存了基本完整的实力，甚至可能是欧洲大陆上最强大的国家。条约中的条款虽然严苛，但考虑到这场战争的长度和破坏性以及协约国胜利的完整性，条款还不算过分苛刻。

克列孟梭实现了许多关键目标。德军被裁军，军队限制在了10万人之内，海军更是减少到只比海岸防卫队的人数多一点的地步。德国不被允许使用任何军用飞机。德国遭受的领土损失约占战前领土的13%，失去了650万～700万人口，和所有的海外领土。在其北部和西部的边界上，除了失去阿尔萨斯—洛林和萨尔矿区，其疆域的变化不大，其中有三个小地区被割让给了比利时，北部石勒苏益格的一小块土地经由公民投票后割让给了中立国丹麦。东部的损失更加严重，梅默尔、但泽丧失，上西里西亚中的一部分都被划给了捷克斯洛伐克；并且在一次颇具争议的公民投票后，上西里西亚剩余领土中的三分之二被划分给了波兰。对德国人来说，把领土割让给重建后的波兰是最令他们反感的，同时这也是1919年和约中饱受争议的部分。

克列孟梭曾认为，除了裁军条款，领土的变动是法国最主要的收获，但他被迫就莱茵兰、萨尔州和波兰边境问题做出妥协。在劳合·乔治的反对下，克列孟梭不得不放弃要求德国割让莱茵兰，而福煦将军认为这是事关法国未来安全的关键所在。在经过大量的斗争和商讨之后，他勉强同意对莱茵河左岸解除武装，占领右岸领土，并派遣协约国军队对该非军事区进行长达十五年的驻扎。两国还商定了一些条款，旨在根据德国对协约的执行程度来决定，法国每五年是否要从此地撤军。劳合·乔治非常怀疑法国对这片区域怀有霸权野心，他对此表示反对，称割裂莱茵兰与德国将无助于欧洲的重建。他提出了一个处理方法，根据该方法，如果德国无故入侵，克列孟梭的撤军将得到英美两国类似的补偿。在最后一刻，英国的提议能否成行取决于美国的批准，这也是英国首相们惯用的伎俩了。如果参议院否决该条约，英国做出的保证就会失效。法国人在两次世界大战间歇的大部分时间里都在寻找一个替代的策略。克列孟梭当时意识到了危险，并且让步称，如果德国未能履行其条约或是赔偿义务，他们将延长占领期限或是重新占领此地。然而，他认为保障法国安全主要在于英国和美国未来对法国的支持。然而，在这些备受期待的保证失效之前，克列孟梭从莱茵兰撤退的行为就已经受到了法国的严厉批评。三巨头对这一妥协都感到非常不满，因为这一条约中包含一些强制措施以履行条款，所以这种情况并不常见。

另外，克列孟梭还因为威尔逊总统的强烈反对而没能成功地吞并萨尔州。正是劳合·乔治的说服才让总统勉强接受了撤退。德国将萨尔州的主权交给了国际联盟，并将其有价值的萨尔矿区所有权交给了法国。十五年内将会举行一次公民投票，如果萨尔州人投票重新加入德国，他们将不得不从法国手中重新购回矿产。克列孟梭承认了这场民族自决的合法性，并认为萨尔州人将会投票重回法国。无论法国人是想要以德国为代价获得极大的经济优势，还是为了重新赢得民众支持以重新获得领土，抑或是两者都有，反正这次谈判没有让克列孟梭得到他所想要的全部，但比威尔逊愿意让步的部分要多。

波兰边境问题的争端，主要发生在克列孟梭和劳合·乔治两人之间。法国人完全是现实原因接手了波兰的事业。随着沙皇俄国的瓦解以及俄国革命的成功，法国希望建立一个强大有力的波兰，作为其"东方屏障"的一个组成部分，这一"屏障"的建立旨在遏制德国的扩张以及布尔什维克主义的蔓延。威尔逊的第十三点原则是支持波兰独立并拥有自己的海岸线。就像在另一场伟大战争中已故的总统一样，威尔逊需要让波兰裔美国人这一重要的群体感到满意，但同时他也相信重建波兰是必要的，也对这一重建事业感到同情。劳合·乔治不太愿意让波兰独立，而他潜在的反波兰情绪被波兰政治家在巴黎的激进行为和夸张的要求所煽动。他认为波兰包含有大量的德国人，将这样的波兰壮大起来将会为未来的灾难埋下隐患。他很少拒绝领土委员会的建议，这是其中一次，在威尔逊勉强同意的情况下，他对这些委员会的建议做出了一些修改。但泽成了国际联盟控制下的一个自治州，但它并入了波兰的海关区，而且波兰还掌握着该地区的外交权力。在6月份对条约草案的最终修订版本进行磋商的过程中，劳合·乔治成功组织上西里西亚发起了一次公民投票。波兰问题因波兰东部边境局势不稳定而变得复杂化，只有一场苏波战争和1921年3月签订的《里加条约》才能解决俄国与波兰的边境问题。波兰是迄今为止最大的继承国，也不可避免地成了一个多民族国家，它的领土中包括德国260平方英里的领土。东普鲁士是容克贵族势力的核心地带，新设立的"波兰走廊"将它与德国其他地区隔绝了。"波兰走廊"由波兹南的一部分和西普鲁士组成，波兰得以与大海相连。德国将失去300万人口，这并非德国被分割的全部人口，1922年上西里西亚分裂时这一数字还要再增加。不仅许多德国人拒绝并入波兰，后来的英国政府也认为未来东部边界的再划定是不可避免的。不管是法国坚持反对国家吞并，还是以德语为母语的苏台德地区最终并入捷克斯洛伐克，都没有像波兰问题一样激起德国人的反抗情绪。这些决定几乎都违背了自决原则或民众主权原则，但英国和美国都没有提出异议，而德国人对奥匈帝国前子民的关注远比对他们自己事务的关注度低。

正如这些和平的缔造者在这片新的战场上结束战争后所预料的那样，他们敏锐地注意到了和平协约中的经济利益。德国被剥夺了10%以上的战前资源，包括基本原材料，并且还受到了商业和经济的短期限制。后者是法国更广泛战略的一部分，旨在以德国为代价提高法国的地位，但事实证明，英国和美国能够接受法国的战略。最令人意外的是，协约国提出的赔款要求成了三巨头面临的最困难和最具争议的问题。威尔逊没有什么要求，他只希望德国的战争赔款能够严格限于对平民及其财产所造成的伤害，并根据这些原则达成了一项会前协议。他在巴黎设定了一个合理的赔偿数额以及赔偿时限，同时他拒绝了协约国完全不合理的要求，即要求将协约国欠美国的103亿美元债务纳入赔偿金额中，也因此美国在谈判中的地位有所降低。克列孟梭和劳合·乔治在赔款问题上面临着巨大的国内压力，比其余问题上的压力都要大，因此他们都坚持维护两国国民所提出的赔款要求。但矛盾的是，从他们后期的争吵中可以看出，是英国而非法国希望通过将抚恤金纳入赔款总金额中来扩大赔偿数额，而又是劳合·乔治而非克列孟梭拒绝在这一可能商妥的领域进行妥协。劳合·乔治支持由他个人任命的代表们所提出的数额庞大的赔偿金额，即使1919年3月在枫丹白露，劳合·乔治被警告称要求德国赔偿过多可能会导致严重后果，他也没有改变想法。尽管克列孟梭的顾问们在意见上存在分歧，但是法国还是更倾向于继续执行协约国战时协议或是进行战争债务清算，也不愿意要求高额的赔偿金。他们甚至试图拓宽偿款渠道，与德国人签订工业协定，但是并没有成功，如果成功的话，法国将无须面对转移赔款资金的问题而直接受益。尽管如此，法国下定决心要保证他们应得的赔偿，而英国也在努力获得赔偿金中尽可能多的那份，在两国的施压下，德国要赔付的偿款似乎高得离谱。三位领导人因为无法就战争成本或是德国的赔款能力达成一致意见，他们同意推迟所有决策至1921年，届时会有一个协约国内部的委员会来解决这些问题。在此期间，德国将以现金和实物的方式支付两万金马克（约50亿美元）。威尔逊没能成功争取到一个固定的赔款总额以及30年的赔款年限。

赔偿条款受到德国谴责，并在美国和英国代表团中引起了恐慌，针对这种情况，凯恩斯出书进行非难。推迟决策是最主要的一个错误判断。劳合·乔治希望靠推迟决策来安抚民众要求即刻进行高额赔款的要求，让时间冷却民众的情绪，并借机制定更加合理的条款。然而，随着美国退出和平会谈，推迟决策的举动导致英法之间出现了长时间的争论，而因为德国下定决心要尽可能地减少赔款，所以和德国之间也陷入了长期的争论中。赔偿问题成了后和平时代的战场，反映了法德都希望争取到未来欧洲控制权。

条约中赔款部分的另一个重大错误是第231条，同样对执行结果造成了破坏性的后果。作为一项调和国家关系、惩罚责任国的条约，当中所谓的"战争罪责条款"无疑会把德国人激怒。美国建议，这条条款要明确德国对战争要负起道德责任及承担后果，从而满足协约国国内舆论以及德国对赔偿的有限法律责任。有指控称德国及其盟友（这一说法出现在《巴黎和平协约》中）要对此次战争负起全部责任，德国不仅利用这一指控抨击了赔偿条款，还抨击了整个条约的道德基础。短时间内，这种抨击赢得了英国和美国大部分民众的支持。不经意间，和平缔造者们向德国人施压，却为德国提供了一种强有力的武器，以破坏和平的道德合理性。

东南欧协议

　　四人议会中除了奥兰多，其他人对东南欧的和平安置问题并不太感兴趣，并倾向于接受领土委员会在拟定新的边境线方面的建议。英国和美国都非常支持民族自决，而法国则更想要建立强大的继承国作为其"东方障碍"的一部分，以替代已经瓦解的俄国联盟。与处理德国问题时一样，国籍不能成为划定边境的唯一依据。战时对意大利、罗马尼亚和希腊做出的承诺有些得以实现，有些则没有。意大利对勃伦纳山口北部边境的要求，以及其与南斯拉夫在达尔马提亚和伊斯特里亚上的冲突，都是这些争论中最具争议性也是最容易引起不和的问题。失望的奥兰多回国后便因签署了"残缺的和平"协议而受到指责。此外，和平缔造者们不对中东欧的"巴尔干化"负责，因为这一事件在会议召开之前就发生了。他们只能认可民族革命的结果，并平息边境问题和争端。捷克斯洛伐克、波兰和南斯拉夫这三个新的国家在1919年之前就存在了。俄国的西部和南部边界线上有其他七个国家宣布独立，即芬兰、爱沙尼亚、拉脱维亚、立陶宛以及存在时间更为短暂的格鲁吉亚、阿塞拜疆和亚美尼亚。经过持续不断的辩论，他们一致决定，不再对苏俄采取任何行动。面对俄国的持续内战，谈判的大门既没有打开也没有彻底关闭。鉴于布达佩斯的实际情况，俄罗斯境外的布尔什维克梦魇在会议期间有所消退，但是恐慌犹存。俄国由于内战和边境争端缺席了和平会议，东部的边境问题仍无定论。

1919年9月10日与奥地利签署《圣日耳曼—昂莱条约》，1919年11月27日与保加利亚签署《讷伊条约》，1920年6月4日与匈牙利签署《特里亚农条约》，这些条约都是在威尔逊和劳合·乔治离开巴黎后签订的，由一些次主要国家处理完成。这三条条约以《凡尔赛和约》为蓝本，载有《国际联盟盟约》，保有类似的战争责任、赔款和裁军要求。区别于对德条约，这几款条约承认了塞尔维亚王国、克罗地亚王国和斯洛文尼亚王国的地位（1929年"南斯拉夫"才成为官方名称），并包含有保护少数民族、宗教和语言少数群体的条款条文。奥地利因为只有800万人口以及经济前景极不稳定而残存。由于禁止国家吞并，所以奥地利和德国的边境线还遵循着战前的划定。意大利和战后继承国受益于其前领土的分裂。由于1919年3月21日发生库恩·贝拉革命，和平缔造者们也无法决定如何对此进行处置，所以匈牙利的条约签订被推迟。只有在独立行动的罗马尼亚人占领首都并最终被说服离开之后，才能与匈牙利人达成最终解决方案。匈牙利失去了三分之二的战前领土和三分之一的马扎尔人以及许多其他民族人口，它曾对这些民族进行过无情的统治。尽管匈牙利比奥地利经济情况更好，但匈牙利国民在其殖民演变下变得支离破碎，受害不轻。而捷克斯洛伐克、南斯拉夫和罗马尼亚都因此利益受损。不仅是匈牙利成了阻碍和平解决的最大敌人之一，其境外的匈牙利少数民族也深感不平，并且一直高举修正主义大旗。保加利亚人同样在种族问题上非常为难，尽管除了割让色雷斯给希腊（这使保加利亚失去了海岸领土）它们并未失去太多领土。《讷伊条约》的独特之处在于，条约中制定了实际的赔款金额9000万英镑，后来这一数额有大幅减少。

大国的利益、战略和经济以及战时对盟友的承诺，并不是民族自决原则不能够一以贯之的唯一原因。如果新的国家存活下来了，领土委员会的专家们必须考虑经济和战略的可行性以及民族忠诚问题。1919年或是之后任何时候，都很少有人能充分理解东欧的种族复杂性。按照国界线划定边境线是行不通的。与1919年以前不同，现在更多的人生活在他们自己民族的政府统治之下，但是旧帝国中许多不如意的民族又成了新国家中并不满足的少数群体。值得称道的是，除了土耳其和希腊的人口交换，1919年很少有人口被迫流动。民族原则的胜利促使心中不满的人发起民族主义和修正主义运动，而和平条约实际上也催生了邻国之间新的冲突。在波兰、捷克斯洛伐克、南斯拉夫、罗马尼亚、希腊以及其他国家强制签署的少数条约中包含了国际联盟制度，这是认可国际权力的第一步，但是这样的制度并不能给这些国家保障。事实证明，在战后继承国国内建立的民主形式的政府都不太长久，而在捷克斯洛伐克这样民主政府得以存活下来了的国家中，政府也并没有引导匡正少数民族的不满情绪。虽然这些条约为经济一体化提供了机会，但民族主义至上的潮流阻碍了合作，损害了所有人的利益。

土耳其与《色佛尔条约》

1919年，英法两帝国达到了他们的巅峰时期。尽管部分人承认统治者对他们治下的人民要担负责任，但民族自决并未扩大到欧洲以外的世界。这种授权与人的解决方案非常符合威尔逊的想法，会强化殖民统治的基础。日本极力想要在和约中列入种族平等条款，但遭到了英美两国的反对。确实，对民族主义原则加以强调的举动，对印度和埃及、对管理规定以及对中国都造成了影响。在中国，将山东割让给日本的消息于5月4日激发了中国民族主义最初的游行示威之一，也导致了中国拒绝在《凡尔赛和约》上签字；在穆斯塔法·凯末尔的领导下，土耳其民族主义者挫败了协约国分裂土耳其中心地带的计划，并建立起了他们自己的共和国。尽管美国和日本在巴黎扮演了重要角色，但欧洲以外殖民地签订的和平条约都明显带有欧洲的精神和内容。

《色佛尔条约》签署于1920年8月10日，是巴黎条约中最后签订的，也是最复杂、存活时间最短的条约。它标志着一个形式最古老的欧洲帝国主义的高潮，也代表了英国权力和影响力的延伸。奥斯曼帝国的彻底瓦解，未来继承国之间的纠纷以及伦敦国内意见的分歧都解释了为何和平总是姗姗来迟。事实证明，对于英国膨胀的野心和希腊的"大国"梦想来说，这种长期的分歧是致命的。1919年3月，当意大利袭击菲乌米奇诺并威胁要占领士麦那（今伊兹密尔）时，亲希腊的劳合·乔治带领希腊占领了港口和色雷斯东部。正是发生在士麦那的事件引发了1919年夏天大获成功的凯末尔主义者抗议运动。

《色佛尔条约》中明确写道，土耳其失去了它在阿拉伯地区所有的领土以及其在英法之间的土地。汉志王国——现更名为沙特阿拉伯，在麦加的谢里夫·侯赛因统治下宣布独立。劳合·乔治和克列孟梭爆发激烈争吵，这也导致英法关系在接下来的几年中接近冰点，在那之后，众人同意将伊拉克和美索不达米亚归于英国，叙利亚和黎巴嫩归于法国。尽管英国早些时候已经向阿拉伯人和法国人做出了承诺，但担保为犹太人在巴勒斯坦建立一个民族家园的《贝尔福宣言》仍然被纳入强制性条款中。英国赢得了摩苏尔的管制权，但代价是提供给法国25%的油田份额。尽管英法之间关系冷淡，但民族主义者仍然不足以动摇两国瓜分战利品的做法，他们管制下的国家以及那些仍然受到他们影响的独立国纷纷群情激奋。强加的和平协议贻害无穷。

关于土耳其的其他地区，《色佛尔条约》的起草者忽略了凯末尔主义者的胜利，并将土耳其在欧洲的影响局限在了其本土地区内。君士坦丁堡仍然在土耳其主权之下，但其大部分在欧洲的领土以及两个爱琴海岛屿被一起移交给希腊。此外，在一项赋予了意大利和法国特权的单独协议中，安纳托利亚地区被分割，由此出现了一个独立的亚美尼亚以及一个受到认可的自治的库尔德斯坦。除非国际联盟理事会另有决定，否则无论和平还是战争，该海峡都将对所有国家的船只开放。协约国国家将管控该国的整个财政，而令人深恶痛绝的领事裁判权制度也得到了巩固和延续。

这些条款无法得到执行。1922年，穆斯塔法·凯末尔击败了希腊，并将协约国之间的分歧转化为自身优势。他驳回了法国和意大利的索赔，并留下英国去独自帮助君士坦丁堡对抗民族主义者。1922年10月，劳合·乔治做出让步，同意了凯末尔要重新签订和平条约的要求。随着英国从高加索撤军，凯末尔与苏联建立了合作伙伴关系。阿塞拜疆、亚美尼亚（被两大强国瓜分）和格鲁吉亚都归于苏联的统治之下。新的土耳其条约于1923年7月24日在洛桑签署。土耳其摆脱了所有投降和赔款，除了海峡沿岸的一个小型非军事区，它也不必再遵循军事限制。它重新占领了色雷斯东部、士麦那和一些爱琴海岛屿。在凯末尔的领导下，土耳其成为该地区稳定的军事力量。《洛桑条约》是唯一要经历谈判的和平条约，也是和平条约中最成功且维持时间最长的条约。

临时条约

在经历了如此大规模且长时间的斗争之后，无疑，最终的《巴黎和约》令人失望。福煦元帅说得很对，他说："这不是和平，这是一场长达20年的停战协定。"人们普遍认为，《凡尔赛和约》过于苛刻以至于它无法安抚德国，可又太温和以至于难以压制德国。德国无法受到惩罚，而又没有得到安抚。很难相信德国人可以接受协约国提供的任何形式的和平，因为他们难以直面自己的失败。可以说，尽管美国缺席，但只要英法两国站在同一战线上，这一和约也能顺利执行。然而，英国要求严格遵守条约，而法国则希望从中调和并修改和约。这一和约非常灵活，以至于允许对其进行重新阐释和修订。胜利者之间的不和谐以及作战双方长时间的修正主义运动，使这一和约变成了一个令人不安的"休战协定"，这种"休战"或多或少地持续到了希特勒对这一领土现状发起进攻。要求"公正和平"的独特主张时不时地遭到一些似是而非的观点的破坏，有些人利用这些观点来掩盖胜利者的需求，同时掩盖在解释自己的要求时所做的误判。这些条款激起了人们对该和约在德国国内外合法性的质疑。和约中很多的缺点与其说是乌托邦式的空想造成的，不如说是战争所留下的局势现实造成的。旧的权力平衡已经被摧毁，无法恢复。德国虽然被击败，但仍然潜力巨大。法国因为没有了战时同盟的帮助，变得太弱势，无法维持1919年人为制造的平衡。苏俄从不被信任，美国已经退出了所有的欧洲安全体系，而英国则更倾向于将德国重新带回欧洲中心，而不想让它为法国提供帮助。东欧部分地区出现的权力真空，以及地区国家之间的争端，对任何长久的和平来说都是一个未来隐患。因为美国和苏联经常扮演次要的、模棱两可的角色，也导致了和平协议的不稳定性。在他们的潜在能力转化为实际力量之前，仍需要数十年的累积和另一场战争的爆发。战前的问题悬而未决，而战争本身也在侵蚀已经分崩离析的欧洲秩序。和平缔造者也不是乌托邦式地空想，他们认识到欧洲民族主义运动的力量，并对其做出反应。在巴黎划定的国家边境线，一直被应用到1938—1939年，甚至在其之后还因为一些新的变化在纳粹和苏联统治时期得以保存了下来。欧洲后来的动荡证明了民族主义倾向一直存在。即使在国际联盟方面，和平缔造者们也不仅是乌托邦式的空想家。尽管在过去几十年间经历了失望与失败，但打造一个国际合作制度化模式的冲动仍在。比起过去的历史学家们，当今的人们更有资格对和平条约做出评判。

第二十三章

尚未终结的战争

罗伯特·葛瓦斯

"战后"时期？

一战在1918年11月结束了吗？这一问题的答案要求证于地理学。对西部战线上绝大多数的战斗人员而言，11月11日的停战结束了这场已经导致数百万士兵和平民死亡的战争。然而，大多数研究一战的历史学家都会同意，东部还没有进入和平时期。恰恰相反，大规模的暴动仍在持续，这一时期经常被称为"战间期"（但具有误导性）。值得注意的是，大规模的暴力事件多集中发生在历史悠久的欧洲战败帝国的广袤领土上：哈布斯堡、罗曼诺夫和奥斯曼。这些帝国从地图上的消失助长了新的、激进的国家的出现，并提供了空间以供他们通过不受限制的军队来捍卫他们真实的抑或是幻想的领土。战后的暴力活动范围很广，从芬兰和波罗的海诸国开始延伸，穿过苏俄、乌克兰、波兰、奥地利、匈牙利、德国，一直穿越巴尔干半岛，进入安纳托利亚、高加索和中东地区。在托马斯·马萨里克总统的领导下，新成立的捷克斯洛伐克成为了唯一暴动之外的和平之岛。早在1919年，俄国政治经济学家和哲学家彼得·特鲁夫就注意到，对生活在中东欧的人来说，一战还远未结束："这场世界大战随着停战协议的签署而正式结束……然而事实上，从那时起我们所经历的，以至后来还在继续经历的一切，都是这场世界大战的延续与变形。"

1918年在莱茵河东部爆发的冲突有一些不同之处，这点不同在于，此时，欧洲国家已经或多或少地垄断合法暴力长达一个世纪，在这一过程中，国家军队成为常态，而战斗人员与非战斗人员之间根本性的重要区别已经被纳入法律（即使这些条例在实践过程中经常被违反）。战后冲突扭转了这一趋势。在缺少国家统治的情况下，各种政治派别的民兵都扮演了国家军队的角色，而朋友和敌人、战斗员和平民之间的界限，远没有他们在第一次世界大战期间那么清晰。内战、革命、反革命和边境战争都在同时爆发，而边境战争通常发生在没有明确划定边境线的国家之间或是没有国际公认的政府之间。德国的自由人士与拉脱维亚和爱沙尼亚的民族主义者并肩作战（或是反目成仇），俄国的白军与红军在整个版图上都燃起战火，而波兰、乌克兰和立陶宛的武装部队则在未明确划定的边界上相互作战。其他武装冲突的爆发点包括阜姆、安纳托利亚西部和东部、高加索、上西里西亚、布尔根兰州和前奥斯曼帝国的国土——这些地区现在被人们称作"中东"。一战的战胜国英国和法国也没能逃脱这些暴力事件，他们的问题多集中在殖民地上。在对正规和非常规的英国军队进行血腥游击战后，爱尔兰获得了独立。在更远的埃及、印度、伊拉克、阿富汗和缅甸，英国派遣了大量的军队以平复骚乱，而法国在阿尔及利亚、叙利亚、印度支那和摩洛哥也在做着类似的工作。

但最严重的动乱发生在欧洲中部和东部，从1918年一战正式结束到1923年《洛桑条约》的签订，这一短时期内的死亡人数非常之多：包括在俄国内战中遇难的人，超过400万人由于内战或种族斗争而丧生，其中还不包括数百万被驱逐的人和从中东欧这场浩劫之中逃离的难民。

这些冲突背后有着令人难以置信的复杂性，这使得人们很难找到明确的原因来解释"战后"欧洲的地理环境和不同程度的暴力事件。然而，我们又必须对其进行简化。我们通常认为可能是因为以下三个因素：第一，俄国革命。这场革命不仅改变了国际的政治格局，同时也作为一种空想理论鼓动了反革命武装的奋起，而且它不局限于布尔什维克主义可能会胜利的国家。第二，一方面是1918年失败带来的力量（对意大利来说即是"残缺的胜利"），另一方面是胜利带来的内在安抚力。第三，欧洲帝国突然分裂，而继承国无法与邻国在边境问题上达成一致意见。综上所述，这些重要因素可以帮我们理解在这个近代历史的关键节点，大量的非法军事暴力事件产生的原因、过程，以及产生了怎样恶劣的影响。

俄国革命及对欧洲内战的担忧

"1917年"在俄罗斯和欧洲其他地区的政治暴力史上占有特殊的地位。虽然一战本身为政治的残酷化奠定了基础，但对于俄国及其大多数人来说，1917年的革命及之后的内战成为改变其生活轨迹的重大事件。暴力冲突现在已内在化和普遍化。在随后的几年里，红军招募了多达500万人（其中超过70万人死亡），大约100万人被征入白军，伤亡可能高达22.5万人。此外，足有130万人因为苏联镇压反革命运动而死去，另有10万人因为白色恐怖而死去。据估计，疾病肆虐下，有200多万人因病去世，其中包括28万红军士兵。

罗曼诺夫王朝的领土上几乎所有地方都在爆发内战，战事的残酷令人难以想象，而且没有道德的约束。虽然暴力行为并没有针对性，但是犹太人却经常成为被攻击的目标，在整个罗曼诺夫的领土上都是如此。因为俄国革命中犹太人较为强大，反布尔什维克运动很快污蔑称1917年革命是犹太人的阴谋。最初是俄国白军利用这一谬见做宣传招兵之用，他们试图组织抵抗布尔什维克主义，而布尔什维克在招兵时总是能提供更有吸引力的承诺（"土地、面包、解放"）。打出"反犹太人的布尔什维克"这张牌至少让白军有一些能产生共鸣的身份认同，而这很快导致整个前罗曼诺夫帝国土地上爆发了反犹太主义暴力。在考纳斯和其他立陶宛的城镇中，犹太人受到骚扰，他们的店铺窗户被砸碎，他们的意第绪语铭文被涂抹覆盖。俄国西部和乌克兰的情况更加糟糕，犹太人受到反布尔什维克主义人士的仇视。仅在6—12月期间，就有10万犹太人被杀害，其中大部分是安东·邓尼金"志愿军"的成员做的。然而，邓尼金的部下并不是唯一专挑犹太人杀害的人，乌克兰和波兰的民族主义军和各种农民部队也加入屠杀犹太人的队伍中，通常是酗酒刺激下的屠杀行为，单在1919年的乌克兰就记录了934起类似事件。

没过多久，犹太人是布尔什维克主义最主要受益人这一说法就蔓延到了俄国境外。事实上的确有相当多的犹太人在随后1918—1919年的欧洲中部革命中扮演着重要的角色，包括柏林的罗莎·卢森堡、慕尼黑的库尔特·艾斯纳、匈牙利的库恩·贝拉和维也纳的维克多·阿德勒，这使得这样的指责看似合情合理，甚至英国和法国的媒体也这样认为。例如，三分之一的当代法国报纸都将布尔什维克革命归因于犹太人的影响。而在英国，温斯顿·丘吉尔在1920年写了一篇臭名昭著的文章，将欧洲大陆革命都归咎于犹太人："没必要夸大国际上关于犹太人在开创布尔什维克主义方面的作用，也不必夸大他们在俄国革命中的实际推动作用。但是，无神论的犹太人，他们的作用无疑是非常大的，可能远超其他所有人。"

1919年以后，伪造的《锡安长老议定书》被翻译成西欧语言，在国际上广泛流传，也更进一步地煽动了这些观点。1921年，它被曝光纯属伪造虚构，但这也并没能扭转因此而引起的对反革命的想象力的巨大影响。然而，反犹主义和反布尔什维克主义的缔结在欧洲不同的环境中产生了截然不同的结果。只在莱茵河东部（并且在易北河以东更为明显），这种"反犹布尔什维克主义"才引发了对犹太人的大屠杀和大规模谋杀，而这直到1945年才成为欧洲历史一个非常突出且可怕的特写。

　　然而，尽管犹太人在反革命暴力的受害者中特别突出，但俄国内战影响了所有年龄段的人、所有社会群体且不分性别。这场内战中爆发了如此不受限制且无差别的暴力事件，主要有几个原因：除了在意识形态动机下与广义的内部敌人进行事关存亡的斗争之外，前沙皇帝国国家建设的残酷与极度的食物匮乏也放大了这场极端暴力。战争混乱、储备枯竭以及分配问题，造成基本物资的长期匮乏，1917年之后，这一情况更加严重，为了集体生存和个人生存，还出现了原始掠夺。1921—1922年的饥荒波及了2200万～3000万人。伏尔加地区和乌克兰各自因饥荒而死亡的人数，预计都有100万人左右。有些学者甚至声称总人数能达到500万。1917年起，饥肠辘辘的逃兵部队对农村实施恐怖统治，催生了各种农民自卫团体。这些团体在与特别政治警察——契卡打交道时使用了极端形式的暴力，政治警察为了粉碎叛逆的农民团体而回之以暴力。对许多现在陷入内战无节制的暴力中的人来说，一个政权如果无法保证民众安全，当地就会出现更多的自发组织，甚至出现惨绝人寰、竞相残杀的暴力方式。

　　在俄国革命后出现的众多暴力活动参与者中，有两个团体因为其庞大的规模而尤其突出，他们声称自己是崩溃的俄国帝国军队的继承者，是唯一合法的武器持有者：他们分别是红军和反革命的白军。红军在正式成立之前，主要是由工厂工人、士兵和水手组成的非法军事志愿者组织，也就是所谓的赤卫队。在罗曼诺夫帝国日暮途穷时，赤卫队对国家合法暴力的垄断提出了挑战，1918年这支队伍被重组为红军。很快，芬兰人、爱沙尼亚人、乌克兰人、匈牙利人和奥地利革命者都开始复制赤卫队的模式，而赤卫队也开始代表一群由新型意识形态所驱动的暴力革命参与者。

　　同样，战后几年间极右势力的一方也见证了武装团体中新的政治文化的出现，这不仅限于俄国，但它很大程度上还是受到了俄国榜样的启发。然而他们的政治目标通常比那些共产主义者的要更加模糊，起码共产主义者在理论上在为实现马克思和列宁著作中提出的无产阶级的乌托邦而努力。相比之下，俄国"白军"更加不受理论等事物的束缚，他们只因为共同的目标而团结在一起——这也导致他们最终的失败。白军的主要领导者，包括东部的海军上将亚历山大·高尔察克、北高加索和顿河地区的安东·邓尼金将军和克里米亚的彼得·弗兰格尔，他们从来没有在统一的军事指挥下进行过系列军事行动。在西伯利亚和俄国南部，自封"首领"的格里戈里·谢苗诺夫或是罗曼·冯·恩琴也都在单独行动。虽然他们被白军所认可，但主要是因为他们都强烈地反对布尔什维克或是"反红"。"反红"现在已经覆盖了阶级革命中一大部分的松散联盟的敌人。

特别是在乌克兰，随着农村地区变得日益混乱与目无法治，大规模的农民自卫运动爆发，而因为有更多暴力活动参与者的加入，白军和红军之间的内战也变得越发复杂。这一运动借历史上的哥萨克人为名——哥萨克人的国家早在19世纪初就在乌克兰消失了，但他们作为过去繁荣和自由的象征而活在大众的记忆中。很快就有其他利益相关者加入其中，例如农民无政府主义者内斯托尔·马克诺，他召集手下4万人的黑色军团在南部草原上集合。然而，无论这些绝大多数没受过教育的农民战士效力于红、白、绿、黑哪一种颜色的旗帜，在当时执政的政治制度每年都会发生几次变化的情况下，生存问题比意识形态重要得多。

布尔什维克革命和随后在前沙俄领土上爆发的内战，很快便与其他国家的革命与反革命运动相互作用，他们要么给那些渴望社会经济和政治发生暴力变革的人树立起希望的灯塔，又或者成了某些人的噩梦，因为一穷二白的人民大众要站起来了。在诸多的案例中，芬兰，这个并没有参加第一次世界大战的国家（在1914—1918年间仅有不到1500名芬兰人自愿参与对俄或对德战争），却表现得最为极端。尽管在战争中并没有多么"野蛮化"，但芬兰却经历了整个时期最血腥的内战之一：超过3.6万人——占总人口的1%——在1918年内战的6个月内死亡，这使其成了20世纪历史上伤亡最惨重的内战之一。很长一段时间，史学家都仅仅把芬兰内战当作俄国十月革命的延伸。然而事实是，在芬兰（在其他国家也是如此）布尔什维克统治的威胁大都被夸大化了。经常出现的声称"俄国参与"芬兰内战的说法实际上非常边缘化，在与卡尔·曼纳海姆将军的白军作战的部队中，俄国的志愿者只有5%～10%。即使布尔什维克授意的赤卫队在1918年1月于赫尔辛基实施武力夺取政权，从而引发内战，但更为温和的芬兰社会民主党几乎立即控制了革命运动。最终，这场运动与同一地区团体成员之间进行的极端暴力事件（内战中的典型事件）一起被镇压了。

要说最遵循俄国革命模式的国家，当数由库恩·贝拉领导建立的匈牙利苏维埃共和国了。匈牙利革命照搬俄国赤卫队模式，试图守住革命胜果，但匈牙利苏维埃政府也仅存在了很短的时间，不久便被罗马尼亚—斯洛伐克联军颠覆，取而代之的是在米克洛斯·霍尔蒂领导下的反革命政府，这是一个利用极端暴力手段报复所谓"红色恐怖"的政权。

即使是在布尔什维克不太可能武力接管的国家中——如德国或是奥地利——俄国布尔什维克这个坚定的革命性少数群体成功一统大权的事件，也迅速为其政治注入了强大的新能量，并催生了坚定的反革命武装。对他们来说，暴力镇压革命，特别是对革命者进行暴力镇压，是他们最主要的目标。18世纪后期的情况并没有什么不同，恐慌的统治阶层担忧会发生像推翻雅各宾政府一样的革命。1917年后许多欧洲人怀疑布尔什维克主义会传播到旧世界的其他地区，煽动暴力人员和活动以应对他们感知到的威胁。欧洲各地所面临的这种威胁的特点在于，对既定秩序的威胁不甚清晰：从攻击资产阶级观念的匿名群众，到专门攻击女性狙击手和犹太人——布尔什维克的世界阴谋。有关布尔什维克暴行的新闻引发了这种抽象的恐慌，其中许多是事实，但也有一些夸张，这些消息大肆传播到西欧甚至是美国。1920年9月16日在华尔街发生的炸弹爆炸事件，导致38人死亡，数百人受伤，这一事件很快（但错误地）被归咎于布尔什维克特工。美国对"俄国状况"的恐慌并不如欧洲中部那么明显。在中欧国家，这种恐慌很快导致政府迅速采取了从政策到法律的专制管理措施。此外，法西斯势力也开始上台，狂热的法西斯主义领导者企图清洗整个世界。

战败国的动员力量

1918年10月31日，亚得里亚海哈布斯堡舰队司令米克洛斯·霍尔蒂向他的陛下卡尔一世发送了最后一封电报，向他保证了自己"决不动摇的忠诚"。几分钟后，他就将自己舰队的旗舰"SMS联合力量"号让与新南斯拉夫州（未来的南斯拉夫），解放了他部队中的捷克、克罗地亚、波兰和德奥的水手以及官员，使他们成了后帝国时代前途未卜的国民。然而，对霍尔蒂本人来说，战争还没有结束。一战主要战争国之间的斗争结束后，他很快就找到了另一件要做的事：从各个势力中将他的祖国匈牙利独立出来，据称正是这些军队导致哈布斯堡王朝失败，同时导致他们的帝国解体。

从这方面看，霍尔蒂对1918年末局势的反应与37岁的穆斯塔法·凯末尔的反应并无二致，凯末尔几乎是同时从沦丧的巴勒斯坦阵线撤回到了伊斯坦布尔。1926年，当他已经被公认为阿塔蒂尔克并成为土耳其共和国总统时，他回忆起当他抵达被击败的奥斯曼帝国首都时，正是他接受"使命"要将这个帝国的"突厥民族的核心"转化为土耳其单一民族国家的时候。他将通过一系列暴力冲突来完成这项任务，在此之前他阻止了希腊进军安纳托利亚，这也成了第二次世界大战前最大规模的平民驱逐。

这两个例子都有助于解释欧洲发生战后暴力活动的地域如此不平衡的第二个原因：战败的动员力量。失败的原因不仅仅是权力的制衡，还关于一种心理状态（包括拒绝承认逆转局势），沃尔夫冈·希弗尔布施称之为"失败的文化"。在第一次世界大战期间，国家在组织和支持数百万欧洲人部署大规模暴力行动方面发挥了重要作用，同样也是国家（与军队领导层保持紧密合作）在负责军事和文化上的遣散工作（一旦冲突结束，便对暴力进行合法化，重新吸收或中和战争中的暴力）。只要国家被击败，无论是现实中被击败还是在精神上被打败（如意大利的民族主义），都很难再发挥这一作用，甚至恰恰相反，它会恶化暴力活动，让一大批团体和个人选择自我修复战败的痛苦和民族的耻辱。

因此，对回到祖国的人来说，是战胜还是战败就显得格外重要，1918年11月，一份个人证言证明了这一点。他们解释了拒绝被遣散回乡（或是希望遣散）的原因，并表明了在1918年11月之后继续做一名士兵的决心，中欧的非法军事活动家经常引用1918年这种"恐惧从前线返乡"的心情来形容动荡下整个充满敌意的世界，这是军事等级制度和公共秩序暂时崩溃所引发的一种情绪。

欧洲战败国中的保守主义者和民族主义者拒绝承认是军事上的失败导致了中欧帝国的瓦解，他们认为停战协议对于"战无不胜"这一军人荣誉来说是一种无法容忍的侮辱。在这种普遍看法之下，右翼非法军事的亚文化有着相同的重要特征，至少在中欧如此。在德国、奥地利和匈牙利，一些参与建立和运行右翼非法军事组织的领导人过去都是一些中下层军官（大部分都是中尉和上尉，也有一些上校），他们来自中产阶级或是上层社会，都在哈布斯堡和霍亨索伦帝国晚期的军事院校接受过教育和培训。1919年6月5日，霍尔蒂首次招募了6568名志愿者组成反革命国民军，在这些人中，有近3000人曾经是军队的军官，另有800人是半军事化的边防部队以及宪兵队中的军官。德、奥、匈三国中的许多激进分子都来自农村，特别是边境地区，在这些地方，人们对种族陷入危机的感觉要更真实，是那些生活在诸如布达佩斯、维也纳或是柏林这样大城市中的人所比不了的。在匈牙利，从特兰西瓦尼亚大量涌入国内的难民进一步激化了布达佩斯的紧张氛围。革命以及罗马尼亚军队的暂时驻扎，使布达佩斯这个首都城市已经进入军事化状态。

意大利的情况则有所不同，主要是因为意大利并非一战中的战败国，而是获得了一个"残缺的胜利"（至少在意大利民族主义者眼中如此）。这种看法得以广泛传播，主要是由于人们在战争结束时预期过高。奥匈帝国的解体、意大利边境线拓展到勃伦纳山口和伊斯特里亚，以及意大利能在巴黎和会的战胜国之中获得一席之地，这些都是为了补偿其百万的伤亡或是其永久的创伤，但是战后意大利针对达尔马提亚（以及针对阜姆的长期争论）提出的要求遭到拒绝，挫败了那些抱有希望的人。右翼的非法军事组织，如阿迪提和墨索里尼的法西斯战斗团，他们能得以团结一致的信念就是意大利在巴黎和会上遭到了同盟的背叛，因为尽管意大利在战争中比英国的伤亡损失还要大，但意大利的盟国拒绝了意大利的领土要求。这种信念与对布尔什维克革命的恐惧相结合，尤其是在战后，社会主义者在意大利北部、中部和波河河谷地区的当地选举中获胜，更加深了这种信念。在国内暴力不断升级时，单1920年就有172名各种派别的社会主义者遇害，其中包括10位人民党成员、4名法西斯主义者以及51名警察。在1921年大选期间，暴力进一步加剧：仅在5月15日选举日当天，就有28人死亡、104人受伤。

战败（有些人或称之为"残缺的胜利"）以及对革命的恐惧（或现实）使信守不同政治信条的人们之间产生暴力冲突，但暴力发生的地点以及程度取决于第三个因素：欧洲帝国分裂土地上的种族冲突。

帝国的垮塌与种族内的暴力

如果布尔什维克革命以及随后的内战引发了人们对欧洲阶级战的恐惧，同盟国的战败破坏了欧洲大陆上帝国的合法性以及可存在性（一般情况下，指的是其继承国），那么在一战时，建立统一民族国家的想法，将是欧洲大部分地区发生战后冲突的另一个重要原因——这场战争与一战密不可分。在其他种族群体反对民族独立的要求时尤其如此。

前帝国土地上所有的民族运动都从美国总统伍德罗·威尔逊的承诺中受到了激励，这一承诺镌刻在他于1918年1月发表的著名的"十四点原则"中。其中称中东欧被压制的国家应该有一个"自主发展"的机会。"自治"的口号成为有力的号召，掀起反帝情绪并动员群众。初期的东欧国家运动很快遇到了各方势力的反对。在爱沙尼亚和拉脱维亚，民族运动抓住布尔什维克政变的机会宣布独立，当地布尔什维克党，即爱沙尼亚"军事革命委员会"和拉脱维亚"执行委员会"迅速质疑开始新国民议会的合法性。这两个组织都能得到来自塔林（爱沙尼亚首都）和里加（拉脱维亚首都）工人的大力支持，从而导致数月的恐怖活动以及反恐行动。当德国的春季攻势导致拉脱维亚、爱沙尼亚、白俄罗斯和乌克兰全部被占领时，情况变得更加混乱。直到当年11月德国战败，红军开始进攻明斯克（白俄罗斯首都）和维尔纽斯（立陶宛首都），事件才有所缓和。波兰想在欧洲中心重塑强大的单一民族国家的努力也遭遇了困难。约瑟夫·毕苏斯基意识到波兰武装部队开始在四条战线上同时作战，分别是在西里西亚北部对抗强大的德国志愿军，在特申对抗捷克，在加利西亚对抗乌克兰军队，以及对抗有意从西部进攻的苏俄军队。

在被侵占的和被重新占领的地区，特别是波罗的海地区和乌克兰，层出不穷的暴力参与者们纷纷涌现：从"红军""白军""绿军""黑军"到德国的自由军团（1919年春天在拉脱维亚尤其活跃），以及各式各样的反布尔什维克"家园保卫军"，如"立陶宛火枪手联盟"、拉脱维亚的"国家护卫队"或是爱沙尼亚的"防御同盟"（1919年时成员超过10万人）。直到1920年这一地区才恢复稳定。拉脱维亚和波兰成功地反击了"红军"——这在后来也被拉脱维亚和波兰的民间传说传唱为道加瓦河和维斯瓦河上的"奇迹"——列宁希望将红旗插遍前沙皇帝国领土的梦想暂时搁置了。1920年7月和8月，苏联政府与爱沙尼亚、立陶宛和拉脱维亚签署了和平条约，并重申了对波罗的海地区的主权。同年10月，最后的德国自由军团也在遭遇里加之门战败后离开了拉脱维亚和爱沙尼亚。数月后，在1921年，《里加条约》确认波兰成为战后冲突的赢家之一，并将西白俄罗斯、东加利西亚和沃尔希尼亚划到了华沙的直接控制之下。只有较晚加入协约国作战的罗马尼亚，经过同红军的长期作战之后，基本维持原来的领土（比萨拉比亚和布科维纳）。

因此，这一时期东欧和中欧的国家命运大相径庭——从获得了胜利并且领土得到扩张的"小协约国"（捷克斯洛伐克、罗马尼亚和南斯拉夫）和波兰，到希望破灭的立陶宛和白俄罗斯，再到面临"国家灾难"的保加利亚和匈牙利。后两个国家都在《特里亚农条约》和《讷伊条约》中损失了大量领土。战争的结果和战后冲突为国家间的关系定下了基调，也为该地区的新一波暴力浪潮埋下了隐患。在巴尔干半岛地区，特别是在马其顿和科索沃等地区，塞尔维亚和亲南斯拉夫的非法军事集团在一战中取得了胜利，作为主要国家巩固了战争期间侵略所得的领土，并且暴力镇压反抗者，产生了巨大的影响。

领土分裂的命运也影响到了另一个一战中的战败国——奥斯曼帝国。伊斯坦布尔失去了其在中东地区的所有领土。1919年侵略小亚细亚并首战告捷的希腊以及东部地区的亚美尼亚暴乱都威胁到安纳托利亚半岛的领土完整。至今，土耳其青年党和民族主义者的历史也被认为是"解放战争"（独立战争，1919—1923年），而这实际上是暴力成立民族国家的一种形式，代表着战时种族不和的延续，也是安纳托利亚排斥奥斯曼帝国基督徒和亚美尼亚人的延续。如同其他地区一样，国家建设的进程代价高昂，尤其是该国的少数民族，他们付出了惨重的代价。土耳其民族主义者对基督教少数派的怀疑与仇视终于在1915—1916年的亚美尼亚种族大屠杀中通过暴力宣泄了出来。

1919年希腊军不明智地选择入侵士麦那（今伊兹密尔），导致安纳托利亚西部发生了一场残酷的、长达三年的冲突。最终，战争之神站在了希腊的对立面。1922年，随着土耳其军队进入士麦那，一群奥斯曼帝国的士兵逮捕了士麦那东正教大主教赫里索斯托莫斯，这位主教公开支持希腊入侵，因此奥斯曼帝国士兵将其交给了他们的指挥官，后者又决定将大主教交给土耳其的暴民，导致这位大主教被残忍地凌辱后杀害了。士麦那东正教大主教的惨死不过是一次为期两周的暴力狂欢的序曲，让人想起17世纪欧洲宗教战争期间对敌人的镇压。接着，约有3万名希腊人和亚美尼亚人被屠杀，还有更多的人遭到抢劫、殴打、强奸，施暴者则是土耳其的士兵、非法部队以及当地的青少年团伙，最后他们一举焚烧了这个城市中的教徒住处。这次大屠杀的幸存者被驱逐出了土耳其，这成为第二次世界大战爆发前历史上最大的强制性人口迁移。总共有大约90万名奥斯曼希腊人和40万希腊土耳其人，被强行安置在一个他们中大多数都从未去过的"家园"。

遗产

1923年末，欧洲的暴力事件程度明显下降。随着法国与比利时联军撤出鲁尔、俄罗斯和爱尔兰的内战结束以及《洛桑条约》的最终签署，"东部自1914年起就持续不断的战争状态终于得以画上句号"。欧洲暂时进入了一段政治和经济稳定期，一直持续到大萧条时期。

然而，到了1923年，仍有许多没有彻底消失的文化，包括暴力言论、统一政治以及街头斗殴。准军事主义仍然是两次世界大战期间欧洲政治文化的一个中心特征，包括各种运动，如德国的冲锋队或救世军、意大利的黑衫党、罗马尼亚铁卫军、匈牙利十字军、克罗地亚乌斯塔沙、莱昂·德格雷勒在比利时发起的雷克斯运动以及法国的火十字团。尽管在大萧条之前，这些运动就没能取得后续的进展，但他们已经深深扎根于战后时期的动荡局势中。意大利的法西斯主义，德国的国家社会主义，阿塔蒂尔克的新土耳其，斯梅托纳、乌尔曼尼斯以及帕茨在波罗的海实施的统治，这些准军事活动都对各自国家的成立贡献不小，也经常被视为新"准军事国家"的起源，这些国家很快中止了中东欧短暂的民主政治。

再者，战后时期更重要的遗产是，人们认识到需要在乌托邦新社会出现之前清理团体中的外来因素，以铲除那些被认为对团体平衡有害的人。这一信念强有力地构成了1917年至20世纪40年代后期欧洲激进政治和行动的共同信念，特别是在那些对战争和战后冲突的结果感到沮丧的国家。无论对这种政治理念进行怎样的阐释，这种单一纯粹的团体政治不论在农民的梦想里，还是工人的抱负中，抑或是人民公社的官僚模式中，都是一个重要的组成部分。因此，它对于理解暴力循环问题至为关键，它也解释了在1917年后30年的欧洲为何发生了如此多的暴力动乱。在此期间，特别是在第二次世界大战期间，暴力活动的参与者们遵循了一个一战后诞生的逻辑：像一战时那样，利用军事手段击败敌方军队并对被征服者提出要求（无论多么严厉）都不再是战争的目标，将那些阻止新乌托邦社会建立的人消灭殆尽，才是目标。

第二十四章

记忆与这场伟大的战争

莫德里斯·埃克斯坦斯

"你好好躺着，伙计，"我对他说，"你很快就没事了。"

他看了我一眼，似乎有点困惑，就这么死去了。

——弗雷德里克·曼宁《中产阶级的财富》

第一次世界大战的阴影笼罩着20世纪，甚至绵延至今。它一直最大限度地刺激着人类的精神，也引发了悲痛者们的朝圣和纪念活动。一战过去后近百年，每晚当《安息号》的吟诵声在伊普尔的门宁门纪念馆响起时，人们依旧会哭泣。我们多希望这一切都未曾发生过。

我们一想起战争，便联想到青年、天真与理想的消亡。理所当然地，我们会认为1914年之前的世界更美好、更幸福。许多人在19世纪末不断地对未来进行预测，然而事实却不像他们预测的那样。如果说19世纪是一个划分点，并且带给人类无数次震惊，那么第一次世界大战一定是带给人们最大震撼的一个事件。根据众多历史记载，一战的爆发就像开启了一个大门，我们从此走入了一个充满怀疑、愤怒和不满的世纪。

　　无论是最初的狂欢还是过后的沮丧，这些过激的情绪都被视为极端主义政治的序曲，这种政治在欧洲战后占据了一席之地。大型作战武器的无情杀戮为第二次世界大战中更为肆虐的暴行和大屠杀做了铺垫，它对启蒙运动价值观的攻击则反映着科学的不确定性和讽刺的美学性之间错综复杂的关系。如果没有一战，巨蟒剧团可能永远不会存在。这场战争所释放出的一股强大势力，是我们迄今为止都无法遏制的。"主啊，请与我们同在，永志不忘——永志不忘！"可是，吉卜林先生，在这个世界中，我们要如何忘记？

　　围绕战争爆发出来的热情被描述为无与伦比的社会和精神体验，只有参与其中才能明白。鲁珀特·布鲁克写道："我们已经形成了自己的文化。"知识分子们，以及有文化的群众——包括教师、学生、艺术家、作家、诗人、历史学家，甚至是工人，他们有炽热的灵魂兼有铁一般的拳头——都志愿参与其中。学校长椅和教堂长椅都空了。曾经参过军的人也加入了祖国前线的斗争。

　　那些印在纸张上的文字，从未像那时一样传播得那么快过，在壕沟中、在国内，也在七大洋中流传。柏林的批判家尤利乌斯·巴卜估计，在1914年8月，德国的诗人们每天要写5000首诗。在托马斯·曼的想象中，他爱国的诗意灵魂在火焰中燃烧。在无线电和电视出现之前，这是一场伟大的文学之战。每个人都在书写它，为它记录。

　　毫不奇怪，一战很快变为了一场文化之战。对英国和法国来说，不管是在历史还是法律上，德国就是野蛮进攻的代表，残酷就是德国人的本质。而对德国而言，英国代表了一种商人钻营的精神，法国则强调外在形式，这对一个英雄国家来说是令人厌恶的。"背叛"是英国人的名字，而"伪善"则是法国的代名词。

一场中产阶级的战争

但这场战争也体现了社会价值观。受过教育的阶层广泛参与其中，助推了西线战事的形成，而该战事则体现了这些阶级的意志与理想。堑壕战不仅是一种必要的战争形式，而且还是一种社会的表现形式。从某种意义来看，堑壕战的发明是欧洲中产阶级的一项伟大成就，其代表着中产阶级的决心、毅力、责任与勇气——而这些正是他们最为珍视的特点与品质。

> 为君殁叹息，
> 侠情随君去。
> 战事久败北，
> 惜君已长眠。

这首诗选自温彻斯特公学于1917年6月发行的校刊《威科姆人》。不仅唤起了人们岁月流逝的感伤之情，而且还唤起了一种文化危机的意识。

法国资本家瑞内·约翰内特曾坚称："资产阶级从本质上讲是一项成就。"同样，第一次世界大战从根本上来看也是一项成就。美国作家弗朗西斯·斯科特·菲茨杰拉德将西线战争称为"一场爱的战争"。因为它见证了一个世纪以来中产阶级间的相亲相爱。"我那美好可爱且安全的世界在一阵猛烈的爱的催化下而分崩离析"。菲茨杰拉德所说的"可爱且安全的世界"是帝国的一个宏大构想，也是帝国想要实现的一个梦想。那是一个充满自信的世界，一个有着信仰的世界，一个有着历史渊源的世界，一个万物休戚相关的世界。历史是进步的代名词。

起初是贺拉斯提出了这一理念——为国捐躯，美哉！宜哉！——尔后所有的文法学校、国立高等学校和欧洲的大学预科班都开始传授这一理念，是刻板教条（即英国人所谓的底线）造就了这种理念。消耗战摧毁了旧贵族和欧洲绝大部分的知识分子。1000万人将因此而丧生，2000万人将会因此而伤残。在前线上，军官的伤亡率是最高的，因为他们被要求要以身作则，而对于那些被迫离开其自由职业——如教师、律师——成为战士的士兵来说，伤亡更是必然。对这些人来说，想要存活几周而不被杀害甚至不受伤的可能性相当小。这样的家庭留下来的子嗣更倾向于成为有德行操守的领导，而政治权威则被切分、损害、碎作一地：如同阿斯奎斯、贝特曼·霍尔维格、莫罗·内拉顿以及罗斯福家族。同样，艺术家和作家们也在颠沛流离中丧生：如弗朗兹·马尔克、翁贝托·薄邱尼、奥古斯特·马科、亨利·戈迪耶·布尔泽斯卡、阿兰·傅尼埃、艾萨克·罗森伯格、格奥尔格·特拉克尔、爱德华·托马斯、夏尔·佩吉以及威尔弗雷德·欧文。因为一战埋葬了大量的天赋和传统，所以一场激烈的二次战争无可避免，包括政治、社会、道德在内，这些社会文明的基础将得到重新审视。

语言与战争

随着战争的爆发，也出现了一些传统的庆祝浪潮，在这些浪潮退去之后，人们开始对社会进行重新审视。起初时这一进程非常缓慢，也很谨慎。在战争期间，人们只有必要时才会这样做，而且基本上都是私人行为。1916年，亨利·巴比塞确实出版了一本广为流传的小说《炮火》，谴责这场战争。但最初吸引读者注意的是他对这场战争的看法，而非他对战争的谴责。受到巴比塞影响的诗人，西格里夫·萨松曾试图对战争发表公开抗议，但后来又和其他同志一起被拉回到战争前线。同样，在中立的苏黎世，达达主义的星星之火开始燎原，特里斯唐·查拉、理查德·胡森贝克、雨果·鲍尔，以及其他流亡者一起，开始模仿包括他们自己在内的一切事物。最初时几乎没有引起任何共鸣，但人们已经开始质疑各种基本问题：理性、荣誉、责任、爱国主义、美丽、阶级、爱情、艺术，以及最重要的——权威。

在这些质疑中，语言的完整性似乎首先遭到了破坏。当情况紧迫、现实情况又不可预测时，文字似乎非常遥远，而句法也似乎完全提供不了任何帮助。特里斯唐·查拉发表了一篇关于如何写诗的文章，他写道：将报纸上的文字剪下来装进袋子里，摇晃这个袋子，然后一个一个地剔除掉里面的文字——那就是一首诗了！约翰·梅斯菲尔德说，写诗需要为烂泥想出一个新词；路易斯·迈雷特说，写诗需要为"死亡"想出一个新词；比弗利·尼克尔斯说，写诗需要为"战争"想出一个新词。美国作家海明威总结道："只有地名还有其尊严。"他在一战中曾到达过意大利前线。

由于无法想象也无法用语言来描述现实，参加过一战的士兵们感觉自己好像是拥有了一个秘密。查尔斯·卡林顿表示："这个秘密，永远无法传达与人。"如果语言都不稳定，那么人还要如何进行交流？社会契约还剩下什么？法律和权威又会如何？旧的思想轻而易举地变得无效，就如同被扎破的轮胎。奥斯伯特·希特维尔说："'英雄们'变成了'讨厌的人'。"而当这种表达的危机在下一场战争中达到一个新高度时，弗吉尼亚·伍尔芙讽刺道"无言即是快乐"。

大多数的战斗人员直到最后都记得他们社会所宣扬的那一套陈词滥调——艾萨克·罗森伯格称其为"二手习语"。当奄奄一息的士兵们还在喃喃着的婴儿时期就已经耳熟能详的祈祷语"神圣的耶稣，慈悲为怀"，对一些人来说，战争还是件"大好事"，至少他们在家信中是这样写的。战争参战国利用大众教育和其他国家机构大力宣扬某些价值观和设想，而战争也是在这些价值观和设想的基础上打响的。除了俄国，四年多来旧的价值观在各国都经受住了考验，但是怀疑的种子却已经种下了。

在一些战败国的文化中，这种语言表达的危机更为凸显，尤其是在德国或意大利这样没能分得应得胜利品的国家。在这些社会中，战争经历带来的神秘暗示比缜密的思维更加重要。于是这场战争就具有了其精神实质，而非理性实质。很多从一开始就参战的德国人称，战争是一个有关"精神解放"的问题。当以这种逻辑面对失败时，对战争经历的庆祝，就要远胜于对战争目的和结果的庆祝。这种情况下，谚语"饥寒起盗心"便成了行为的指南。

战争的纪念

不幸，以及其伴生的悲伤，是20世纪20年代的主流情绪。临时搭建起来的战场墓地中，十字架摇摇晃晃，成了一个美丽的勋章。新的墓地已经建了起来，在这里，人们为在战争中牺牲的人立了墓碑，并竖起纪念碑。吉卜林称这座坟墓为"静寂之城"。墓碑的图腾自然选用的是传统的类型。在英国，每位牺牲者的家庭都收到了一本意见册，帮助他们为其挚爱的人选择墓志铭，这本册子的推荐语句来自《圣经》以及英国文学经典。在安详的秩序与光荣的鲜花下，诗人艾德蒙·布兰敦受到了启发，称英国与帝国的坟墓为"崇高行动的诗歌"，而这场战争则是"死者通过光辉的事迹诉说与世人的文字"。

法国的米其林公司和英国的百福旅行社等公司曾尝试在战后立即将战场变成旅游景点，但收效甚微。但是慢慢地，游客们开始去寻找他们挚爱之人的长眠之地。这种朝圣活动在1928—1929年大萧条前夕达到了顶峰。1928年夏季，英国退伍军人协会组织了一次伊普尔朝圣之旅，有近1.5万人参加。为失踪者准备的蒙宁门纪念碑游客留言簿，在7月收集了8000多个签名，在8月份又近1.5万个签名。德国人原本被禁止进入法国和比利时，后来这一条令改为"不鼓励访问"，但自纪念碑竖立后，也有德国人开始来到这里。官方的讲话都开始重申战争的道德目的：协约国是通过责任与牺牲以维护自由和尊严；而德国方面，正如兴登堡将军1927年在坦能堡战役纪念碑落成时的献词中所说，即"保卫祖国"，"我们怀着单纯的心行军……用纯洁的双手进行战斗"。包裹着战争与亡者的是一层虔诚的盔甲。

战争文化

人们在哀悼的同时，为了保持理智，也在像吉卜林一样试图遗忘。罗伯特·格瑞夫斯和托马斯·爱德华·劳伦斯曾约定，不再讨论这场战争。前军官兼考古学家斯坦利·卡森也有着同样的看法："我们都对战争闭口不谈。"军团的历史都被记录了下来，同时也出现了回忆录和一些怪诞的小说：如阿兰·赫伯特、查尔斯·爱德华·蒙塔古、恩斯特·荣格尔、罗兰德·道格拉斯、R. H. 莫特拉姆和爱德华·艾斯特林·卡明斯。荣格尔在德国备受喜爱，取得了巨大的成功，他在《钢铁风暴》中赞颂了原始的暴力，这本书于1920年首次发表，很快就增版印刷，一次印刷了5000~6000份，但仍供不应求。厄内斯特·雷蒙德的《诉于英格兰》描写了战争的浪漫，于1922年首次发表，它在20世纪20年代间也是每年都在印刷，但是印刷的数量要少一些。美国人都在期待一战的小说，一个能用恰当的荷马视角来看待一切的小说。但是出版商除外，当图书企业遭遇10年期的大规模失业问题时，那些关注利润的人认为公众对战争并不感兴趣，公众审美倾向的数据也肯定了这一观点。1927年8月，英国30万电影观众接受了一次民意调查，他们对战争电影甚至是历史电影都毫不感兴趣。伪装成社会戏剧的多愁善感的情爱电影才是他们的最爱。那一年中以"爱"为名的电影多达22部，其中有《沙滩情缘》《爱在十字街口》《贝蒂·彼得森的爱》，甚至是《嗜血的爱》。

战争结束后的前十年中似乎没有什么时间来看一本书。电影院、汽车、飞机——各种令人兴奋的事物和热闹的活动似乎都要比读书这样古怪的消遣更为可取。大众文化掀起了新的高潮。似乎受到美国和其他前线国家的影响，许多令人兴奋的新东西涌进人们的生活——像是节奏鲜明的爵士乐，畅饮松子酒的前线女郎，还有查尔斯顿舞。年纪大的人为这些图像、声音和语言感到震惊。年轻人和老年人都将这种新道德以及高度追求感官享受归因于战争的影响。

战争的那些物质景观正在恢复，前往比利时和法国北部的前战区更加容易，坟墓成了西部战线上的主要旅游地。与此同时，许多退役军人认为自己正在失去曾经的战争。不仅是时间破坏了战争，多愁善感、粗俗与无知也是帮凶。格哈德·申克是一名德国人，他在1927年前往佛兰德斯。他震惊于农村地区的重建，但更忧心于伊普尔对战争的商业化行为。除了在商店大量出售制作的纪念品，街上的儿童还向他出售生锈的武器、头盔、手榴弹和束腰外衣的扣子。前皇家步兵团的一名上尉回忆说："伊普尔的布料会馆一定和尼亚加拉河一样，被列为世界上被拍摄最多的场景之一。"小说家克里斯多福·伊舍伍在1935年11月11日前往伊普尔，去悼念他在1915年牺牲了的父亲。伊舍伍同样被这里的粗俗所震惊。"这个小镇确实是'永远的英格兰'，"他在自己的日记中写道，"充满了肮脏的小茶馆，伪劣的纪念品和高声的叫卖。"

如果说1918年后传统的政治权威受到了严重质疑，那么随着俄国内战的肆虐与欧洲其他地区间歇性爆发的战争，艺术中陈旧的表现形式也开始被认为是不恰当的。一种狂野的经验主义开始普遍出现在视觉艺术、音乐、戏剧和文学中。艺术家们使用他们的刷子和油漆，就如同使用左轮手枪和炸弹。马塞尔·杜尚给蒙娜丽莎留下了一小撮胡须并称之为艺术。在一次展览中，他使用了一个小便池，并称其为"喷泉"。他说，这是他能想到的、最容易被人讨厌的对象。作曲家谱出了灵魂充满痛苦的曲子，剧院制片人和导演们也在寻求改变世界的方法。愤怒和暴力的情绪渗透到了艺术中。法国诗人路易·阿拉贡因一个被摧毁的景象而欣喜若狂——"教堂和炸药轻易便堆积出了辉煌与混乱"。而表面上温柔的英国诗人斯蒂芬·斯彭德将这些句子作为其诗歌戏剧《法官的审判》的结尾："秃鹰在空中盘旋，飞过曾是城市的荒漠，杀！杀！杀！杀！"

战争过后，出现了一批新型艺术知识分子——介入派。他们认为，从前被认为是泾渭分明的文字和行为开始相互融合。知性与理智开始为人所重视。法国作家安德烈·马尔罗也许是这类人中的最佳代表人物，他是一位通过切实行动来打造自己文化形象的人。"我想在这个世界上留下一道伤疤。"他笔下的一个人物这样说道。赞赏马尔罗的评论家们都将他的书称为伤痕丛书。在这里令人兴奋的生命力超越了道德，生命也超越了善恶。老兵恩斯特·荣格尔在他的著作《内心的斗争》中写道："我将目光投向过路的女人，目光如同手枪一般迅速且极具穿透力，我为她们不得不露出的笑容而感到高兴。"对他来说，战争的精神层面与物质方面一样重要。他认为，停战协议与和平协议后，一战还在继续，或者说，战争从未离他远去。他将创造性的破坏能量视为指引未来的灯塔。

超现实主义者安德列·布勒东谈及了"客体危机"，但是西格蒙德·弗洛伊德认为，"主体危机"同样存在。精神分析理论对新形势的研究有着独特的作用，而弗洛伊德也成了20世纪20年代家喻户晓的名字。尽管爱因斯坦尽量避免将他的相对论与新的艺术形式联系起来，但普罗大众并不介意这种关联。1921年，诗人威廉·卡洛斯·威廉斯暗示了数学对科学的影响，并声称："数学拯救了艺术。"而在这一切之中，一战也像是弗洛伊德和爱因斯坦一样，但以一种更全面的方式，摧毁了绝对真理，让公众更容易接受新的思想。

反思1915年艺术的主旋律，特别是战争对文学的影响。约翰·高尔斯华绥曾预测英国将面临巨大的内部压力。他在《泰晤士报》文学副刊中写道："那种压力很可能对文学产生比战争本身更根本、更强大的影响。如果在接下来的日子里想要出现任何令人震惊的变化，那么至少需要五到十年的时间，而不只是一年的时间。"到20世纪20年代末，出现了十年的政治动荡、经济混乱、失业以及其他不景气的局面。高尔斯华绥的预测成真了——大众情绪崩溃了。战争又一次成为公众关注的焦点。然而，正如他所预言的那样，通过更为及时的关注，能使得一战成为重要的媒介。

埃里希·玛利亚·雷马克小说《西线无战事》就诞生于这一动乱时期。1928年末，柏林的报纸对这部小说进行了连载。在1929年，此小说单行本发行。短短的几个月内，31岁的雷马克成了世界上最著名的作家。到1930年，这部小说已经出现了28种语言的译作，世界销量将近4000万册。从1928年末到20世纪30年代早期，战争题材的书成为出版物的主要内容。这其中有作家罗伯特·格雷、埃德蒙·布伦登、齐格弗里德·萨松、里查德·奥尔丁顿、欧内斯特·海明威、路德维西·雷恩、阿诺德·茨维格的小说和罗伯特·塞德里克·谢里夫的戏剧作品《旅程终点》。这部戏剧在伦敦连续上映了594场，并于1929年底在12个不同的国家上演。同时期也出现了大量战争题材电影，其中包括G. W. 派伯斯特的《1918年的西部战线》、赫伯·布雷农的《格里斯查中士之案》以及刘易斯·迈尔斯通为环球影业公司贡献的雷马克小说同名改编作品。《西线无战事》这部电影于1930年上映，全世界的人们纷纷争相观看。当年这部影片还获得奥斯卡最佳影片奖。

"战争热"利用战争来表达当代人的焦虑。然而，与此同时，比起历史学家们之前或是之后的作品，它都更加塑造了一战的流行形象。一些最成功的作品，例如雷马克的《西线无战事》、格瑞夫斯的《告别这一切》、茨威格的《格里斯查中士之案》以及海明威的《永别了，武器》，它们都谴责这场战争是徒劳的大屠杀，极为不公，是政治和社会的灾难。海明威说，进步与目标，所有这些浮夸又带有腐败性含义的词语，散发出一种让人厌恶的气息，让他想起芝加哥的牲畜屠宰场。只有个人的适应力与真挚的同志情才在这个地狱中有所意义，尽管是悲惨的意义。普通的士兵，不知名的战士，无名的、不愿透露姓名的受害者，成了这场战争的象征。在这样一个人们普遍缺乏坚定意志的社会中，反英雄主义开始取代英雄主义。威尔弗莱德·欧文，这位年轻的诗人在停战协议敲定前的一个月被杀害了，他在自己的作品中说道："诗歌存在于悲悯之中。"十年之后，雷马克也以更加平静的说法表达了这一意思。20世纪20年代的新英雄是不合时宜的流浪者查理·卓别林，他在生活中奋勇前进，又被生活所击倒。

如果说"战争热"比战争还要更能反映出20世纪20年代的民众情绪，那么大多数人会认为这些书和电影是那个时期生活的真实写照。美国小说家威廉·福克纳在1931年写道："美国人并不是被那些死在法国和佛兰德斯战壕中的德国士兵所征服，而是被那些死在德国书籍中的德国士兵所征服。"他所说的这句话，指出了小说对人们的态度和价值观的巨大影响。在发展我们这个世纪的历史想象力方面，小说家和电影制片人所起的作用远远超过历史学家。而这，同样也是一战的后果。

这种对"泥与血的文学"的信任激怒了很多人。对于很多退役军人和遇难者家属来说，这样的说法——即这场战争不过是在白费力气，他们的亲人就像是儿子被父亲杀死了一样，不过是战争的牺牲品——是一种亵渎。因为雷马克和格瑞夫斯的书中都牵涉了大量的肉体内容，所以有些人厌恶地称这类文学为战争文学中的"厕所流派"。在英国及其领土内，人们普遍地把它当作一种外来流派。1929年在福克斯顿举行的停战庆典上，一位牧师说道："我没想过有一天我竟然会读到这些书，它们虽出自同胞之手，却像是敌方宣传者们干出的卑鄙勾当。"本来这场战争的目的在于对抗外国的胡作非为。而这种异化的堕落文化却又一次影响了土生土长的年轻人。

但是在德国，同样有人反对雷马克之类的人。他的成功主要得益于德国战后历史上的一个关键时刻，即《凡尔赛和约》签订的十周年，条约里"战争罪责条款"令人苦不堪言。在那一年，德国的经济也遭遇重创。世界各国都在遭受日益严重的经济危机，而德国受到的打击尤为沉重。1929—1930年间，纳粹党在选举中取得了多数选票从而上台执政，而这正是因为雷马克笔下那些士兵们的心灰意冷。包括阿道夫·希特勒在内的许多纳粹党人，都曾在一战期间服役，他们把在战争中取得的精神成就看得非常重要。他们斥责雷马克等人，并且通过暴力的示威游行反对柏林在1930年12月上映这部由好莱坞制作的和雷马克小说同名的电影。当时，中间派领袖海因里希·布吕宁带领中间派成员组成了脆弱的联合政府。他们屈服于压力，最终以这部电影中包含了对德国的敌意为由，成功地封杀了这部电影。

1933年1月，希特勒的掌权加速了欧洲政治上的两极分化。在两个政治极端，士兵是无助受害者这样的形象都不受欢迎。无论是对法西斯主义者还是共产主义者来说，士兵都是革命的行为主体。但是，大家对战争的集体记忆与这个理论背道而驰。1939年，战争再次爆发，这次无人欢呼，甚至在柏林都没有。

一战的记忆就如同一片乌云笼罩在两次大战之间，再也没有比1938—1939年针对德国领土要求的国际谈判更令人沮丧的了。"战争热"时期的文学、戏剧和电影基调都表明，一战并不值得付出如此代价。《英国陆军季刊》于1930年4月卷中写道："在今后的很多年，应该不会有另一场大战了。"相比之下，对于阿道夫·希特勒而言，正如他在《我的奋斗》中写的那样，这场战争是"我世俗经历中最伟大、最令人难忘的时光"。然而，尽管如此庆祝暴力，希特勒并未预料到，1939年发动的这场战争，他自己甚至是其核心集团都未曾感到喜悦。

1945年后的战争记忆

法国与英国在侵略波兰后，于1939年9月对德国宣战，尽管在宣战中进行了道德声明，英法只做了表面功夫的战斗。法国战败，英国则由于希特勒在军事战略与政治判断上的失误而侥幸逃过一劫。一些旧的言论再次被提起，但这次战争中的宣传与上一次的战争宣传已然大相径庭。这次是为了生存的顽强斗争，而不是教化使命。

第二次世界大战的恐怖程度、破坏力和破坏范围远远超过西方国家的想象。二战中发生了严重的道德困境，同时种族清洗、对城市的密集轰炸以及战争结束时使用的原子弹武器等，都给民众造成了极大的痛苦，而这是一战中使用的重型火炮、潜艇、坦克，甚至是毒气所不能比拟的。一战作为一种原始的、不成熟的战争，逐渐从人们的记忆中退去。

20世纪40年代后半期，热战逐渐变为冷战。希特勒、斯大林、丘吉尔和罗斯福的历史重要性似乎比德皇威廉、沙皇尼古拉二世甚至威尔逊总统都要大得多，更不用说首相劳合·乔治或克列孟梭。随着世界分裂出不同意识形态的阵营，也随着核世界末日的预言变得越来越真实，一战相应地变得不那么伟大了。二战似乎展现出了比一战时更大的鸿沟。

然而，20世纪60年代，我们对这个世纪的看法再一次得到了改变。一股新的反讽浪潮与20世纪20年代早期的敌对情绪联系在了一起。讽刺时事的滑稽剧集《多可爱的战争》的大获成功以及在对抗越南战争时兴起的黑色幽默，在魏玛时期与达达主义和柏林卡巴莱歌舞表演的幽默结合在了一起。此外，历史学家开始指出两次世界大战之间的连续性。人们似乎达成共识，1914—1945年间的数年构成了20世纪的30年战争，其本质是欧洲各国人民之间的一场内战。

在第一次世界大战结束后的最初几年，前往战场进行大范围旅游的想法还为时过早，直到20世纪60年代这个想法才成为现实。如今，谁去参观了在佛兰德斯、维米岭、索姆河、凡尔赛的战场以及那些在一战中死去的人们的坟墓？他们为什么去参观？在参观者中，有很大一部分人，他们的家人与战争有关。在墓地的游客簿上，人们经常可以看到澳大利亚人、新西兰人、南非人、加拿大人这样的感慨——"终于找到你了，爷爷"。很多旅行团前往此处，学校班级也经常组织参观。但实际上，临时的访客可能占大多数。

游客簿中的评论往往是陈词滥调或多愁善感的句子。有关政治、民族主义和意识形态的反馈是最常见的。荷兰人、比利时人以及北欧人似乎最喜欢表达和平主义的情感；英国人喜欢引用诗句；而美国人则喜欢通俗的表达。然而，大多数评论中还是包含着很深刻的感情。从参观者访谈中可以很明显地看出一战依然吸引着我们。在爱尔兰农场公墓，一位澳大利亚人写道："有幸至此参观，得偿所愿"。

一战之中，有关堑壕战的强度、不可预知性、难解之处、恐怖之处以及实际运用中的无效性等问题的讨论贯穿整个世纪。我们感激士兵们所做出的贡献，也敬佩他们所表现出来的极大耐力。我们中一部分人甚至会遗憾——正如弗朗西斯·斯科特·菲茨杰拉德在20世纪30年代所说的——西方世界可能再也无法得见这种刚毅果敢。但是战争是否让世界变得更美好了？真相是，不论是在社会层面，还是在政治与意识形态层面，至少在短期内，我们都想象不出比现实更坏的结果了。1915年，高尔斯华绥写道："或许在这场死亡风暴过去30年后，我们之中得以幸存下来的这部分人回望过去时，会以一个失望的笑来为这个话题画上句点，并承认要是没有这场战争，世界还会是原来的样子。"然而30年之后，到了1945年，高尔斯华绥已不在人世，但死亡风暴又被重新掀起，没有人发出笑声，只有可怕的沉默。

但是，人们可能会争辩说，在这场将被永远称为"第一次世界大战"的战争中，确实有其积极的一面。局势的颠覆改写了历史，旧政权的削弱则解放了创新的能力。这全都回馈到了我们自己身上。从这个意义上来说，一战曾经是，并且现在仍然是现代社会为了解放的伟大冒险；它是民主的，具有象征意义的，也是不可避免的；它对全世界都敞开怀抱，是20世纪的代表性大事件。

我们仍沉湎在这场战争中。温斯顿·丘吉尔称其为"人类最伟大的争论"。一战带来的悲痛至今仍挥之不去，对于它，我们永远无法忘怀，也永远无法真正理解。

拓展阅读

导 言

Stéphane Audoin-Rouzeau and Jean-Jacques Becker, *Encyclopédie de la Grande Guerre1914–1918. Histoire et culture* (Paris, 2004).

Annette Becker, *1914–1918: Understanding the Great War* (London, 2002).

Correlli Barnett, *The Swordbearers* (London, 1963).

Ian F. W. Beckett, *The Great War 1914–1918* (2nd edn., Harlow, 2007).

Roger Chickering and Stig Föster, *Great War, Total War: Combat and Mobilization on the Western Front 1914–1918* (Cambridge, 2000).

Marc Ferro, *The Great War, 1914–1918* (London, 1973).

Gerhard Hirschfeld, Gerd Krumeich, and Irina Renz, *Brill's Encyclopedia of the First World War* (2 vols., Leiden, 2012).

John Horne, *A Companion to World War I* (Chichester, 2010).

Michael Howard, *The First World War* (Oxford, 2002).

Bela K. Kiraly, Nandor F. Dreisziger, and Albert A. Nofi (eds), *East Central European*

Society in World War I (Boulder, Colo., 1985).

Allan R. Millett and Williamson Murray (eds), *Military Effectiveness, i: The First World War* (Boston, 1988).

Keith Robbins, *The First World War* (Oxford, 1983).

David Stevenson, *The First World War and International Politics* (Oxford, 1987).

—— *1914–1918: The History of the First World War* (London, 2004).

Norman Stone, *The Eastern Front 1914–1917* (London, 1975).

Hew Strachan, *The First World War, i: To Arms* (Oxford, 2001).

—— *The First World War: A New Illustrated History* (London, 2003).

Jay Winter and Jean-Louis Robert (eds), *Capital Cities at War: Paris, London, Berlin, 1914–1919* (2 vols., Cambridge, 1997–2007).

J. M. Winter, *The Experience of World War I* (London, 1988).

各　国

奥匈帝国

Mark Cornwall (ed.), *The Last Years of Austria-Hungary 1908–1918* (Exeter, 1990).

Manfried Rauchensteiner, *Der Erste Weltkrieg und das Ende der Habsburgermonarchie* (Vienna, 2013).

Leo Valiani, *The End of Austria-Hungary* (London, 1973).

英国

J. M. Bourne, *Britain and the Great War 1914–1918* (London, 1989).

Adrian Gregory, *The Last Great War: British Society and the First World War* (Cambridge, 2008).

G. J. De Groot, *Blighty: British Society in the Era of the Great War* (London, 1996).

G. R. Searle, *A New England? Peace and War 1886–1918* (Oxford, 2004).

Trevor Wilson, *The Myriad Faces of War: Britain and the Great War 1914–1918* (Oxford,1986).

J. M. Winter, *The Great War and the British People* (London, 1985).

法国

Jean-Jacques Becker, *The Great War and the French People* (Leamington Spa, 1985).

Robert A. Doughty, *Pyrrhic Victory: French Strategy and Operations in the Great War* (Cambridge, Mass., 2005).

Leonard Smith, Stéphane Audoin-Rouzeau, and Annette Becker, *France and the Great War 1914–1918* (Cambridge, 2003).

德国

Roger Chickering, *Imperial Germany and the Great War, 1914–1918* (Cambridge, 1998).

Holger Herwig, *The First World War: Germany and Austria-Hungary 1914–1918* (London, 1996).

Peter Graf von Kielmansegg, *Deutschland und der Erste Weltkrieg* (Stuttgart, 1980).

Fritz Klein et al., *Deutschland im Ersten Weltkrieg* (3 vols., Berlin, 1968–1969).

意大利

Giorgio Rochat, *L'Italia nella Prima Guerra Mondiale* (Milan, 1976).

John R. Schindler, *Isonzo: The Forgotten Sacrifice of the Great War* (Westport, Conn.,2001).

Mark Thompson, *The White War: Life and Death on the Italian Front 1915–1919* (London, 2008).

俄国

Orlando Figes, *A People's Tragedy: The Russian Revolution 1891–1924* (London, 1996).

Michael T. Florinsky, *The End of the Russian Empire* (New Haven, 1931).

Peter Gatrell, *Russia's First World War: A Social and Economic History* (Harlow, 2005).

W. Bruce Lincoln, *Passage through Armageddon: The Russians in War and Revolution 1914–1918* (New York, 1986).

Bernard Pares, *The Fall of the Russian Monarchy: A Study of the Evidence* (London,1939).

美国

E. M. Coffman, *The War to End All Wars: The American Military Experience in World War I* (Madison, 1968).

David Kennedy, *Over Here: The First World War and American Society* (New York,1980).

Ronald Schaffer, *America in the Great War: The Rise of the War Welfare State* (NewYork, 1991).

第一章 战争缘起

Luigi Albertini, *The Origins of the War of 1914, ed. and trans. Isabella Massey* (3 vols.,London, 1952–1957).

Holger Afflerbach, *Der Dreibund: Europäische Grossmacht- und Allianzpolitik vor dem Ersten Weltkrieg* (Vienna, 2002).

—— and *David Stevenson (eds), An Improbable War? The Outbreak of World War I and European Political Culture before 1914* (New York, 2007).

Richard Bosworth, *Italy and the Approach of the First World War* (London, 1983).

Arden Bucholz, Moltke, Schlieffen and Prussian War Planning (New York, 1991).

Christopher Clark, *The Sleepwalkers: How Europe Went to War in 1914* (London, 2012).

R. J. W. Evans and Hartmut Pogge von Strandmann (eds), *The Coming of the First World War* (Oxford, 1988).

Fritz Fischer, *War of Illusions: German Policies from 1911 to 1914* (London, 1967).

Richard Hamilton and Holger Herwig (eds), *The Origins of the First World War* (Cambridge, 2003).

—— (eds), *War Planning 1914* (Cambridge, 2010).

David G. Herrmann, *The Arming of Europe and the Making of the First World War* (Princeton, 1996).

Mark Hewitson, *Germany and the Causes of the First World War* (Oxford, 2004).

James Joll and Gordon Martel, *The Origins of the First World War* (3nd edn., London, 2007).

John F. V. Keiger, *France and the Origins of the War* (London, 1983).

D. C. B. Lieven, *Russia and the Origins of the First World War* (London, 1983).

Sean McMeekin, *The Russian Origins of the First World War* (Cambridge, Mass., 2011).

Annika Mombauer, *Helmuth von Moltke and the Origins of the First World War* (Cambridge, 2001).

—— (ed.), *The Origins of the First World War: Diplomatic and Military Documents* (Manchester, 2013).

William Mulligan, *The Origins of the First World War* (Cambridge, 2010).

Thomas Otte, *The Foreign Office Mind: The Making of British Foreign Policy, 1865–1914* (Cambridge, 2011).

Stefan Schmidt, *Frankreichs Aussenpolitik in der Julikrise 1914: Ein Beitrag zur Geschichte des Ausbruchs des Ersten Weltkriegs* (Munich, 2009).

Zara Steiner and Keith Neilson, *Britain and the Origins of the First World War* (2nd edn., New York, 2003).

David Stevenson, *Armaments and the Coming of the War: Europe, 1904–1914* (Oxford, 1996).

Hew Strachan, *The Outbreak of the First World War* (Oxford, 2004).

Samuel R. Williamson, Jr., *The Politics of Grand Strategy: Britain and France Prepare for War, 1904–1914* (2nd edn. rev., London, 1990).

—— *Austria-Hungary and the Origins of the First World War* (New York, 1991).

—— and *Russel Van Wyk, July 1914: Soldiers, Statesmen, and the Coming of the Great War: A Brief Documentary History* (Boston, 2003).

Keith Wilson (ed.), *Decisions for War, 1914* (London, 1995).

第二章　同盟国的战略，1914—1917年

Holger Afflerbach, *Falkenhayn: Politisches Denken und Handeln im Kaiserreich* (Munich,1994).

—— 'Wilhelm II as Supreme War Lord in the First World War', in Annika Mombauerand Wilhelm Deist (eds), *The Kaiser: New Research on Wilhelm II's Role in Imperial Germany* (Cambridge, 2003), 195–216.

Karl E. Birnbaum, *Peace Moves and U-boat Warfare: A Study of Imperial Germany's Policy towards the United States, April 18, 1916–January 9, 1917* (Stockholm, 1958).

Roger Chickering, *The Great War and Urban Life in Germany: Freiburg 1914–1918* (Cambridge, 2007).

—— *Freiburg im Ersten Weltkrieg: Totaler Krieg und stätischer Alltag 1914–1918* (Paderborn u.A., 2009).

—— and Stig Föster (eds), *Great War, Total War: Combat and Mobilization on theWestern Front, 1914–1918* (Cambridge, 2000).

Gordon A, Craig, 'The World War I Alliance of the Central Powers in Retrospect: The Military Cohesion of the Alliance', *Journal of Modern History* (September 1965), 336–345.

Wilhelm Deist, 'Strategy and Unlimited Warfare in Germany: Moltke, Falkenhayn, and Ludendorff', in Roger Chickering and Stig Föster (eds), *Great War, Total War. Combat and Mobilization on the Western Front, 1914–1918* (Cambridge, 2000), 263–281.

Hans Ehlert, Michael Epkenhans, and Gerhard Gross (eds), *Der Schlieffenplan: Analysen und Dokumente* (Paderborn, 2006).

Ashley Ekins (ed.), *A Ridge Too Far? Gallipoli 1915* (Canberra 2013).

Erich von Falkenhayn, *General Headquarters 1914–1916 and its Critical Decisions* (London, 1920).

L. L. Farrar, *Divide and Conquer: German Efforts to Conclude a Separate Peace,1914–1918* (Boulder, Colo., 1978).

—— *The Short-War Illusion: German Policy, Strategy and Domestic Affairs August–December 1914* (Santa Barbara, Calif., 1973).

Niall Ferguson, *The Pity of War* (London, 1999).

Fritz Fischer, *Germany's Aims in the First World War* (New York, 1967).

Robert Foley, *German Strategy and the Path to Verdun: Erich von Falkenhayn and the Development of Attrition 1870–1916* (Cambridge, 2005).

Holger Herwig, *The First World War: Germany and Austria-Hungary 1914–1918* (London, 1997).

Holger Herwig, *The Marne, 1914: The Opening of World War I and the Battle That Changed the World* (London and New York, 2009).

Gerhard Hirschfeld, Gerd Krumeich, and Irina Renz, *Die Deutschen an der Somme* (Essen, 2006).

Johannes Hürter and Gian Enrico Rusconi (eds), *Der Kriegseintritt Italiens im Mai 1915* (Munich, 2007).

Karl Heinz Janssen, *Der Kanzler und der General: Die Führungskrise um Bethmann Hollweg und Falkenhayn, 1914–1916* (Götingen, 1967).

Konrad H. Jarausch, *The Enigmatic Chancellor: Bethmann Hollweg and the Hubris of Imperial Germany* (New Haven, 1972).

Ernst Jünger, *Kriegstagebuch 1914–1918, edited by Helmuth Kiesel* (Stuttgart, 2010).

Manfred Nebelin, *Ludendorff. Diktator im Ersten Weltkrieg* (Munich, 2010).

Wolfram Pyta, *Hindenburg. Herrschaft zwischen Hohenzollern und Hitler* (Munich, 2010).

Gerhard Ritter, *The Schlieffen Plan* (London, 1958).

—— *The Sword and the Sceptre: The Problem of Militarism in Germany, vols iii–iv* (London, 1973–1974).

Joachim Schröer, *Die U-Boote des Kaisers. Die Geschichte des deutschen U-Boot-Krieges Gegen Großritannien im Ersten Weltkrieg* (Bonn, 2003).

Gary W. Shanafelt, *The Secret Enemy: Austria-Hungary and the German Alliance,1914–1918* (Boulder, Colo., 1985).

Hew Strachan, *The First World War: (Volume 1) To Arms* (Oxford, 2001).

Alexander Watson, *Enduring the Great War: Combat, Morale and Collapse in the German and British Armies, 1914–1918* (Cambridge, 2008).

Terence Zuber, *Inventing the Schlieffen Plan* (Oxford, 2002).

Ian Beckett, *Ypres: The First Battle, 1914* (Harlow, 2004).

第三章　运动战：东西线战场，1914—1915年

J. J. Becker, *1914: Comment les Français sont entrés dans la guerre* (Paris, 1977).

Marc Bloch, *Memoirs of War, trans. C. Fink* (Ithaca, NY, 1980).

Richard L. DiNardo, *Breakthrough: The Gorlice–Tarnow Campaign, 1915* (New York, 2010).

John Dixon, *Magnificent But Not War: The Battle of Ypres, 1915* (Barnsley, 2003).

Gerard P. Gross, *Die vergessene Front. Der Osten 1914/1915. Ereignis, Wirkung, Nachwirkung* (Paderborn, 2006).

Holger Herwig, *The Marne, 1914* (London and New York, 2009).

John Horne and Alan Kramer, *German Atrocities 1914: A History of Denial* (New Haven, 2001).

Mark Humphries and John Maker (eds), *Germany's Western Front: Translations from the German Official History of the First World War, 1914, Part 1* (Waterloo, Ont., 2013).

—— (eds), *Germany's Western Front: Translations from the German Official History of the First World War, 1915, Part 1* (Waterloo, Ont., 2010).

Paul Kendall, *Aisne 1914: The Dawn of Trench Warfare* (Stroud, 2010).

Jonathan Krause, *Early Trench Tactics in the French Army: The Second Battle of Artois, May–June, 1915* (Farnham, 2013).

Jeff Lipkes, *Rehearsals: The German Army in Belgium, August 1914* (Leuven, 2007).

Nick Lloyd, *Loos 1915* (Stroud, 2008).

James Lyon, 'Serbia and the Balkan Front, 1914', Dissertation, University of California, Los Angeles, 1995.

Douglas Porch, 'The Marne and After: A Reappraisal of French Strategy in the First World

War', *Journal of Military History, 53* (1989), 363–386.

Roy Prete, *Strategy and Command: The Anglo-French Coalition on the Western Front, 1914* (Toronto, 2009).

Ian Senior, *Home Before the Leaves Fall* (Oxford, 2012).

Jack Sheldon, *The German Army at Ypres, 1914* (Barnsley, 2010).

—— *The German Army on the Western Front, 1915* (Barnsley, 2012).

Dennis Showalter, *Tannenberg: Clash of Empires* (2nd edn., Dulles, Va., 2004).

Graydon Tunstall, *Blood on the Snow: The Carpathian Winter War 1915* (Lawrence, Kan., 2010).

Sewell Tyng, *The Campaign of the Marne, 1914* (Oxford, 1935).

Terence Zuber, *The Battle of the Frontiers, Ardennes, 1914* (Stroud, 2007).

—— *The Mons Myth: A Reassessment of the Battle* (Stroud, 2010).

第四章　协约国策略，1914—1917年

C. Andrew and A. S. Kanya-Forstner, *France Overseas: The Great War and the Climax of French Imperial Expansion* (London, 1981).

K. M. Burk, Britain, *America and the Sinews of War 1914–1918* (London, 1985).

K. J. Calder, *Britain and the Origins of the New Europe, 1914–1918* (Cambridge, 1976).

G. H. Cassar, *The French and the Dardanelles* (London, 1971).

G. R. Conyne, *Woodrow Wilson: British Perspectives, 1912–1921* (London, 1992).

D. Dutton, 'The Balkan Campaign and French War Aims in the Great War', *English Historical Review, 94* (1979), 97–113.

W. B. Fest, *Peace or Partition: The Habsburg Monarchy and British Policy 1914–1918* (London, 1978).

D. French, *British Strategy and War Aims, 1914–1916* (London, 1986).

—— *The Strategy of the Lloyd George Coalition* (Oxford, 1995).

J. Gooch, 'Soldiers, Strategy and War Aims in Britain, 1914–1918', in B. Hunt and A. Preston (eds), *War Aims and Strategic Policy in the Great War* (London, 1977), 21–40.

Elizabeth Greenhalgh, *Victory through Coalition: Britain and France during the First World War* (Cambridge, 2005).

F. H. Hinsley (ed.), *British Foreign Policy under Sir Edward Grey* (Cambridge, 1977).

Jeffrey Mankoff, 'The Future of Poland, 1914–1917: France and Great Britain in the Triple Entente', *International History Review, 30* (2008), 743–767.

K. Neilson, *Strategy and Supply: The Anglo-Russian Alliance, 1914–1917* (London, 1984).

J. Nevakivi, *Britain, France and the Arab Middle East 1914–1920* (London, 1969).

William Philpott, *Bloody Victory: The Sacrifice of the Somme* (London, 2010).

V. H. Rothwell, *British War Aims and Peace Diplomacy 1914–1918* (Oxford, 1971).

D. Stevenson, *French War Aims against Germany, 1914–1919* (Oxford, 1982).

J. K. Tanenbaum, *General Maurice Sarrail, 1856–1929: The French Army and Left-Wing Politics* (Chapel Hill, NC, 1974).

D. R. Woodward, *Lloyd George and the Generals* (Newark, NJ, 1983).

第五章　巴尔干半岛，1914—1918年

G. F. Abbott, *Greece and the Allies, 1914–1922* (London, 1922).

John Clinton Adams, *Flight in Winter* (Princeton, 1942).

Vasile Alexandrescu, *Romania in World War I: A Synopsis of Military History* (Bucharest,1985).

Grigore Antipa, *L'Occupation ennemie de la Roumanie et ses conséquences économiqueset sociales* (New Haven, 1929).

Richard J. Crampton, *Bulgaria 1878–1918: A History* (New York, 1983).

Georgi T. Danailov, *Les Effets de la guerre en Bulgarie* (New Haven, 1932).

Marcel Dunan, *Le Drame balkanique de 1915. L'Automne serbe; notes d'un témoin avecune carte en couleurs* (Paris, 1932).

Cyril Falls, *Military Operations, Macedonia* (2 vols., London, 1933–1935).

Gérard Fassy, *Le Commandement français en Orient* (Octobre 1915–Novembre 1918)(Paris, 2003).

Zisis Fotakis, *Greek Naval Strategy and Policy, 1910–1919* (London, 2005).

Wolfgang-Uwe Friedrich, *Bulgarien und die Mächte: Ein Beitrag zur Weltkriegs und Imperialismu sgeschichte* (Wiesbaden, 1985).

Jonathan E. Gumz, *The Resurrection and Collapse of Empire in Habsburg Serbia,1914–1918* (Cambridge, 2009).

Richard C. Hall, *Balkan Breakthrough: The Battle of Dobro Pole 1918* (Bloomington,Ind., 2010).

Keith Hitchins, *Rumania 1866–1947* (Oxford, 1994).

George B. Leontaritis, *Greece and the First World War: From Neutrality to Intervention,1917–1918* (New York, 1990).

Andrej Mitrović, *Serbia's Great War 1914–1918* (London, 2007).

Alan Palmer, *The Gardeners of Salonika* (London, 1965).

Michael Boro Petrovich, *A History of Modern Serbia 1804–1918, vol. ii* (New York, 1976).

Vasil Radoslawoff, *Bulgarien und die Weltkrise* (Berlin, 1923).

J. Swire, *Albania: The Rise of a Kingdom* (London, 1929).

G. E. Torrey, 'Romania in the First World War: The Years of Engagement', *International History Review*, 14 (1992), 462–479.

—— 'The Rumanian Campaign of 1916: Its Impact on the Belligerents', *Slavic Review*, 39 (1980), 27–43.

—— *The Romanian Battlefront in World War I* (Lawrence, Kan., 2011).

第六章　土耳其战争

Feroz Ahmad, *The Making of Modern Turkey* (London, 1993).

Mustafa Aksakal, *The Ottoman Road to War: The Ottoman Empire and the First World War* (Cambridge, 2008).

Fahri Belen, *Birinci Cihan Harbinde Turk Harbi* (The Turkish War during the First World War) (5 vols., Ankara, 1963–7).

Wolfdieter Bihl, *Die Kaukasus-Politik der Mittelmächte* (Vienna, 1975).

Donald Bloxham, *The Great Game of Genocide: Imperialism, Nationalism, and the*

Destruction of the Ottoman Armenians (Oxford, 2005).

Briton C. Busch, *Britain, India, and the Arabs, 1914–1921* (Berkeley, 1971).

Ahmed Emin, *Turkey in the World War* (New Haven, 1930).

Edward Erickson, *Ordered to Die: A History of the Ottoman Army in the First World War* (Westport, Conn., 2000).

—— *Ottoman Army Effectiveness in World War One: A Comparative Study* (London, 2007).

Isaiah Friedman, *Germany, Turkey, and Zionism, 1897–1918* (Oxford, 1977).

Ulrich Gehrke, *Persien in der deutschen Orientpolitik während des Ersten Weltkrieges* (2 vols., Stuttgart, 1960).

Paul G. Halpern, *The Naval War in the Mediterranean, 1914–1918* (London, 1987).

Richard G. Hovannisian, *Armenia on the Road to Independence, 1918* (Berkeley, 1967).

Matthew Hughes, *Allenby and British Strategy in the Middle East 1917–1919* (London,1999).

Firuz Kazemzadeh, *The Struggle for Transcaucasia, 1917–1921* (New York, 1951).

Marian Kent (ed.), *The Great Powers and the End of the Ottoman Empire* (2nd edn.,London, 1996).

Maurice Larcher, *La Guerre turque dans la guerre mondiale* (Paris, 1926).

Hermann Lorey (ed.), *Der Krieg in den türkischen Gewäsern* (2 vols., Berlin,1928–1938).

Jenny Macleod, *Reconsidering Gallipoli* (Manchester, 2004).

Justin McCarthy, *The Ottoman Peoples and the End of Empire* (London, 2001).

Donald McKale, *War by Revolution: Germany and Great Britain in the Middle East in the Era of World War I* (Kent, Oh., 1998).

Frederick J. Moberly, *Operations in Persia, 1914–1918* (London, 1987).

Carl Mühlmann, *Das deutsch-türkische Waffenbündnis im Weltkriege* (Leipzig, 1940).

—— *Der Kampf um die Dardanellen 1915* (Oldenburg, 1927).

Robin Prior, *Gallipoli: The End of the Myth* (New Haven, 2010).

Christopher Pugsley, *Gallipoli: The New Zealand Story* (Auckland, 1984).

Michael E. Reynolds, *Shattering Empires: The Clash and Collapse of the Ottoman and Russian Empires 1908–1918* (Cambridge, 2011).

Eliezer Tauber, *The Arab Movement in World War I* (London, 1993).

Charles Townshend, *When God made Hell: The British Invasion of Mesopotamia and the*

Creation of Iraq 1914–1921 (London, 2010).

Tim Travers, *Gallipoli 1915* (Stroud, 2001).

Ulrich Trumpener, *Germany and the Ottoman Empire, 1914–1918* (Princeton, 1968).

Frank G. Weber, *Eagles on the Crescent: Germany, Austria and the Diplomacy of theTurkish Alliance 1914–1918* (Ithaca, NY, 1970).

Erik J. Zürcher, *The Unionist Factor* (Leiden, 1984).

—— *Turkey: A Modern History* (London, 1993).

第七章　非洲大陆的战争

Ross Anderson, *The Forgotten Front: The East African Campaign 1914–1918* (Stroud,2004).

Michael Crowder, 'The First World War and its Consequences', in A. Adu Boahen (ed.), *General History of Africa, vii: Africa under Colonial Domination 1880–1935* (London,1985), 283–311.

Myron Echenberg, *Colonial Conscripts: The Tirailleurs Sénégalais in French West Africa,1857–1960* (London, 1991), ch. 3.

Albert Grundlingh, *Fighting their Own War: South African Blacks and the First World War* (Johannesburg, 1987).

Geoffrey Hodges, *The Carrier Corps: Military Labor in the East African Campaign of 1914 to 1918* (Westport, Conn., 1986).

Journal of African History, 19/1 (1978), special issue on Africa and the First World War.

David Killingray, 'The War in Africa', in John Horne (ed.), *A Companion to World War I* (Oxford, 2010), 112–26.

Sir Charles Lucas, *The Empire at War, vols. i–iv* (London, 1921–4).

Joe Lunn, *Memoirs of the Maelstrom: A Senegalese Oral History of the First World War* (Oxford, 1999).

Marc Michel, *L'Appel à l'Afrique: Contributions et réactions à l'effort de guerre en AOF (1914–1919)* (Paris, 1982).

Bill Nasson, *Springboks on the Somme: South Africa in the Great War 1914–1918*

(CapeTown, 2007).

Jide Osuntokun, *Nigeria in the First World War* (London, 1979).

Melvin Page, *The Chiwaya War: Malawians in the First World War* (Boulder, Colo.,2000).

—— (ed.), *Africa and the First World War* (London, 1987).

Edward Paice, *Tip and Run: The Untold Tragedy of the Great War in Africa* (London,2007).

Andrew Roberts (ed.), *The Colonial Moment in Africa: Essays on the Movement of Mindsand Materials 1900–1940* (Cambridge, 1990).

Anne Samson, *World War I in Africa: The Forgotten Conflict Among the European Powers* (London, 2013).

Hew Strachan, *The First World War in Africa* (Oxford, 2004).

第八章　海战

Michael B. Barrett, *Operation Albion: the German Conquest of the Baltic Islands* (Bloomington, Ind., 2008).

Patrick Beesly, *Room 40: British Naval Intelligence, 1914–1918* (London, 1982).

Nicholas Black, *The British Naval Staff in the First World War* (Woodbridge, 2009).

N. J. M. Campbell, *Jutland: An Analysis of the Fighting* (London, 1986).

Julian S. Corbett and Henry Newbolt, *History of the Great War: Naval Operations* (5 vols. in 9, London, 1920–1931).

Michael Epkenhans, *Tirpitz: Architect of the German High Seas Fleet* (Washington, 2008).

Norman Friedman, *Naval Firepower: Battleship Guns and Gunnery in the Dreadnought Era* (Barnsley, 2008).

—— *Naval Weapons of World War I* (Barnsley, 2011).

James Goldrick, *The King's Ships Were at Sea: The War in the North Sea August 1914– February 1915* (Annapolis, 1984).

Andrew Gordon, *The Rules of the Game: Jutland and British Naval Command* (London, 1996).

Paul G. Halpern, *The Mediterranean Naval Situation, 1908–1914* (Cambridge, Mass., 1971).

—— *The Naval War in the Mediterranean, 1914–1918* (London, 1987).

—— *A Naval History of World War I* (Annapolis, 1994).

Holger H. Herwig, *'Luxury Fleet': The Imperial German Navy, 1888–1918* (London, 1980).

Mark D. Karau, *'Wielding the Dagger': The Marine Korps Flandern and the German War Effort* (Westport, Conn., 2003).

Patrick Kelly, *Tirpitz and the Imperial German Navy* (Bloomington, Ind., 2011).

Roger Keyes, *The Naval Memoirs* (2 vols., London, 1934–1935).

Nicholas A. Lambert, *Sir John Fisher's Naval Revolution* (Columbia, SC, 1999).

—— 'Strategic Command and Control for Manoeuvre Warfare: The Naval IntelligenceDepartment and the Creation of the Royal Navy's "War Room Plot", 1905–1915', *Journal of Military History*, 69 (2005), 361–410.

—— *Planning Armageddon: British Economic Warfare and the First World War* (Cambridge, Mass., 2012).

Arthur J. Marder, *From the Dreadnought to Scapa Flow: The Royal Navy in the Fisher Era, 1904–1919* (5 vols., London, 1961–1970).

George Nekrasov, *North of Gallipoli: The Black Sea Fleet at War, 1914–1917* (Boulder,Colo., 1992).

Tobias R. Philbin, *Admiral von Hipper: The Inconvenient Hero* (Amsterdam, 1982).

Stephen Roskill, *Earl Beatty: The Last Naval Hero* (London, 1980).

Lawrence Sondhaus, *The Naval Policy of Austria-Hungary, 1867–1918: Navalism, Industrial Development and the Politics of Dualism* (West Lafayette, Ind., 1994).

William N. Still, *Crisis at Sea: The United States Navy in European Waters* (Gainesville, Fla., 2006).

Jon Tetsuro Sumida, *In Defence of Naval Supremacy: Finance, Technology and British Naval Policy, 1889–1914* (Boston, 1989).

V. E. Tarrant, *Jutland: The German Perspective* (Annapolis, 1995).

David F. Trask, *Captains and Cabinets: Anglo-American Naval Relations, 1917–1918* (Columbia, Mo., 1972).

Michael Wilson, *Baltic Assignment: British Submarines in Russia, 1914–1919* (London, 1985).

Jonathan Reed Winkler, *Nexus: Strategic Communications and American Security in World War I* (Cambridge, Mass., 2008).

John Winton, *Convoy: The Defence of Sea Trade, 1890–1990* (London, 1983).

第九章　经济战

W. Arnold-Forster, *The Blockade, 1914–1919: Before the Armistice—and after* (Oxford, 1939).

L. M. Barnett, *British Food Policy during the First World War* (London, 1985).

A. C. Bell, *A History of the Blockade of Germany and the Countries Associated with here in the Great War, Austria-Hungary, Bulgaria, and Turkey, 1914–1918* [London, 1937(but classified until 196)].

H. Bendert, *Die UB-Boote der kaiserlichen Marine 1914–1918: Einsätze - Erfolge – Schicksal* (Hamburg, 2000).

Emmanuelle Baud, 'Le Renseignement économique militaire en France à partir de1916: impératifs stratégiques et économie de guerre', Revue historique des armées,242 (2006), 84–93.

K. M. Burk, *Britain, America and the Sinews of War, 1914–1918* (London, 1985).

W. M. Carlgren, *Neutralit oder Allianz: Deutschlands Beziehungen zu Schweden inden Anfangsjahren des Ersten Weltkrieges* (Stockholm, 1962).

J. W. Coogan, *The End of Neutrality: The United States, Britain, and Maritime Rights1899–1915* (Ithaca, NY, 1975).

B. Davis and T. Bonzon, 'L'état contre la société: nourrir Berlin', *Guerres mondiales etconflits contemporains*, 46/183 (1996), 47–61.

P. Dehne, 'From "Business as Usual" to a More Global War: The British Decision to Attack Germans in South America during the First World War', *Journal of British Studies*, 44 (2005), 516–535.

J. D. Grainger (ed.), *The Maritime Blockade of Germany in the Great War: The Northern Patrol 1914–1918* (Aldershot, 2003).

J. A. Grohmann, *Die deutsch-schwedische Auseinandersetzung um die Fahrstrassen des Öresunds im Ersten Weltkrieg* (Boppard am Rhein, 1974).

F. W. Hirst, *The Political Economy of War* (London, 1916).

R. Hough, *The Great War at Sea 1914–1918* (Oxford, 1983).

B. D. Hunt and A. Preston (eds), *War and Strategic Policy in the Great War* (London, 1977).

Greg Kennedy, 'Strategy and Power: The Royal Navy, the Foreign Office and the Blockade, 1914–1917', *Defence Studies*, 8 (2008), 190–206.

P. Kennedy (ed.), *The War Plans of the Great Powers, 1880–1914* (London, 1979).

S. Kruizinga, 'Neutrality in the Balance: The Origin of the Nederlandsche Overzee Trustmaatschappuj (N.O.T.)', *Leidschrift*, 20/3 (2005), 57–82.

S. E. Lobell, 'The Political Economy of War Mobilization: From Britain's Limited Liability to a Continental Commitment', *International Politics*, 43 (2006), 283–304.

B. J. C. McKercher, *Esme Howard: A Diplomatic Biography* (Cambridge, 1989).

J. Manning and K. Chavot, 'La Guerre et la consommation civile à Londres, 1914–1918', *Guerres mondiales et conflits contemporaines*, 46/183 (1996), 29–45.

Martin Motte, 'La Seconde Iliade: blocus et contre-blocus au Moyen Orient, 1914–1918', *Guerres mondiales et conflits contemporains*, 54/214 (2004), 39–5.

Avner Offer, *The First World War: An Agrarian Interpretation* (Oxford, 1989).

Eric W. Osborne, *Britain's Economic Blockade of Germany 1914–1919* (London, 2004).

M. Palmer, 'Russia, Britain and the Blockade: Peter Struve and the Restriction of Enemy Supplies Committee', *Revolutionary Russia*, 14 (2001), 42–70.

W. VanderKloot, 'Ernest Starling's Analysis of the Energy Balance of the German People during the Blockade, 1914–1919', *Notes and Records of the Royal Society*, 57 (2003), 185–193.

C. P. Vincent, *The Politics of Hunger: The Allied Blockade of Germany* (Athens, Oh., 1985).

第十章 经济总动员：金钱、军需和机器

T. Balderston, 'War Finance and Inflation in Britain and Germany, 1914–1918', *Economic*

History Review, 2nd series, 42 (1989), 222–244.

Stephen Broadberry and Mark Harrison (eds), *The Economics of World War I* (Cambridge, 2005).

Gerd Hardach, *The First World War 1914–1918* (London, 1977).

奥匈帝国

Eduard Marz, *Austrian Banking and Financial Policy: Creditanstalt at a Turning Point,1913–1923* (London, 1984).

James Robert Wegs, '*Austrian Economic Mobilization during World War I: With Particular Emphasis on Heavy Industry*' (Ph.D. dissertation, University of Illinois, 1970).

英国

R. J. Q. Adams, *Arms and the Wizard: Lloyd George and the Ministry of Munitions* (London, 1978).

Kathleen Burk (ed.), *War and the State: The Transformation of British Government,1914–1919* (London, 1982).

E. Victor Morgan, *Studies in British Financial Policy 1914–1925* (London, 1952).

法国

Arthur Fontaine, *French Industry during the War* (New Haven, 1926).

John Godfrey, *Capitalism at War: Industrial Policy and Bureaucracy in France1914–1918* (Leamington Spa, 1987).

Gaston Jèze and Henri Truchy, *The War Finance of France* (New Haven, 1927).

德国

Robert B. Armeson, *Total Warfare and Compulsory Labor: A Study of the Military-Industrial Complex in Germany during World War I* (The Hague, 1964).

Gerald D. Feldman, *Army, Industry and Labor in Germany 1914–1918* (Princeton, 1966).

—— *The Great Disorder: Politics, Economics and Society in the German Inflation, 1914–1922* (New York, 1993).

意大利

Douglas J. Forsyth, *The Crisis of Liberal Italy: Monetary and Financial Policy, 1914–1922* (Cambridge, 1993).

俄国

Peter Gatrell and Mark Harrison, 'The Russian and Soviet Economies in Two World Wars: A Comparative View', *Economic History Review*, 2nd series, 46 (1993), 425–452.

Alexander M. Michelson, Paul N. Apostol, and Michael W. Bernatzky, *Russian PublicFinance during the War* (New Haven, 1928).

Lewis H. Siegelbaum, *The Politics of Industrial Mobilization in Russia, 1914–1917: A Study of the War-Industries Committees* (London, 1983).

S. O. Zagorsky, *State Control of Industry in Russia during the War* (New Haven, 1928).

美国

Kathleen Burk, *Britain, America and the Sinews of War, 1914–1918* (Boston, 1988).

Charles Gilbert, *American Financing of World War I* (Westport, Conn., 1970).

Paul A. C. Koistinen, *Mobilizing for Modern War: The Political Economy of American Warfare 1865–1919* (Lawrence, Kan., 1997).

第十一章 女性在战争中的角色

Birgitta Bader-Zaar, 'Women's Suffrage and War: World War I and Political Reform in a Comparative Perspective', in Irma Sulkunen, Seija-Leena Nevala-Nurmi, and Pirjo Markkola (eds), *Suffrage, Gender and Citizenship: International Perspectives on Parliamentary Reforms* (Newcastle, 2009).

Annette Becker, *Oubliés de la Grande Guerre: humanitaire et culture de guerre* (Paris, 1998).

Allison Scardino Belzer, *Women and the Great War: Femininity under Fire in Italy* (New York, 2010).

Gail Braybon (ed.), *Evidence, History and the Great War: Historians and the Impact of 1914–1918* (Oxford, 2003).

—— *Women Workers in the First World War* (London, 1981).

Maria Bucur, 'Between the Mother of the Wounded and the Virgin of Jiu: Romanian Women and the Gender of Heroism during the Great War', *Journal of Women's History, 12* (2000), 30–56.

Joy Damousi, *The Labour of Loss: Mourning, Memory and Wartime Bereavement in Australia* (Cambridge, 1999).

Ute Daniel, *The War from Within: German Working-Class Women in the First World War* (Oxford, 1997).

Margaret H. Darrow, *French Women and the First World War: War Stories of the Home Front* (Oxford, 2000).

Belinda Davis, *Homes Fires Burning: Food, Politics and Everyday Life in World War I Berlin* (Chapel Hill, NC, 2000).

Laura Lee Downs, *Manufacturing Inequality: Gender Division in the French and British Metalworking Industries, 1914–1939* (Ithaca, NY, 1995).

Barbara Alpern Engel, 'Not By Bread Alone: Subsistence Riots in Russia during World War I',

Journal of Modern History, 69 (1997), 696–672.

Alison S. Fell and Ingrid Sharp (eds), *The Women's Movement in Wartime: International Perspectives, 1914–1919* (Basingstoke, 2007).

Peter Gattrell, *A Whole Empire Walking: Refugees in Russia during the First World War* (Bloomington, Ind., 1999).

Susan R. Grayzel, *Women and the First World War* (Harlow, 2002).

—— *Women's Identities at War: Gender, Motherhood and Politics in Britain and Franceduring the First World War* (Chapel Hill, NC, 1999).

Maurine Weiner Greenwald, *Women, War and Work: The Impact of World War I on Women Workers in the United States* (Ithaca, NY, 1990).

Nicoletta F. Gullace, *'The Blood of our Sons': Men, Women, and the Renegotiation of British Citizenship during the Great War* (Basingstoke, 2002).

Martha Hanna, *Your Death Would Be Mine: Paul and Marie Pireaud in the Great War* (Cambridge, Mass., 2006).

Ruth Harris, 'The "Child of the Barbarian": Rape, Race and Nationalism in France during the First World War', *Past & Present*, 141 (October 1993), 170–206.

Maureen Healy, *Vienna and the Fall of the Habsburg Empire: Total War and Everyday Life in World War I* (Cambridge, 2004).

Margaret Higonnet et al. (eds), *Behind the Lines: Gender and the Two World Wars* (NewHaven, 1987).

—— (ed.), *Lines of Fire: Women Writers of World War I* (New York, 1999).

Kimberly Jensen, *Mobilizing Minerva: American Women in the First World War* (Urbana, Ill., 2008).

Kathleen Kennedy, *Disloyal Mothers and Scurrilous Citizens: Women and Subversion during World War I* (Bloomington, Ind., 1999).

Susan Kingsley Kent, *Making Peace: The Reconstruction of Gender in Interwar Britain* (Princeton, 1993).

Jovana Knezevic, 'Prostitutes as a Threat to National Honor in Habsburg-Occupied Serbia during the Great War', *Journal of the History of Sexuality*, 20 (2011), 312–35.

Erika A. Kuhlman, *Of Little Comfort: War Widows, Fallen Soldiers, and the Remaking of the*

Nation after the Great War (New York, 2012).

David S. Patterson, *The Search for Negotiated Peace: Women's Activism and Citizen Diplomacy in World War I* (New York, 2008).

Susan Pedersen, *Family, Dependence and the Origins of the Welfare State in Britain and France* (Cambridge, 1993).

Tammy M. Proctor, *Civilians in a World at War 1914–1918* (New York, 2010).

Mary Louise Roberts, *Civilization without Sexes: The Reconstruction of Gender in Postwar France* (Chicago, 1994).

Michael Roper, *The Secret Battle: Emotional Survival in the Great War* (Manchester, 2009).

Marsha L. Rozenblit, 'For Fatherland and Jewish People: Jewish Women in Austria during World War I', in Frans Coetzee and Marilyn Shevin-Coetzee (eds), *Authority, Identity, and the Social History of the Great War* (Providence, RI, 1995).

Bruce Scates and Raelene Frances Scates, *Women and the Great War* (Cambridge, 1997).

Françoise Thébaud, *La Femme au temps de la Guerre de 14* (Paris, 1986).

Deborah Thom, *Nice Girls and Rude Girls: Women Workers in World War I* (London, 1998).

Richard Wall and Jay Winter (eds), *The Upheaval of War: Family, Work, and Welfare in Europe, 1914–1918* (Cambridge, 1988).

Janet S. K. Watson, *Fighting Different Wars: Experience, Memory and the First World War in Britain* (Cambridge, 2004).

Benjamin Ziemann, 'Germany 1914–1918: Total War as a Catalyst of Change', in Helmut Wasser Smith (ed.), *The Oxford Handbook of Modern German History* (Oxford, 2011).

第十二章　自由主义遭遇挑战：战争大后方的政治

奥匈帝国

Barbara Jelavich, *Modern Austria: Empire and Republic* (Cambridge, 1987).

Arthur May, *The Passing of the Hapsburg Monarchy, 1914–1918* (2 vols., Philadelphia, 1966).

Joseph Redlich, *Austrian War Government* (New Haven, 1929).

Z. A. B. Zeman, *The Break-Up of the Habsburg Empire, 1914–1918* (London, 1961).

英国

Cameron Hazlehurst, *Politicians at War July 1914 to May 1915: A Prologue to the Triumph of Lloyd George* (London, 1971).

Nigel Keohane, *The Party of Patriotism: The Conservative Party and the First World War* (Farnham, 2010).

Brock Millman, *Managing Domestic Dissent in First World War Britain* (London, 2000).

—— *Pessimism and British War Policy 1916–1918* (London, 2001).

John Turner, *British Politics and the Great War* (New Haven, 1992).

法国

Fabienne Bock, *Un parlementarisme de guerre, 1914–1918* (Paris, 2002).

Marjorie Farrar, *Principled Pragmatist: The Political Career of Alexandre Millerand* (London, 1991).

P. J. Flood, *France 1914–1918: Public Opinion and the War Effort* (New York, 1989).

John Keiger, *Raymond Poincaré* (Cambridge, 1997).

Jere Clemens King, *Generals and Politicians: Conflict between France's High Command, Parliament and Government, 1914–1918* (Berkeley, 1951).

David Newhall, *Clemenceau: A Life at War* (New York, 1992).

Catherine Slater, *Defeatists and their Enemies: Political Invective in France, 1914–1918* (Oxford, 1981).

德国

K. Epstein, *Matthias Erzberger and the Dilemma of German Democracy* (Princeton, 1959).

Konrad Jarausch, *The Enigmatic Chancellor: Bethmann Hollweg and the Hubris of Imperial Germany* (New Haven, 1973).

Martin Kitchen, *The Silent Dictatorship: The Politics of the German High Command under Hindenburg and Ludendorff, 1916–1918* (London, 1976).

J. Kocka, *Facing Total War: German Society 1914–1918* (Leamington Spa, 1984).

James N. Retallack, *Notables of the Right: The Conservative Party and Political Mobilizationin Germany, 1876–1918* (London, 1979).

Gerhard Ritter, *The Sword and the Sceptre, vols. iii and iv* (London, 1973).

Arthur Rosenberg, *The Birth of the German Republic 1871–1918* (New York, 1962).

Matthew Stibbe, *Germany 1914–1933: Politics, Society and Culture* (London, 2010).

Hans-Ulrich Wehler, *The German Empire 1871–1918* (Leamington Spa, 1985).

意大利

Nick Carter, *Modern Italy in Historical Perspective* (London, 2010).

D. J. Forsyth, *The Crisis of Liberal Italy 1914–1922* (Cambridge, 1993).

Christopher Seton-Watson, *Italy from Liberalism to Fascism, 1870–1925* (London,1967).

J. Thayer, *Italy and the Great War: Politics and Culture, 1870–1915* (Madison, 1964).

J. Whittam, *The Politics of the Italian Army* (London, 1976).

俄国

William C. Fuller, Jr., *The Foe Within: Fantasies of Treason and the End of Imperial Russia* (Ithaca, NY, 2006).

Peter Holquist, *Making War, Forging Revolution: Russia's Continuum of Crisis 1914–1921*

(Cambridge, Mass., 2002).

Eric Lohr, *Nationalizing the Russian Empire: The Campaign against Enemy Aliens during World War I* (Cambridge, Mass., 2003).

Raymond Pearson, *The Russian Moderates and the Crisis of Tsarism 1914–1917* (London,1977).

Hans Rogger, *Russia in the Age of Modernisation and Revolution* (London, 1983).

美国

Arthur S. Link, *Woodrow Wilson and the Progressive Era* (New York, 1954).

Seward W. Livermore, *Politics is Adjourned: Woodrow Wilson and the War Congress1916–1918* (Middletown, Conn., 1966).

Ronald Schaffer, *America in the Great War: The Rise of the War Welfare State* (New York,1991).

John A. Thompson, *Reformers and War: American Progressive Publicists and the First World War* (Cambridge, 1987).

第十三章　东线与西线，1916—1917年

Shelford Bidwell and Dominick Graham, *Fire-Power: British Army Weapons and Theories of War 1904–1945* (London, 1982).

J. E. Edmonds, *History of the Great War: Military Operations France and Belgium* (14vols., London, 1922–1948).

Paddy Griffith, *Battle Tactics of the Western Front* (New Haven, 1994).

Douglas Haig, *War Diaries and Letters 1914–1918*, ed. Gary Sheffield and John Bourne (London, 2005).

J. P. Harris, *Douglas Haig and the First World War* (Cambridge, 2008).

Alistair Horne, *The Price of Glory: Verdun 1916* (London, 1962).

Vejas Gabriel Liulevicius, *War Land on the Eastern Front: National Identity and German Occupation in World War I* (Cambridge, 2000).

Lyn Macdonald, *They Called it Passchendaele* (London, 1978).

Martin Middlebrook, *The First Day on the Somme* (London, 1971).

Nicolas Offenstadt, *Le Chemin des Dames: de l'événement à la mémoire* (Paris, 2004).

Ian Ousby, *The Road to Verdun* (London, 2002).

Albert Palazzo, *Seeking Victory on the Western Front: The British Army and Chemical Warfare in World War I* (Lincoln, Nebr., 2000).

William J. Philpott, *Anglo-French Relations and Strategy on the Western Front, 1914–1918* (Basingstoke, 1996).

—— *Bloody Victory: The Sacrifice on the Somme and the Making of the Twentieth Century* (London, 2009).

Robin Prior and Trevor Wilson, *Command on the Western Front* (Oxford, 1992).

—— *Passchendaele, the Untold Story* (New Haven, 1996).

—— *The Somme* (New Haven, 2005).

Gunther Rothenberg, *The Army of Francis Joseph* (West Lafayette, Ind., 1976).

Gary Sheffield and Dan Todman (eds), *Command and Control on the Western Front:The British Army's Experience 1914–1918* (Staplehurst, 2004).

E. L. Spears, *Prelude to Victory* (London, 1939).

Norman Stone, *The Eastern Front 1914–1917* (London, 1975).

John Terraine, *Douglas Haig: The Educated Soldier* (London, 1963).

Tim Travers, *The Killing Ground* (London, 1987).

Graydon Tunstall, *Blood on the Snow: The Carpathian Winter War 1915* (Lawrence, Kan., 2010).

第十四章　哗变与军队士气

Tony Ashworth, *Trench Warfare, 1914–1918: The Live and Let Live System* (London,1980).

Stéphane Audoin-Rouzeau, *Men at War 1914–1918: National Sentiment and Trench Journalism in France during the First World War* (Providence, RI, 1992).

Christopher M. Bell and Bruce A. Elleman (eds), *Naval Mutinies of the Twentieth Century: An International Perspective* (London, 2003).

Hugh Cecil and Peter H. Liddle, *Facing Armageddon: The First World War Experienced* (London, 1996).

Cathryn Corns and John Hughes-Wilson, *Blindfold and Alone: British Military Executionsin the Great War* (London, 2001).

Mark Cornwall, *The Undermining of Austria-Hungary: The Battle for Hearts and Minds* (Basingstoke, 2000).

Istvan Deák, *Beyond Nationalism: A Social and Political History of the Habsburg Officer Corps, 1848–1918* (New York, 1990).

David French, *Military Identities: The Regimental System, the British Army, and the British People, c. 1870–2000* (Oxford, 2005).

J. G. Fuller, *Troop Morale and Popular Culture in the British and Dominion Armies 1914–1918* (Oxford, 1990).

Peter Holquist, *Making War, Forging Revolution: Russia's Continuum of Crisis,1914–1921* (Cambridge, Mass., 2002).

Daniel Horn, *Mutiny on the High Seas: The Imperial German Naval Mutinies of World War I* (London, 1973).

John Horne (ed.), *State, Society and Mobilization in Europe during the First World War* (Cambridge, 1997).

Christoph Jahr, *Gewöhnliche Soldaten. Desertion und Deserteure im deutschen und britischen Heer 1914–1918* (Göttingen, 1998).

John Keegan, *The Face of Battle: A Study of Agincourt, Waterloo and the Somme* (London, 1976).

Jennifer Keene, *Doughboys, the Great War, and the Remaking of America* (Baltimore,2001).

Anne Lipp, *Meinungslenkung im Krieg. Kriegserfahrungen deutscher Soldaten und ihre Deutung 1914–1918* (Göttingen, 2003).

André Loez, *1914–1918. Les Réfus de la guerre: une histoire des mutins* (Paris, 2010).

Helen McCartney, *Citizen Soldiers: The Liverpool Territorials in the First World War* (Cambridge, 2005).

Wencke Meteling, *Ehre, Einheit, Ordnung. Preußische und französische Städte und ihre Regimenter im Krieg, 1870/1871 und 1914–1919* (Baden-Baden, 2010).

Nicolas Offenstadt, *Les Fusillés de la Grande Guerre et la mémoire collective* (1914–1999) (Paris, 1999).

Guy Pedroncini, *Les Mutineries de 1917* (Paris, 1967).

Richard Plaschka, H. Haselsteiner, and A. Suppan, *Innere Front. Militärassistenz, Widerstand und Umsturz in der Donaumonarchie 1918* (2 vols., Munich, 1974).

Michael Roper, *The Secret Battle: Emotional Survival in the Great War* (Manchester, 2009).

Joshua A. Sanborn, *Drafting the Russian Nation: Military Conscription, Total War, and Mass Politics, 1905–1925* (Dekalb, Ill., 2003).

Gary Sheffield, *Leadership in the Trenches. Officer–Man Relations, Morale and Disciplinein the British Army in the Era of the First World War* (Basingstoke, 2000).

Leonard V. Smith, *Between Mutiny and Obedience: The Case of the Fifth Infantry Division during World War I* (Princeton, 1994).

Michael Snape, *God and the British Soldier: Religion and the British Army in the First and Second World Wars* (London, 2005).

Alexander Watson, *Enduring the Great War: Combat, Morale and Collapse in the German and British Armies, 1914–1918* (Cambridge, 2008).

Alan K. Wildman, *The End of the Russian Imperial Army: The Old Army and the Soldiers'Revolt* (Princeton, 1980).

—— *The End of the Russian Imperial Army: The Road to Soviet Power and Peace* (Princeton, 1987).

Benjamin Ziemann, *War Experiences in Rural Germany, 1914–1923* (Oxford, 2007).

第十五章　战争目的与和平谈判

K. J. Calder, *Britain and the Origins of the New Europe, 1914–1918* (Cambridge, 1976).

A. Dallin et al., *Russian Diplomacy and Eastern Europe, 1914–1917* (New York, 1963).

R. K. Debo, *Revolution and Survival: The Foreign Policy of Soviet Russia, 1917–1918*

(Toronto, 1979).

L. L. Farrar, *Divide and Conquer: German Efforts to Conclude a Separate Peace, 1914–1918* (New York, 1978).

F. Fischer, *Germany's Aims in the First World War* (English edn., London, 1967).

H. W. Gatzke, *Germany's Drive to the West: A Study of Western War Aims during the First World War* (Baltimore, 1950).

H. Goemans, *War and Punishment. The Causes of War Termination and the First World War* (Princeton, 2000).

R. A. Kennedy, *The Will to Believe: Woodrow Wilson, World War I, and American Strategy for Peace and Security* (Kent, Oh., 2009).

M. Kent (ed.), *The Great Powers and the End of the Ottoman Empire* (London, 1984).

T. J. Knock, *To End All Wars: Woodrow Wilson and the Quest for a New World Order* (New York, 1992).

H. G. Linke, *Das Zarische Russland und der Erste Weltkrieg: Diplomatie und Kriegsziele, 1914–1917* (Munich, 1982).

D. Lloyd George, *War Memoirs* (6 vols., London, 1933–1936).

A. J. Mayer, *Political Origins of the New Diplomacy, 1917–1918* (New Haven, 1959).

H. C. Meyer, *Mitteleuropa in German Thought and Action, 1815–1945* (The Hague, 1955).

B. Millman, 'A Counsel of Despair: British Strategy and War Aims, 1917–1918', *Journal of Contemporary History*, 36/2 (2001), 241.

—— *Pessimism and British War Policy, 1916–1918* (Oxford, 2001).

G. Ritter, *The Sword and the Sceptre: The Problem of Militarism in Germany* (4 vols., London, 1969–1973).

V. H. Rothwell, *British War Aims and Peace Diplomacy, 1914–1918* (Oxford, 1971).

C. M. Seymour (ed.), *The Intimate Papers of Colonel House* (4 vols., London, 1926–1928).

C. J. Smith, *The Russian Struggle for Power, 1914–1917: A Study of Russian Foreign Policy during the First World War* (New York, 1956).

G.-H. Soutou, *L'Or et le sang: les buts de guerre économiques de la Première Guerremondiale* (Paris, 1989).

D. Stevenson, *French War Aims against Germany, 1914–1919* (Oxford, 1982).

—— *The First World War and International Politics* (paperback edn., Oxford, 1991).

—— 'The First World War and European Integration', *International History Review*, 34(2012), 841–863.

J. W. Wheeler-Bennett, *Brest-Litovsk: The Forgotten Peace, March 1918* (London, 1938).

第十六章 宣传和动员

Richard Abel, 'Charge and Countercharge: "Documentary" War Pictures in the USA,1914–1916', *Film History*, 22 (2010), 366–388.

Stéphane Audoin-Rouzeau, *La Guerre des enfants* (Paris, 1994).

James Aulich, *War Posters: Weapons of Mass Communication* (London, 2007).

—— and John Hewitt, *Seduction or Instruction? First World War Posters in Britain and Europe* (Manchester, 2007).

Maurice Bardèche and Robert Brasillach, *The History of Motion Pictures*, trans. Iris Barry (New York, 1938).

Annette Becker, *La Guerre et la foi: De la mort à la mémoire* (Paris, 1994).

Joëlle Beurrier, *Images et violence. Quand Le Miroir racontait la Grande Guerre...1914–1918* (Paris, 2007).

—— 'Death and Material Culture: The Case of Pictures during the First World War', inNicholas Saunders (ed.), *Matters of Conflict: Material Culture, Memory and the First World War* (London, 2004).

Kevin Brownlow, *The War, the West and the Wilderness* (New York, 1979).

Charles Chaplin, *My Autobiography* (New York, 1964).

Adhis Chetty, 'Media Images of Women during War: Vehicles of Patriarchy's Agenda?', *Agenda*, 59 (2004), 32–41.

E. A. Demm, 'Les Thèmes de la propagande allemande en 1914', *Guerres mondiales etconflits contemporains*, 150 (1988), 3–16.

Karel Dibbets and Bert Hogenkamp (eds), *Film and the First World War* (Amsterdam,1994).

—— and Wouter Groot, 'Which Battle of the Somme? War and Neutrality in Dutch

Cinemas, 1914–1918', *Film History*, 22 (2010), 440–452.

Matthew Farish, 'Modern Witnesses: Foreign Correspondents, Geopolitical Vision, and the First World War', *Transactions of the Institute of British Geographers*, ns 26(2001), 273–287.

Denis Gillford, *Chaplin* (New York, 1974).

Adolf Hitler, *Mein Kampf* (Munich, 1926).

Marie-Monique Huss, 'The Popular Postcard and French Pronatalism in the First World War', in R. Wall and J. M. Winter (eds), *The Upheaval of War: Family, Work and Welfarein Europe 1914–1918* (Cambridge, 1988).

Pearl James, *Picture This: World War I Posters and Visual Culture* (Lincoln, Nebr.,2009).

Harold Lasswell, *Propaganda and the Great War* (Cambridge, Mass., 1971: 1st edn.1927).

Juliet MacDonald, 'Let Us Now Praise the Name of Famous Men: Myth and Meaning in the Stained Glass of the Scottish National War Memorial', *Journal of Design History*, 14 (2001), 117–128.

Charles T. Maland, *Chaplin and American Culture: The Evolution of an Image* (Princeton, 1989).

A. G. Marquis, 'Words as Weapons: Propaganda in Britain and Germany during the First World War', *Journal of Contemporary History*, 13 (1978), 467–498.

J. A. Moses, 'State, War, Revolution and the German Evangelical Church, 1914–1918', *Journal of Religious Studies*, 17 (1992), 47–59.

George Mosse, *Fallen Soldiers: Reshaping the Memory of the World Wars* (New York,1990).

George Robb, *British Culture and the First World War* (Basingstoke, 2002).

Michael Sanders and Philip Taylor, *Propaganda and the First World War* (London,1983).

Nicholas J. Saunders, 'Crucifix, Calvary, and Cross: Materiality and Spirituality in Great War Landscapes', *World Archaeology*, 35 (2003), 7–21.

Kenneth E. Silver, *Esprit de Corps: The Art of the Parisian Avant-Garde and the First World War, 1914–1925* (London, 1989).

James Duane Squires, *British Propaganda at Home and in the United States from 1914 to 1917* (Cambridge, Mass., 1935).

Roxanne Varzi, 'Iran's Pieta: Motherhood, Sacrifice and Film in the Aftermath of the Iran–Iraq War', *Feminist Review*, 88 (2008), 86–98.

Laurent Veray, 1914–1918, the First Media War of the Twentieth Century: The Example of French Newsreels', *Film History*, 22 (2010), 408–425.

David Welch, *Germany, Propaganda and Total War 1914–1918: The Sins of Omission* (London, 2000).

J. M. Winter, *Sites of Memory, Sites of Mourning* (Cambridge, 1995).

D. G. Wright, 'The Great War, Government Propaganda and English "Men of Letters"'?, *Literature and History*, 7 (1978), 70–100.

第十七章 社会主义、和平与革命，1917—1918年

John Cammett, *Antonio Gramsci and the Origins of Italian Communism* (Stanford,Calif., 1969).

Isaac Deutscher, *Trotsky, i: The Prophet Armed, 1879–1921* (Oxford, 1954).

Leo Haimson and Giulio Sapelli (eds), *Strikes, Social Conflict and the First World War* (Milan, 1991).

Georges Haupt, *Socialism and the Great War: The Collapse of the Second International* (Oxford, 1972).

John Horne, *Labour at War: France and Britain, 1914–1918* (Oxford, 1991).

Karl Kautsky, *The Dictatorship of the Proletariat* (1918: English translation, 1919; newedn., Ann Arbor, 1964).

David Kirby, *War, Peace and Revolution: International Socialism at the Crossroads, 1914–1918* (London, 1986).

Diane Koenker and William G. Rosenberg, *Strikes and Revolution in Russia, 1917* (Princeton, 1989).

Annie Kriegel, *Aux origines du communisme français, 1914–1920* (2 vols., Paris, 1964).

David Mandel, *The Petrograd Workers and the Fall of the Old Regime* (London, 1983).

—— *The Petrograd Workers and the Soviet Seizure of Power* (London, 1984).

Susanne Miller, *Burgfrieden und Klassenkampf (die deutsche Sozialdemokratie im Ersten Weltkrieg)* (Düsseldorf, 1974).

David Morgan, *The Socialist Left and the German Revolution: A History of the German Social Democratic Party, 1917–1922* (Ithaca, NY, 1975).

J. Peter Nettl, *Rosa Luxemburg* (Oxford, 1969).

Richard Pipes, *A Concise History of the Russian Revolution* (London, 1995).

Christophe Prochasson, *Les Intellectuels, le socialisme et la guerre, 1900–1938* (Paris, 1993).

John Reed, *Ten Days that Shook the World* (1919: new edn., London, 1977).

Jean-Louis Robert, *Les Ouvriers, la patrie et la révolution: Paris 1914–1919* (Besançon,1995).

Adam Seipp, *The Ordeal of Peace: Demobilization and the Urban Experience in Britainand Germany, 1917–1921* (Farnham, 2009).

Gary Steenson, *Karl Kautsky, 1854–1938: Marxism in the Classical Years* (Pittsburgh, 1978).

Jay Winter, *Socialism and the Challenge of War: Ideas and Politics in Britain* (London,1974).

Chris Wrigley (ed.), *Challenges of Labour: Central and Western Europe, 1917–1920* (London, 1993).

第十八章　美国参战及其影响

American Battle Mouments Commission, *American Armies and Battlefields in Europe:A History, Guide, and Reference Book* (Washington, 1928).

Daniel R. Beaver, *Newton D. Baker and the American War Effort, 1917–1919* (Lincoln,1966).

Paul R. Braim, *The Test of Battle: The American Expeditionary Forces in the Meuse-Argonne Campaign* (Newark, Del., 1987).

Robert Lee Bullard, *Personalities and Reminiscences of the War* (Garden City, NY,1925).

Robert Bruce, *A Fraternity of Arms: America and France in the Great War* (Lawrence,Kan., 2003).

Kathleen Burk, *Britain, America, and the Sinews of War, 1914–1918* (Boston, 1984).

Edward M. Coffman, *The Hilt of the Sword: The Career of Peyton C. March* (Madison,1966).

Robert D. Cuff, *The War Industries Board: Business–Government Relations during World War I* (Baltimore, 1973).

Harvey A. DeWeerd, *President Wilson Fights his War: World War I and the American*

Intervention (New York, 1968).

John Dickinson, *The Building of an Army: A Detailed Account of Legislation, Administration and Opinion in the United States, 1915–1920* (New York, 1922).

Robert H. Ferrell, *Woodrow Wilson and World War I, 1917–1921* (New York, 1985).

Mark Ethan Grotelueschen, *The AEF Way of War: The American Army and Combat in World War I* (Cambridge, 2007).

James H. Hallas (ed.), *Doughboy War: The American Expeditionary Force in World War I* (Boulder, Colo., 2000).

Historical Section, *Department of the Army, United States Army in the World War,1917–1919* (17 vols., Washington, 1948).

Mary Klachko with David F. Trask, *Admiral William Shepherd Benson: First Chief of Naval Operations* (Annapolis, Md., 1987).

Edward G. Lengel, *To Conquer Hell: The Battle of Meuse-Argonne 1918* (London,2008).

Hunter Liggett, *A. E. F.: Ten Years Ago in France* (New York, 1928).

Peyton C. March, *The Nation at War* (Garden City, NY, 1932).

Rod Paschall, *The Defeat of Imperial Germany 1917–1918* (Chapel Hill, NC, 1989).

Frederic L. Paxson, *America at War: 1917–1918* (Boston, 1939).

John J. Pershing, *My Experiences in the World War* (2 vols., New York, 1931).

Donald Smythe, *Pershing: General of the Armies* (Bloomington, Ind., 1986).

David F. Trask, *Captains and Cabinets: Anglo-American Naval Relations 1917–1918* (Columbia, Mo., 1972).

—— *The United States in the Supreme War Council: American War Aims and Inter-Allied Strategy, 1917–1918* (Middletown, Conn., 1961).

—— *The AEF and Coalition Warmaking, 1917–1918* (Lawrence, Kan., 1993).

第十九章　德国的胜利，1917—1918年

Robert B. Asprey, *The German High Command at War: Hindenburg and Ludendorff Conduct World War I* (New York, 1991).

Bruce I. Gudmundsson, *Stormtroop Tactics: Innovation in the German Army, 1914–1918* (New York, 1989).

Holger H. Herwig, *The First World War: Germany and Austria-Hungary 1914–1918* (London, 1997).

Peter Kilduff, *Germany's First Air Force 1914–1918* (London, 1991).

Martin Kitchen, *The German Offensives of 1918* (Stroud, 2001).

Timothy T. Lupfer, *The Dynamics of Doctrine: The Changes in German Tactical Doctrine during the First World War* (Fort Leavenworth, Kan., 1981).

Martin Middlebrook, *The Kaiser's Battle, 21 March 1918: The First Day of the German Spring Offensive* (London, 1978).

Michael Neiberg, *The Eastern Front 1914–1920: From Tannenberg to the Russo-Polish War* (London, 2012).

Erwin Rommel, *Infantry Attacks* (Toronto, 1990).

Martin Samuels, *Command or Control? Command, Training and Tactics in the Britishand German Armies, 1888–1918* (London, 1995).

—— *Doctrine and Dogma: German and British Infantry Tactics in the First World War* (Westport, Conn., 1992).

Lawrence Sondhaus, *Franz Conrad von Hözendorf: Architect of the Apocalypse* (Boston, 2000).

John and Eileen Wilks, *Rommel and Caporetto* (Barnsley, 2001).

David Zabecki, *The German 1918 Offensives: A Case Study in the Operational Level of War* (New York, 2006).

—— *Steel Wind: Colonel Georg Bruchmüller and the Birth of Modern Artillery* (Westport, Conn., 1994).

第二十章　空战

Charles Christienne et al., *A History of French Military Aviation* (Washington, 1986).

Malcolm Cooper, *The Birth of Independent Air Power: British Air Policy in the First World*

War (London, 1986).

K. N. Finne, *Igor Sikorsky: The Russian Years*, ed. Carl Bobrow and Von Hardesty, trans.Von Hardesty (Washington, 1987).

Peter Fritzsche, *A Nation of Fliers: German Aviation and the Popular Imagination* (Cambridge, Mass., 1992).

Peter M. Grosz, *George Haddow, and Peter Schiemer, Austro-Hungarian Army Aircraft of World War I* (Mountain View, Calif., 1993).

Richard P. Hallion, *Rise of the Fighter Aircraft, 1914–1918* (Annapolis, Md., 1984).

Robin Higham and Jacob W. Kipp, *Soviet Aviation and Air Power: A Historical View* (Boulder, Colo., 1977).

Felix P. Ingold, *Literatur und Aviatik: Europäische Flugdichtung, 1909–1927* (Basel,1978).

Lee Kennett, *The First Air War, 1914–1918* (New York, 1991).

Cecil Lewis, *Sagittarius Rising* (London, 1936).

Peter H. Liddle, *The Airman's War 1914–1918* (Poole, 1987).

Maurer Maurer (ed.), *The U.S. Air Service in World War I* (4 vols., Washington, 1978–1979).

John H. Morrow, *Jr., German Air Power in World War I* (Lincoln, Nebr., 1982).

—— *The Great War in the Air: Military Aviation from 1909 to 1921* (Washington, 1993).

Michael Paris, *Winged Warfare: The Literature of Aerial Warfare in Britain, 1859–1917* (Manchester, 1992).

Dominick A. Pisano, Thomas J. Dietz, Joanne M. Gernstein, and Karl S. Schneide, *Legend, Memory and the Great War in the Air* (Seattle, 1992).

Walter Raleigh and H. A. Jones, *The War in the Air* (6 vols., Oxford, 1922–1937).

Manfred von Richthofen, *The Red Fighter Pilot* (London, 1918).

Douglas H. Robinson, *The Zeppelin in Combat: A History of the German Naval Airship Division, 1912–1918* (London, 1962).

Herschel Smith, *A History of Aircraft Piston Engines* (Manhattan, Kan., 1986 [1981]).

Piero Vergnano, *Origins of Aviation in Italy, 1783–1918* (Genoa, 1964).

Denis Winter, *The First of the Few: Fighter Pilots of the First World War* (London, 1982).

S. F. Wise, *Canadian Airmen and the First World War: The Official History of the Royal Canadian Air Force, vol. i* (Toronto, 1980).

Robert Wohl, *A Passion for Wings: Aviation and the Western Imagination, 1908–1918* (New Haven, 1994).

V. M. Yeates, *Winged Victory* (London, 1934).

第二十一章　协约国的胜利，1918年

Jonathan Boff, 'Combined Arms during the 100 Days Campaign, August–November1918', *War in History*, 17 (2010), 459–478.

—— *Winning and Losing on the Western Front: The British Third Army and the Defeat of Germany in 1918* (Cambridge, 2012).

Tim Cook, *Shock Troops: Canadians Fighting the Great War, 1917–1918* (Toronto, 2008).

Wilhelm Deist, 'The Military Collapse of the German Empire: The Reality behind the Stab-in-the-Back Myth', *War in History*, 3 (1996), 186–207.

Peter Dennis and Jeffrey Grey (eds), *1918: Defining Victory. Chief of the Army History Conference* (Canberra, 1999).

Sir James E. Edmonds, *Military Operations, France and Belgium, 1918, vols. ii–v* (London, 1937–1947).

Elizabeth Greenhalgh, *Foch in Command: The Forging of a First World War General* (Cambridge, 2011).

—— *Victory through Coalition: Britain and France during the First World War* (Cambridge, 2005).

Mark Grotelueschen, *The AEF Way of War: The American Army and Combat in World War I* (Cambridge, 2006).

J. P. Harris and Niall Barr, *Amiens to the Armistice: The BEF in the Hundred Days Campaign* (London, 1998).

Guy Pedroncini, *Pétain: Général en Chef 1917–1918* (Paris, 1974).

Robin Prior and Trevor Wilson, *Command on the Western Front: The Military Career of Sir Henry Rawlinson, 1914–1918* (Oxford, 1992).

Simon Robbins, *British Generalship during the Great War: The Military Career of Sir Henry*

Horne (1861–1929) (Aldershot, 2010).

Stephen Ryan, *Pétain the Soldier* (New York, 1969).

Scott Stephenson, *The Final Battle: Soldiers of the Western Front and the German Revolution of 1918* (Cambridge, 2009).

David Trask, *The AEF and Coalition Warmaking, 1917–1918* (Lawrence, Kan., 1993).

Tim Travers, *How the War Was Won: Command and Technology in the British Army on the Western Front, 1917–1918* (London, 1992).

第二十二章　和平条约

Manfred F. Boemeke, Gerald D. Feldman, and Elisabeth Glaser (eds), *The Treaty of Versailles: A Reassessment after 75 Years* (Washington, 1998).

H. James Burgwyn, *The Legend of the Mutilated Victory: Italy, the Great War, and the Paris Peace Conference, 1915–1919* (London, 1983).

John Milton Cooper, Jr., *Breaking the Heart of the World: Woodrow Wilson and the Fight for the League of Nations* (Cambridge, 2001).

Richard K. Debo, *Survival and Consolidation: The Foreign Policy of Soviet Russia,1918–1921* (London, 1992).

Michael L. Dockrill and J. Douglas Goold, *Peace Without Promise: Britain and the Peace Conferences, 1919–1923* (London, 1981).

Jean-Baptiste Duroselle, *Clemenceau* (Paris, 2007).

Inga Floto, *Colonel House in Paris: A Study of American Policy at the Paris Peace Conference,1919* (Aarhus, 1973).

David Fromkin, *A Peace to End All Peace: The Fall of the Ottoman Empire and the Creation of the Modern Middle East* (London, 2000).

Paul C. Helmreich, *From Paris to Sèvres: The Partition of the Ottoman Empire at thePeace Conference of 1919–1920* (Columbus, Oh., 1974).

Peter Jackson, *Beyond the Balance of Power: France and the Politics of National Security in the Era of the First World War* (Cambridge, 2013).

Bruce Kent, *The Spoils of War: The Politics, Economics and Diplomacy of Reparations,1918–1932* (Oxford, 1989).

John Maynard Keynes, *The Economic Consequences of the Peace* (London, 1920).

Antony Lentin, *Guilt at Versailles: Lloyd George and the Pre-History of Appeasement* (London, 1985).

Margaret MacMillan, *Peacemakers: The Paris Conference of 1919 and its Attempt to End War* (London, 2001).

Erez Manela, *The Wilsonian Moment: Self-Determination and the International Origins of Anticolonial Nationalism* (Oxford, 2007).

Arno J. Mayer, *Politics and Diplomacy of Peacemaking: Containment and Counter revolutionat Versailles, 1918–1919* (London, 1968).

Harold Nicolson, *Peacemaking, 1919* (London, 1933).

Aviel Roshwald, *Ethnic Nationalism and the Fall of Empires: Central Europe, Russia and the Middle East, 1914–1923* (London, 2001).

Gerhard Schulz, *Revolutions and Peace Treaties, 1917–1920* (London, 1972).

Klaus Schwabe, *Woodrow Wilson, Revolutionary Germany and Peacemaking, 1918–1919: Missionary Diplomacy and the Realities of Power* (Chapel Hill, NC, 1985).

Alan Sharp, *The Versailles Settlement: Peacemaking in Paris, 1919* (2nd edn., Basingstoke, 2008).

Marc Trachtenberg, *Reparation in World Politics: France and European Economic Diplomacy,1916–1923* (New York, 1980).

Arthur Walworth, *Wilson and his Peacemakers: American Diplomacy at the Paris Peace Conference, 1919* (London, 1986).

第二十三章　尚未终结的战争

Richard Bessel, *Germany after the First World War* (Oxford, 1993).

Bela Bodo, 'The White Terror in Hungary, 1919–1921: The Social Worlds of Paramilitary Groups', *Austrian History Yearbook*, 42 (2011), 133–163.

Roger Chickering and Stig Föster (eds), *The Shadows of Total War: Europe, East Asia and the United States, 1919–1939* (Cambridge, 2003).

Norman Davies, *White Eagle, Red Star: The Polish–Soviet War, 1919–1920* (2nd edn., London, 2004).

Peter Gatrell, 'Wars after the War: Conflicts, 1919', in John Horne (ed.), *Blackwell Companionto the First World War* (Oxford, 2010), 558–575.

—— *A Whole Empire Walking: Refugees in Russia during World War I* (Bloomington, Ind., 1999).

Robert Gerwarth and John Horne (eds), *War in Peace: Paramilitary Violence in Europe after the Great War* (Oxford, 2012).

Ryan Gingeras, *Sorrowful Shores: Violence, Ethnicity, and the End of the Ottoman Empire1912–1923* (Oxford, 2009).

Peter Holquist, *Making War, Forging Revolution: Russia's Continuum of Crisis, 1914–1921* (Cambridge, Mass., 2002).

Tuomas Hoppu and Pertti Haapala (eds), *Tampere 1918: A Town in the Civil War* (Tampere, 2010).

Jason Lavery, 'Finland 1917–1919: Three Conflicts, One Country', *Scandinavian Review*, 94 (2007), 6–14.

Jon Lawrence, 'Forging a Peaceable Kingdom: War, Violence, and Fear of Brutalizationin Post-First World War Britain', *Journal of Modern History*, 75 (2003), 557–589.

David Leeson, *The Black and Tans: British Police and Auxiliaries in the Irish War of Independence,1920–1921* (Oxford, 2011).

Vejas Gabriel Liulevicius, *War Land on the Eastern Front: Culture, National Identity and German Occupation in World War I* (Cambridge, 2000).

Erez Manela, *The Wilsonian Moment: Self-Determination and the International Origins of Anticolonial Nationalism* (New York, 2007).

Alexander V. Prusin, *The Lands Between: Conflict in the East European Borderlands,1870–1992* (Oxford, 2010).

Michael A. Reynolds, *Shattering Empires: The Clash and Collapse of the Ottoman and Russian Empires* (Cambridge, 2011).

Aviel Roshwald, *Ethnic Nationalism and the Fall of Empires: Central Europe, Russia and the Middle East, 1914–1923* (London, 2001).

Annemarie H. Sammartino, *The Impossible Border: Germany and the East, 1914–1922* (Ithaca, NY, 2010).

Uğur Ümit Üngör, *The Making of Modern Turkey: Nation and State in Eastern Anatolia,1913–1950* (Oxford, 2011).

Anthony Upton, *The Finnish Revolution, 1917–1918* (Minneapolis, 1980). *Rex Wade, Red Guards and Workers' Militias in the Russian Revolution* (Palo Alto, Calif., 1984).

Timothy Wilson, *Frontiers of Violence: Conflict and Identity in Ulster and Upper Silesia,1918–1922* (Oxford, 2010).

Erik J. Zürcher, *The Young Turk Legacy and Nation-Building: from the Ottoman Empireto Atatürk's Turkey* (London, 2010).

第二十四章 记忆与这场伟大的战争

Omer Bartov, *Murder in our Midst: The Holocaust, Industrial Killing, and Representation* (New York, 1996).

Richard Bessel, *Germany after the First World War* (Oxford, 1993).

Alan Borg, *War Memorials* (London, 1991).

Hugh Cecil, *The Flower of Battle: British Fiction Writers of the First World War* (London, 1995).

Christopher Coker, *War and the Twentieth Century: A Study of War and Modern Consciousness* (London, 1994).

Richard Cork, *A Bitter Truth: Avant-Garde Art and the Great War* (New Haven, 1994).

Tim Cross (ed.), *The Lost Voices of World War I* (London, 1988).

Geoff Dyer, *The Missing of the Somme* (London, 1994).

Modris Eksteins, *Rites of Spring: The Great War and the Birth of the Modern Age* (NewYork, 1989).

Peter Englund, *The Beauty and the Sorrow: An Intimate History of the First World War*

(London, 2011).

Paul Fussell, *The Great War and Modern Memory* (Oxford, 1975).

Adrian Gregory, *The Silence of Memory: Armistice Day, 1919–1946* (Oxford, 1994).

Adam Hochschild, *To End All Wars: A Story of Loyalty and Rebellion* (Boston, 2011).

Samuel Hynes, *A War Imagined: The First World War and English Culture* (London,1990).

John Keegan, *The Face of Battle: A Study of Agincourt, Waterloo and the Somme* (London, 1976).

George L. Mosse, *Fallen Soldiers: Reshaping the Memory of the World Wars* (New York,1990).

Peter Parker, *The Old Lie: The Great War and the Public-School Ethos* (New York,1987).

Karen Petrone, *The Great War in Russian Memory* (Bloomington, Ind., 2011).

Daniel Pick, *War Machine: The Rationalisation of Slaughter in the Modern Age* (New Haven, 1993).

Antoine Prost, *In the Wake of War: Les Anciens Combattants and French Society* (Oxford, 1992).

Kenneth E. Silver, *Esprit de Corps: The Art of the Parisian Avant-Garde and the First World War, 1914–1925* (London, 1989).

Jonathan Vance, *Death So Noble: Memory, Meaning, and the First World War* (Vancouver,1997).

Denis Winter, *Death's Men: Soldiers of the Great War* (London, 1978).

J. M. Winter, *Sites of Memory, Sites of Mourning: The Great War in European Cultural History* (Cambridge, 1995).

Robert Wohl, *The Generation of 1914* (London, 1979).

译名对照表

原文	译文
Aboukir	阿布基尔号
Abyssinia	阿比西尼亚
Adler, Victor	维克多·阿德勒
Afghanistan	阿富汗
Africa	非洲
Colonial powers' recruitment of labourers	殖民地劳工
Economic impact of the war	战争带来的经济影响
French recruitmentof West African tirailleurs	法国招募的西非民兵
Influenza pandemic	流感
And Ottoman Empire entry into the war	奥斯曼帝国介入战争
Politics and the war	政治和战争
Postwar distribution of German territory	战后德国领土分布
Religious revivalism	宗教复兴运动
Revoltsagainst labour and soldier conscription	反抗征兵的起义
Social impact of the war	战争的社会影响
Wartime inflation	战时通胀
West African revolts (1915—1916)	1915—1916年西非起义

（续表）

原文	译文
Afrikaner republicans	南非白人共和党
Agamemnon	阿伽门农号
Air war	空战
attrition	损耗
Bombers and fighters,1915	轰炸机和战斗机（1915年）
Contribution to final victory	为最终胜利做出的贡献
German strategic bombing campaign against Britain	德国对英国的战略轰炸行动
Importance of air superiority	制空战斗机的重要性
Pre-war era	战前时期
Reconnaissance,1914	侦察（1914年）
Strategic bombing	战略轰炸
True aerial warfare,1916	真正的空战（1916年）
Aisne river	埃纳河
Alain-Fournier	阿兰·傅尼埃
Albania	阿尔巴尼亚
Partition(1916)	分裂（1916年）
Albatros fighter	信天翁战斗机
Alberich operation, Hindenburg	阿鲁贝利西行动，兴登堡防线
Albert	阿尔伯特
Albert/Bapaume attacks (August,1918)	阿尔伯特/巴波姆战役（1918年8月）
Aldington, Richard	理查德·奥尔丁顿
Alexander Mikhailovich, Grand Duke	亚历山大·米哈伊洛维奇大公
Alexiev, Mikhail Vassilevich	米哈伊尔·瓦西里耶维奇·阿列克谢耶夫
Algerian labourers	阿尔及利亚劳工
All Quiet on the Western Front	《西线无战事》
Allenby Edmund	埃德蒙·艾伦比
Alsace-Lorraine	阿尔萨斯—洛林
Amalfi	阿马尔菲
Amiens	亚眠
Anglo-American War (1812)	英美战争（1812年）
Anglo-French Entente (1904)	英法联盟（1904年）
Anglo-German naval race	英德海军竞赛
Anglo-Russian Agreement (1907)	《英俄协定》（1907年）

（续表）

原文	译文
Anti-Semitism	反犹主义
Antwerp	安特卫普
Anzacs	澳新军团士兵
Apis (Dragutin Dimitrijevic)	"公牛"（德拉古京·迪米特里耶维奇）
Arab Revolt (1916)	阿拉伯起义（1916年）
Arabian peninsula	阿拉伯半岛
Aragon, Louis	路易·阿拉贡
Archangel	天使长，阿尔汉格尔
Arditti	阿迪提
Argeş river	阿尔杰什河
aristocracies	贵族政治
Ariadne	阿里阿德涅号
Armenia	亚美尼亚
Deportations and genocide	驱逐和大屠杀
insurgency	暴乱
Armoured cars	装甲车
Arras	阿拉斯
artillery	重炮；炮兵部队；炮兵
"creeping barrage"	"徐进弹幕射击"
Entente superiority in 1918	1918年协约国优势
Liège and siege howitzers,1914	列日和围攻榴弹炮（1914年）
sheels	炮弹
techniques	技术
Askerî, Süleyman	斯莱曼·阿斯克
Asquith, H. H.	阿斯奎斯·H. H； 赫伯特·亨利·阿斯奎斯
Aubercourt	欧贝尔库尔
Aubers Ridge, battle of (1915)	奥贝尔岭（1915年）
Australia	澳大利亚
Australia	澳洲
Australian army	澳大利亚军队
Austria-Hungary	奥匈帝国
Approach to economic warfare	经济战的策略
Causes of war	战争原因

（续表）

原文	译文
Coal production	煤炭生产
Financing the war	为战争筹资
Food shortages	食物匮乏
German support for action against Serbia, 1914	1914年德国支持对塞尔维亚采取行动
Government financial support for wives and dependents	政府为士兵妻子及家属提供财政支持
Industrial production organization	工业生产组织
Iron and steel industries	钢铁产业
Relations with Serbia at the armistice	停战期间与塞尔维亚的关系
Response to assassination of Archduke Franz Ferdinand and Sophie	对暗杀斐迪南大公和苏菲的反应
Seeks armistice	提出停战
Strategy in 1914	1914年策略
Treaty of Saint-Germain-en-Laye (1919)	《圣日耳曼·昂莱条约》（1919年）
"turnip winter"	"芜菁之冬"
Ultimatum of Serbia, 1914	对塞尔维亚的最后通牒（1914年）
War profit taxes	战争利润税
Austrian navy in the Adriatic	奥地利亚得里亚海舰队
Caporetto (1917)	卡波雷托（1917年）
Galicia (1914)	加利西亚（1914年）
Gorlice-Tarnow offensive(1915)	格力士–塔尔诺进攻战（1915年）
Invasion of Serbia (1914)	入侵塞尔维亚（1914年）
Isonzo front	伊松佐河前线
Offensive against Serbia (1915)	向塞尔维亚发动进攻（1915年）
Piave river offensive (June, 1918)	皮亚韦河战役（1918年6月）
Russian offensive (Brusilov)	俄国进攻战（布鲁西洛夫）
Trentino offensive (1916)	特伦蒂诺进攻战（1916年）
War strength,1911	1911年的战争力量
Averescu, Alexandru	阿弗雷斯库
Aviatik bombers	阿维亚蒂克轰炸机
Azerbaijan	阿塞拜疆
Bab, Julius	尤利乌斯·巴卜
Baghdad	巴格达

（续表）

原文	译文
Baghdad line	巴格达线
Baker, Newton D.	牛顿·迪尔·贝克
Baku	巴库
Balfour, Arthur	亚瑟·贝尔福
Balfour declaration (1917)	《贝尔福宣言》（1917年）
Balkan wars	巴尔干战争
Balkans,1914—1918	巴尔干半岛，1914—1918年
Ball, Albert	阿尔伯特·鲍尔
Ball, Hugo	胡戈·巴尔
Balin, Alfred	阿尔弗雷德·巴林
Baltic islands	波罗的海群岛
Bapaume	巴波姆
Baratov, N. N.	N. N. 巴拉托夫
Barbusse, Henri	亨利·巴比塞
Basra	巴士拉
Batum	巴统
Bauer, Colonel Max	马克思·鲍尔上校
bayonets	刺刀
Betty, David	大卫·比蒂
Beaurevoir line	博雷瓦尔战线
Beaverbrook, Max Aitken, Lord	马克斯·艾肯特·布鲁夫布鲁克勋爵
Béchereau, Louis	路易斯·贝什罗
Belgrade	贝尔格莱德
Belgian army	比利时军队
Belgian neutrality	比利时的中立国身份
Belgium	比利时
As German 'vassal state'	作为德国的附属国
occupied	被占领的
Post-war acquisitions in Africa	战后非洲瓜分情况
'rape of'	"强奸"
Belleau wood	贝洛森林
Belorussia	白俄罗斯
Below, Otto von	奥托·冯·毕洛

（续表）

（续表）

原文	译文
Bosnian Serbs	波斯尼亚塞族人
Boyadzhiev, General	博亚吉耶夫将军
Braybon, Gail	盖尔·布雷本
Brâtianu, Ionel	约内尔·布勒蒂亚努
Breguet, Louis	路易斯·宝玑
Brenner Pass	勃伦纳山口
Brenon, Herbert	赫伯·布雷农
Breslau	布累斯劳号
Brest Litovsk, Treaty of (1918)	《布列斯特–立托夫斯克和约》（1918年）
Breton, André	安德列·布勒东
Briand, Aristide	阿里斯蒂德·白里安
Bristol fifhter	布里斯托尔战斗机
Britain	英国
African soldiers in Europe debate	欧洲纷争中的非洲士兵
American banking support	美国的银行业支持
As banker to Italy and France	作为意大利和法国的庄家
Causes of war	战争原因
Committee of Imperial Defence	皇家防卫委员会
Conscription introduced	征兵活动
Contraband Department	禁运部门
Declaration of war	宣战
Economic warfare concept	经济战概念
Financing the war	为战争筹资
Irish Question	爱尔兰问题
Ministry of Blockade	封锁部
Post-war acquisitions in Africa	战后非洲惨遭瓜分
Pre-war imperial rivalry	战前的帝国竞争
Recruitment of Egyptian labourers	埃及劳工招募
Relations with Russia	与俄关系
Shell shortage	炮弹短缺
Short war illusion	短期战争假想
Trade unions and wartime production	贸易联盟和战时产品
Treaty of Versailles (1919)	《凡尔赛和约》（1919年）

（续表）

原文	译文
US relations	美国关系
US Treasury loans	美国的财政贷款
USA as significant neutral	美国作为重要的中立国
War aims	战争目标
Wartime taxation	战时税收
British army	英国军队
Great Retreat from Mons,1914	1914年蒙斯大撤退
Heavy artillery production, 1915—1918	大量火炮生产（1915—1918年）
Kitchener's 'new army'	基奇纳的"新军队"
Machine gun and automatic weapon increases	机关枪及自动武器产量增长
War strength, 1911	1911年的战争力量
British Contraband Department	英国禁运部
British Legion	英国退伍军人协会
British Royal Flying Corps (later RAF)	英国皇家飞行团（英国皇家空军前身）
British Royal Navy	英国皇家海军
Adoption of the convoy system	采用护航体系
Anti-submarine warfare	反潜艇战
Auxiliary Patrol	辅助巡逻队
Capturing German code books	捕获德国密码簿
Harwich Force	哈里奇分舰队
Mine-laying operations in the North Sea	北海布雷行动
Northern Patrol	北方巡逻队
Brizon, Pierre	皮埃尔·布里森
Bronsart von Schellendorf, Friedrich von	弗里德里希·冯·布隆萨特·冯·谢伦多夫
Brooke, Rupert	鲁珀特·布鲁克
Bruchmüller, Georg	格奥尔格·布鲁赫米勒
Bruges-Ostend-Zeebrugge triangle	布鲁日—奥斯坦德—泽布鲁日三角区
Brüning, Heinrich	海因里希·布吕宁
Brusilov, A. A.	A. A. 布鲁西洛夫
Campaign in 1917	1917布鲁西洛夫行动
Offensive in Galicia (1916)	加利西亚战役（1916年）
Bucharest	布加勒斯特

（续表）

原文	译文
Bucharest, Treaty of (1916)	《布加勒斯特条约》（1916年）
Budapest	布达佩斯
Bukovina	布科维纳
Bulgaria	保加利亚
Food shortages	食品短缺
Invasion of Serbia, 1915	入侵塞尔维亚（1915年）
Macedonian Front	马其顿阵线
Offensive against Romania	对抗罗马尼亚的进攻战
Relations with Turkey	与奥斯曼的关系
Seeks armistice	提出停战
Bullard, Robert	罗伯特·布拉德
Bülow, Karl von	卡尔·冯·比洛
Cadorna, Luigi	路易吉·卡多尔纳
Caillaux murder trial	克劳谋杀案
Cambon, Paul	保罗·康邦
Cambrai (1917、1918)	康布雷（1917年、1918年）
Cameroon	喀麦隆
Canada	加拿大
Canadian army	加拿大陆军
Vimy Ridge war memorial	维米岭战争纪念碑
Cape Coloured soldiers	开普敦有色人种士兵
Capello, Luigi	路易吉·卡佩罗
Caporetto, battle of (1917)	卡波雷托战役（1917年）
Caproni, Gianni	乔瓦尼·卡普罗尼
Caproni bombers	卡普罗尼轰炸机
Carnarvon	卡那封
Carpathians	喀尔巴阡山脉
Carrington, Charles	查尔斯·卡林顿
Casson, Stanley	斯坦利·卡森
Catholic Church	天主教堂
Catholic opinion	天主教信条
Cattaro, gulf of	卡塔罗港
Caucasus	高加索地区；高加索

（续表）

原文	译文
Cavit, Mehmet	穆罕默德·卡维特
Cecil, Lord Robert	罗伯特·塞席尔勋爵
Cemal, Ahmet	艾哈迈德·卡玛尔
Cemal, Mersinli	梅辛利·卡玛尔
Cernavoda	切尔纳沃德
1914 stalemate	1914年僵局
1914—1917 strategy	1914—1917年策略
1915 strategy	1915年策略
1916 strategy	1916年策略
Bulgaria as pivotal factor	关键因素保加利亚
Combined GDP compared with Entente Powers	（同盟国）的综合GDP与协约国的对比
East/West competing strategies	东线/西线竞争策略
Interior lines advantage	内线优势
Invasion of Romania	入侵罗马尼亚
Offensive in the East, January 1915	1915年1月东线进攻
Offensive against Serbia (1915)	向塞尔维亚发起进攻（1915年）
'Centrocaspian Dictatorship'	"里海舰队中央委员会独裁政权"
Cevad Pasha (Çobanli)	赛维德帕夏（科班利）
Champagne-Artois offensive (1915)	香槟—阿图瓦地区进攻战（1915年）
Chantilly conferences:(1915)	尚蒂伊会议（1915年）
Chaplin, Charlie	查理·卓别林
Charity Organization Society	慈善组织会社
Château-Thierry	蒂埃里城堡
Cheka (political police)	契卡（政治警察）
Chemin des Dames	"贵妇小径"战役
Battle of, 1917 (Nivelle offensive)	1917年尼维尔攻势
German Spring Offensive, 1918 (Operation Blücher)	1918年德国春季攻势
Cherna river, battle of (1916)	切尔纳河之战（1916年）
Chilembwe, John	约翰·奇伦布韦
China	中国
Christianity and the 'holy war'	基督教"圣战"
Christmas truce (1914)	圣诞节休战期（1914年）

（续表）

原文	译文
Christy, Howard Chandler	霍华德·钱德勒·克里斯蒂
Churchill, Winston	温斯顿·丘吉尔
Cigognes (the Storks)	"猎鹳号"战斗机
Citroën	雪铁龙
Clark, Alan	艾伦·克拉克
Class conflict and war	阶级矛盾及战争
Clausewitz, Carl von	卡尔·冯·克劳塞维茨
Clemenceau, Georges	乔治·克列孟梭
Coleman Hall, Dr Lewis	路易斯·科尔曼·霍尔医生
commemoration	纪念活动
Commonwealth War Graves Commission	联邦战争墓地委员会
Conrad von Hötzendorf, Franz	弗兰兹·康拉德·冯·霍茨坦多夫
conscription	征兵活动
conservatism	保守主义
Constanta	康斯坦察
Constantine, king of Greece	希腊国王康斯坦丁
Constantinople	君士坦丁堡
convoys	护航
Corfu	科孚岛
Cornwall	康沃尔号
Coronel, battle of (1914)	科罗内尔战役（1914年）
Cossacks	哥萨克人
Courland	库尔兰
Crampton, R. J.	理查德·J.克兰普顿
Cressy	克雷西号
Crimea	克里米亚
Crimean war (1853—1856)	克里米亚战争（1853—1856年）
Crowe, Eyre	艾尔·克罗
Crozat canal	克罗泽特运河
Cummings, e. e	爱德华·艾斯特林·卡明斯
Currie, W. A.	W. A.库里
Curtiss, Glenn	格伦·柯蒂斯
Cyprus	塞浦路斯

（续表）

原文	译文
Czechoslovakia	捷克斯洛伐克
Czech soldiers	捷克士兵
Czernin, Ottokar	奥拓卡尔·切尔宁
Dada	达达主义
Daimler	戴姆勒
Dalmatia	达尔马提亚
Damascus	大马士革
Danube river	多瑙河
Danzig	但泽
Dardanelles	达达尼尔海峡
Anglo-French naval bombardment (1915)	英法海军轰炸（1915年）
blockade	封锁
Darfur	达富尔
Debenery, Eugene	尤金·德伯内
Dedeagatch	亚历山德鲁波利斯
Delville Wood	德尔维尔伍德
Dempcracy, spread of	民主思想的传播
Denikin, Anton	安东·邓尼金
Denmark	丹麦
Depth charges	深水炸弹
desertion	逃亡率
DFW biplane	DFW双翼飞机
Diagne, Blaise	布莱斯·迪亚涅
Diaz, Armando	阿曼多·迪亚兹
Dinar, Ali	阿里·迪纳尔
Dixon, W. M.	W. M. 迪克逊
Dobrudja	多布罗加
Dogger Bank	多格尔浅滩
Donetz Basin, Russia	俄国顿涅茨盆地
Dorgelès, Roland	罗兰德·道格拉斯
Douaumont	杜奥蒙
Douhet, Giulio	朱里奥·杜黑
Doullens	杜朗

（续表）

原文	译文
Doumergue Agreement (1917)	《杜梅格协定》（1917）
Dover Strait, and submarine traffic	多佛尔海峡及海上交通
Dresden	德累斯顿
Dressler, Marie	玛丽·杜丝勒
Duchamp, Marcel	马塞尔·杜尚
Dumont resolution	杜蒙决议
Dunsterville, L. C.	L. C. 邓斯特维尔
East Africa, German	德属东非
East African Protectorate: drought and famine	英属东非：干旱和饥荒
Military Labour Bureau	军事劳工局
East Asiatic Squadron, German	德国东亚中队
East Prussia	东普鲁士
Economic warfare	经济战
Battle of matériel	物资战
Coal production, Central Powers	同盟国的煤炭生产
Entente GDP compared with Central Powers	协约国与同盟国的GDP对比
Falling productivity, Central Powers	同盟国生产力下降
Food shortages, Central Powers	同盟国食物短缺
Germany's concept of	德国的概念
Hindenburg programme, German	德国兴登堡计划
'indirect trade'	间接贸易
Machinery versus manpower	机械和人力的对比
Plant and manufacture	工厂及制造
railways	铁路
Shortages in raw materials	原材料的短缺
US money markets	美国货币市场
War profit taxes	战争利润税
Waste management	垃圾处理
Egypt	埃及
Annexed by Britain	被英国吞并
Egyptian labourers	埃及劳工
Einstein, Albert	阿尔伯特·爱因斯坦
Eisner, Kurt	库尔特·艾斯纳

（续表）

原文	译文
Emden	埃姆登号（巡洋舰）
Allenby's advance in Palestine and Lebanon (1918)	艾伦比进攻巴勒斯坦和黎巴嫩（1918年）
American Expeditionary Force	美国远征军
Amiens offensive (1918)	亚眠战役（1918年）
Anglo-French forces at Salonika	萨洛尼卡的英法联军
Breaking the Hindenburg line	突破兴登堡防线
Bulgaria sues for peace	保加利亚寻求和平
Canal du Nord assault (September 1918)	北部海峡攻势（1918年9月）
Diplomacy with Bulgaria	与保加利亚的交涉
Eastern/Western fronts, 1916—1917	东部/西部战线（1916—1917年）
Effects of US entry into the war	美国参战的影响
Gallipoli expedition (1915)	加里波利远征（1915年）
And Greece (1916—1917)	和希腊（1916—1917年）
Issue of separate peaces	单独媾和事宜
Manoeuvre warfare Eastern/Western Fronts, 1914—1915	东线/西线运动战（1914—1915年）
Marne, battle of (1914)	马恩河战役（1914年）
Marne counter-offensive (1918)	马恩河反攻（1918年）
Messines Ridge	梅西纳岭
Meuse-Argonne offensive (1918)	默兹—阿贡战役（1918年）
Naval War Council	军事参议院
Peace proposals, 1916	1916年和平提议
Petrograd conference (1917)	彼得格勒会议（1917年）
Post-war settlement mistrust	解决战后怀疑问题
Race to the sea (1914)	海上竞赛（1914年）
And Romania	和罗马尼亚
Saint Mihiel salient (1918)	圣米耶勒突出部（1918年）
Supreme War Council	最高战时委员会
Sykes-Picot agreement and the Ottoman Empire	《赛克斯—皮科协定》和奥斯曼帝国
Enver Pasha	恩维尔帕夏
Epinal	埃皮纳勒（法国东部城市）
Erzincan ceasefire, Eastern Anatolia	埃尔津詹停战，安纳托利亚东部

（续表）

原文	译文
Erzurum fortress	埃尔祖鲁姆堡垒
Essen, N. O.	N. O. 艾森
Estonia	爱沙尼亚
Euphrates river	幼发拉底河
Fairbanks, Douglas	道格拉斯·费尔班克斯
Falkenhayn, Erich von	埃里希·冯·法金汉
Falklands, battle of (1914)	福克兰战役（1914年）
Farman, Henri	亨利·法尔芒
Fasci di combattimento	法西斯战斗团
Faulkner, William	威廉·福克纳
Ferdinand, king of Bulgaria	保加利亚国王斐迪南
Ferdinand, king of Rumania	罗马尼亚国王斐迪南
Festubert	费斯蒂贝尔
Fevzi, Ahmet	艾哈迈德·费夫齐
Fiala, Peter	彼得·菲亚拉
Film industry and propaganda	电影业与宣传
Finland	芬兰
Civil War	内战
Finland, Gulf of	芬兰海湾
Fischer, Fritz	弗利茨·费舍尔
Fisher, Jackie, Lord	贾西·费希尔
Fismes	菲斯梅
Fitzgerald, F. Scott	弗朗西斯·斯科特·菲茨杰拉德
Flâmînda operation, Romania	弗拉门达行动，罗马尼亚
Foch, Ferdinand	斐迪南·福煦
Fokker, Anthony	安东尼·福克
Fokker monoplanes/biplanes	福克单翼战斗机/双翼战斗机
Fonck, René	勒内·丰克
Fort Douaumont, Verdun	杜奥蒙堡
Franchet d'Esperey, Louis	路易斯·弗朗谢·埃斯普雷
France	法国
Causes of war	战争导火索
Conscription of Algerian labourers	阿尔及利亚劳工征募

（续表）

原文	译文
Economic warfare co-ordination	经济战的协调
Financing the war	为战争筹资
Gold reserves	黄金储备
Maison de la Presse	梅森·德拉出版社
mobilization	动员
'post-war' instabilities	"战后"动荡
Pre-war imperial rivalry	战前的帝国竞争
Relations with Russia	与俄关系
Shell manufacture	炮弹制造
Shell shortage	炮弹短缺
Treaty of Sèvres (1920)	《色佛尔条约》（1920年）
USA as significant neutral	美国作为重要的中立国
War aims	战争目标
War profit taxes	战争利润税
War timetable and escalation	战事时间表和战事升级
Women in the munitions industry	军火工业的女性
Franco-Prussia War (1870)	普法战争（1870年）
Franz Ferdinand, Archduke	斐迪南大公
Franz Joseph, Emperor	弗朗茨·约瑟夫皇帝
Champagne offensive (1915)	香槟地区进攻战（1915年）
Machine guns and automatic weapon increases	机关枪和自动化武器增多
Mutinies, 1917	哗变（1917）
Plan XVII	"第十七计划"
Recruitment of West African soldiers	西非征兵
Response to German Schlieffen plan	对德军施里芬计划的反应
War strength, 1911	1911年的战争力量
French, Sir John	约翰·弗伦奇爵士
Freud, Sigmund	西格蒙德·弗洛伊德
Furious	狂怒的
Galicia	加利西亚
oilfields	油田区
Gallipoli campaign (1915)	1915年加里波利战役
Galsworthy, John	约翰·高尔斯华绥

（续表）

原文	译文
Garrett Anderson, Louisa	路易莎·加雷特·安德森
Garros, Roland	罗兰·加洛斯
Gas attacks	毒气战
Gaza, battles of	加沙战役
Geddes, Eric	埃里克·格迪斯
Georgia	格鲁吉亚
Asienkorps units	亚洲军团
'defence in depth' concept	"纵深防御"理念
Defensive preparation, 1916—1917	防卫作战准备（1916—1917年）
Eastern Front offensives (February 1918)	东部前线作战（1918年2月）
Lorraine offensive (1914)	洛林进攻战（1914年）
Military reforms (1916—1917)	军队改革（1916—1917年）
Morale, late 1918	士气，1918年末
Operation Alberich (1914)	阿鲁贝利西行动（1914年）
Race to the sea (1914)	海上竞赛（1914年）
Retreat, October 1918	撤退（1918年10月）
Schlieffen/Moltke Plan	施里芬计划
Spring offensive (1918)	春季攻势（1918年）
stormtroopers	暴风突击队
War plans, 1914	1914年战争计划
War plans of Moltke the elder and Schlieffen	老毛奇和施里芬的战争计划
War strength, 1911	1911年战争力量
German Communist Party (KPD)	德国共产党（KPD）
German East Africa	德属西非
German National Socialism	德国国家社会主义
British capture of code books	英国捕获密码簿
Cruiser warfare	巡洋作战
East Asiatic Squadron	东亚中队
Mine-laying operations int eh North Sea	北海海域布雷行动
Mutinies, 1918	哗变（1918年）
Surrender of the High Seas Fleet	公海舰队投降
Germany	德国
Approach to economic warfare	经济战的策略

（续表）

原文	译文
Causes of war	战争原因
Coal production	煤炭生产
Collapse of constitutional politics	宪法政治瓦解
Declaration of unlimited submarine warfare	宣布发动无节制的潜艇战
Declaration of war against Russia, and mobilization	对俄宣战及动员活动
Effects of the maritime blcokade	海运封锁的影响
Film industry	电影业
Financing the war	为战争筹资
Kriegs-presseamt	克里格斯出版社
Mitteleuropa concept	中欧计划概念
November revolution	十月革命
Peace negotiations,1918	1918年和平谈判
Peace proposals, 1916	1916年和平提议
Pre-war imperial rivalry	战前的帝国竞争
Protests about France's use of African soldiers	关于法国利用非洲士兵的抗议
Regards Britain as the most dangerous enemy	把英国当成最危险的敌人
Russian susceptibility to peace	俄国对和平的敏感性
Requisitions of food in Bulgaria	保加利亚的食物需求
Short war illusion	短期战争的假想
Support for Austrian action against Serbia, 1914	支持奥地利对塞尔维亚的行动，1914年
Treaty of Versailles (1919) and war reparations	《凡尔赛和约》（1919年）与战争赔偿
USA as significant neutral	美国作为重要的中立国
War aims	战争目标
War aims, 1917	1917年战争目标
War profit taxes	战争利润税收
War timetable and escalation	战事时间表和展示升级
Geyer, Herman	赫尔曼·盖尔
Gheluvelt Plateau	格卢维尔特高地
Ghent	根特
Giesl, Wladimir	瓦迪米尔·吉尔斯

（续表）

原文	译文
Giolitti, Giovanni	乔瓦尼·乔利蒂
Glasgow	格拉斯哥号
Gneisenau	格奈森瑙号
Gnome	尼奥姆
Goeben	戈本号
Goltz, Colmar von der	科尔马·冯·德·格尔茨
Good Hope	好望角
Gotha bombers	戈塔式轰炸机
Gothenberg	哥德堡市
Gough, Hubert	休伯特·高夫
Gough-Calthorpe, Somerset	萨摩赛特·高夫·卡尔索普
Gouraud, Henri	亨利·古尔戈
Graves, Robert	罗伯特·格瑞夫斯
Great Depression	大萧条
Greece	希腊
Invasion of Asia Minor	入侵小亚细亚
Joins the Entente Powers (1917)	加入协约国（1917年）
grenades	手榴弹
Grey, Sir Edward	爱德华·格雷爵士
Groener; Wilhelm	威廉·格勒纳
Guise, battle of (1914)	伪装战（1914年）
Hasse, Hugo	雨果·哈斯
Habsburg monarchy	哈布斯堡帝国
Haig, Sir Douglas	道格拉斯·黑格爵士
Halil pasha (Kut)	哈里尔帕夏（库特）
Hamilton, Ian	伊恩·汉密尔顿
Handley-Page bomber	亨德里·佩奇轰炸机
Hankey, Maurice	汉基·莫里斯
Hassan, Muhammed Abdullah	穆罕默德·阿卜杜拉·哈桑
Havilland, Geoffrey de	杰弗里·德·哈维兰
Hawker, Lanoe	利奥·霍克
Hazebrouk	哈兹布鲁克
Heinkel, Ernst	恩斯特·亨克尔

（续表）

原文	译文
Heinrich of Prussia, Prince	普鲁士的海因里希王子
Hela	海拉
Helfferich, Karl	卡尔·海尔法里耶
Hemingway, Ernest	欧内斯特·海明威
Henderson, Arthur	亚瑟·亨德森
Hentsch, Lieutenant Colonel Richard	卡尼尔·理查德·亨奇中校
Herbert, A. P.	阿兰·赫伯特
Hindenburg, Paul von	保罗·冯·兴登堡
Hindenburg line	兴登堡防线
breaking	突破
Hispano-Suize engine	西斯帕罗–苏扎发动机
Hitler, Adolf	阿道夫·希特勒
Hoeppner, Ernst Wilhelm von	恩斯特·威廉·冯·霍布纳尔
Hoffmann, Max	马克斯·霍夫曼
Hogue	霍格
Holland	荷兰
And the maritime blockade	以及海上封锁
Holtzendorff, Henning von	汉宁·冯·霍尔茨多夫
Horse-drawn transport	马车运输
Horthy, Miklos	米克洛斯·霍尔蒂
House, E. M.	爱德华·M. 豪斯
Howard, Esme	埃斯米·霍华德
Hoyos, Alexander	亚历山大·霍约斯
Huelsenbbeck, Richard	理查德·胡森贝克
Hugenberg, Alfred	阿尔弗雷德·胡根贝格
Hungarian Soviet Republic (March-August 1919)	匈牙利苏维埃共和国（1919年3—8月）
Hungary, Treaty of Trianon (1920)	匈牙利，《特里亚农条约》（1920年）
Hussein, Sherif of Mecca	麦加王子侯赛因
Hutier, Oskar von	奥斯卡·冯·胡蒂尔
Hynes, Samuel	塞缪尔·海恩斯
Ihsan, Ali	阿里·伊赫桑
Immelman, Max	马克斯·殷麦曼
imperialism	帝国主义

（续表）

原文	译文
Independent German Social Democratic Party	德国独立社会民主党
India	印度
Indian army	印度陆军
Inflexible	缺乏弹性的
Ingenohl, Friedrich von	弗里德里希·冯·英格诺尔
Inglis, Elsie	埃尔西·英格里斯
Industrial workers and mass politics	产业工人和大众政治
Industrialization process	工业化进程
Invincible	不可战胜的
Iraq	伊拉克
Irish Civil War	爱尔兰内战
Isherwood, Christopher	克里斯多福·伊舍伍
Islam, anti-colonial propaganda campaign	伊斯兰教，反殖民运动
Ismet, Mustafa	穆斯塔法·伊斯梅特
Isonzo front, Italy	伊松佐河前线，意大利
Istanbul	伊斯坦布尔
Istria	伊斯特里亚
Italian Army,	意大利陆军
Italian Fascism	意大利法西斯主义
Italian front	意大利前线
Isonzo	伊松佐河
Italian navy	意大利海军
Italy	意大利
Blockade of central powers	同盟国封锁政策
Entry into the war	参战
And financial debt	财政债务
Joins Entente Powers	加入协约国
neutrality	保持中立
'post-war' period	"战后"时期
War profit taxes	战争利润税
War strength of army (1911)	军队的战争力量（1911年）
Women in agricultural work	农业工作中的女性
Ittihat ve Terraki party	联盟和进步党

（续表）

原文	译文
Izzet, Ahmed	艾哈迈德·伊泽特
Japan	日本
Jaurès, Jean	让·饶勒斯
Jean Bart	让·巴尔号
Jellicoe, John	约翰·杰利科
Jerusalem	耶路撒冷
'national home' in Palestine	巴勒斯坦"民族家园"
And the Russian Civil War	俄国内战
Jiu valley	日乌河谷
Joffre, Joseph	约瑟夫·霞飞
Johannet, René	瑞内·约翰内特
Jouhaux, Léon	茹奥·莱昂
'Judaeobolshevism'	反犹太布尔什维克主义
Jünger, Ernst	恩斯特·荣格尔
Junkers, Hugo	雨果·容克斯
Jutland (Skagerrak), battle of (1916)	日德兰半岛战役（1916年）
Kaimakchalan, Mount, battle of (1916)	凯马卡兰山之战（1916年）
Kamerun, German	德属喀麦隆
Kâmil Mahmut	马哈默特·卡米尔
Karabekir, Kâzim	卡齐姆·卡拉贝基尔
Karageorgević dynasty	卡拉格罗维奇王朝
Karl, emperor of Austria-Hungary	奥匈帝国卡尔大帝
Karlsruhe	卡尔斯鲁厄
Kars fortress	卡尔斯要塞
Kautsky, Karl	卡尔·考茨基
Kavalla	卡瓦拉
Kâzim	卡齐姆
Kemmel, Mont	凯默尔山
Kent	肯特
Kerensky, Aleksandr	亚历山大·克伦斯基
Keynes, J. M.	约翰·梅纳德·凯恩斯
Kiaochow	胶州
Kiel Canal	基尔运河

（续表）

原文	译文
Kienthal anti-war conference (1916)	昆塔尔反战会议（1916年）
Killigil	基里吉尔
Kipling, Rudyard	拉迪亚德·吉卜林
Kitchener, Lord H. H.	H. H. 基奇纳伯爵
Kluck, Alexander von	亚历山大·冯·克鲁克
Koblenz	科布伦茨
Kolchak, Aleksandr	亚历山大·高尔察克
Köln	科隆号
Kolubara river, battle of (1914)	科路巴拉河之战（1914年）
Königsberg	哥尼斯堡号
Kornilov, LG.	拉尔夫·科尔尼洛夫
Kosovo	科索沃
Kosovo Polje	科索沃波列
Krafft von Dellmensingen, Konrad	康拉德·克拉夫特·冯·德尔门辛根
Kressenstein, Kress von	克雷斯·冯·克雷森斯坦
Kronstadt Naval Base	喀琅施塔得海军基地
Krupp	克虏伯
Kühlmann, Richard von	理查德·冯·库尔曼
Kun, Bela	库恩·贝拉
Kurdistan	库尔德斯坦
Kurds	库尔德
Lancken, Baron von der	冯·兰肯公爵
Lanrezac, Charles	查理斯·朗热扎克
Latvia	拉脱维亚
Lauder, Harry	哈利·劳德
Lausanne, Treaty of (1923)	《洛桑条约》（1923年）
Law, Andrew Bonar	安德鲁·博纳劳
Lawrence, T. E.	托马斯·爱德华·劳伦斯
Le Catean, battle of (1914)	拉加多海湾之战（1914年）
League of Nations	国际联盟
Covenant	《国际联盟盟约》
Lebanon	黎巴嫩
Leipzig	莱比锡

（续表）

原文	译文
Leith-Thomsen, Hermann von der	赫尔曼·冯·德尔·里斯·汤姆森
Lenin, V. I.	弗拉基米尔·伊里奇·列宁
Léon Gambetta	莱昂·甘必大
Lerin	莱林
Lettow Vorbeck, Paul von	冯·莱托·福尔贝克
Liberal Party, British	英国自由党
liberalism	自由主义
embattled	危机四伏
Liberia	利比里亚
Liberty Bonds	自由公债
Libya	利比亚
Liebknecht, Karl	卡尔·李卜克内西（德）
Liège	列日
Liggett, Hunter	亨特·利格特
Lille	里尔
Liman von Sanders, Otto	奥托·利曼·冯·桑德斯
Lithuania	立陶宛
Littlewood, Joan	琼·李特伍德
Livonia	利沃尼亚
Lloyd George, David	大卫·劳合·乔治
London, Declaration of (1999)	《伦敦宣言》（1909年）
London, Pact of (1914)	《伦敦公约》（1914年）
London, Treaty of (1915)	《伦敦条约》（1915年）
Longuet, Jean	让·朗格特
Longwy-Briey basin	布里埃—龙韦盆地
Lorraine	洛林
Lossberg, Fritz von	弗里茨·冯·洛斯博格
Louvain	鲁汶
Ludendorff, Erich	埃里希·鲁登道夫
Lusitania	卢西塔尼亚号
Luxemburg	卢森堡
Luxemburg, Rosa	罗莎·卢森堡
Lvov	利沃夫

（续表）

原文	译文
Lyncker, Moritz von	莫里兹·冯·林克
Lys river	利斯河
Ma'al-Hayba	阿亚尔·海巴
McCudden, James	詹姆斯·迈卡登
Macdonald, Ramsay	拉姆塞·麦克唐纳
Macedonia	马其顿
Machine guns	机关枪
Mckenna, Reginald	雷金纳德·麦肯纳
Mackensen, August von	奥古斯特·冯·马肯森
McMahon-Hussein correspondence	侯赛因—麦克马洪信函
Madagascar	马达加斯加
Magdeburg	马格德堡
Maggiore, Monte	马焦雷山
Mahan, A. T.	阿尔弗雷德·塞耶·马汉
Mairet, Louis	路易斯·迈雷特
Makhno, Nestor	内斯托尔·马克诺
Majestic	庄严的
Makonde peoples revolt (1917)	1917年马孔德人民起义
Malraux, André	安德烈·马尔罗
Mangin, Charles	查尔斯·曼金
Mann, Thomas	托马斯·曼
Mannerheim, Carl	卡尔·曼纳海姆
Mannock, Edward	爱德华·马诺克
Mârâşeşti, battle of (1917)	马拉瑟斯提之战（1917年）
March, Peyton C.	佩顿·康韦·马奇
Marghiloman, Alexandre	亚历山大·马尔吉罗曼
Maritsa valley	马里萨河谷
Marmore, Sea of	马尔马拉海
Marwitz, Georg von der	格奥尔格·冯·德·马维茨
Marxism	马克思主义
Masefield, John	约翰·梅斯菲尔德
Masaryk, Tomas	托马斯·马萨里克
Masurian Lakes, battle of (1914)	马苏里湖之战（1914年）

（续表）

原文	译文
Mata Hari	玛塔·哈里
Max of Baden	麦克斯·巴登亲王
Mayer, Arno	阿诺·迈耶
Mecca	麦加
Medina	麦地那
Mehmet Tâlât Bey	穆罕默德·塔拉特帕夏
Mein Kampf	《我的奋斗》
Melville	梅尔维尔号
Memel	梅默尔
Memory and the Great War	记忆与这场伟大的战争
Language beyond imagination	超越想象的语言
And the literary war	文学之战
A middle class war	中产阶级斗争
Since 1945	1945年以来
War literature, art and film	战争文学、艺术和电影
Mendi	门迪号
Menin Gate, Ypres	伊普尔梅宁门
Mensheviks	孟什维克党
Merrheim, A.	艾·玛黑姆
Mesopotamia (Iraq)	美索不达米亚（伊拉克）
Anglo-Indian advances in	驻印英军进军
And British West African soldiers	英属西非士兵
Metz	梅斯
Metz-Thionville fortifications	梅斯—托尼维尔防御工事
Mexico	墨西哥
Michaelis, Georg	乔治·米凯利斯
Michelin company	米其林公司
Milestone, Lewis	刘易斯·迈尔斯通
Military hierarchies and politics	军事结构及政治
Military morale, training and discipline	军队士气，训练与纪律
Citizen soldiers	民兵
desertion	逃亡率
Death sentences	死刑

（续表）

原文	译文
food	军饷
indiscipline	违纪行为
loyalties	忠诚
Mass surrenders	大规模投降
officers	军官
Organizational support	军队补给
propaganda	宣传
Millerand, Alexandre	亚历山大·米勒兰
Mitteleuropa	中欧计划
Moldavia	摩尔达维亚
Moltke, Helmuth J. L. von, the younger	赫尔穆特·J. L. 冯·毛奇（小毛奇）
Moltke, Helmuth K. B. von, the elder	赫尔穆特·K. B. 冯·毛奇（老毛奇）
Monash, John	约翰·莫纳什
Monmouth	蒙默思号
Monro, Charles	查理·门罗
Mons, battle of (1914)	蒙斯之战（1914年）
Montague, C. E.	查尔斯·爱德华·蒙塔古
Montenegro	黑山
Monty Python	巨蟒剧团
Morane aircraft	莫拉纳飞机
Morhange	莫朗日
Moroccan crisis (1911)	摩洛哥危机（1911年）
Morocco	摩洛哥
Mosul	摩苏尔
Mottram, R. H.	R. H. 莫特拉姆
Mudros armistice (1918)	穆德洛斯停战协议（1918年）
Munitions of War Act, Britain (1915)	英国军需法（1915年）
Murmansk	摩尔曼斯克
Mussolini, Benito	贝尼托·墨索里尼
Mustard gas	芥子气
naval	海上的
Narotch, Lake	纳罗奇湖
Narva	纳尔瓦

（续表）

原文	译文
National Congress of British West Africa	英属西非国民议会
National Insurance Act, Britain (1911)	英国国民保险法（1911年）
National Union of Women Suffrage Societies, Britain	英国妇女选举权协会联盟
National unity and 'political truces'	国家统一和"政治休战"
nationalism	民族主义
'post-war'	"战后"
Naval War Council, Entente Powers	协约国海军战争委员会
Nazis	纳粹
Netherlands Overseas Trust	荷兰海外信托
Neuilly, Treaty of (1919)	《讷伊条约》（1919年）
Neuve Chapelle, battle of (1915)	新沙佩勒之战（1915年）
New Irish Farm cemetery	新爱尔兰农场公墓
New Zealand	新西兰
Nicholas II , Tsar	沙皇尼古拉二世
Nichols, Beverley	比弗利·尼克尔斯
Nicolson, Arthur	亚瑟·尼克尔森
Nielson, Asta	阿斯塔·尼尔森
Niemen river	尼曼河
Nieuport aircraft	纽波特飞机
Niger	尼日尔
Nigerian Regiment, West African Frontier Force	尼日利亚团：西非边防军
Nikolai Nikolaevich, Grand Duke	尼古拉·尼古拉耶维奇大公
Nish	尼什
Nivelle, Robert	罗伯特·尼维尔
Northcliffe, Alfred Harmsworth, Lord	北岩勋爵，艾尔费雷德·哈姆斯沃斯
Nungesser, Charles	查尔斯·南杰瑟
Nur-ed-Din, Yusef	尤塞夫·努尔丁
Nuri Bey (Killiigil)	努里帕夏（基里吉尔）
Nürnberg	纽伦堡
Nyasaland	尼亚萨兰
Revolt (1915)	1915年起义
Odessa	奥德萨

（续表）

原文	译文
Oh What a Lovely War!	《多可爱的战争》
Orlando, Vittorio Emanuele	维托里奥·埃曼努尔·奥兰多
Ostend	奥斯坦德
Ostrovo	奥斯特罗沃
Ottoman Empire	奥斯曼帝国
Otranto, Strait of	奥特朗托海峡
Ourcq river	乌尔克河
Owen, Wilfred	威尔弗雷德·欧文
Pabst, G. W.	G. W. 派伯斯特
Painlevé, Paul	保罗·潘勒维
'Pals battalions'	伙伴营
Palestine	巴勒斯坦
Palestine campaign, 1918	1918年巴勒斯坦之战
Paramilitary organizations in post-war Central Europe	战后时期中欧的非法军事组织
Paris Peace/Economic Conference (1916)	巴黎的和平与经济大会（1916年）
Paris Peace Conference (1919)	巴黎和会（1919年）
Parker, Gilbert	吉尔伯特·帕克爵士
Pašić, Nikolai	尼古拉·帕耶伊
Passchendaele	帕斯尚尔
Pathfinder	先锋
Peace proposals and negotiations	和平提议与协商
Council of Four	四人会议
Fourteen Points	十四点原则
Settlement	协议
Peck, Cy	赛勒斯·韦斯利·佩克
Pellerin firm, Epinal	埃皮纳勒的佩莱伦公司
Péronne	佩罗讷
Pershing, John J.	约翰·J.潘兴
Persia	波斯
Pétain, Philippe	菲利普·贝当
Petrograd conference (1917)	彼得格勒会议（1917年）
Petrograd Soviets	彼得格勒苏维埃
Philippeville	菲利普维尔

（续表）

原文	译文
Piave river, battle of (1918)	皮亚韦河战役（1918年）
Pickford, Mary	玛丽·璧克馥
Pilsudki, Josef	约瑟夫·毕苏斯基
Pireaud, Marie	玛丽·皮蕾奥
Ploesti oilfields, Romania	罗马尼亚普洛耶什蒂油田
Plumer, Herbert	赫伯特·普鲁默
Pohl, Hugo von	雨果·波尔
Political systems, pre-war	战前政治系统
Poincaré, Raymond	雷蒙·普恩加莱
Poison gas	毒气
Poland	波兰
Borders, and the Treaty of Versailles	边界，《凡尔赛和约》
And peace proposals	和平提议
Treaty of Riga (1921)	《里加和约》（1921年）
'Polish Corridor'	"波兰走廊"
Porten, Henry	亨利·波顿
Portugal	葡萄牙
Portuguese East Africa	葡属东非
In Central and Eastern Europe	中东欧
Imperial collapse and inter-ethic violence	帝国崩溃与种族冲突
The mobilizing power of defeat	失败的动员力
nationalism	民族主义
Potiorek, Oksar	奥卡斯·波蒂雷克
Priests, front-line	前线牧师
Princess Royal	英国皇家公主号
Princip, Gavrilo	加夫里洛·普林西普
Pripyat marshes	普里皮亚特沼泽
Prisoners of war	战俘
Propaganda, and the mobilization of consent	宣传与动员许可
Caricature and poster art	讽刺漫画与海报艺术
children	儿童
Compared to the Second World	与第二次世界大战相比
Cultural dimensions	文化层面

（续表）

原文	译文
Feminine imagery	女性形象
Film industry	电影业
outcomes	结果
Political dimensions	政治层面
Przemyśl	普热梅希尔
Putnik, Radomir	拉多米尔·普特尼克
Queenstown, Ireland	爱尔兰的昆士顿
Radoslavov, Vasil	瓦西尔·拉多斯拉沃夫
railways	铁路
Rathenau, Walther	瓦尔特·拉特瑙
Rauf, Hüseyin	侯赛因·劳夫
Rawlinson, Henry	亨利·罗林森；
Raymond, Ernest	厄内斯特·雷蒙德
Red Army, Soviet	苏维埃红军
Red Cross	红十字会
Red Guards	赤卫队
Red Sea	红海
Remarque, Erich Maria	埃里希·玛丽亚·雷马克
Renault, Louis	路易·雷诺
Renn, Ludwig	路德维西·雷恩
Rhineland	莱茵兰
Ribot, Alexandre	亚历山大·里博特
Richtofen, Manfred von	曼弗雷德·冯·里希特霍芬
Riezler, Kurt	库特·里斯勒
Riga	里加
Riga, Gulf of	里加湾
Robertson, William	威廉·罗伯逊
Robida, Albert	阿尔伯特·罗比达
Rohr, Willy	威利·罗尔
Rolland, Romain	罗曼·罗兰
Romani, battle of (1916)	罗马尼亚战役（1916年）
Romania	罗马尼亚
Entry into the war	参战

（续表）

原文	译文
Seeks armistice with Central Powers	寻求与同盟国停战
Rommel, Erwin	埃尔温·隆美尔
Roosevelt, F. D.	富兰克林·D. 罗斯福
Rosenberg, Isaac	艾萨克·罗森伯格
Rotterdam	鹿特丹
R-planes	R型飞机
Ruhr, and the maritime blockade	鲁尔海上封锁
Rumpler biplane	朗普勒双翼战机
Rupprecht, Crown Prince of Bavaria	巴伐利亚王储鲁普雷希特
Russia	俄国
Causes of war	战争原因
And the creation of the Polish kingdom	创建波兰王国
Financing the war	为战争筹资
Mobilization (1914)	动员（1914年）
Provisional Government (1917)	临时政府（1917年）
Relations with Britain	与英关系
Relations with France	与法关系
Shell shortages	炮弹短缺
Support for Serbia	支持塞尔维亚
War aims	战争目标
War timetable and escalation	战事时间表和战事升级
Women in industry	工业中的女性
Brusilov offensive (1916)	布鲁西洛夫攻势（1916年）
Campaign against the Turks in Persia (1915—1917)	抗击波斯的奥斯曼军队之战（1915—1917年）
Campaign in 1917	1917年行动
Caucasus Army	高加索部队
Galician campaign, 1914	1914年加利西亚之战
July 1917 offensive	1917年7月进攻
Tannenberg, battle of (1914)	坦能堡战役（1914年）
Women's Battalion of Death	女性死亡营
Anti-Semitism	反犹主义
Famine deaths	饥荒导致的大规模死亡
Baltic Fleet	波罗的海舰队

（续表）

原文	译文
Black Sea Fleet	黑海舰队
Russian Revolutions	俄国革命
Army revolutionaries (1917)	军队革命（1917年）
Failed (1905—1906)	1905—1906年俄国革命的失败
Russo-Japanese War (1904—1905)	1904—1905年日俄战争
Russo-Polish border	苏波边界
Saarland	萨尔河地区
Sâbis	萨比斯
Sint Mihiel salient (1918)	圣米耶勒突出部（1918年）
Saint-Quentin	圣康坦市
Saint Quentin canal, Australian assault (1918)	澳大利亚圣康坦进攻（1918年）
Salandra, Antonio	安东尼奥·萨兰德拉
Salmon aircraft	萨尔姆森飞机
Salonika	萨洛尼卡
Sambre river	桑布尔河
Samzonov, A. V.	A. V. 萨姆佐诺夫
Sandes, Flora	弗洛拉·桑迪斯
Santos-Dumont, Albert	阿尔伯特·桑特斯·杜蒙
Sarajevo	萨拉热窝
Sarikamish	萨里卡梅什
Sarrail, Maurice	莫里斯·萨拉伊
Sarrebourg	萨尔堡
Saseno island	萨赞岛
Sassoon, Siegfried	西格里夫·萨松
Saudi, Arabia	沙特阿拉伯
Sava river	萨瓦河
Sazonov, Sergei	谢尔盖·萨佐诺夫
Scapa Flow naval base	斯卡帕湾海军基地
Scarborough	斯卡布勒
Schaefer, Karl Emil	卡尔·埃米尔·谢弗
Scharnhorst	沙恩霍斯特号
Scheer, Reinhard	莱因哈特·舍尔
Schinke, Gerhard	格哈德·申克

（续表）

原文	译文
Schivelbusch, Wolfgang	沃尔夫冈·希弗尔布施
Schlieffen, Alfred von	阿尔弗雷德·冯·施里芬
Schlieffen/Moltke Plan	施里芬/小毛奇计划
Schneider-Creusot	施耐德–克雷索
Scottish Women's Hospitals	苏格兰女子医院
SE5 fighter	S.E.5双翼战斗机
Sea war	海战
Adriatic operations	亚得里亚海行动
The Baltic	波罗的海
Black Sea	黑海
Cruiser warfare	巡洋作战
The Mediterranean	地中海地区
Mine warfare	水雷战
Northern Barrage of minefields	雷区的北堰
Operations in the North Sea	北海行动
Strategy in the North Sea	北海战略
Submarine warfare	潜艇战
Submarine warfare in the Mediterranean	地中海的潜艇战
US intervention	美国介入
seaplanes	水上飞机
searchlights	探照灯
Second International, Basle	巴塞尔第二国际
Seeckt, Hans von	汉斯·冯·泽克特
Semenov, Grigory	格里戈里·谢苗诺夫
Senegal	塞内加尔
Sennett, Mack	麦克·塞纳特
Serbia	塞尔维亚
Austrian invasion (1914)	入侵奥地利（1914年）
Austrian ultimatum (1914)	奥匈帝国通牒（1914年）
Conquest by Central Powers (1915)	战胜同盟国（1915年）
Macedonian possessions	马其顿领地
Response to assassination of Archduke Franz Ferdinand and Sophie	对于刺杀斐迪南大公和苏菲的反应
Typhus epidemic (1914—1915)	斑疹伤寒（1914—1915年）

（续表）

原文	译文
Shell shortage	炮弹短缺
Sherriff, R. C.	罗伯特·塞德里克·谢里夫
Shertok, Moshe (Sharett)	摩西·舍托克（夏里特）
Shevket Pasha	谢夫凯特帕夏
Shoulder Arms	《从军记》
Siegert, Wilhelm	威廉·西克特
Siegfried line	齐格飞防线
Sikorsky, Igor	伊戈尔·西科尔斯基
Sikorsky bombers	西科斯基轰炸机
Silesia, Upper	上西里西亚
Sims, W. S.	威廉·S.西姆斯
Sitwell, Osbert	奥斯伯特·希特维尔
Sixte de Bourbon	波旁王子六世
Skoda	斯柯达
Smolensk	斯摩棱斯克
Smyrna (now Izmir)	士麦那（今伊兹密尔）
Ethnic cleansing	种族清洗
Social Democrat Party (SPD), German	德国社会民主党
socialism	社会主义
Hardening of left-wing attitudes	左翼态度强硬
Pacifisms and peace	和平主义者与和平
Peace movements and conferences	和平运动与和会
In political coalition	政治联盟
And war 1914—1917	1914—1914年的战争
Socialist Revolutionaries	社会主义革命
Somalia	索马里
Somme, battle of (1916)	索姆河战役（1916年）
Somme bridges	索姆河桥
Sopwith, T. O. M,	托马斯·索普威斯
Sopwith Camel	索普维斯"骆驼"战斗机
Souchon, Wilhelm	威廉·桑松
South Africa	南非
Post-war acquisitions in Africa	战后非洲瓜分

（续表）

（续表）

原文	译文
Supreme War Council, Entente Powers	协约国最高战争议会
Sussex incident	苏赛克斯号事件
Sweden	瑞典
As significant neutral	作为重要的中立国
Switzerland	瑞士
Sydney	悉尼号
Sykes-Picot agreement (1916)	《赛克斯−皮科协定》（1916年）
Syria	叙利亚
Tabriz	大不里士
Talât, Mehmet	穆罕默德·塔拉特
Tallinn	塔林
Tanga	坦噶
Tanganyika	坦噶尼喀
tanks	坦克
development	发展
Whippet	轻型战车
Tannenberg memorial	坦能堡纪念碑
Taranto	塔兰托
Tbilisi	第比利斯
Teodoroiu, Ecaterina	埃卡特琳娜·特奥多罗尤
Terraine, John	约翰·特纳
Thelen, Robert	罗伯特·泰伦
Third International	共产主义国际
Thomas, Albert	艾伯特·托马斯
Thrace	色雷斯
Tirpitz, Alfred von	阿尔弗雷德·冯·提尔皮茨
Tisza, István	伊斯特凡·蒂萨
Todorov, General	托多洛夫将军
Togoland	多哥兰
Townshend, Charles	查理·唐森
Trabzon	特拉布宗
Trade and banking, pre-war	战前的贸易和银行业
Trade unions	贸易联盟

（续表）

原文	译文
Transylvania	特兰西瓦尼亚
Trenchard, Hugh	休·特伦查德
Trentino	特伦蒂诺
Triple Alliance	同盟国
Tripoli	的黎波里
Triumph	凯旋号
Trosky, Leon	里昂·托洛茨基
Tser, Mount, battle of (1914)	泰瑟山之战（1914年）
Tsingtau, German protectorate	青岛，德国势力范围
Tunisia	突尼斯
Turin insurrection (1917)	都灵起义（1917年）
Turkey	土耳其
Anatolia and Transcaucasia	安纳托利亚和外高加索
Armenian deportations and genocide	驱逐和屠杀亚美尼亚人
Financing the war	为战争筹资
'pan-Turanian' aspirations	"泛图兰"愿景
Regaining lost territory after Russian Revolution	俄国革命后收复失地
Relations with Bulgaria	与保加利亚的关系
Secret alliance with Germany (1914)	与德秘密联盟（1914年）
Seeks armistice	提出停战
Transport and communication difficulties	运输和通信困难
Turkish army	奥斯曼陆军
Anglo-Indian advances in Mesopotamia	驻印英军进军美索不达米亚
Arabian Peninsula	阿拉伯半岛
Attacks on the Suez canal	苏伊士运河的攻击
Egypt and Palestine	埃及和巴勒斯坦
Turkish Navy in the Black Sea	在黑海的土耳其海军
Turkish Republic	土耳其共和国
Tutrakan fortress	图特拉坎堡垒
Tyrwhitt, Reginald	雷金纳德·蒂里特
Tzara, Tristan	特里斯唐·查拉
Ufa (Universal Film AG)	"乌发"电影公司联盟
Uganda	乌干达

（续表）

原文	译文
Ukraine	乌克兰
Ungern-Sternberg, Roman von	罗曼·冯·恩琴
United States of America	美利坚合众国
American Expeditionary Force	美国远征军
Attempts at mediation	调解意愿
And economic warfare	经济战
Economic wartime growth	战时经济增长
Financing the Entente Powers	为协约国筹资
Government financial support for wives and dependents	政府为士兵妻子和家属提供财政支持
Peace aims	和平目标
Reaction to German unrestricted submarine warfare	对德国无限制潜艇战做出回应
Response to Bolshevism	布尔什维克主义
As significant neutral	作为重要的中立国
War aims	战争目标
Wilson's Fourteen Points	威尔逊的"十四点原则"
United States Army (American Expeditionary Force)	美国远征军
United States Federal Reserve Board	美联储
United States Navy	美国海军
Joining the maritime blockade	加入海运封锁
Upper Volta	上沃尔特
Usedom, Guido von	吉多·冯·乌瑟多姆
Valona	发罗拉
Vehip, Ferit	菲利特·韦普
Venizelos, Eleutherios	艾略特罗斯·维尼泽洛斯
Verdun, battle of (1916)	凡尔登战役（1916年）
German delegation	德国代表团
German war reparations	德国的战争赔款
And Polish borders	波兰边境
Settlement of south-eastern Europe	东南欧的协议
Vickers company	威克斯公司
Vienna	维也纳

（续表）

原文	译文
Vilna	维尔纳
Vimy Ridge, battles (1915、1917)	维米岭战役（1915年、1917年）
Vimy Ridge, Canadian war memorial	维米岭，加拿大战争纪念碑
Vittorio Veneto, battle of (1918)	维托里奥·威尼托战役（1918年）
Viviani, René	勒内·维维亚尼
Vladivostok	符拉迪沃斯托克
Voisin bombers	伏瓦辛轰炸机
Voisin brothers	伏瓦辛兄弟
Voluntary Aid Detachments (VAD)	志愿救护支队
Voss, Werner	维尔纳·沃斯
Vulkan pass	凡尔康山口
Wafd Party, Egypt	埃及瓦夫德党
Warsaw	华沙
Watch Tower	瞭望塔
Weimar republic	魏玛共和国
Wells, H. G.	赫伯特·乔治·威尔斯
West, F. M. F.	F. M. F. 韦斯特
West African Frontier Force	西非前沿部队
Wetzell, Georg	乔治·魏采尔
Whitby	惠特比
Wilhelm II , Kaiser	恺撒·威廉二世
Williams, William Carlos	威廉·卡洛斯·威廉斯
Wilson, Woodrow	伍德罗·威尔逊
Winter Palace Square, Petrograd	彼得格勒的冬宫广场
Wireless, advent of	发明无线电
Women, role in war	女性在战争中扮演的角色
Agricultural workers	农民工
In the armed services	服兵役
Gender and geography	性别与地理学
Gender at work	工作性别
Government financial support for wives and dependents	政府为妻子和家属提供财务支持
In industry	工业上
In the medical field	在医学领域

（续表）

原文	译文
mobilization	动员
Morale, morality and memory	士气、道德和记忆
In occupied Belgium and France	被侵占的比利时和法国
Sexuality and prostitution	性欲和性交易
Suffrage, post-war	战后选举权
In wartime Berlin	战时柏林
Women's Battalion of Death, Russia	苏联女性死亡营
And Zeppelin raids	齐柏林式飞船袭击
Women's Army Auxiliary Corps	女性战时辅助团
Women's Forestry Corps	女性农林队
Women's Land Army	女性陆军队
Wrangel, Piotr	彼得·弗兰格尔
Wright, Wilbur	威尔伯·莱特
Yarmouth	雅茅斯
Yemen	也门
Ypres	伊普尔
Battlefield tourism	战地旅游
First battle (1914)	第一战（1914年）
Second battle (1915)	第二战（1915年）
Third battle (Passchendaele)	帕斯尚尔第三次战役
Yugoslavia	南斯拉夫
Zeebrugge	泽布吕赫（比利时西部一城市，重要渔港，石油进口港）
Zenta	真他号
Zeppelin, Ferdinand von	斐迪南·冯·齐柏林
Zeppelins	齐柏林硬式飞艇
Air raids	空袭
Ziemann, Benjamin	本杰明·乔曼
Zimmerwald anti-war conference (1915)	齐美尔瓦尔德会议（1915年）
Zimmerwaldian left	齐美尔瓦尔德左翼
Zweig, Arnold	阿诺德·茨威格

激发个人成长

多年以来，千千万万有经验的读者，都会定期查看熊猫君家的最新书目，挑选满足自己成长需求的新书。

读客图书以"激发个人成长"为使命，在以下三个方面为您精选优质图书：

1. 精神成长
熊猫君家精彩绝伦的小说文库和人文类图书，帮助你成为永远充满梦想、勇气和爱的人！

2. 知识结构成长
熊猫君家的历史类、社科类图书，帮助你了解从宇宙诞生、文明演变直至今日世界之形成的方方面面。

3. 工作技能成长
熊猫君家的经管类、家教类图书，指引你更好地工作、更有效率地生活，减少人生中的烦恼。

每一本读客图书都轻松好读，精彩绝伦，充满无穷阅读乐趣！

认准读客熊猫

读客所有图书，在书脊、腰封、封底和前勒口都有"**读客熊猫**"标志。

两步帮你快速找到读客图书

1. 找读客熊猫君

2. 找黑白格子

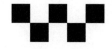

图书在版编目（CIP）数据

牛津第一次世界大战史 /（英）休·斯特罗恩编；
王伟译 . -- 北京：北京日报出版社 , 2021.3
ISBN 978-7-5477-3885-6

Ⅰ . ①牛… Ⅱ . ①休… ②王… Ⅲ . ①第一次世界大
战 - 历史 - 通俗读物 Ⅳ . ① K143-49

中国版本图书馆 CIP 数据核字 (2020) 第 214936 号

The Oxford History of the First World War was originally published in English in 2014. This translation is published by arrangement with Oxford University Press. Dook Media Group Limited is solely responsible for this translation from the original work and Oxford University Press shall have no liability for any errors, omissions or inaccuracies or ambiguities in such translation or for any losses caused by reliance thereon.

牛津第一次世界大战史

作　　者：［英］休·斯特罗恩
译　　者：王　伟
责任编辑：王　莹
特邀编辑：高照寒　　赵芳葳
封面设计：温海英
出版发行：北京日报出版社
地　　址：北京市东城区东单三条8-16号东方广场东配楼四层
邮　　编：100005
电　　话：发行部：（010）65255876
　　　　　总编室：（010）65252135
印　　刷：北京盛通印刷股份有限公司
经　　销：各地新华书店
版　　次：2021年3月第1版
　　　　　2021年3月第1次印刷
开　　本：710毫米×1000毫米　1/16
印　　张：27.5
字　　数：365千字
定　　价：99.90元